湖南大学刑事法律科学研究中心
湖南醒龙律师事务所　主办

岳麓刑事法论坛 FORUM

第一卷

邱兴隆　主编

中国检察出版社

编者的话

以辑刊的方式推出法学研究的成果，早已不再是国内法学出版物的一种时尚。在这个意义上说，《岳麓刑事法论坛》的问世，谈不上赶时髦。但是，作为湖南大学刑事法律科学研究中心的一个学术交流平台，它无疑是必要的。因为本中心虽以每年一届名为"岳麓刑事法论坛"的学术研讨会以及其他不拘一格的学术活动在证明它的存在，但是，如果没有一份辑刊来汇集出版本中心所组织的相关学术活动的成果，既无法显示对参与者的劳动的尊重，也难以更好地促进中心的对外交流。

作为创刊号，本卷《岳麓刑事法论坛》收录了本中心于 2010 年 11 月举办的"第一届岳麓刑事法论坛"即"刑法修正案（八）暨死刑证据规则高层论坛"的大部分交流文章。尽管从功利的角度而言，其中部分论文尤其是与刑法修正案（八）相关的论文似有过时之嫌，但是，这并不影响其学术价值。因为学问是学者个性化劳动的产物，其价值不受能否得到立法者的采纳的影响。

收入本卷"刑事法前沿"与"刑事法争鸣"的部分论文虽已在其他刊物发表，但其系本中心研究人员的成果。再予收录，扩大本中心之影响固然是考虑之一，但更重要的是为了集中展示本中心人员的研究成果。

"刑事法讲坛"所收录的是本中心成立一年来面向全校举办的部分学术讲座的录音整理稿，其大都以刑事法适用中的热点与难点问题为主题。尽管严格说来，其与规范的学术论文相去甚远，但其既是本中心所组织的学术活动的成果，也反映了主讲者个人对刑事法适用的关注视角，因而不失其收录出版的价值。

　　本卷所设"刑事法新人"收录有由本专业研究生撰写的一篇论文。该文曾获本中心所设"湖南大学刑事法奖学金"第一届有奖征文二等奖。文章尚显稚嫩，未必真正达到了出版水准，但收录出版的初衷仅仅着眼于鼓励学生对学术的参与。

湖南大学刑事法律科学研究中心

湖南醒龙律师事务所

二〇一一年十月二十日

目　录

刑事法前沿

刑事法讲坛

刑事法争鸣

刑事法改革：实体法的视角

刑事法改革：程序法的视角

刑事法新人

削减死刑罪名的价值考量

高铭暄[*]　黄小亮^{**}

第十一届全国人大常委会第十六次会议于 2010 年 8 月 23 日初次审议了《中华人民共和国刑法修正案（八）（草案）》［以下简称《刑法修正案（八）（草案）》］。随后，全国人大常委会法制工作委员会于 28 日将该草案全文及有关说明公布于中国人大网，① 向社会各界征求意见，以便完善。根据《关于〈中华人民共和国刑法修正案（八）（草案）〉的说明》，《刑法修正案（八）（草案）》取消了近年来较少适用或基本未适用过的 13 个非暴力犯罪的死刑，② 从而削减现行刑法典分则所规定的 13 个死刑罪名。如同该修正案草案的其他内容一样，国家立法机关通过刑法修正案取消 13 种具体犯罪的死刑，引起了社会各界的广泛关注和积极回应，在应否削减、削减的罪名是多是少等问题上争议如潮。刑事法学界对此也给予了充分的重视和一定的研究，但在削减死刑罪名的理论价值和实践意义上，探讨并不是很深，对有关问题还有待深入。

---

　　* 中国人民大学荣誉一级教授，北京师范大学刑事法律科学研究院名誉院长、教授、博士生导师。

　　** 法学博士，北京师范大学刑事法律科学研究院副教授。

　　① 参见《刑法修正案（草案）条文及草案说明》，载中国人大网"刑法修正案（八）草案专题"栏目，http://www.npc.gov.cn/huiyi/cwh/1116/2010 - 08/28/content_ 1593165. htm。登录时间 2010 年 10 月 25 日 15：30。

　　② 被取消死刑规定的 13 种具体犯罪分别是走私文物罪，走私贵重金属罪，走私珍贵动物、珍贵动物制品罪，走私普通货物、物品罪，票据诈骗罪，金融凭证诈骗罪，信用证诈骗罪，虚开增值税专用发票、用于骗取出口退税、抵扣税款发票罪，伪造、出售伪造的增值税专用发票罪，盗窃罪，传授犯罪方法罪，盗掘古文化遗址、古墓葬罪，盗掘古人类化石、古脊椎动物化石罪。

一、关于削减死刑罪名的争议及评析

关于《刑法修正案（八）（草案）》削减13个死刑罪名的理由，根据《关于〈中华人民共和国刑法修正案（八）（草案）〉的说明》，主要有两个：一是现行刑法规定死刑罪名较多，可适当减少，对较少或者基本上从未适用死刑的罪名，可考虑废止死刑；二是根据我国现阶段经济社会发展实际，适当取消一些经济性非暴力犯罪的死刑，不会给我国社会稳定大局和治安形势带来负面影响。对此，不管是在该草案的审议过程中，还是在该草案向社会公布后，均存在支持和反对的两种意见。支持者认为，废止13个非暴力犯罪的死刑，符合世界上其他国家或者地区限制或者废止死刑的全球趋势，是对社会文明、人道以及刑罚现代化的回应；反对者认为，大幅度削减死刑罪名，不利于对严重危害市场经济秩序之犯罪的惩治和威慑，很少或者从未适用死刑并不能证明死刑对这些犯罪缺乏威慑作用，甚至有极端的观点认为，对可能非法谋取巨额经济利益的经济犯罪废止死刑，是对"权贵"发放"免死金牌"，不利于社会的公平。

笔者认为，在当前社会形势下，《刑法修正案（八）（草案）》削减13个死刑罪名这一重大立法举措并非是无源之水、无本之木，相反，其具有充分的事实和价值根据。

首先，立足现实观之，对包括上述13个犯罪在内的非暴力犯罪，不需要以死刑作为惩治手段。虽然我国仍然处于经济和社会的转型期，各种社会矛盾仍然存在，在某些方面危害或者威胁社会生产和生活的正常进行，但是，随着市场经济体制基本健全，社会文明的发展程度大大提高，国家不断完善对经济秩序和社会秩序的管理制度，社会治理手段日趋多元化和科学化，对出现的社会冲突和违规行为逐渐不再采用极端的方式来解决，注意从"以人为本"的角度出发考虑采取保障人权的措施予以应对，社会各阶层对国家机关处理社会矛盾的监督日益加强和严密。在这样的背景之下，对经济犯罪等非暴力犯罪规定并适用死刑的合理性就越来越受社会各阶层的质疑。所以，因"较少或者基本上从未适用死刑"削减13个死刑罪名，其实并不是牵强地寻找削减13个死刑罪名的理由，而是从实践的角度说明死刑超越了惩治和防范这13种具体犯罪的实际需要，即在惩治和预防13种具体犯罪方面，死刑完全是多余的。

其次，对包括经济犯罪在内的非暴力犯罪配置和适用死刑，在实质上侵犯了社会的公平。关于非法获取经济或者财产利益的犯罪的死刑，有刑法学者早就指出，不管多大数额的财产价值都无法超越人的生命价值，以死刑来惩治和威慑贪利性犯罪并不合理，宜考虑逐步废止对这些犯罪所配置的死刑，用自由刑予以替代。① 关于其他不直接侵犯人的生命的非暴力犯罪，以死刑作为制裁手段则显然缺乏与其实行行为侵害属性的对应关系。因而从价值的层面上看，以否定犯罪人的生命价值来维护社会上的非生命价值，不管该非生命价值有多么重要，也都是对人的生命的漠视，对人类生命价值观的否定，进而是从根本上将犯罪人置于不公平的境地。故而在我们看来，以剥夺犯罪人的生命作为对不直接危害具体被害人或者社会不特定人生命权利的犯罪的惩罚措施，显然在价值层面上造成了极度的不对称、不匹配，属于"刑罚过剩"，对犯罪人过于严酷，在社会上造成了不公平的后果。而那种用死刑惩戒贪利性的经济或者财产犯罪和其他非暴力犯罪，以维护所谓的社会公平的说法，显然是一种貌似有理、实质谬误的观点。

二、削减死刑罪名的重大现实意义

对《刑法修正案（八）（草案）》削减 13 个死刑罪名的重大立法举措，全社会主要给予了正面和积极的评价，刑事法学界比较一致地表示肯定和欢迎，认为这是自 1979 年制定颁布刑法典以来首次减少对死刑的规定。但是，在现实的背景下，该重大立法举措具有哪些具体的积极意义呢？目前理论上尚无系统探讨和论述。笔者在这里略作分析，以期深化认识，推进学界对死刑制度改革的研究。

（一）回归传统死刑理性认识，推进死刑制度改革

新中国成立初期，由于法制不健全，关于死刑的规定仅见于几个单行刑法，如 1951 年的《惩治反革命条例》、《妨害国家货币治罪暂行条例》，1952 年的《惩治贪污条例》等。人民法院在审判实践中依据政策对故意杀人罪等数种犯罪也适用死刑。但综合来说，死刑罪名数量并不是很大。1979 年颁布的新中国第一部刑法典改变了过去的做法，将可判处死刑的罪行予以明确的规定，共规定了 27 个死刑罪名（反革命罪中有 14 个死刑罪名，普通刑事犯罪中有 13 个死刑罪名），加上 1981 年颁布的《惩治军人违反职责罪暂行条例》所规定的 11 个死刑罪名，在 20 世纪 80 年代初期，我国刑事法律共规定了 38 个死刑罪名（其中较为常用的死刑罪名也不过就十多个）。显然，国家决策机关在当时对死刑在社会生活中的实际作用还持冷静的态度。但是，令人遗憾的是，这种态度很快就发生了改变，在启动并推进改革开放相当长的时期里为应付严峻的犯罪形势而决定开展"严打"斗争，并认为死刑有惩治和威慑严重

---

① 参见赵秉志：《论中国非暴力犯罪死刑的逐步废止》，载《政法论坛》2005 年第 1 期。

犯罪的足够作用，通过刑事立法扩大死刑适用范围，对 1979 年刑法典规定的某些犯罪和通过单行刑法新增的犯罪较大规模地配置死刑，截至 1995 年年底共增加了 33 个死刑罪名，从而在 1997 年新修订的刑法典颁布之前使得我国刑事法律中共有 71 个死刑罪名。① 死刑罪名大肆增长的情形再加上其他死刑制度不够完善、重刑主义观念甚嚣尘上等原因，使得死刑的司法适用一度泛滥，严重地背离了刑法保护社会和保障人权的善良目的。

对此，刑事法学界保持了学术上的冷静，且甚为重视，在研究中坚决反对死刑适用的随意化、扩大化，大声疾呼限制死刑适用。后来，"越严打，重罪越多"的实际效果也宣告了"严打"政策的不成功。国家决策机关对此做出积极的反应，开始对死刑的作用给予理性的思考。这一点最明显的体现就是 1997 年颁布的新刑法没有再增加新的死刑罪名，相反，还作了微调，将死刑罪名的数量降低到 68 个。同时，在总则中对死刑适用的其他制度也做了限制性调整。这种基于死刑制度的司法实践而作出的立法回应，尽管不能说是中国死刑制度的改革，但其体现出来的对死刑的比较理性的态度，却是难能可贵的。而更令人值得称道的是，截至目前，国家立法机关以修正案的形式对 1997 年刑法作了七次修改，每次都没有增加死刑罪名，或者扩展具体犯罪适用死刑的情节范围。这种对死刑的理性态度影响到死刑制度的司法适用。自 2004 年年底以来，最高司法机关（尤其是最高人民法院）逐渐地重视和采纳刑事法学界提出的限制死刑适用的主张，考虑采取措施（如从基层选调死刑案件法官、增加刑事审判庭的编制、专门招录审理死刑案件的法官等）开展死刑制度的司法改革，而其中通过修改法律，收回死刑核准权而统一行使的举措尤其重要，可以说是正式启动了中国死刑制度的改革。该举措在司法实践中较好地实现了限制死刑适用的目标。在最高人民法院将死刑核准权统一收回后短短一年多的时间里，死缓的适用数量在我国首次超过了死刑立即执行的适用数量。② 将 1997 年以来（尤其是近几年）国家决策机关对死刑的态度，与其在 1979 年刑法典中表现出来的对死刑的态度进行比较，我们可以看到，二者基本上是相同的。可见，国家决策机关关于死刑的认识，实际上在逐步地向过去曾有的理性、冷静的态度回归。当前国家关于削减 13 个死刑罪名的立法举措，正是这种回归的鲜明体现。就死刑制度改革而言，该立法举措为司法上不再对某些犯罪适用死刑提供了基本的法律依据，因为"罪名中既然配备了死

---

① 参见高铭暄：《我国的死刑立法及其发展趋势》，载《法学杂志》2004 年第 1 期。
② 参见《最高人民法院院长肖扬：被判死缓人数首超立即执行》，载《新京报》2008 年 3 月 11 日。

刑，有而不用对司法机关也是压力"，① 取消特定犯罪的死刑就会消除司法机关过去在处理这些犯罪时适用死刑的压力。这就为死刑适用的司法限制和改革提供基本的前提条件，也是对司法上严格限制死刑适用之理念的积极回应，因而对当前中国死刑制度改革的前进有极大的推动作用。

（二）贯彻宽严相济刑事政策，促进刑事法治发展

死刑制度的变化或者改革，会受到国家决策机关所确定之刑事政策的深远影响。20 世纪 80 年代及 90 年代早中期，死刑罪名之所以大幅增加，死刑之所以滥用，就与当时国家所采取的"从重、从快严厉打击严重刑事犯罪"的"严打"刑事政策不无关系。② 但是，"严打"刑事政策的实施却并不能给国家带来长治久安，因而难以成为法治社会常态下应对犯罪的有效对策，而其所带来的死刑的立法和司法泛滥也走到了尽头。

刑事政策的更新成为历史的必然，宽严相济刑事政策应运而生。2004 年 12 月 22 日，中共中央政治局常委、政法委书记罗干同志在中央政法工作会议上首先提出了针对刑事犯罪贯彻宽严相济刑事政策主张，并在 2005 年同期的全国政法工作会议上又作了强调。最高人民法院院长肖扬、最高人民检察院检察长贾春旺在 2006 年 3 月向十届全国人大四次会议做工作报告时，都不约而同地提出要对犯罪实行区别对待，贯彻和坚持宽严相济刑事政策。中共十六届六中全会通过的《关于构建社会主义和谐社会若干重大问题的决定》则正式作出规定，将宽严相济确定为刑事司法政策。最高人民检察院于 2006 年 12 月 28 日发布了《关于在检察工作中贯彻宽严相济刑事司法政策的若干意见》，强化在检察工作中贯彻实施该刑事政策。然而，国家决策机关并没有就此止步。两年后，中共中央政治局于 2008 年 11 月 28 日通过了《关于深化司法体制和工作机制改革若干问题的意见》，提出"要把宽严相济刑事政策上升为法律制度"。③ 至此，宽严相济刑事政策超越司法阶段而上升为指导立法的政策，从而成为一项基本的刑事政策。

宽严相济的刑事政策从产生之时起就开始对我国死刑制度的适用和改革发挥重要的指导作用。时任最高人民法院院长的肖扬同志于 2006 年 3 月全国人

---

① 邱兴隆教授的看法。参见贺信：《传奇见证：中国死刑变迁》，载《新世纪》2010 年第 35 期。

② 参见赵秉志：《中国现阶段死刑制度改革的难点与对策》，载《厦门大学法律评论》（第 13 辑），厦门大学出版社 2007 年版，第 17 页。

③ 参见《着力推进司法体制和工作机制改革　记者专访王其江》，载《法制日报》2009 年 1 月 3 日。

民代表大会上做最高人民法院工作报告时指出，要贯彻宽严相济的刑事政策，对罪当判处死刑但具有法定从轻、减轻处罚情节或者不是必须立即执行的，依法判处死缓或无期徒刑。刑法学家赵秉志教授在分析宽严相济刑事政策与"严打"刑事政策的关系时也指出，对于严重刑事犯罪的处理，"严打"的方针应该逐步演变和过渡为宽严相济的刑事政策；"严打"方针的贯彻不应对当前最高司法机关确保死刑适用质量、严格控制死刑数量、统一死刑适用标准之努力产生动摇和影响。① 最高人民法院有关同志也认为，死刑核准权收归最高人民法院统一行使这一死刑的司法改革举措，就是对宽严相济刑事政策的具体贯彻。② 对此，赵秉志教授曾从刑事程序法和实体法的角度分别对死刑制度改革贯彻宽严相济刑事政策的具体问题做了分析，③ 削减死刑罪名是其所提出的重要认识之一。而《关于〈中华人民共和国刑法修正案（八）（草案）〉的说明》虽没有讲到削减死刑罪名是贯彻宽严相济刑事政策，但其在引语中开宗明义地指出，刑法之所以修改，是因为"中央关于深化司法体制和工作机制改革的意见也要求进一步落实宽严相济的刑事政策，对刑法作出必要的调整和修改"，因而削减死刑罪名显然是对宽严相济刑事政策的积极贯彻，对我国刑事法治的发展具有显而易见的促进作用。

（三）彰显生命价值的至上性，切实保障公民人权

《刑法修正案（八）（草案）》所削减的 13 个死刑罪名，均为不直接侵犯他人生命健康权利的非暴力犯罪，从性质上可分为两大类：一是贪利性的经济或者财产犯罪，④ 共有 12 个，数量最多；二是妨害社会管理秩序罪中的传授犯罪方法罪。尽管如《关于〈中华人民共和国刑法修正案（八）（草案）〉的说明》所指出的，在司法实践中，这 13 种具体犯罪的死刑很少适用或者基本上没有适用过，但是，国家立法机关对这些犯罪配置死刑，其实就是用剥夺行

---

① 参见柴春元：《赵秉志谈宽严相济刑事政策与人权保障》，载《检察日报》2007 年 1 月 8 日。

② 参见《死刑核准权如期收回　最高院要求充分运用死缓》，载《第一财经日报》2006 年 12 月 29 日。

③ 参见赵秉志：《和谐社会构建与宽严相济刑事政策的贯彻》，载《吉林大学社会科学学报》2008 年第 1 期。

④ 关于刑法典第 328 条第 1 款规定的"盗掘古文化遗址、古墓葬罪"和第 2 款规定的"盗掘古人类化石、古脊椎动物化石罪"，行为人在犯罪主观方面上具有非法占有的目的，对象是具有财产价值的文物、古人类化石、古脊椎动物化石，因而也应属于贪利性的财产犯罪。参见赵秉志主编：《刑法新教程》（第 3 版），中国人民大学出版社 2009 年版，第 630 页。

为人生命的手段来保护上述犯罪所侵犯的并不包括公民生命健康权利在内的社会关系。显然，立法者在立法之时认为，在最严重情况下，只有死刑才能惩治上述犯罪，才有足够的威慑力防范上述犯罪的发生。

姑且不论这种对死刑报应和威慑作用的迷信造成了依赖死刑惩治犯罪的恶性循环，单说其中对非属公民生命健康权利之社会关系与人的生命价值对比关系的错位认识，就令人不寒而栗，因为：第一，在司法中根据犯罪侵犯或者涉及的财物或者财产的价值数额来确定对犯罪人适用死刑，其实就是认为人的生命在价值上还不如一定数额的财物或者财产，① 因而在实际上会给社会公众造成"人命不如钱"的印象；第二，在司法实务中根据犯罪可能给社会造成的危害来确定对犯罪人适用死刑（如传授犯罪方法罪），实际上是对仅有产生物质性损害之可能的抽象危险犯适用死刑，在判断标准的明确性上还不如根据犯罪数额对经济或财产犯罪适用死刑之情形，更是将抽象的社会管理秩序高高地置于人的生命价值之上。在此立法背景之下，若司法机关受到重刑主义的影响或者对死刑适用标准掌控不严格，后果将不堪设想，必定会造成滥用错用死刑的恶果。

如今，国家立法机关通过刑法修正案来废止 13 种具体犯罪的死刑，意味着纠正上述错误认识，不再认为人的生命在价值上轻于财产或者财物以及其他非属公民生命健康权利之社会关系。这对民众关于死刑的认识也有积极的引导作用。尽管由于种种原因，《刑法修正案（八）（草案）》没有废止所有非致命性暴力犯罪的死刑，但也已经表明，国家立法机关初步承认"死刑不应适用于非致命性暴力犯罪"的国际共识，并开始从废止死刑的角度考虑对公民人权予以切实的保障。因为中国已经签署的《联合国公民权利和政治权利国际公约》第 6 条第 2 款规定："在未废除死刑的国家，判处死刑只能是作为对最严重的罪行的惩罚。"联合国经社理事会在 1984 年通过的《关于保护面对死刑的人的权利的保障措施》中，提出"最严重的罪行"应理解为"其范围不应超出带有致命或其他极端严重后果的蓄意犯罪行为"。联合国秘书长其后在《死刑和关于保护死刑犯权利的保障措施的执行情况》的报告中进一步指出，蓄意犯罪以及具有致命或其他极端严重后果意味着罪行应该是危及生命的，即危及生命是罪行很可能发生的后果。任何不危及生命的犯罪，无论其后果从其他角度来看多么严重，都不属于可对之适用死刑的"最严重罪行"。削减 13 个死刑罪名的立法举措显然符合上述国际公约对不危及生命之罪行不适用剥夺生命之惩罚的精神，是对《联合国公民权利和政治权利国际公约》第 6

① 参见高铭暄：《我国的死刑立法及其发展趋势》，载《法学杂志》2004 年第 1 期。

条第 1 款中"人人有固有的生命权"之规定的充分尊重，同时也是以法律规定的方式彰显公民生命权利的至高无上性，对我国人权事业的进步具有非常积极的推动作用。①

（四）促进社会治理机制健全，实现社会文明进步

当前，我国正处在一个双重的社会转型的特殊历史时期，即自身处在从计划经济向市场经济转型的过程中，而在全球范围内则出现了从工业社会向后工业社会的历史性转型。② 因而在社会治理中必然会遇到各种复杂的国内和国际问题，全面地考验着国家决策领导层和各级国家机关对社会的治理能力，进而影响到国家对社会进行治理之机制的建构和完善。在此过程中，应该看到，传统的政府与社会高度合一的社会治理模式，已经不能适应形势发展的需要。实际上，已经悄然地出现了治理主体的多元化转变，公民个人参与社会治理的积极性和广泛性都有显著的提高，③ 随之而来，社会治理手段也发生了明显的变化，从单纯的计划经济手段和行政管理手段，不断向多元化手段转变。在这样的情况下，对社会问题的处理就应该将其置于社会环境中，考虑全方位的处理方式。处理犯罪问题也不例外。

对于各种犯罪的惩治和防范，作为最后手段的刑事制裁并非是"灵丹妙药、一用就灵"，相反，若从犯罪发生的整体环境考虑，似乎能找到更合理的应对策略。也就是说，应当综合地运用各种法律手段与教育、管理等手段，才能有效地消除犯罪的发生，或者给予犯罪人更为适当的惩处，防止其再犯。同样地，作为刑事制裁手段之一的死刑，对各种犯罪，即使是最严重的犯罪，在很大程度上也只具有事后惩治的作用，威慑力量未必能有效地及于犯罪之前或者犯罪过程中的犯罪人。④ 这对贪利性的经济或者财产犯罪尤其如此。抱有侥幸心理和强烈金钱欲望的犯罪人往往认为能钻法律惩处之漏洞。对这样的犯罪人，若不再将全部注意力置于死刑或者其他重刑的事后惩处，而是充分地重视事先对各种经济管理制度予以完善和严格执行，显然更有助于预防此类犯罪的发生，同时，剥夺犯罪人从犯罪中获得的财产利益甚至其本人的合法财产，则

---

① 《国家人权行动计划（2009—2010 年）》在"公民权利和政治权利保障"部分明确指出要严格控制并慎用死刑。《刑法修正案（八）（草案）》削减 13 个死刑罪名，可以看作是对上述行动计划的重要落实，因而有利于我国人权事业的进步。

② 参见张康之：《社会治理的历史叙事》，北京大学出版社 2006 年版，第 1 页。

③ 参见《透视公民社会十大新闻渐见社会治理多元主体》，载《羊城晚报》2010 年 1 月 1 日 A4 版。

④ 参见黄晓亮：《暴力犯罪死刑问题研究》，中国人民公安大学出版社 2008 年版，第 188 页。

适应其主观恶性特征，更能有效地惩治其采用犯罪手段谋取经济利益的行为。① 其实，对于经济犯罪不设置死刑是世界各国的通例，说明世界上绝大多数国家在经济管理手段上将死刑排除在外。因此，《刑法修正案（八）（草案）》只削减 13 个死刑罪名，尽管还有所保留，略显保守，但符合当前我国社会治理活动转变的基本趋势，有助于推动我国对经济、社会生活治理模式的转变，促使有关市场经济体制、社会治理制度的改进和完善，为社会的文明进步奠定坚实的基础，也有利于使我国更好地适应世界性潮流。

三、结　语

在我国现阶段乃至以后相当长的时间内，不大可能从整体上把死刑作为一种制度完全废除。死刑制度在我国的存在还有其必要性，但是，适用死刑必须注意非常性和谨慎性，即在迫不得已的情况下才能适用死刑，适用死刑应该慎之又慎。进言之，应严格限制死刑适用。而限制死刑适用有司法和立法两个途径。② 在当前的背景下，对一部分非暴力犯罪考虑废止死刑，显然是从立法上限制死刑的举措之一。对此，笔者和赵秉志教授等学者早在六年前就进行了专题性的深入研究，主张废止包括走私假币罪在内的十四种具体犯罪的死刑。③《刑法修正案（八）（草案）》所削减的 13 个死刑罪名，除走私珍贵动物、珍贵动物制品罪，金融凭证诈骗罪，虚开增值税专用发票、用于骗取出口退税、抵扣税款发票罪，伪造、出售伪造的增值税专用发票罪外，均在上述专题研究中被探讨过，因而与我们所提出的削减死刑罪名这种死刑改革途径相契合。对于上述专题研究已经探讨、《刑法修正案（八）（草案）》并未决定废止死刑的罪名以及其他某些非暴力犯罪罪名，其被配置的死刑并不因未被提上当前的废止日程而具备存在的充分合理性，相反，在削减 13 个死刑罪名、我国走上死刑废止之征途的情况下，④ 这些犯罪死刑的废止只是时间问题。对此，全国人大常委会法工委有关工作人员也表示，将继续研究废止组织卖淫罪等犯罪死刑的问题。

---

① 参见高铭暄：《我国的死刑立法及其发展趋势》，载《法学杂志》2004 年第 1 期。

② 参见高铭暄：《死刑在我国适用的必要性、非常性、慎重性》，载《检察日报》2006 年 12 月 7 日。

③ 参见赵秉志主编：《中国废止死刑之路探索：以现阶段非暴力犯罪废止死刑为视角》，中国人民公安大学出版社 2004 年版。

④ 参见高铭暄等：《从此踏上废止死刑的征途——〈刑法修正案（八）草案〉死刑问题三人谈》，载《法学》2010 年第 9 期。

中国刑法改革新思考

——以《刑法修正案（八）（草案）》为视角

赵秉志[*]

一、前　言

刑法是关于犯罪、刑事责任和刑罚的国家基本法律。[①] 刑法由其调整社会关系的广泛性、保护利益的重要性和制裁措施的严厉性等特征所决定，而在国家和社会生活中担负着惩罚犯罪、保障人权、维护稳定、促进和谐的重要使命。因此，一个国家的刑法立法是否科学，刑法改革的目标、理念和措施是否适当，对人民和国家都至关重要。刑法改革是笔者过去 20 多年间始终关注的领域，并在 1997 年刑法典修改前后成为全社会关注的焦点。当前，以《刑法修正案（八）（草案）》的研拟和审议为契机，刑法改革问题再次受到社会各界的广泛关注。以此为背景，在以往研究的基础上，结合当前我国社会发展的相关情况，笔者拟对中国刑法的改革再作一些新的探讨。

二、中国刑法改革的必要性与理念

改革的必要性和理念是中国刑法改革问题的缘起，也关系到中国刑法改革的全局和远景，因而十分重要。但是在《刑法修正案（八）（草案）》的审议、征求意见过程中发现，人们对当前我国刑法改革的必要性还存在争论，对刑法改革的理念也有不同认识，因此有必要予以分析和厘清。

（一）中国刑法改革的必要性

新中国刑法的创制与发展，经历了一个长期而曲折的过程。概括来说，大体有四个阶段：一是新中国成立后的前 30 年，我国仅有几部单行刑法，凌乱而不系统；二是 1978 年年底中共十一届三中全会作出全面建设社会主义法制

---

[*]　北京师范大学刑事法律科学研究院暨法学院院长、长江学者特聘教授、博士生导师。
[①]　参见赵秉志主编：《刑法总论》，中国人民大学出版社 2007 年版，第 24 页。

的重要决策之后，1979 年我国通过了第一部刑法典，标志着我国有了比较全面、系统的刑法规范；三是根据社会发展和法治进步的需要，1997 年我国对刑法典进行了一次比较系统的修订，大大促进了我国刑法的现代化和科学化；① 四是其后晚近十多年来，国家立法机关又根据实践需要通过 1 部单行刑法和 7 个刑法修正案对刑法典进行了局部的修改与完善，目前又正在审议内容极为重要的第八个刑法修正案。可以说，当今我国刑法的理念比较现代（已经确立了人权保障、刑法谦抑等现代刑法观念）②、结构基本合理（刑法的篇章结构、条文排列比较合理）、内容相对科学（犯罪种类、刑罚结构及相关制度的设置比较科学），已经能够基本满足我国社会稳定与发展的相关需要。

但是，随着社会的日益发展、相关观念的逐步更新和国家刑事政策的调整，我国刑法规范也暴露出一些缺陷和不足，需要进一步改革。概括来说，我国刑法之所以需要改革，主要具有以下三个方面的必要性：

1. 适应社会发展的需要

近年来，随着政治、经济、文化、观念等方面的不断发展，我国社会也陆续出现了一些需要完善刑法以应对的新情况和新问题。这主要表现在：（1）出现了一些新的严重危害社会的行为，需要刑法加以调整，对其作入罪化处理；（2）原有一些行为的社会危害性不断弱化，需要作出入罪化或轻罪化处理；（3）人们的刑法观念出现了新的变化，对刑法中的一些问题（如死刑、老年人、未成年人犯罪等）的认识有了深入或变革，需要刑法作出相应的调整。刑法有必要适应我国社会发展过程中的这些变化，适当地进行改革。

2. 适应刑事政策调整的需要

宽严相济的刑事政策是我国 2005 年提出并得到不断强调和贯彻的国家新的基本刑事政策。从内涵上看，这一政策显著不同于我国在特定时期制定的"严打"刑事政策，它也是对以往惩办与宽大相结合的基本刑事政策的继承和发展。③ 宽严相济刑事政策要求我国刑法根据不同的社会形势、犯罪态势与犯罪的具体情况，对刑事犯罪在区别对待的基础上，科学、灵活地运用从宽和从严两种手段，打击和孤立极少数，教育、感化和挽救大多数，最大限度地实现

---

① 赵秉志：《改革开放 30 年我国刑法建设的成就及展望》，载《北京师范大学学报》（社会科学版）2009 年第 2 期。

② 张少林、刘根生：《改革开放 30 年与刑法观念的变革》，载《河北青年管理干部学院学报》2008 年第 6 期。

③ 参见马克昌：《论宽严相济刑事政策的定位》，载《中国法学》2007 年第 4 期。

法律效果和社会效果的统一。① 为此，我国刑法需要适应这一基本刑事政策的调整和确立而进行相应的改革。

3. 弥补刑法缺陷的需要

虽然自 1997 年全面修改之后，立法机关根据社会发展的需要又对刑法典作了多次局部修改，但我国刑法依然存在不少缺陷。这主要体现在：（1）刑罚结构失衡，存在实际执行中死刑过重、"生刑"过轻的矛盾，死刑惩罚的严厉性与自由刑惩罚的严厉性不相协调。② （2）刑罚轻重失调，部分犯罪的刑罚设置不合理，存在重罪轻罚、轻罪重罚的现象，刑法立法的宽严不相协调。（3）犯罪范围失当，刑法出罪、入罪不及时，犯罪圈的设置不合理，对民生的保护不力。（4）刑法接轨失位，刑法立法的前瞻性不够、国际性不强，不能及时反映社会发展中的新情况、新问题，对刑法发展的国际趋势和国际标准顺应不够。

综合以上三个方面的需要，在当前社会背景下，我国应当对刑法作进一步的改革，以适应我国社会发展和刑事政策调整的需要，并通过弥补刑法自身存在的缺陷，最大化地发挥刑法的积极功效。

（二）中国刑法改革的目标与理念

任何改革都必须有一定的目标，同时也需要相应的理念做支撑。在当前这一新的历史时期，中国刑法也需要合理确立其改革的目标和理念。

1. 中国刑法改革的目标

任何目标的确立都离不开一定的时代背景。在当前背景下，中国刑法改革应当确立"维护社会和谐，贯彻宽严相济，促进刑法科学、进步"的发展目标。所谓维护社会和谐，是指刑法改革既要注重惩罚犯罪，保护社会上绝大多数人的正当权利，维护社会稳定；又要注意人权保障，维护犯罪人的合法权益。所谓贯彻宽严相济，是指刑法改革既要注意对严重犯罪的从严惩处，对轻微犯罪的从宽处理；又要注意宽严结合，做到宽严相辅相成。所谓促进刑法科学、进步，是指刑法改革应当致力于促进刑法原则的进步、刑法制度的完善和刑法技术的完备，适应刑法的现代化，不断推动刑法的科学化和国际化发展。

2. 中国刑法改革的理念

为了实现刑法改革的目标，我国应当注意坚持以下理念：（1）人权保障。

---

① 参见赵秉志：《和谐社会构建与宽严相济刑事政策的贯彻》，载《吉林大学社会科学学报》2008 年第 1 期。

② 参见李适时：《关于〈中华人民共和国刑法修正案（八）（草案）〉的说明——2010 年 8 月 23 日在第十一届全国人民代表大会常务委员会第十六次会议上》，第 2 页。

刑法改革应当坚持罪刑法定原则，既要强调刑法的谦抑精神，在可以采取其他有效措施的情况下，坚决不采用刑罚手段，又要重视保障犯罪人的合法权益，维护犯罪人的人权。（2）民生保护。我国刑法改革应当注重保护民生，积极保护民众正常的生活秩序和正当、合法的权益，促进社会和谐。（3）宽严相济。我国刑法改革应当注重贯彻宽严相济的基本刑事政策，在刑法内容上合理设置犯罪、刑罚及相关制度，做好对犯罪处罚的从宽、从严和宽严结合，积极贯彻罪责刑相适应原则。（4）面向国际。我国刑法改革应当面向国际，积极顺应刑法发展的国际趋势，合理借鉴、吸收国际社会的先进经验，积极承担我国相应的国际义务，促进刑法的现代化和国际化发展。

三、死刑制度的改革

（一）死刑制度改革的缘由与策略

近年来，我国确立了"国家尊重和保障人权"的宪政原则，签署或加入了旨在维护人权的多项国际公约，社会经济和文化的发展日趋成熟，刑事法治完备程度大大提高。在此背景之下，人们对死刑立法过多、死刑适用过滥之效果的认识逐步趋于理性，全社会对于重刑、死刑依赖的心理逐渐弱化；同时，在国际社会上逐渐形成了废止与限制死刑的刑法发展和变革趋势，也开始影响到中国社会各界的死刑认识。因而中国死刑制度改革逐渐成为整个社会所积极关注的热点问题。可以说，在当代中国刑法中，还没有哪一个问题会像死刑制度改革问题这样备受关注。改革死刑制度，俨然是中国促进国家刑事法治进步和人权事业发展，构建和谐社会，促进社会稳定与发展的现实需要，也是中国顺应国际潮流、履行国际义务的应有之举。

而关于如何推进死刑制度改革，包括刑事法律界在内的社会各阶层提出了不少看法，其中受到广泛赞同的观点是"保留死刑，逐步削减，最终废止"，即现阶段保留死刑，但应限制和减少死刑，在可见的未来则要全面废止死刑。① 这符合我国现实的国情民意，能够为绝大多数人和司法实践所接受。对此，笔者也深表赞同。中国死刑制度改革，应在现阶段保留死刑制度的基础上，分阶段、分步骤、分类型地逐步废止死刑罪名，可以考虑先行废止非暴力犯罪的死刑，接着废止非致命性暴力犯罪的死刑，在条件成熟时再废止致命性暴力犯罪的死刑，从而达到彻底废止死刑的目标。而在当今社会，考虑如何有效地严格限制死刑的适用，以及逐步地、分批成规模地废止非暴力犯罪的死

---

① 参见赵秉志主编：《刑法新教程》（第3版），中国人民大学出版社2009年版，第272页。

刑，乃是中国死刑制度改革的当务之急。

（二）死刑制度改革的举措

关于死刑制度改革的措施，在当前社会现实情形下可从以下几个方面入手考虑，积极推进我国死刑制度改革：

1. 严格限制死刑适用的对象范围

我国刑法典第49条禁止对犯罪时不满18周岁的人和审判时怀孕的妇女适用死刑。其禁止范围显然有些狭窄。当代刑法发展使人们越来越认识到，对于犯罪的老年人也不适宜用死刑，因为老年犯罪人的智力和控制力明显下降，人身危险性程度较低，一般不会再去实施严重犯罪，① 且他们在人生道路上已"日薄西山、去日无多"，适用死刑既不人道，意义也不是很大。世界上某些保留死刑的国家（如俄罗斯）或者地区（如我国台湾）在其法律中明确规定对达到一定年龄的老年人不适用死刑，《联合国公民权利和政治权利国际公约》等国际公约也同样倡导对老年人不适用死刑。司法实践中，对高龄老年人适用死刑的情形往往会引起社会的争论。如湖南省衡阳市中级人民法院于2002年6月22日对故意杀人的88岁老人韦某一审判处死刑立即执行；2006年年底，浙江省杭州市中级人民法院曾对也是故意杀人的79岁老人韩某判处死缓，这两个案件在当时都备受关注，意见纷纭，其中不乏批评性的看法。显然，我国有必要考虑在刑法中进一步严格限制死刑适用的对象范围，对老年人不适用死刑。

正在审议中的《刑法修正案（八）（草案）》第3条规定"已满75周岁的人，不适用死刑"，就是立法改革的一个积极探索。当然，对此还有不同意见，② 这主要体现在：（1）应否对老年人禁止适用死刑？一种见解认为，对老年人不适用死刑，会破坏适用刑法人人平等原则，可能导致老年人大量实施严重犯罪，从而反对对老年人禁用死刑；另一种见解认为，对老年人禁用死刑，符合刑法人道主义精神，并不违背惩治和防范老年人犯罪的现实要求。（2）应对什么年龄段的老年人不适用死刑？有人认为老年人应年满70岁，有人认为应年满75岁，而世界上其他国家或者地区有关立法也不统一，有的是60岁（如蒙古），有的是65岁（如俄罗斯），有的是70岁（如菲律宾），还有的是80岁（如我国台湾地区）。（3）对老年人不适用死刑的年龄，是指其在犯罪时，还是指其被追诉、判决时，认识不一。从《刑法修正案（八）（草案）》

---

① 参见吴宗宪等：《中国老年犯罪的对策》，载《老龄问题研究》2010年第4期。

② 参见陈丽平：《赋予老年罪犯"免死金牌"争议大》，载《法制日报》2010年8月26日。

第 3 条的文义来看,应是指审判时的年龄。(4)对老年人不适用死刑是应排除某些犯罪(如故意杀人罪),还是一概不适用死刑,同样众说纷纭。在笔者看来,我国应当对判决时年满 70 岁的老年人的所有罪行一概不适用死刑。因为这符合当前社会条件下对老年人界定年龄的通常认识,也能充分地体现我国对老年人犯罪从宽处理的"恤刑"传统,并有助于贯彻当前的宽严相济的基本刑事政策。

当然,按照有关国际公约的要求和其他一些国家的立法经验,不宜适用死刑的对象还有其他一些,如新生儿的母亲、精神障碍人,但还需要更多的研究。

2. 尽可能逐步成规模地减少非暴力死刑罪名的数量

尽管中国也应该追赶世界潮流,全面废止死刑,但这在中国现实情况下是难以一蹴而就的,"立即废止死刑论"显然不合时宜,中国死刑制度改革只能逐步推进。而目前,我们应考虑尽可能地、成规模地减少非暴力犯罪死刑罪名的数量。具体而言,又可以采取以下两个步骤:

首先,可考虑立即删除少用或者基本未用的非暴力犯罪的死刑。刑法典分则所规定的非暴力死刑罪名,有很多是经济性的,在司法实践中适用较少;有的尽管不是经济性的,但也很少适用死刑,甚至从未适用,如传授犯罪方法罪的死刑。《刑法修正案(八)(草案)》所确定削减死刑的 13 种罪名,均是如此。

其次,对其他非暴力犯罪的死刑也可考虑逐渐废止。废止贪污受贿、毒品、集资诈骗、组织卖淫等犯罪的死刑问题,也是死刑制度改革的重要内容,广受社会关注。但《刑法修正案(八)(草案)》对此尚未涉及。对于一位全国人大常委会委员提出的当前应研究废止贪污受贿犯罪死刑的见解,社会各界争议很大。凤凰卫视中文台"一虎一席谈"栏目于 2010 年 9 月 18 日晚播出了长达近 1 小时的以"贪官免死可不可行"为专题的讨论节目,备受关注,笔者应邀作为对谈嘉宾参加了这个节目的讨论。在相关的研讨中,有人认为,这两类犯罪的死刑适用在数量上并不是很大,世界各国惩治贪污贿赂也并不以死刑为必要手段,因而可考虑予以废止;但也有很多人认为,对贪污贿赂犯罪废止死刑,并不符合我国当前的国情民意,可能在一定范围内造成某种司法不公,并为民众所强烈反对。不过,在笔者看来,不管是历史经验还是当前国内国际的司法实践,都充分表明对贪污受贿犯罪适用死刑缺乏内在的合理性和根本的有效性,有必要随着社会的进一步发展考虑予以废止。至于集资诈骗罪,被害人往往是因自己的投机心理才被骗的,该罪与其他金融诈骗犯罪在危害性上也很接近,但其他金融诈骗犯罪要么没有被规定死刑,要么《刑法修正案

（八）（草案）》已经考虑废止它们的死刑，如此一来，对集资诈骗罪再保留死刑就很值得质疑。① 而组织卖淫罪、运输毒品罪也同样具有较明显的非暴力特征，其危害程度有限，发生的原因很复杂，死刑的惩治和防范作用也很有限，对其废止死刑具有合理性和现实根据。因而对于这些非暴力犯罪的死刑，有必要予以谨慎的对待，不仅要限制适用，还要考虑尽早予以废止。②

　　3. 充分发挥死缓制度的双重功效

　　根据刑法典第 48 条的规定，死刑缓期执行是死刑的执行方式之一，在性质上仍属于死刑的范畴，其严厉性甚于其他刑种。但是，适用死缓与适用死刑立即执行，二者的效果却是"生死两重天"。因而死缓既能严厉惩治犯罪，又能避免"多杀人"，具有替代死刑立即执行的积极功效，③ 受到刑事法理论界和实务界的重视，例如，在最高人民法院将死刑核准权统一收回后短短一年多的时间里，死缓的适用数量在我国首次超过了死刑立即执行的适用数量。④ 因此，在推进死刑制度改革方面，需要充分地发挥死缓制度的双重功效。一方面，要有效地限制和减少"司法杀人"的数量，就要重视依法加强死缓的适用，尽可能多地替代死刑立即执行的适用；另一方面，在适用死刑缓期执行上，仍需要充分地体现死刑惩治犯罪的应有严厉性，而这可从死缓犯的实际执行刑期入手予以考虑。鉴于此，《刑法修正案（八）（草案）》第 4 条第 1 款规定，死缓犯在二年期满后应减为无期徒刑或者 20 年有期徒刑；第 2 款则严格限制属于累犯或者实施八种特定暴力犯罪的死缓犯在二年期满减刑后的减刑。与此同时，该草案第 15 条还严格限定不得再减刑的死缓犯在假释前的实际执行刑期必须达到 20 年以上或者 18 年以上。这对于充分发挥死缓制度的积极功效，具有重要作用。

四、自由刑制度的改革

　　"金无足赤，人无完人。"人们所设计的刑罚制度也是如此。中国刑法典所规定的自由刑制度，本身并不完美，长期以来饱受刑事法学界的批判，其改

---

　　① 参见赵秉志主编：《中国废止死刑之路探索——以现阶段非暴力犯罪废止死刑为视角》，中国人民公安大学出版社 2004 年版，第 225 页。

　　② 参见赵秉志主编：《中国废止死刑之路探索——以现阶段非暴力犯罪废止死刑为视角》，中国人民公安大学出版社 2004 年版，第 250 页。

　　③ 参见高铭暄：《略论中国刑法中的死刑替代措施》，载《河北法学》2008 年第 2 期。

　　④ 参见《最高人民法院院长肖扬：被判死缓人数首超立即执行》，载《新京报》2008 年 3 月 11 日。

革命题早已呼之欲出，只是等待被提上立法的日程。而在当前死刑制度改革日渐受重视的情况下，自由刑的改革更有意义，即可消弭"生刑"过轻的弊端，并使死刑制度改革脱离孤立无援的境地而得到有益的配合。关于如何改革自由刑制度的见解很多，其中最引人关注的主要有适度提高有期徒刑的最高刑期和数罪并罚刑期的上限、提高无期徒刑实际执行的下限，以及配合性地改革短期自由刑等主张。对此有必要予以辩证的分析。

（一）自由刑制度的主要缺陷

毋庸讳言，我国现行刑法典所规定的自由刑制度存在较多缺陷。这主要表现在以下几个方面：

第一，从司法实践来看，有期徒刑数罪并罚的上限以及无期徒刑实际执行刑期的下限都比较低，难以贯彻罪责刑相适应原则的要求，不能有效地惩治犯罪人。关于有期徒刑数罪并罚的刑期，现行刑法典所规定的上限是 20 年。但是，在实践中，一个人犯多个严重犯罪，如果有期徒刑并罚的最高刑期仅为 20 年，就有可能明显地违背罪责刑相适应的原则，也不能有效地惩治犯罪人。而且，我国的无期徒刑实际上不是将犯罪人在监狱里关押一辈子，而是可以通过减刑、假释给予其自由的希望。但是，刑法典对无期徒刑的实际执行期限没有做出规定，结合刑法典关于减刑和假释的规定以及有关的司法解释，无期徒刑实际执行刑期的上限是 22 年，下限是 10 年，实践中通常实际执行 15—16 年甚至是 13—14 年。这也大大减弱了无期徒刑的严厉性程度，无法对某些严重刑事犯罪给予有效的惩罚。①

第二，长期自由刑与死刑之间缺乏合理的衔接，有违于罪刑均衡原则。我国的无期徒刑尽管不同于世界上其他国家所规定的终身监禁，但其严厉性也应该仅次于死刑。可是，如前所述，自由刑实际执行期限较低的现实却造成自由刑与死刑（尤其是死刑立即执行）之间存在巨大落差，在罪行略有不同而分别适用无期徒刑和死刑的情况下，犯罪人的命运迥然不同，容易形成不公平的状况。② 这也为限制和减少死刑的改革设置了不必要的障碍。而且，就有期徒刑而言，由于对犯罪人予以减刑或者假释等因素，即便被判处最高刑期的有期徒刑，犯罪人实际执行的刑期也有可能低于 10 年，与无期徒刑之间形成了较大的差距，没有体现罪刑均衡的精神。

第三，我国有期徒刑的最高刑期、有期徒刑数罪并罚的总刑期以及无期徒刑的实际执行期限与世界上其他国家或者地区的立法规定有较大差异。在这个

---

① 参见赵秉志：《当代中国刑罚制度改革论纲》，载《中国法学》2008 年第 3 期。

② 参见田文昌、颜九红：《简论中国刑罚制度改革》，载《法学杂志》2006 年第 1 期。

方面，世界上其他国家或者地区刑法典所规定的有期徒刑的上限，有些是 20 年，有些是 25 年，有些是 30 年；而有期徒刑数罪并罚刑期的上限，有的规定为 30 年，有的规定为 25 年；无期徒刑的实际执行刑期，有的规定为不低于 30 年，有的规定为不低于 25 年，甚至某些国家（如罗马尼亚）还规定了不得减刑、假释的终身监禁。

（二）自由刑制度改革的举措

针对我国自由刑制度存在的上述缺陷，我国有必要进行相应的改革，以弥补其缺陷。对此，《刑法修正案（八）（草案）》也给予了充分的重视，其第 10 条对有期徒刑数罪并罚的上限予以适度的提高，即总合刑期超过 35 年的，并罚的刑期可达到 25 年。这对现行刑法典关于有期徒刑数罪并罚刑期上限之规定的不足有所弥补。除此之外，刑事法学界还比较一致地认为，也应合理地延长有期徒刑最高刑期的上限、无期徒刑实际执行刑期的下限。笔者对此也很赞同，参考世界上其他国家或者地区在此方面的立法例，根据当前以及今后一定时期我国国民的平均寿命，基于惩治严重犯罪以及罪刑均衡原则的要求，可以将有期徒刑的最高刑期适度地提高到 20 年，将直接判处的无期徒刑的最低实际执行期限也延长至 20 年。

此外，短期自由刑也是自由刑制度的重要内容，自由刑制度改革不能绕过短期自由刑。中国刑法典中的短期自由刑包括 3 年以下有期徒刑、拘役和管制。短期自由刑在现代社会有着积极的意义，能避免犯罪人在监狱里的共同生活而与其他罪犯就犯罪思想和恶习产生"交叉感染"，同时也可以解决监狱人满为患的难题，缓解监狱关押犯罪人的压力。但不能否认，短期自由刑的弊端也很严重，且在我国，其执行制度上还有不足，因而应给予必要的改革。①《刑法修正案（八）（草案）》对此也作了一定的考虑，其在第 2 条中对管制明确规定增加"社区矫正"的执行方式。除此之外，笔者认为，还可以考虑规定短期自由刑与财产刑之间的易科、短期自由刑宣告和执行的犹豫等制度。

五、特殊群体从宽制度的完善

特殊群体的从宽制度，在我国刑法中主要是指对未成年人、老年人（俗称"一小一老"）犯罪的从宽处罚制度。受生理、心理因素的影响，未成年人、老年人犯罪的社会危害性和人身危险性通常有别于一般的成年人犯罪。也正因如此，世界上许多国家都对未成年人和老年人犯罪规定了比较完备的从宽

---

① 参见赵秉志、陈志军：《短期自由刑改革方式比较研究》，载《政法论坛》2003 年第 5 期。

制度。一些国际条约（如《儿童权利公约》、《联合国老年人原则》等），都特别强调对未成年人、老年人的权益保障。与此相比，我国刑法中未成年人、老年人犯罪的从宽制度有待于完善或建立。

（一）未成年人犯罪从宽制度的完善

关于未成年人犯罪的从宽制度，在我国刑法中主要有三个方面的体现：一是关于未成年人无刑事责任年龄和相对负刑事责任年龄的规定，即只有年满16周岁的人才一概地对所有犯罪负刑事责任，已满14周岁不满16周岁的人只对八种严重犯罪承担刑事责任，不满14周岁的人不承担刑事责任；二是关于未成年人犯罪一般从宽的规定，即不满18周岁的人犯罪的，应当从轻或者减轻处罚；三是关于未成年人不适用死刑的规定。总体上看，我国刑法关于未成年人犯罪从宽制度的这些规定存在立法方式简单而分散、立法内容严厉有余而宽和不足、部分立法的科学性有待增强等缺陷，影响了刑法功能的发挥和对未成年人犯罪从宽制度的设置。①

针对我国未成年人犯罪从宽制度存在的缺陷，《刑法修正案（八）（草案）》从三个方面作了完善：一是对犯罪时不满18周岁的人不作为累犯；二是对不满18周岁的人犯罪，只要符合缓刑条件的，应当予以缓刑；三是对未满18周岁的人犯罪被判处5年有期徒刑以下刑罚的，免除其前科报告义务。应当说，草案的这些规定有利于进一步完善我国未成年人犯罪的从宽制度。

不过，除了《刑法修正案（八）（草案）》的上述规定，笔者认为，对我国未成年人犯罪的从宽制度，还应当从以下四个方面进一步完善：第一，改变未成年人刑事立法的分散模式，在刑法典中设立"未成年人的刑事责任"专章，以便集中地规定未成年人犯罪的从宽处罚制度。第二，增补对未成年犯罪人有关刑种的限制适用之规定。具体包括：限定对未成年人适用有期徒刑的最高刑期，使之较对成年犯罪人适用的有期徒刑最高刑期适当低一些；禁止或原则上禁止对未成年犯罪人适用罚金刑和没收财产刑；禁止对未成年犯罪人单独适用剥夺政治权利，并限制附加剥夺政治权利的适用；禁止或者严格限制对未成年犯罪人适用无期徒刑等。② 第三，增加针对未成年犯罪人的非刑罚处置措施，重点采取教育措施或者其他对个人有矫正作用的替代性制裁措施，减少刑罚对未成年人不良心理烙印，保护未成年人的身心健康。第四，放宽未成年犯

---

① 参见赵秉志、袁彬：《我国未成年人犯罪刑事立法的发展与完善》，载《中国刑事法杂志》2010年第3期。

② 参见赵秉志：《未成年人犯罪的刑事责任问题研究（三）》，载《山东公安专科学校学报》2001年第4期。

罪人减刑、假释的条件，促进未成年犯罪人更好地社会化，使其迅速融入社会。

（二）老年人犯罪从宽制度的创建和完善

由于生理衰老快、适应能力低、家庭关心少、社会保障弱等原因，老年人在我国属于弱势群体，对老年人犯罪从宽处罚，既能体现刑罚的人道主义精神，也有利于贯彻宽严相济的刑事政策。也正因如此，最高人民法院于2010年2月出台的一个关于贯彻宽严相济刑事政策的极为重要的司法文件第21条规定，对老年人犯罪要酌情予以从宽处罚。但截至目前，我国关于老年人犯罪的从宽处理都只停留在司法实践层面，刑法立法中并没有关于老年人犯罪从宽处罚的规定。

为了弥补我国刑法关于老年人犯罪从宽制度的欠缺，《刑法修正案（八）（草案）》从三个方面首次创建了老年人犯罪的从宽制度：一是已满75周岁的人故意犯罪的，可以从轻或者减轻处罚，过失犯罪的，应当从轻或者减轻处罚；二是对已满75周岁的人，不适用死刑；三是对已满75周岁的人，只要符合缓刑条件的，规定应当予以缓刑。

除《刑法修正案（八）（草案）》的上述规定外，笔者认为，对老年人犯罪的从宽制度还应当从以下四个方面加以完善：第一，合理界定老年人犯罪从宽的年龄标准。考虑到目前中国人的平均寿命、① 刑事诉讼的周期、老年人的心理能力②等因素，我国应将老年人犯罪从宽的年龄确定为满70周岁。第二，规定年满70周岁的老年人犯罪不成立累犯。第三，放宽对年满70周岁的老年犯罪人适用减刑、假释的条件，以便促使老年犯罪人早日回归家庭、回归社会。第四，增加规定针对年满70周岁的老年犯罪人的非刑罚处置措施，减少老年犯罪人的刑罚适用，实现对老年犯罪人的人道处遇，促进老年人的身心健康和晚年幸福。

六、完善民生的刑法保护

近年来，随着社会的日益发展，我国出现了一些严重损害广大人民群众利

---

① 根据世界卫生组织发布的《2008年世界卫生报告》，中国男性的平均寿命是70周岁，中国女性的平均寿命是74周岁，整个中国人的平均寿命是72周岁。

② 国内外均有调查显示，70岁以上老年人的认识能力会随着年龄的增长迅速下降。参见李长岷：《对老年智能衰退的心理学分析》，载《西南师范大学学报》（哲学社会科学版）1991年第2期；李德明、刘昌：《认知速度老化的研究》，载《中国老年学杂志》2000年第6期等。

益的行为，如以成都的孙伟铭和佛山的黎景全醉酒驾驶机动车致多人死伤为代表的危险驾驶行为。如何加强对这些行为的惩治，将直接关系到我国社会的稳定与和谐。作为维护社会稳定和谐的重要手段，我国刑法应当采取必要的策略和措施加以应对。

（一）民生刑法保护的策略

对于一些同样是危害严重的行政违法或者民事违法等行为，我国和西方许多国家的处理方法完全不同。在我国，受重刑观念、刑法立法相对粗疏等因素的影响，我国过去经常采取犯罪化的手段，并因此出现了一定程度的"过度犯罪化"倾向。与我国的做法相反，许多西方国家因为界定犯罪只看危害性质而不看危害程度，致使犯罪圈很大，因而近年来转向主张采取"非犯罪化"手段，即将一些轻微的、危害不大的犯罪作去犯罪化处理。与此相联系，当前我国出现的一些人民群众反响强烈、严重危害民生的行为也多是由行政管理手段或者民事手段调整的违法行为。对这些行为是一概地对其作入罪化处理，还是继续将其作为非犯罪行为对待？人们有不同的认识。

笔者认为，在当前的社会情势下，对于严重危害民生的行为，"过度犯罪化"和"非犯罪化"的策略均不可取。一方面，刑法作为调整社会关系的最后手段，只有在行政、民事等手段不足以惩治的情况下才能采用。正所谓"刑为盛世所不能废，而亦盛世所不尚。"过度犯罪化只会导致刑罚的滥用，影响刑罚功能的发挥，导致进一步的重刑化倾向。另一方面，我国和许多西方国家在"犯罪"的内涵和外延上存在重大差异：我国严格区分犯罪与一般违法行为的界限，只将严重危害社会的行为规定为犯罪；而许多西方国家则往往在非常宽泛的意义上使用犯罪概念，将许多在我国只视为一般违法的行为也规定为犯罪。因为原有的基础不同以及犯罪观有别，因而不能将西方国家的"非犯罪化"做法简单地搬到中国。

因此，综合我国刑法制度、民众观念、犯罪状况等诸多因素，对当前我国一些严重危害民生的行为，笔者认为，应当主要采取适度犯罪化的策略。所谓适度犯罪化，是指对于一些严重危害民生的行为，应当根据行为的现实危害、影响范围、发展趋势等状况和我国法律制度的配套情况，有选择地予以犯罪化。① 而对于那些只具有暂时性、偶然性并且有较为完善的其他法律制度加以调整的行为，则没有犯罪化的必要。当然，在具体做法上，适度犯罪化的实现途径多种多样，除了增设新罪名外，还可以通过改变已有犯罪构成要件的途径

---

① 参见赵秉志：《我国刑事立法领域的若干重大现实问题探讨》，载《求是学刊》2009年第3期。

来实现犯罪化，从而能够较为便利地实现对严重危害民生行为的刑法惩治。

（二）强化民生刑法保护的措施

在具体措施上，对于当前一些严重侵害民生的行为，我国应当通过增补新罪名、降低入罪门槛、扩充行为类型的方式适度犯罪化。与此同时，对于一些刑法已有规定但处刑较轻的行为，则可以通过提高法定刑的方式加大惩罚的力度。具体而言，我国刑法应主要采取以下措施，强化民生的刑法保护：

第一，增补新罪名。对于一些群众反响强烈、社会危害严重、刑法中又没有相关规定的行为，可以通过增补新罪名的方式实现对行为的犯罪化。对此，我国之前已经通过的几部刑法修正案都有所增补。《刑法修正案（八）（草案）》也增补了危险驾驶、恶意欠薪、组织买卖人体器官等犯罪。除此之外，我们还可以进一步考虑增补其他一些严重危害民生的犯罪。

第二，降低入罪门槛。有一些严重危害民生的行为，虽然刑法规定为犯罪，但由于刑法的入罪门槛较高（如生产、销售假药罪要求足以严重危害人体健康；重大环境污染事故罪要求造成严重后果），不利于保护民生。对此，《刑法修正案（八）（草案）》专门调整了生产、销售假药罪和重大环境污染事故罪的构成条件，降低入罪门槛，增强可操作性。这对强化民生的刑法保护具有重要意义。

第三，扩充行为类型。对于一些刑法已有相关罪名但行为范围较窄的侵害民生行为，可以采取扩充行为类型的方式强化民生保护。在这一方面，《刑法修正案（八）（草案）》扩充了强迫劳动罪、协助组织卖淫罪的行为范围。除此之外，对其他严重危害民生的行为也可以采取这种方式。

第四，提高法定刑。有一些侵害民生的行为，刑法虽然有规定，但是惩治的力度不够，法定刑太低，不利于民生保护。如我国刑法关于敲诈勒索罪的原有法定最高刑为 10 年有期徒刑，不利于对危害特别严重的敲诈勒索行为的惩治，对此，《刑法修正案（八）（草案）》专门增加了一档法定刑，将敲诈勒索罪的法定最高刑提高为 15 年有期徒刑，从而有利于更好地打击严重危害民生的敲诈勒索行为。

七、结　语

刑法内容复杂而体系庞大，刑法改革涉及方方面面，限于时间和篇幅，上面仅对当前中国刑法亟须改革的几个主要问题作了阐述。而就中国刑法改革的整体而言，尤其需要注意以下三点：

第一，还有其他若干重要问题也值得研究，需纳入刑法改革的计划。例如，国际犯罪的国内立法、中国区际（即大陆与港澳台地区互涉案件）刑事管辖权的明文规定、社区矫正的立法以及劳动教养的实体化改革、计算机网络犯罪等新型犯罪的立法完善等。

第二，中国刑法改革有必要本着"先易后难"的原则，区分有关制度改革的轻重缓急，讲究策略，分阶段、分步骤，根据社会关于刑法制度改革的合力，循序渐进。

第三，在中国刑法改革过程中，应充分重视刑法理念革新、刑法立法改革、刑法司法改革三者之间相互依赖、相辅相成的关系，即应以革新刑法改革理念作为先导，以刑法立法改革作为基础和根本，以刑法的司法改革作为关键环节，大胆地尝试，积极地探索，深入地研讨，以实现刑法制度的全面改进。

入罪还是出罪，这是一个问题

——民间高利贷的泛刑法分析

邱兴隆[*]

一、问题的提出

在普通语境中，高利贷无疑是一个为人耳熟能详的词汇。但是，如将其置于法律语境中，高利贷尤其是作为本文之关键词的民间高利贷，则未必人人能给予其准确的界定。所以，开宗明义，进入本文主题前，有必要先予以说明，这里所称的高利贷，是指利率超过中国人民银行同期贷款利率4倍的出借资金的行为。鉴于这样的行为既可以出自银行等金融机构，也可以出自非金融机构，而本文关注的不是前者而是后者，所以，作为本文之关键词的民间高利贷当指非金融机构所为的利率超过中国人民银行同期贷款利率4倍的出借资金的行为。

基于最高人民法院有关司法解释规定，民间借贷，利率不超过中国人民银行同期贷款利率4倍的，借款本金连同利息均受法律保护，因此，此限之内的非金融机构出借资金的行为，与刑法无涉，也不在本文的研究之列。

然而，一方面，鉴于最高人民法院的同一司法解释同时规定，民间借贷，利率超过中国人民银行同期贷款利率4倍的，"超出部分的利息不予保护"；另一方面，民间高利贷普遍存在，在不受法律保护的情况下，放贷者往往采取跟踪、威胁与非法拘禁等不正当手段收贷，以致高利贷容易伴生犯罪，因此，民间高利贷本身是否构成犯罪便作为一个刑法上的问题凸显出来。

耐人寻味的是，在2003年，作为一种随机抽样调查，笔者在 Google 中键入"高利贷"、"犯罪"两个关键词，结果没有找到一个因为单纯的放高利贷而被判刑的案例。检索还使笔者有一个意外的发现：见诸媒体的在全国或者特

---

* 法学博士，湖南大学刑事法律科学研究中心主任，湖南大学法学院教授，刑法学与律师学博士研究生导师。

定区域有重大影响的涉黑案件，有相当一部分涉及放高利贷乃至以高利贷作为主要生存手段或者说经营范围的。① 而所查到的有关这些涉黑案的处理结果显示，即使黑社会性质的组织得以定罪，作为其主业的放高利贷的行为，无论如何严重，最终都没有单独认定为犯罪。但是，在今天，当笔者再次在 Google 中键入"高利贷"、"犯罪"时，关于公安机关集中打击所谓高利贷犯罪的新闻报道俯拾皆是，② 而且关于因发放高利贷被定罪量刑的判例也相继出现。③ 更为有趣的是，在 2003 年前，在涉黑案件中未被认定为犯罪的发放高利贷行为，在近些年中，有越来越被以非法经营罪定罪量刑的趋势，④ 以至于同一法院，在 2003 年的一起涉黑案件中，认为检察机关关于发放高利贷构成非法经营罪的指控不能成立，而在 2007 年的另一起涉黑案件中，则认为发放高利贷的行为构成非法经营罪。⑤

　　随着司法机关对民间高利贷是否犯罪的态度的以上陡变，法律人围绕民间高利贷是否构成犯罪的争议也悄然而至。同样以 2003 年为分界，当时，笔者在 Google 中只检索到个别记者或律师认为民间高利贷构成犯罪的言论，而在今天，支持对民间高利贷以非法经营罪定罪的呼声显然增多。具体表现在，出

---

　　① 例如：《揭秘湖南邵阳"小红宝"案》，载 http：//www. cpd. com. cn/gb/news-paper/2004 – 03/12/content_ 276606. htm。

　　② 例如：《广元市严打"高利贷"违法犯罪活动》，载 http：//www. legaldaily. com. cn/dfjzz/content/2011 – 06/21/content_ 2754760. htm？ node = 7480；《扬中警方严打高利贷赌博犯罪》，载 http：//news. 163. com/11/0428/01/72MJH9GE00014AED. html。

　　③ 例如：《南京首起高利贷入罪案追踪》，载 http：//wenku. baidu. com/view/e-0e422c5aa00b52acfc7ca2b. html；《我市首例放高利贷被判非法经营罪》，载 http：//news. longhoo. net/2010 – 11/29/content_ 4652009. htm；《私放高利贷：犯罪！》，载 http：//www. dffy. com/fazhixinwen/caijing/201103/22064. html。

　　④ 例如：重庆陈坤志等黑社会性质组织案中，陈坤志放高利贷的行为被认定为非法经营罪，判处有期徒刑 15 年。参见《陈坤志被判死缓罚金 3 亿》，载 http：//news. sina. com. cn/c/2010 – 02 – 06/081017056072s. shtml。

　　⑤ 例如：2003 年，湖南省邵阳市人民检察院在起诉姚志宏等黑社会性质组织案时，曾将该案中的发放高利贷行为以非法经营罪起诉，但没有得到邵阳市中级人民法院与湖南省高级人民法院的判决支持。但是，在 2007 年，邵阳市中级人民法院与湖南省高级人民法院均在认定作为黑社会性质组织的保护伞的王石宾在构成包庇、纵容黑社会性质组织罪的同时，将其发放高利贷的行为认定为非法经营罪。

自法律人之口的关于民间高利贷构成犯罪的言说已非个别。①

　　如果说坊间关于民间高利贷构成犯罪的声音从无到有、从少到多，所反映的只是个人的认识，因而尚可理解的话，那么，司法机关对民间高利贷的态度由放任到干预甚至对其组织专项打击行动并定罪量刑，就令人百思不得其解。因此，司法机关态度转变的原因何在，民间高利贷在法律上与法理上是否构成犯罪，以及如果在现行法律框架下其不构成犯罪，那么，是否应该通过修改刑法将其入罪，便是刑法学界不应再沉默的问题。

二、民间高利贷如何被作为了犯罪

　　作为刑事法律人，笔者有一种本能的判断：以特定的时间作为界分，刑事司法界在同一问题上态度陡变，要么是因为刑法做了修改，要么是全国人大及其常务委员会做出了新的立法解释，要么是最高司法机关做出了新的司法解释。但是，不用查询，笔者也知道，尽管自 2003 年至今，刑法有过不止一次的修改，但没有哪一次修改涉及民间高利贷的问题，而且，全国人大及其常务委员会的任一立法解释也未涉及这一问题。余下的，就只能是最高司法机关的解释了。

　　但是，笔者没有找到最高人民法院或者最高人民检察院做出的民间高利贷入罪的任何司法解释。不过，笔者发现，这一陡变肇始于武汉两级法院于 2004 年判决的涂汉江非法经营案。

　　经查阅湖北省武汉市江汉区人民法院（2003）汉刑初字第 711 号刑事判决书，可知涂汉江案的基本案情是："1998 年 8 月至 2002 年 9 月期间，被告人涂汉江、胡敏为了牟取非法利益，或以贺胜桥公司、被告人涂汉江的个人名义，或假借中国农业银行武汉市江汉支行及未经批准成立的武汉市江夏区工商联互助基金会的名义，采取签订借据的形式，按月息 2.5%、超期按月息 9% 的利率，以贺胜桥公司、被告人涂汉江的个人资金、被告人胡敏的个人资金，先后向凌云水泥有限公司及庞达权等 21 家单位及个人发放贷款共计人民币 907 万元，并从中牟取利益共计人民币 114 万余元。"就此，武汉市江汉区人民法院认为，涂汉江对外"高息发放贷款，从事非法金融业务活动，情节严重，根据国务院发布的《非法金融机构和非法金融业务活动取缔办法》第二十二条的规定，应当追究被告人涂汉江的刑事责任。依照《中华人民共和国

---

　　① 例如，高俊霞：《高利贷犯罪研究》，载《法制与社会》2011 年第 21 期；王靓：《初探我国地下金融——民间借贷》，载 http: //cqfy. chinacourt. org/public/detail. php? id = 58794。

刑法》第二百二十五条第（四）项"等规定，判决"被告人涂汉江犯非法经营罪，判处有期徒刑五年，罚金人民币 200 万元"。涂汉江不服一审判决依法上诉后，武汉市中级人民法院除将涂汉江的处刑改为 3 年有期徒刑外，全盘维持了一审判决的定性与定罪理由。

　　根据有关报道，关于涂汉江案的定性，并非一帆风顺，而是几经周折。而且，该案最终被做出有罪判决，实际上是由公安部经济犯罪侦查局、中国人民银行办公厅与最高人民法院刑事审判第二庭"三堂会审"的结果。

　　对于本案，武汉警方最先是以所谓"破坏社会金融秩序罪"① 报请武汉市人民检察院逮捕。武汉市人民检察院经审查，不予批准逮捕。武汉市司法机关经请求马克昌教授等专家论证后，以专家意见为根据，认定涂汉江构成擅自设立金融机构罪，武汉市人民检察院以此罪名批准逮捕涂汉江。鉴于本案是否够成犯罪分歧颇大，武汉市公安局请示公安部经济犯罪侦查局，并由经侦局函询中国人民银行办公厅与最高人民法院刑事审判第二庭，最终以非法经营罪定性。

　　经检索得知，中国人民银行办公厅的答复是《关于贺胜桥公司非法从事金融业务活动性质认定的复函》，该复函被武汉两级法院作为证实涂汉江以个人名义高息发放贷款的行为属于非法金融业务活动的证据予以采信。而最高人民法院刑二庭的答复是《关于涂汉江非法从事金融业务行为性质认定的复函》，该复函认定，涂汉江"向他人非法发放高息贷款的行为，属于从事非法金融活动"，根据国务院《非法金融机构和非法金融业务活动取缔办法》第二十二条的规定，"设立非法金融机构或者从事非法金融业务活动，构成犯罪的，依法追究刑事责任"。因此，涂汉江的行为属于《中华人民共和国刑法》第二百二十五条第（四）项所列的"其他严重扰乱市场秩序的非法经营行为"，因而涉嫌犯非法经营罪。武汉两级法院虽未在判决书中引证，但不言而喻的是，其正是将这一复函作为认定涂汉江构成非法经营罪的法律依据。

　　基于对涂汉江案情与处理经过的以上了解，可以看出，在公安部经侦局的串联下，中国人民银行办公厅解决了作为涂汉江的行为构成非法经营罪的前置条件的"违反国家规定"的要求，即通过将发放高利贷的行为解释为《非法金融机构和非法金融业务活动取缔办法》第四条第（三）项所列的非法发放贷款的行为，而为本案的定罪廓清了障碍。而最高法院刑二庭则在此基础上顺

---

　　① 我国刑法中并无此罪名，因此，武汉警方似不可能以此罪名提请批准逮捕，但有关文章是如此报道的。参见《民间借贷者涂汉江的非法经营罪》，载 http: // china. findlaw. cn/xingfa/ffjyzal/20070209/6768_ 3. html。

理成章地将涂汉江的行为解释成了上述《办法》第二十二条所规定的非法金融行为，进而引证刑法第二百二十五条第四项所列的"其他非法经营行为"，一锤定音地将其认定为非法经营罪。

得到了中国人民银行办公厅与最高法院刑二庭复函的公安部经侦局，自然获得了打击高利贷的上方宝剑。继涂汉江案首开先例后，2004 年，公安部经侦局向陕西省公安厅经侦总队下发《关于对屈定文发放贷款是否构成非法经营罪有关意见的通知》，指出："犯罪嫌疑人屈定文自筹资金，以个人名义向社会发放高息贷款，数额较大的行为与（湖北）涂汉江案的情形有类似之处"，并将最高人民法院刑二庭关于湖北涂汉江等人从事非法金融业务行为性质认定问题的批复转发，建议某县公安局参照。① 于是，屈定文成为第二个涂汉江而受到有罪追究。

此后，全国多地公安机关均将最高人民法院刑二庭的复函奉为以非法经营罪打击民间高利贷的法律依据，相应地，将民间高利贷认定为非法经营罪的司法判例也相继出现。

然而，从对涂汉江案的定罪过程可以看出，姑且撇开后文将专门述及的前列两个复函所为的解释不能成立不说，仅就解释的效力而言，无论是将其中的哪一复函用作把民间高利贷认定为非法经营罪的依据，都并非无懈可击的。

就中国人民银行办公厅的复函而言，即使是中国人民银行本身，也无解释国务院所颁发的行政法规的权力，更何况是作为其一个职能部门的办公厅呢？而《非法金融机构和非法金融业务活动取缔办法》是国务院出台的行政法规，只有国务院本身及其授权的机构才有解释的权力。中国人民银行办公厅的复函所表明的充其量只是其对该行政法规所称的非法发放贷款行为的理解，而不属于对该法规的有权解释。武汉两级法院将这一复函作为认定民间高利贷属于非法金融行为的依据，实际上是将其作为了有权解释，因而属于常识性错误。

至于最高人民法院刑二庭的复函，其效力也存在明显的问题。尽管根据我国现行司法体制，最高人民法院有权就下级法院所请示的个案做出批复，而且，此等批复具有司法解释的效力。但是，一方面，最高人民法院刑二庭本身不具有颁布司法解释的权力，其对具体案件所发表的意见，充其量是只有参考价值的指导性意见，而不具有必须遵循的效力；另一方面，在涂汉江案中，最高人民法院刑二庭不是就下级法院的个案请示做出的批复，而是针对公安部经侦局的个案咨询做出的答复，这意味着最高人民法院在侦查阶段即将未经起诉

---

① 参见《到底是什么送他进看守所？》，载 http://hsb.hsw.cn/gb/newsdzb/2004 - 11/17/content_ 1423244.htm。

与审理的个案提前予以了定罪，构成对检察机关的公诉职能与下级法院的审判职能的僭越。因此，作为下级法院的武汉两级法院，将最高人民法院刑二庭的复函奉为定罪的法律依据，也明显欠妥。

由上可知，迄今为止，民间高利贷被以非法经营罪追究刑事责任，均源于中国人民银行办公厅与最高人民法院对公安部经侦局就涂汉江案的咨询所出具的复函，而该二复函均因不是有权解释而本不应作为对民间高利贷定罪的依据。因此，应该认为，以往关于民间高利贷构成非法经营罪的判例均于法无据，因而也不具有作为判例的引证或者参考价值。

三、民间高利贷是犯罪吗

我国现行刑法已将"罪刑法定"作为一条基本原则予以确认。而"罪刑法定"的基本内核是：法无明文规定不为罪。要对民间高利贷予以定罪，必须在刑法分则中有相应的根据可循。

然而，查遍刑法分则，我们只可以在一个条文里找到近似于"高利贷"的字样。这就是刑法第一百七十五条。但是，该条所规定的不是本文所指向的纯粹民间借贷中的高利贷。它指的是"高利转贷"，即将所获得的银行贷款以高于银行贷款利率转贷给他人，从中赚取利差。这与以自有资金、自筹资金高息出借的民间高利贷有着本质区别。因此，在我国刑法中，不存在对纯粹民间高利贷定罪的显性规定，这是毋庸置疑的。问题的关键在于，民间高利贷是否符合刑法第二百二十五条非法经营罪中的隐性规定，即是否属于"其他严重扰乱市场秩序的非法经营行为"。包括最高人民法院刑二庭的前述复函在内的主张对民间高利贷定罪的言说与判例，所援引的正是这一隐性规定。

在高利贷有罪论者看来，既然是"其他严重扰乱市场秩序的非法经营行为"，而"其他"是一个包罗万象、可以无限推演的概念。那么，任何违反国家规定的经营行为，即使在刑法第二百二十五条没有明文列举，也都可以认定为"其他严重扰乱市场秩序的非法经营行为"。而民间高利贷违反了国务院与中国人民银行的有关规定，因而具有非法性，自然非"其他严重扰乱市场秩序的非法经营行为"莫属。然而，在笔者看来，民间高利贷虽然违反了《中国人民银行关于取缔地下钱庄及打击高利贷行为的通知》，但并未违反有关法律与国务院的行政法规，因而充其量属于违规行为，而不属于违法行为，不具有刑法意义上的非法性，因而不应认定为"其他严重扰乱市场秩序的非法经营行为"。现做如下阐明：

（一）民间高利贷行为不违反"国家规定"，不具有刑法意义上的非法性

根据刑法第二百二十五条的规定，任何非法经营犯罪的成立，均以"违

反国家规定"为前提，任何"其他严重扰乱市场秩序的非法经营行为"也首先必须具备"非法"的特性。这里所谓的"违反国家规定"，根据刑法第九十六条的解释，"是指违反全国人民代表大会及其常务委员会制定的法律和决定，国务院制定的行政法规、规定的行政措施、发布的决定和命令"，而不是指违反国家的政策性规定，更不是指违反国务院各部委等的部门规章。

刑法之所以做出如此解释，是因为国家权力分为立法权、行政权与司法权，全国人大、国务院与最高人民法院和最高人民检察院代表国家分别行使这三项权力。因此，只有该等机构的规定才可称为国家规定。全国人大作为立法机构颁行法律与法律性文件，国务院颁行行政法规与具有行政法规性质的文件，而最高人民法院与最高人民检察院颁行司法解释。不在此列的任何机构，都不代表国家，其规定自然谈不上"国家规定"。然而，通观我国法律与行政法规，无一对民间高利贷行为作出禁止性规定，更无任何单行法规中的附属刑法规范作出了民间高利贷行为应追究刑事责任的规定。

1. 民间高利贷行为不违反《非法金融机构和非法金融业务活动取缔办法》（以下简称《办法》）的禁止性规定

主张对民间高利贷行为按非法经营罪定罪者认为，民间高利贷行为违反《办法》的规定，而该规定属于行政法规，因此，民间高利贷行为具有刑法意义上的非法性。

然而，《办法》并未就民间高利贷行为作出明文禁止，更未作出对民间高利贷行为应追究刑事责任的规定。将《办法》引作对民间高利贷追究刑事责任的法律依据，显属适用法律错误。

其一，《办法》第四条就非法金融业务的范围做了具体规定，而高利贷并未在该条的明文规定之列。尽管该条在具体列举之外还规定"中国人民银行认定的其他非法金融业务活动"也属于非法金融活动，但从该条关于非法金融行为应当系"未经中国人民银行批准，擅自从事的下列活动"中可以看出，只有按照规定需要中国人民银行批准但未经其批准的"中国人民银行认定的其他非法金融业务活动"才有可能构成《办法》所称的非法金融业务活动。而民间借贷不存在需要中国人民银行批准的问题，相应地，民间高利贷也就不属于"未经中国人民银行批准，擅自从事的"非法金融业务活动，因而不在《办法》禁止之列。

其二，早在涂汉江案的复函之前，中国人民银行办公厅于 2001 年做出过《关于以高利贷形式向社会不特定对象出借资金行为法律性质问题的批复》。正是该批复将《办法》第四条第三项所列"非法发放贷款"解释为"未经金融监管部门批准，以营利为目的，向不特定的对象出借资金，以此牟取高额非法收入的行为"。根据这一解释，民间高利贷有可能构成《办法》所禁止的"非法发放贷款"的行为，因而属于非法金融行为。然而，一方面，如前所述，中国人民银行办公厅就作为国务院行政法规的《办法》所做的解释是无权解释；另一方面，在《办法》第四条第三款中"非法发放贷款"是与"办理结算、票据贴现、资金拆借、信托投资、金融租赁、融资担保、外汇买卖"相提并论的，而所有这些行为，都应该属于专业性的金融行为，所指向的应该是金融机构的行为，而不应该扩大解释至非机构金融行为。将民间高利贷这一非机构金融行为解释为"非法发放贷款"的行为，实际上是人为地混同了作为机构金融行为的"发放贷款"与作为非机构金融行为的民间借贷的界限。

其三，根据《办法》第九条的规定，"对非法金融机构、非法吸收公众存款或者变相吸收公众存款以及非法集资，中国人民银行一经发现，应当立即调查、核实；经初步认定后，应当及时提请公安机关依法立案侦查"。这是关于就非法金融机构与非法金融业务活动应提请公安机关立案侦查的范围的规定。而很明显，高利贷行为不在此列。这是对高利贷不构成犯罪的暗示。

其四，《办法》在"第四章罚则"中详细列举了应当追究刑事责任的情况。这些相应的条款，具有附属刑法的性质，构成确定相应的刑法条款中的空白罪状的原始根据。然而，在《办法》所有罚则中，均无对高利贷行为应追究刑事责任的明示或暗示。因此，将《办法》作为对民间高利贷以非法经营罪追究刑事责任的法律根据，缺乏由单行法规过渡到刑法的桥梁，以致刑法关于非法经营罪之"违反国家规定"的空白罪状缺乏可以适用的原始根据，有违基本的法理。

其五，应该着重指出的是，《办法》第二十二条关于"从事非法金融业务活动，构成犯罪的，依法追究刑事责任"的规定，不应被扩大解释为包括单纯的发放高利贷的行为。因为这一规定中的"从事非法金融业务活动"，应当是对在《办法》第四条与第九条中明文列举的非法吸收公众存款或者变相吸收公众存款以及非法集资行为的概称，而不包括此等活动之外的任何金融业务活动，自然也不包括《办法》第四条与第九条没有明文列举的发放高利贷的行为。而最高人民法院刑二庭关于涂汉江案的复函，正是犯了将发放高利贷的行为扩大解释为从事非法金融业务活动的错误。

2. 《中国人民银行关于取缔地下钱庄及打击高利贷行为的通知》（以下简称《通知》）只属部门规章，不具有"国家规定"的效力，不构成认定民间高利贷行为"非法"的根据

《通知》虽然明文禁止民间高利贷行为，但是，众所周知，中国人民银行不具有制定法律与行政法规的权力，其所颁布的任何文件均仅仅属于部门规

章，而不属于法律与行政法规。这就决定了《通知》不具有作为国家规定的效力，对其的违反充其量只属违规，而谈不上违法。相应地，民间高利贷也只属于违规行为，而不属于违法行为，更谈不上属于刑法意义上的非法行为。以民间高利贷行为违反中国人民银行的《通知》的禁止性规定为由，追究其非法经营罪责，显系混淆了部门规章与国家规定之间的区别，抹杀了违规行为与违法乃至非法行为之间的界限。

3. 从《中国人民银行关于取缔地下钱庄及打击高利贷行为的通知》（以下简称《通知》）的有关规定得不出对民间高利贷行为应当追究刑事责任的结论

撇开前述《通知》的性质与效力等问题不谈，仅从《通知》的内容来看，也无法得出其就民间高利贷行为做出了应追究刑事责任的规定的结论。

主张对民间高利贷定罪者可能根据《通知》第一条第二款的规定，得出对民间高利贷行为应追究刑事责任的结论。但是，只需对该规定做一分析，即不难发现，这一结论显然不能成立。

首先，中国人民银行无权指令司法机关对特定的行为追究刑事责任。因此，《通知》关于"构成犯罪的，由司法机关依法追究刑事责任"的规定，应该理解为要求人民银行对于所发现的犯罪行为交由司法机关追究刑事责任，而不应理解为要求或指令司法机关追究刑事责任。而特定的行为是否构成犯罪，应该由司法机关根据法律的规定来认定。相应地，司法机关不应将《通知》引作对特定行为追究刑事责任的根据。

其次，《通知》所列举的"经调查认定的各类形式的地下钱庄和高利借贷活动"，存在不构成犯罪与构成犯罪两种情况。正因如此，其才强调只有"构成犯罪的"才"由司法机关依法追究刑事责任"。从"构成犯罪的，由司法机关依法追究刑事责任"推论民间高利贷构成犯罪，显然人为地排除了行文中已暗示的民间高利贷不构成犯罪的可能性，忽视了《通知》的语境与文法，构成对"构成犯罪的，由司法机关依法追究刑事责任"的曲解。

最后，单就高利贷而言，从《通知》关于"构成犯罪的，由司法机关依法追究刑事责任"的规定，可以同时得出"不构成犯罪的，不应追究刑事责任"的结论。事实上，根据刑法与有关司法解释的规定，用银行贷款转贷、向赌博业者发放高利贷以及为发放高利贷而非法集资等形式的民间高利贷行为，确实有可能构成犯罪。但是，这不等于说利用自有资金发放高利贷的任何行为也构成犯罪。因此，从《通知》关于"构成犯罪的，由司法机关依法追究刑事责任"的规定，充其量只能得出用银行贷款转贷、向赌博业者发放高利贷以及为发放高利贷而非法集资等形式的民间高利贷行为，确有可能构成犯罪的结论，而无法得出所有民间高利贷都构成犯罪的结论，当然也就无法得出以自有资金向非赌博业者发放高利贷的行为也构成犯罪的必然结论。

（二）对民间高利贷行为追究刑事责任有违刑法的立法本意

根据刑法第一百七十五条的规定，将银行贷款转贷谋利的行为，构成高利转贷谋利罪，最高可处七年有期徒刑。在这一明令禁止即明示之下，同时暗示着非高利转贷而以自有资金发放高利贷的行为，不构成犯罪。其理如同刑法明示强奸是犯罪，即同时暗示通奸不构成犯罪一般，无须赘述。因此，将以自有资金放贷行为作为犯罪，构成对刑法的立法精神的背离。正因如此，将民间高利贷行为认定为非法经营罪，才会必然导致与刑法关于高利转贷罪的法定刑的规定上的矛盾。高利转贷是在骗取银行贷款、改变贷款用途的基础上进行的，不但滥用了银行的信任、破坏了金融秩序，而且增加了银行的贷款风险。以自有资金发放高利贷，所存在的风险仅在于行为人自己的资金可能无法收回。两者对比，前者的危害程度远大于后者。然而，根据刑法的规定，高利转贷罪的最高法定刑仅为七年有期徒刑，而非法经营罪的最高法定刑高达十五年有期徒刑。将以自有资金发放高利贷的行为以非法经营罪追究刑事责任，其结果必然使刑法陷入轻罪重刑、重罪轻刑的悖论之中，直接违反罪刑相适应的基本原则。由此可以反证，将民间高利贷的行为以非法经营罪追究刑事责任，有违刑法的立法本意。

（三）对民间高利贷行为追究刑事责任，与最高人民法院有关民事司法解释的精神相背离

早在 1952 年 11 月 27 日颁布的《最高人民法院关于城市借贷超过几分为高利贷的解答》中，最高人民法院即"经函询中央人民政府政务院财政经济委员会的意见"，认同"关于城市借贷利率以多少为宜的问题，根据目前国家银行放款利率以及市场物价情况私人借贷利率一般不应超过三分。但降低利率目前主要应该依靠国家银行广泛开展信贷业务，在群众中大力组织与开展信用合作业务，非法令规定所能解决问题。为此人民间自由借贷利率即使超过三分，只要是双方自愿，无其他非法情况，似亦不宜干涉"。

直至 1991 年颁布的《最高人民法院关于审理借贷案件的若干意见》第 6 条仍然规定，"民间借贷的利率可以适当高于银行的利率，各地人民法院可根据本地区的实际情况具体掌握，但最高不得超过银行同类贷款利率的四倍（包含利率本数）。超出此限度的，超出部分的利息不予保护"。显然，所谓"超出部分的利息"不受保护，就是高利贷所应承担的法律责任。在这里，不但没有对高利贷行为追究刑事责任的规定，甚至也不像单位间的借款一样被规定所约定的利息应予以追缴并对借款人予以同等罚款处罚。

　　由上可见，民间高利贷行为始终被最高人民法院界定为一种民事行为。据此，行为人所应承担的仅仅是高利不受保护的民事法律责任。

　　将民间高利贷行为以非法经营罪追究刑事责任，显然与最高人民法院的以上解释相冲突，不但混淆了民事行为与犯罪行为的界限，而且必然导致如下悖论：根据民事司法解释，高利贷的放贷者只因合同关于高息的约定无效而应将所实际取得的高利返还借款人，贷款人尚未取得的高利借款人有权拒付，但贷款人的本金乃至相当于银行同期贷款利率 4 倍的利息受到法律保护。而一旦将民间高利贷作为犯罪追究刑事责任，贷款人所实际取得的任何利息都会作为非法所得而被收归国有，尚未取得的利息则应自借款人处追缴，甚至借款本金也会被视为用于犯罪的资金而被没收。① 可见，将民间高利贷行为按犯罪追究刑事责任，构成对最高人民法院民事司法解释的颠覆。

　　不得不附带指出的是，将民间高利贷以非法经营罪追究刑事责任，还会导致对最高人民法院其他民事司法解释的违背。例如，根据最高人民法院关于企业之间的借款无效的司法解释，非金融企业之间的借贷关系，属于无效合同，对合同所约定的利息应予收缴，对借款人应处以相同数额的罚款。据此，企业之间的借款行为，即使是高利贷，也只属于应当追究民事责任的民事违法行为。但是，鉴于非法经营罪可以由单位构成，因此，一旦个人的民间高利贷行为被认定为非法经营罪，那么，企业之间的高利借贷行为便势必构成单位非法经营罪，从而再次构成对最高人民法院相关民事司法解释的有关规定的颠覆。

　　（四）对民间高利贷行为追究刑事责任有违刑事司法解释的规定与立意

　　民间高利贷行为不但如前所述地属于民事司法解释所认定的单纯的民事行为，而且也是刑事司法解释不作为犯罪的行为。

　　最高人民法院、最高人民检察院《关于办理赌博刑事案件具体应用法律若干问题的解释》第四条规定，"明知他人实施赌博犯罪活动，而为其提供资金、计算机网络、通讯、费用结算等直接帮助的，以赌博罪的共犯论处"。据此，明知他人实施赌博而向其发放高利贷因系属提供资金的一种方式而应以赌博罪的共犯论处，乃题中之义。在这一明示之下，同时也就暗示着向非赌博者发放高利贷不构成犯罪，系当然之理。相应地，将向非赌博者发放高利贷的行为以非法经营罪追究刑事责任，构成对《解释》的立意的背离。由此必然形成如下悖论：对明知借款的用途是赌博者发放高利贷的行为仅仅只认定为作为轻罪的赌博罪，而且，因为赌博者提供资金的行为只是帮助行为而应认定为从

---

　　① 就笔者所知，在将民间高利贷以非法经营罪追究刑事责任的判例中，是否将贷款本金作为犯罪的资金没收，存在不同的做法。

犯，而对非赌博者或不明知的赌博者发放高利贷的行为反而认定为单独构成作为重罪的非法经营罪，以致对资助他人犯罪的严重的高利贷行为只需在三年以下有期徒刑幅度内从轻处罚，而对资助他人的非犯罪活动的普通高利贷行为反而最高可处有期徒刑十五年，从而明显地违反罪刑相适应的基本原则。

（五）对民间高利贷追究刑事责任，难以确定犯罪的客体

任何犯罪都是侵犯一定的法益即所谓客体的行为。而所谓法益，无外乎个人法益与公共法益，由此才有私犯即自然犯与公犯即法定犯之分。民间高利贷行为，是双方当事人自由意志的体现，自然不存在对借款人个人法益的侵犯的问题。那么，民间高利贷是否构成对公共秩序的侵犯？也许，人们可以主张，民间高利贷侵犯了国家的金融秩序。但由此引发的问题是，一方面，它侵犯的是国家哪个意义上的金融秩序？在肯定民间借贷可以与银行借贷并行的前提下，人们有何理由认为高利贷侵犯了国家金融秩序？假如民间高利贷侵犯的是国家金融秩序，为何刑法不像设立"高利转贷罪"一样，在"破坏金融秩序罪"的名下设立民间高利贷罪，而要将这种行为暗含在非法经营罪的隐性规定之中？另一方面，一旦认定民间高利贷所侵犯的是作为公共法益的金融秩序，那么，鉴于民间高利贷是贷款方与借款方双方的合意，只追究贷款方而不追究借款方的刑事责任，在理论上便难以自圆其说。其理论如同重婚的双方构成对偶共犯，只追究一方而不追究另一方的刑事责任难以成立一般。

以上多方面的分析足以表明，将发放高利贷的行为认定为非法经营罪而追究刑事责任，缺乏应有的法律依据。

四、民间高利贷应该入罪吗

既然按照现行法律，民间高利贷不构成任何犯罪，那么，是否应该通过修改刑法，将其规定为犯罪？笔者认为，从应然的角度来看，民间高利贷也应当非罪化，而不能通过修改刑法等方式来把它规定为犯罪。理由如下：

（一）民间高利贷犯罪化有违契约自由与意志自治的基本精神

民间借贷中，利息的高低是附属于借贷行为的，与借贷行为本身一样，都是借贷双方当事人自由意志的体现，借贷行为包括利率的约定，只要是双方当事人真实意志的表示，即属于自由缔结的契约。因此，把民间高利贷犯罪化，构成对民法上的契约自由和意志自治的原则的背离。这是一个事关民法与刑法的调整范围的界分的问题，因而是一个重要的问题。

民法和刑法在调整范围上应当有界限可循。刑法意味着对人的权利的剥夺与限制，其对公民个人意志与社会生活的介入并非越多越好。毕竟，刑法是终极法，不到万不得已，不应动用。

　　就刑法与民法的关系而言，在一般情况下，由民法所调整的事项，不应用刑法介入。只有个别单纯由民法调整难以达到社会控制的目的的行为，始可考虑进入刑法的调控视野。例如，婚姻、家庭关系，通常是由民事法律来调整，但重婚、遗弃、虐待之类的行为，则超出了民事法律所能调整的范围，而应纳入刑法的调控范围。但是，本文所涉及的民间高利贷行为，属于契约的范畴。而在如下两个前提下，刑法是不应该介入契约行为的：（1）契约不损害他人权利，不妨害他人的自由；（2）契约不损害社会利益，包括不违反相关法律。因为契约是双方当事人自由意志的体现，应该属于绝对意志自治的领域，只要其不妨害他人与社会的利益，社会便应尊重双方当事人的意志自由。

　　那么，民间高利贷是否损害了他人或社会的利益？甲、乙两人签订合同，甲出借一百万元给乙，期限是三个月，约定的月息是八分（8%）。这是典型的一个愿打一个愿挨，自然不存在甲损害乙或乙损害甲的利益的问题。而这又是纯粹发生在甲、乙两人之间的事，不涉及第三者的权利与义务，当然也就谈不上损害第三者即他人的权利的问题。那么，民间高利贷是不是损害社会利益？除非人们认为其危及国家的金融垄断，① 我们便看不出民间高利贷损害了哪个意义上的社会利益。但问题在于，姑且撇开国家的金融垄断是否有其存在的正当性不谈，我们也看不到民间高利贷对金融垄断的危害究竟表现在哪里。因为一方面，民间高利贷的本金属于自有资金，我们不能强求公民只能将自有资金存入银行，而不得借贷给他人，因此，民间高利贷不涉及对存款秩序的侵犯；另一方面，民间高利贷的利率高于银行贷款，自然不会发生由于民间高利贷的存在而减少银行的放贷业务，冲击银行贷款秩序的问题。因此，纯粹的民间高利贷行为既不损害他人利益也不损害社会利益，应该属于单纯的私法调整的领域，而不容刑法介入。

　　（二）民间高利贷是市场经济下的必然产物，其存在有相当的合理性

　　在我国现阶段，以银行为主体的机构金融，是很难满足市场对贷款的巨大需求的。一方面，机构金融以极低的利率吸收存款，使资金的持有者感到银行存款无利可图，因而不愿将资金存入银行，导致大量资金的闲置，这给民间高利贷的存在提供了温床；另一方面，机构金融发放贷款的门槛很高，不但可以获得贷款的科目有限，而且在高度的风险意识之下，审批程序复杂，发放贷款所需的时间冗长。以个人贷款为例，现有贷款科目基本上只限于个人购房、购

---

　　① 事实上，即使是中国人民银行，也不认为国家应该实施金融垄断。其在 2008 年提交国务院讨论的《放贷人条例（草案）》，意在让民间借贷合法化，即表明其对国家金融垄断的否定。

车与助学贷款，除此之外，个人是难以获得银行贷款的。而事实上，有经济学家做过调查，个人借取高利贷主要是基于如下九方面的用途：（1）天灾人祸，借贷求生；（2）日常家用，借贷周转；（3）疾病治疗，借贷救人；（4）借新还旧，借新债还旧债；（5）婚嫁喜丧，借贷应急；（6）农业投入，借贷用于生产；（7）向非农业过渡，如农民外出打工、做小本买卖所需资本；（8）子女学费；（9）其他用途。① 显而易见的是，此等用途，都是难以从金融机构获得贷款的。市场对借贷的如此大的需求与机构金融对市场需求的满足能力的有限，给民间高利贷的存在，提供了巨大的空间。至于机构金融贷款的审批程序复杂、发放贷款所需的时间冗长，也会使相当一部分符合贷款条件而急需贷款的人，对机构贷款望而生畏。因为经营性借款对机构贷款的市场需求是最大的，而除固定资产贷款之外，流动资金贷款的时间性极强，在特定的时间内，资金不能到位，商机稍纵即逝。但机构贷款特有的审批程序、贷款担保的资产评估等，决定了机构放贷难以适应流动资金贷款所要求的快捷性。而民间借贷则具有很大的灵活性。据调查，在民间借贷成规模发展的区域，1000万元内的民间借贷，甚至在24小时内即可到位。② 因此，为了不丧失商机，相当一部分流动资金借款的需求者，宁可付出高于银行贷款多倍的利率借高利贷，也不愿去申请银行的低息贷款。鉴于此，民间高利贷相对于银行贷款在程序上的简单与时间上的快捷性，也给它的流行创造了条件。

机构贷款能力的有限性及其相对于民间借贷的劣势，导致了民间高利贷有其存在的必然性。而具有存在的必然性的事物，其存在自然也是合理的。

（三）民间高利贷功大于过

尽管法律界基于对高利贷的传统认识以及对高利贷所派生的犯罪的忧虑而对高利贷始终持贬抑态度，但经济学界近年来正在为高利贷正名。著名经济学家茅于轼关于"高利贷不是剥削，是利国利民大好事"③ 的说法虽非经济学界的通说，但在很大程度上代表着经济学界的一种呼声。经济学界近年发表的陈

---

① 参见刘瑞明：《高利贷借贷的逻辑》，西北大学经济管理学院工作论文。

② 笔者曾作为律师介入过一起民间借贷：某开发商欠银行贷款3000万余元，无力偿还。法院裁定以820万元拍卖作为抵押物的房地产。开发商欲回购，但无资金。于是，在笔者的引荐下，一位温州商人同意出资820万元买下抵押物，并与开发商约定，三个月内由开发商以1120万元回购温州商人拍得的房地产。自启动到成交，前后不到48小时。

③ 茅于轼：《高利贷不是剥削，是利国利民大好事》，载 http://hi.baidu.com/fjyt/blog/item/fb8ba8af1f443fcc7dd92a33.html。

志武①与刘瑞明②就高利贷所进行的实证研究的两项代表性成果，令人信服地说明了高利贷确系功大于过。前者通过运用 1934 年民国政府中央农业试验所对当时全国 22 个省的千千万万乡村家庭的各方面经济状况所做的调查，进行诸种关联分析，得出了高利贷刺激区域经济发展的结论，而后者则通过对农民高利贷借贷行为和借贷市场的调查，揭示了民间高利贷弥补了机构金融借贷的不足。通观这些研究成果，结合笔者的思考，认为民间高利贷除了诱发犯罪这一"过"之外，至少具有如下值得关注与肯定的"功"：

首先，民间高利贷提高了资金的使用率。在经济发达地区，如浙江温州等地，个人手中的闲置资金较多。在银行存款利率低下，对资金持有者失去吸引力，而商机有限、投资风险大的情况下，发放高利贷成为使社会闲置资金进入流通领域的重要途径。因此，在提高资金使用率方面，民间高利贷功不可没。

其次，民间高利贷满足了市场对资金的需求。长期以来，我国始终把机构金融借贷视为正宗，认为银行借贷是满足市场资金需求的主要乃至唯一手段。然而，事实上，一方面，正如前面所引证的一样，市场对资金的需求，有很多领域是机构金融借贷所不及的；另一方面，即使是机构金融借贷所能及的领域，机构金融借贷的僵死性决定了其不可避免地会把相当一部分资金的需求者拒之门外。而对这两方面的市场需求的满足手段，当然非民间高利贷莫属。据统计，仅国家开发银行一家一年所发放的助学贷款就高达 80 多亿元之巨。③而在机构金融出台助学贷款这一新的金融产品之前，学生求学所短缺的资金，在很大程度上是由民间借贷所解决的。由此可见，民间高利贷在满足市场资金需求方面之贡献可见一斑。

再次，民间高利贷刺激了经济的发展。有研究表明，在历史上，经济不发达的地区，民间借贷越不发达，民间借贷的利率越高。而经济发达的地区，民间借贷越发达，民间借贷的利率越低。④ 这是因为，在经济不发达地区，一方面，人们所注重的是温饱问题，对资金的需求量不大，只有在迫不得已的情况下才会产生借款需求，因而不惜高利借款；另一方面，在此类地区，闲置资金量不大，有钱人缺乏竞争对手，面对资金需求的迫切性，其完全掌握有抬高利率的主动权。而在经济发达地区，一方面，人们所注重的是商品经济，基于生

---

① 陈志武：《反思高利贷与民间金融》，载《新财富》2005 年第 8 期。
② 刘瑞明：《高利贷借贷的逻辑》，西北大学经济管理学院工作论文。
③ 《80 亿贷款救济 143 万贫困生签合同》，载《北京青年报》2011 年 8 月 31 日。
④ 陈志武：《反思高利贷与民间金融》，载《新财富》2005 年第 8 期。

产、流通与消费等对资金的需求量大，资金拆借便成为满足这种需求的主要渠道；另一方面，经济的发达导致大量有钱人的存在，巨额的剩余资金需寻找市场，面对广阔的资金需求市场，民间放贷呈产业化趋势，在放贷者之间形成了竞争的态势，民间借贷的利率自然得到平抑。由此可见，民间高利贷在民营经济的发展中所起的刺激与促进作用也是不可低估的。

最后，民间高利贷分摊了机构金融的贷款风险。在我国现阶段，贷款风险成为银行所关注的首要问题。但是，即使在不能不说严密与烦琐的风险防范机制下，银行仍有大量死贷存在。正因如此，各大商业银行才专门成立了处理不良债权的资产公司。而机构金融大量不良资产存在的现状，是在民间借贷分担了其风险的情况下形成的。我们可以大胆假设，一旦民间借贷销声匿迹，市场对资金的所有需求都由机构借贷来满足，机构金融所承担的贷款风险便必然成倍增加。因此，我们不得不正视民间高利贷在机构金融之外满足市场需求的同时还在很大程度上缓解了机构金融的贷款风险的事实。

由上可见，撇开其诱发的犯罪不谈，高利贷可谓有利无弊。笔者不敢断言，我国法律长期以来对民间高利贷所持的放任态度，是基于对高利贷的诸种益处的追求，更不敢妄言，在这种放任态度的背后，隐含着国家对高利贷之利弊的一种功利的权衡，即为求高利贷之利而放任高利贷诱发犯罪之弊，但是，笔者不得不理性地指出，对一种利大于弊的现象，动用刑罚来禁止，绝对不是一种理性的选择。

（四）民间高利贷伴生犯罪不能作为民间高利贷应当犯罪化的理由

民间高利贷因可能采取过激的收贷方式而可能派生一些犯罪，这是人们要求对民间高利贷予以犯罪化的重要原因。[①] 但是，笔者认为，民间高利贷是一回事，而民间高利贷派生犯罪则是另一回事。我们天天都在见证交通事故的发生，而且，我们甚至不得不承认，交通事故成了今天最大的杀手，但我们不能因此而取消交通，而只能是在发展交通的同时采取有效措施控制与减少交通事故的发生。当我们积极采取了有效措施后，仍然无法避免交通事故发生时，我们只能把交通事故的发生认为是享受交通便利所必须付出的代价。对于民间高利贷派生犯罪，也是如此。既然民间高利贷的存在是必然的、积极的，我们便不能因其派生犯罪而取缔它，更不应用刑罚来遏制它本身的存在。因为民间高

---

① 例如，高俊霞：《高利贷犯罪研究》，载《法制与社会》2011 年总第 21 期；《胡旭晟委员：法律应明确高利贷行为违法》，载 http://news. sina. com. cn/c/2006 - 03 - 09/07348396855s. shtml。

利贷所派生的任何犯罪，都是刑法以刑罚后果所明文禁止的行为。这表明，立法者已为遏制民间高利贷所派生的犯罪尽力了。至于在刑法已禁止以非法拘禁、绑架、故意伤害之类的手段收贷的情况下，以此等手段收贷的现象仍然存在，与故意杀人虽受刑法禁止但仍然大量存在一样，不是刑法本身所能解决的，而只能理解为是社会为自身的生存所必须付出的代价。其实，最易派生犯罪的并非民间高利贷，而是吸毒与卖淫、嫖娼等行为。尽管我们对此等行为本身也以治安管理处罚法予以介入，但我们并不以此等行为派生大量犯罪、引发严重治安问题为由，主张将其犯罪化。原因在于，吸毒是行为人的一种自虐行为，卖淫与嫖娼则是行为人自愿的行为，其本身并不危及他人与社会利益。既然我们不以吸毒、卖淫、嫖娼等派生犯罪为由主张将其犯罪化，我们又有何理由以民间高利贷派生犯罪为由对其犯罪化？

（五）遏制民间高利贷所派生的犯罪的最有效的途径是对民间高利贷予以法律保护

谈到民间高利贷派生犯罪，我们其实应该更多地想一想，它为什么会派生非法拘禁之类的暴力犯罪？实际上，诸如此类的犯罪，都是在借款人不能如期归还本息的情况下，贷款人为收回借款本息，才发生的。如果借款人能如期归还本息，贷款人的债权能得到有效回收，他是不会也没有必要冒犯罪的风险的。而在很大程度上，对于贷款人来说，使用非法拘禁等私力救济的手段来收回贷款本息，也是一种不得已的选择。因为在目前的法律框架下，民间高利贷不受保护。相应地，当借款人拒不还款或无能还款时，贷款人无法通过诉诸法院等方式借助司法救济而实现自己的债权。这样，私力救济便成为唯一可行的手段。我们可以假设，一旦民间高利贷合法化，如同普通民间借贷一样能受到法律保护，债权人可以将欠高利贷者诉诸法院，又还有多少人愿意用违法犯罪的手段来收贷？毕竟，任何理性的放贷者所追求的都是在成本最小的前提下的效益最大化，在不违法犯罪也可以达到有效地回收债权的前提下，有谁会愿意选择以受刑罚惩罚为代价的违法收贷方式？因此，使包括高利贷在内的民间借贷合法化，将其纳入受法律保护的范围，才是遏制因民间高利贷所派生的犯罪的真正有效的途径。

其实，一旦民间高利贷被合法化，在放贷者之间便必然形成竞争机制，民间高利贷的利率也势必随之下降，借款人所承受的还款负担也就会减轻。相应地，因借款人无力还贷或拒不还贷所诱发的追债型的犯罪也必然在一定程度上减少。

当然，即使在民间高利贷被合法化之后，如果债权人告之法院，债务人仍然拒不还钱或者无力还钱，也仍然存在债权人私力救济的可能性，因而仍然有可能引发非法拘禁之类的犯罪。但问题在于，民间非高利的借贷行为，即利率在人民银行所规定的利率 4 倍以内的借贷行为，也同样可能出现借款人拒不还款或者无力还款，即使债权人诉诸法律，其债权最终也得不到实现的情况，因而也同样可能会通过非法拘禁等私力手段来收债。正因如此，刑法中才有为讨债而绑架他人的，不按绑架罪而按非法拘禁罪处理的规定。因此，我们说民间高利贷合法化是遏制高利贷所派生的犯罪的最有效的手段，并不是说民间高利贷合法化了，就不会派生犯罪了，而是说通过把民间高利贷犯罪化来遏制其所派生的犯罪，远不如使民间高利贷受法律保护更为有效。①

---

① 回顾 20 世纪 90 年代，发生于湖南的这样一个历史事实，也许对我们大有启发：当时，大米在湖南的市场上一斤只要 1 元钱左右，而广州的市场上卖到了 5 元钱一斤。湖南与广州是邻省，农民见贩卖大米有利可图，便纷纷做起了贩卖大米的生意。但是，为了保证政府对大米外调的垄断，湖南官方出台地方法律，禁止民间贩运大米等农副产品出省，并在湖南到广东的道路上设卡查堵。然而，查禁活动不但未能遏制大米的外流，而且还引发了殴打查堵人员、冲关与贿赂查堵人员等违法犯罪现象。而后来，湖南的大米市场开放，湖南的大米源源不断地流入广州市场，不但解决了湖南的大米积压问题，而且，抑压了广州的米市价格，自然也就不再存在因严禁大米出省所派生的违法犯罪现象。民间高利贷因不受法律保护而派生犯罪，如同当年湖南禁止大米出省而引发犯罪。一旦民间高利贷合法化，其势必如同开放湖南大米市场使禁止大米出省所派生的犯罪不复存在一样，构成遏制民间高利贷所派生的犯罪的最佳途径。

有利被告的中国历史话语

邢馨宇*

近年来，有利被告论开始受到中国学界的关注。① 然而，一方面，关于有利被告究竟仅仅适用于刑事程序法还是同时适用于刑事实体法，学界争论颇大；② 另一方面，基于有利被告系"存疑即有利被告"这一西方法谚的简称，中国学界曾有人认为此论为舶来品，未必符合中国国情，因而对其在中国的贯彻持怀疑乃至否定态度。③ 鉴于此，就相关的中国法律史料做一梳理，从历史的角度弄清有利被告是否有其生存的中国土壤等问题，以澄清中国学界在有利被告论上的有关争议，委实成了一个有待研究的课题。

一、"罪疑惟轻"

在中国历史上，直至民国以前，虽无有利被告的提法，但有利被告的精神，以特有的中国话语凸显在中国历代法律文献与著作中。而且，历史的脉络

* 法学博士，湖南警察学院教师。

① 参见邱兴隆：《刑法理性导论——刑罚的正当性原论》，"关于本书基本原理的说明"，中国政法大学出版社 1999 年版；张明楷：《"存疑时有利于被告"原则的适用界限》，载《吉林大学社会科学学报》2002 年 1 月第 1 期；时延安：《试论存疑有利于被告原则》，载《云南大学学报法学版》2003 年第 16 卷第 1 期；邱兴隆：《有利被告论探究——以实体刑法为视角》，载《中国法学》2004 年第 6 期；张兆松：《"刑法存疑时有利于被告原则"质疑——兼与邱兴隆教授商榷》，载《人民检察》2005 年第 6 期（上）。

② 邱兴隆、时延安等主张，有利被告是同时适用于程序刑法与实体刑法的一个刑法理念（参见邱兴隆：《刑法理性导论——刑罚的正当性原论》，"关于本书基本原理的说明"，中国政法大学出版社 1999 年版；《有利被告论探究——以实体刑法为视角》，载《中国法学》2004 年第 6 期；时延安：《试论存疑有利于被告原则》，载《云南大学学报》（法学版）2003 年第 16 卷第 1 期。张兆松等认为，有利被告只适用于刑事诉讼语境之中，而不适用于实体刑法的语境中［参见张兆松：《"刑法存疑时有利于被告原则"质疑——兼与邱兴隆教授商榷》，载《人民检察》2005 年第 6 期（上）］。

③ 参见黄贻祥：《应当批判辩护人的"有利被告论"》，载《法学》1958 年第 3 期。

清晰地展现，早在夏、周时期，作为有利被告思想体现的"罪疑惟轻"理念，即作为司法的指导思想，完成了由提出到定制的演变。

根据《尚书》记载，2300 年前，皋陶即在舜帝的御前会议上提出："罪疑惟轻，功疑惟重；与其杀不辜，宁失不经。"① 所谓"罪疑惟轻"，历存两种解说。一说以胡适为代表，将其界定为，"证据不够，只宜从轻发落"。② 在这里，"罪疑"被理解为有关犯罪的事实存在疑问，即难以认定。另一说源于宋代理学家蔡沈的注解，他认为，"罪已定矣，而于法之中有疑其可重可轻者，则从轻以罚之"。③ 意即定罪之后，还有可以重判也可以轻判的疑问，就从轻量刑。《现代汉语成语词典》沿用蔡沈的解释，认为"罪疑惟轻"是指"罪行轻重有可疑之处，只应从轻判处"。④ 至于"与其杀不辜，宁失不经"，通说认为，其意为宁可违反成规定法，也不能处死无辜之人。

尽管限于史料，无从考证，在舜帝时期，"罪疑惟轻"是否被贯彻于具体的法律制度之中，但从周代的"金作赎刑"中，则依稀可见"罪疑惟轻"被开始制度化。据《周礼·秋官·职金》载："掌受士之金罚货罚，入于司兵。"⑤ 郑玄注释说："货，泉布也；罚，罚赎也。入于司兵，给治兵及工值也，故曰金作赎刑。"⑥ 贾彦之则注曰："掌受士之金罚者，谓断狱讼者有疑，即使出赎。既言金罚，又云货罚者，出罚之家，时或无金，即出货以当金值。"⑦ 综合二人的注释，可知周代的"金作赎刑"制度，是指在被告人是否构成犯罪存在疑问时，只缴纳"金"或"货"，而不判处人身刑。因此，"金作赎刑"之被作为处理疑罪的一种手段，在周代已被实际运用，因而标志着有利被告之制度化的萌芽。

不仅如此，据《吕刑》记载，"吕命穆王训夏赎刑，作《吕刑》"。即西周时，本承夏代的赎刑制度，制定了《吕刑》，确立了"疑赦"制度。作为贯彻"罪疑惟轻"思想的配套设施，"疑赦"制度的问世标志着有利被告已成定制。所谓"疑赦"，即"犯五刑之罪而有疑的，易科五罚"，亦即"墨辟疑赦，其罚百锾，阅实其罪；劓辟疑赦，其罚惟倍，阅实其罪；剕辟疑赦，其罚倍差，阅实其罪；宫辟疑赦，其罚六百锾，阅实其罪；大辟疑赦，其罚千锾，阅

---

① 《尚书·大禹谟》。
② 胡适：《胡适的日记》，中华书局 1985 年版，第 599 页。
③ （南宋）蔡沈：《书经集传》，上海古籍出版社 1987 年版。
④ 《汉语成语词典》。
⑤ 《周礼·秋官·职金》。
⑥ 《周礼注疏·卷三十六》。
⑦ 《周礼注疏·卷三十六》。

实其罪。"① 墨、劓、剕、宫、大辟，系周代的五种正刑，"疑赦"即有疑从宽。凡是犯了五刑之罪，而事有可疑，不能定罪的，即改判罚锾。在这里，罚锾并非实体意义上的刑罚，即不等于是最终的处理结果，而仅仅是一种变通措施。基于"疑赦"而罚锾之后，仍然存在"阅实其罪"即应继续查实犯罪的问题，因此，这里所谓的罚锾，并非今天作为刑罚方法的罚金，而更类似于今天的保释金。"疑赦"，亦非今天的赦免或者无罪释放，实为缴纳一定金钱而保释，因而类似于今天的取保候审。可见，疑赦作为处理疑罪的手段之于周代的问世，意味着"罪疑惟轻"作为定制得到了立法与司法的体认。

自周以后，"罪疑惟轻"得到了思想与制度层面的双重承续，以至于其成了中国法律文化的有机组成部分。

根据史料的记载，"罪疑惟轻"，不但自《左传》即被上升到了德政与仁政的高度，所谓"赏疑从与，所以广恩也；罚疑从去，所以谨刑也"，② 而且，其作为一项指导原则为历代执法者所自觉遵循，甚至还作为定制而存于汉代以后的各代律令之中。

《册府元龟》载曰："汉高帝七年制诏御史，狱之疑者或不敢决有罪者，久而不论无罪者，久系不决。自今以来县道官狱疑者，各谳所属二千石官，二千石官以其罪名当报之。所不能决者，皆移廷尉，廷尉亦当报之，廷尉所不能决，谨具为奏，传所当比律令以闻。"也就是说，汉高帝时，本承"罪疑惟轻"的宗旨，专门就疑罪规定了逐级呈报制度。这一制度，在汉武帝时得到了继承。即"武帝征和四年九月诏曰：诸狱疑者，虽文致于法而于人心不厌者，辄谳之后。元年正月诏曰：狱，重事也。人有智愚，官有上下，狱疑者谳有司，有司所不能决，移廷尉。有令谳而后不当，谳者不为失（假令谳讫其理不当所谳之人不为罪失）。欲令治狱者无先宽"。③ 正由于为人君者如此恪守"罪疑惟轻"的古训，作为司法官员的为人臣者便更视"罪疑惟轻"为信条。因此，才有了"于定国为廷尉，其决疑平法，务在哀鳏寡，罪疑从轻，加审慎之心"的记载。④ 由是，"罪疑从轻"作为"罪疑惟轻"的同义词，一并成为汉语成语。⑤ 可见，在汉代，"罪疑惟轻"作为司法原则得到了推崇。

汉以后的南北朝时期的陈国，虽系昙花一现的"短命王朝"，但这并不妨

---

① 《尚书·周书·吕刑》。
② 《左传》。
③ （宋）李昉：《册府元龟·卷一百五十一·帝王部·慎罚夫》。
④ 《汉书·于定国传》。
⑤ 《汉语成语词典》。

碍其对"罪疑惟轻"的重视。据《陈书》记载，陈高祖与陈世祖均将"罪疑惟轻"作为刑事司法的基本策略。《陈书·本纪第二·高祖下》载称，陈高祖曾在永定元年三月甲午，诏曰："罚不及嗣，自古通典，罪疑惟轻，布在方策。"而《陈书·卷三十三·列传第二十七·儒林》亦载：世祖即位后，与众臣讨论立法问题。都官尚书周弘正议曰："夫与杀不辜，宁失不经。罪疑惟轻，功疑惟重。斯则古之圣王，垂此明法。"

至唐代，"罪疑惟轻"理念得到了空前的重视。从"罪疑惟轻"的理念出发，唐律规定，"诸疑罪，各依所犯，以赎论"。关于"疑罪"，唐律的界定是，"疑，虚实之证等，是非之理均；或事涉疑似，傍无证见；或傍有闻证，事非疑似之类"。就疑罪的处理，唐律还规定了专门的处置程序："即疑狱，法官执见不同者，得为异议，议不得过三。"就此，《唐律疏仪》作了进一步的注疏："'疑罪'，谓事有疑似，处断难明。'各依所犯，以赎论'，谓依所疑之罪，用赎法收赎。"就唐律关于疑罪的界定，《唐律疏仪》注疏为：所谓"虚实之证等"，是指"八品以下及庶人，一人证虚，一人证实，二人以上，虚实之证其数各等，或七品以上，各据众证定罪，亦各虚实之数等"；所谓"是非之理均"，是指"有是处，亦有非处，其理各均"；所谓"事涉疑似"，是指"赃状涉于疑似，傍无证见三人；或傍有闻见三人，其事全非疑似"；之所以以"之类"概称之，是因为"或行迹是，状验非；或闻证同，情理异。疑状既广，不可补论，故云'之类'"；所谓"即疑狱"，是指"狱有所疑，法官执见不同，各申己见，'得为异议'，听作异同"；所谓"议不过三"，是指"丞相以下，通判者五人，大理卿以下五人，如此同判者多，不可各为异议，故云'议不得过三'"。① 综观这些规定，可以发现，唐律是将因证据不足而导致犯罪事实不清的案件作为疑罪。如果仅以此为据，胡适关于"罪疑惟轻"的解说是无懈可击的。而唐律规定的对于疑罪的处置即适用赎法，自然是指不处以实质性的刑罚，而只处以赎金。但因唐律并未像《吕刑》那样做出"阅实其罪"的规定，赎金究竟是对疑罪的一种处理结果还仅仅是一种保释金，难以定论。

基于立法上对"罪疑惟轻"的体认，在唐代，"罪疑惟轻"作为司法原则得到了遵循。因此，在唐代，以"罪疑惟轻"作为根据的判例，俯拾皆是，因而可以从一个侧面印证"罪疑惟轻"在唐代受到了非凡的重视。例如，柳宗元曾为一疑案上奏。被告莫诚为救其兄莫荡，以竹子刺击攻击其兄莫果的右臂，莫果在十一日死亡。按当时的律条，莫诚当以杀人论处。柳宗元"以莫

---

① （唐）长孙无忌等撰：《唐律疏议》，中华书局 1988 年版。

诚赴急而动，事出一时，解难为心，岂思他物。救兄有急难之戚，中臂非必死之疮，不幸致殂，揣非本意。按文固当恭守，抚事亦可哀矜。断手方迫于深哀，周身不遑于远虑"，引证"罪疑惟轻"说，提出对莫诚予以免予死刑的处罚。① 柳宗元的这一奏折最终是否获允，难以考证，但其以"罪疑惟轻"作为定罪量刑的指导思想，则从此奏折中可见一斑。又如，永徽二年（公元651年），华州刺史萧龄之受贿事发，唐高祖令大臣讨论治罪。大多数人认为应该判处萧龄之死刑，时任御史大夫的唐临以"罪疑惟轻"为据，提出异议，主张对萧龄之可以不处死刑。唐高祖采纳唐临的意见，萧龄之得以免死。由此可见，"罪疑惟轻"在唐代已成为君臣共守的至理。同时，鉴于该二案并非证据不足，事实不清，而对其的处断也不是适用赎法，但又均是援引"罪疑惟轻"对其做出的宽大处理，因此，可以进一步得出这样的结论，即在唐代，"罪疑惟轻"的意义已远远越出了"罪疑从赎"的立法的雷池，而被扩展成为一条具有普通适性的原情宽大处置的司法原则。

在宋代，"罪疑惟轻"的理念之影响，较之唐代，有过之而无不及。就制度层面而言，《宋刑统》在《疑狱》篇中几乎一字不差地沿袭了唐律关于疑罪的认定界定、处置程序与处置结果的规定，从而继承了疑罪从赎的处置原则。

北宋大文豪苏轼撰文《刑赏忠厚之至论》就"罪疑惟轻"感言道，"可以赏，可以无赏，赏之过乎仁；可以罚，可以无罚，罚之过乎义。过乎仁，不失为君子；过乎义，则流而入于忍人。故仁可过也，义不可过也。古者赏不以爵禄，刑不以刀锯。赏以爵禄，是赏之道，行于爵禄之所加，而不行于爵禄之所不加也。刑以刀锯，是刑之威，施于刀锯之所及，而不施于刀锯之所不及也。先王知天下之善不胜赏，而爵禄不足以劝也；知天下之恶不胜刑，而刀锯不足以裁也。是故疑则举而归之于仁，以君子长者之道待天下，使天下相率而归于君子长者之道。故曰忠厚之至也。"② "罪疑惟轻"之在宋代的影响的深入人心，由此可见一斑。

即使是以主张刑罚严厉而著称的南宋理学家朱熹，也对"疑罪惟轻"不持排斥态度，而认为"罪之疑者从轻，功之疑者从重。所谓疑者，非法令之所能决，则罪从轻而功从重"，他所反对的仅仅是"凡罪皆可从轻，而凡功皆可从重"。③ 朱熹的高足、同为南宋理学家的蔡沈就"与其杀不辜，宁失不

---

① 《四库全书·集部·柳宗元集·卷三十九·奏状》。
② 傅德岷、赖云琪主编：《古文观止鉴赏辞典》，上海科学技术文献出版社 2008 年版，第 466 页。
③ 黎靖德：《朱子语类》，中华书局 1994 年版，第 2711 页。

经"阐释道："谓法可以杀，可以无杀。杀之则恐陷于非辜，不杀之恐失于轻纵。二者皆非圣人至公至平之意，而杀不辜者，尤圣人所不能忍也。故与其杀之而害彼之生，宁姑全之而自受失刑之责。此其仁爱忠厚之至，皆所谓好生之德也。"①

明代法律虽无与唐、宋律相匹敌的"罪疑惟轻"制度，但这不等于说"罪疑惟轻"的理念在明代没有得到重视。据《明太祖宝训》记载，洪武十四年九月辛丑，明太祖敕刑部尚书胡祯等曰："帝王抚临百姓，皆欲其从化，至于刑罚，不得已而用之。故唐虞之法，罪疑惟轻，四凶之罪，止于流窜。今天下已安，法令已定，有司既不能宣明教化，使民无犯，及有小过，或加以苛刻，朕甚悯焉。夫上有好生之德，则下有为善之心。改过者多，则轻生者少。自今惟十恶真犯者决之如律，其余杂犯死罪，皆减死论。"② 由此可见，"罪疑惟轻"被明太祖奉为刑事司法的原则。正因如此，在《断狱》篇之《辩明冤枉条例》与《辩明冤枉新颁条例》名下，《大明律》就疑罪的处理，做出了相应的规定。根据该二《条例》，对于确有冤枉及情有可矜疑者，应奏请定夺。对于"各犯情可矜疑的，都饶死，发边卫充军。笃疾的，放了"。③ 尽管根据明律的这一规定，对于罪疑的死囚不再像宋律一样沿袭周代的规定适用赎法，而适用充军，但相对于死刑，充军是生刑，体现了"惟轻"与"与其杀不辜，宁失不经"的基本立意，因而也不失为对"罪疑惟轻"的遵循。正因如此，明末著名思想家黄宗羲才发出了"罪疑惟轻，则冥途有重返之魄"④ 的感叹。

值得指出的是，明律将矜、疑相结合，将"其情可怜"与"其罪可疑"⑤两种情由相提并论，使萌发于宋代司法实践中的将"罪疑惟轻"的适用范围由"疑罪"扩展到"矜罪"的做法得到了立法的提升与确认，从而使"罪疑惟轻"的内涵与外延已远远超出了胡适立足于程序的角度给其所下的界定。因为如果说这里的疑罪尚可解释为证据不足、事实不清的话，所谓"矜罪"则是在证据充分、事实清楚的基础上对被告人所得出的犯罪情有可原的综合评价，其构成法官量刑时所考虑的一个事由，相当于今天所说的酌定从宽处罚的情节，因而不再属于程序问题，而属于实体问题。

也许，一方面，"罪疑惟轻"是汉族法律文化的结晶；而另一方面，与元

---

① （南宋）蔡沈：《书经集传》，上海古籍出版社 1987 年版。
② 《明太祖宝训·卷五·求贤》。
③ 怀效锋点校：《大明律》，法律出版社 1999 年版，第 440 页。
④ （明）黄宗羲：《明司马澹若张公传》。
⑤ （清）方苞：《狱中杂记》曰："其情可怜，其罪可疑，秋审入矜疑。"

代一样，清朝是外族入侵的产物，因此，诚如元律对"罪疑惟轻"的忽视一样，在清代立法中，"罪疑惟轻"的理念似不如其他朝代的立法贯彻得明显而具体。但是，从有关史料的记载来看，低估"罪疑惟轻"对清代司法产生影响，无疑是武断的。至少，在作为清代三大杰出统治者的康熙、雍正与乾隆治下，"罪疑惟轻"的原则得到了珍视。

康熙对"罪疑惟轻"的真义颇有见地。他指出："《书》云罪疑惟轻，以其罪之情由有可疑之处而轻之也。若无可疑，则以公平为贵。"① 康熙不但如此说，而且也是如此做的：康熙二十年，理藩院处理一案：盗马罪犯阿毕大等五人，被依律判处斩立决，家产妻子，则给失马之人为奴。理藩院上报案情后，康熙指出："朕念人命关系重大，每于无可宽贷之中，示以法外得生之路。《书》所谓罪疑惟轻也。阿毕大等，家产妻子，既给失马之人，若本犯免死，给与为奴，则失马者，得人役使，于法未为不当。嗣后著为定例。"② 耐人寻味的是，康熙在解释"罪疑惟轻"时，所持的是严格的文理解释，将"惟轻"的前提限定于"其罪之情由有可疑之处"，但在处理阿毕大盗马案时，其对"罪疑惟轻"却是适用的扩大解释，即把"惟轻"的前提扩大到了"其罪有可矜的事由"。这一方面说明，前述萌发于唐代司法实践、定制于明朝立法的将"罪疑惟轻"扩展为"矜疑从宽"的做法得到了康熙的继承；而另一方面则显示，"罪疑惟轻"实际上已成为统治者的一种司法策略，即其在量刑时法外用刑、宽大处理的理论根据。

雍正在亲著《大义觉迷录》与《圣谕广训》中两度谈论"罪疑惟轻"问题。在《大义觉迷录》中，他声称："朕治天下，原不肯以妇人之仁，弛三尺之法。但罪疑惟轻，朕心慎之又慎，惟恐一时疏忽，致有丝毫屈枉之情，不但重辟为然，即笞杖之刑，亦不肯加于无罪者，每日诚饬法司，及各省官吏等，以钦恤平允为先务"，③ 表白其基于"罪疑惟轻"的理念而慎重处理案件的心迹。而在《圣谕广训》中他又指出："康熙十五年定例，凡窝逃之正犯流徙尚阳堡，两邻十家长罪止杖徒。此皆我皇帝矜惜愚民罪疑惟轻，故改从宽典也"，④ 表明"罪疑惟轻"早在康熙王朝即已成为立法的指南。具有强烈对比意义的是，在《大义觉迷录》中雍正引用"罪疑惟轻"说明对疑罪所应有的谨慎态度，而在《圣谕广训》中，其引证"罪疑惟轻"所称颂的是先帝矜惜之恩。可见，在雍正看来，"罪疑惟轻"不仅适用于解决"疑罪"而且也适用

---

① 《康熙起居注》，中华书局 1984 年版。
② 《清实录·圣祖实录·卷九十八》。
③ 中国社科院清史所：《清史资料·第四辑》，中华书局 1983 年版。
④ （清）胤禛撰：《圣谕广训》，检古斋清光绪十五年（1889）石印本。

于处置"矜罪"。

关于乾隆据"罪疑惟轻"理案，不乏记载。《啸亭杂录》真实地记录了乾隆着眼于"罪疑惟轻"而亲历的一个案件：乾隆南幸时，遇一乡人围观，侍卫持刀驱赶之，而乡人拒不退避。一尉官用梃杖击打其脑袋，乡人负痛边叫边跑，惊动了乾隆。乾隆将乡人以刺客对待，命将其绑缚交顺天府尹，严鞫论拟。府尹某廉得其情，知乡人实非刺客，且恐兴大狱。即具折复奏，称乡人素患疯疾，有邻右切结可证。罪疑惟轻。且无例可援，乡人某某，著永远监禁，遇赦不赦。地方官疏于防范，著交部议处是否有当。乾隆照准。① 无独有偶，《清史稿·李侍尧传》所载乾隆对李侍尧受贿案的从轻发落，也是以"罪疑惟轻"为根据。身为大学士、历任总督的李侍尧，受贿案发，乾隆惊呼"朕梦想所不到"。于是，对李夺官，逮诣京师。和珅等奏拟斩监候，夺爵以授其弟奉尧。又下大学士九卿议，改斩决。乾隆欲对其予以从宽发落，采纳江苏巡抚闵鹗元的意见下诏称："罪疑惟轻，朕不为已甚"，并对李改处斩监候。② 这两则案例，所做的是从宽处理，乾隆都是将"罪疑惟轻"引作从宽的根据。然而，实际上一目了然的是，该二案证据与事实均不存在疑问，严格说来，均不属于疑罪。乾隆引"罪疑惟轻"做出从宽处理的根据，实际上也是将"罪疑惟轻"扩大解释为包括"矜罪从宽"。这进一步说明，"罪疑惟轻"在清代作为一种司法策略得到了推崇。

二、"举重明轻"

如果说"罪疑惟轻"偏重的是程序上的有利被告，那么，相对形成较晚的作为刑法解释与适用原则的"举重以明轻"，则偏重的是实体上的有利被告。因为刑法的解释与适用属于实体刑法所要解决的问题，而与程序刑法关系不大。

作为解释与适用法律解释的一种方法，类推在中国古代早已有之，至少可以回溯到周代《吕刑》中的"上下比罪"。③ 经由汉代的"决事比"，到晋代的"若无正文，依名例断之"，类推在唐以前的历代已成立法定制。但是，唐以前的类推总的说来是以入人之罪为目的，即在法律没有明文规定为犯罪时，比照法律有明文规定的罪名定罪科刑。因此，实质上，在此期间，类推本身就

---

① （清）昭梿：《啸亭杂录》卷6《癸酉之变》，中华书局1980年版。
② 《二十四史·清史稿·列传·李侍尧传》。
③ 《尚书·周书·吕刑·第二十九》：上下比罪，无僭乱辞，勿用不行，惟察惟法，其审克之！上刑适轻，下服；下刑适重，上服。轻重诸罚有权。

是在定罪上的一种不利被告的选择。直至唐代，类推才形成了有利被告的裂变。①

《唐律》在名例律中设"断罪无正条"之专条，规定了类推定罪制度，确立了"举重以明轻"与"举轻以明重"的限制类推的原则。其规定："诸断罪而无正条，其应出罪者则举重以明轻；其应入罪者，则举轻以明重。"② 意思是说，在认定犯罪时，如遇法律条文中没有相应的明文规定，应分出罪与入罪两种情况做出不同处置：对于出罪，应举重以明轻，即如严重的情形依法不认定为犯罪或者可以减轻处罚，则较之为轻的情形，即使法律没有明文规定为无罪或减轻处罚，也应认定为无罪或减轻处罚；而对于入罪，应举轻以明重，即如依据法律，相对较轻的情形尚且被规定为犯罪或者加重处罚，那么，较之为重的情形则也应认定为犯罪或者加重处罚。

尽管"举轻明重"本身也构成对类推的限制，即其将相对于法律有明文规定的情形为轻的情形排除在类推定罪的犯罪之外，但是，鉴于举轻明重归根结底是将法律没有明文规定为犯罪的情形解释为犯罪，构成对被告不利的一种选择，因此，其与有利被告的旨趣有异，故不在本文的考察之列。而"举重以明轻"是将法律没有明文规定不认为是犯罪或减轻处罚的情形解释为不是犯罪或者减轻处罚，构成对被告有利的选择，因而值得着重关注。

关于出罪上的举重以明轻，《唐律疏议》做了很好的诠释。其称，所谓"'其应出罪者'，依《贼盗律》：'夜无故入人家，主人登时杀者，勿论。'假有折伤，灼然不坐。"又称："盗缌麻以上财物，节级减凡盗之罪。若犯诈欺及坐赃之类，在律虽无减文，盗罪尚得减科，余犯明从减法。"这是根据"举重以明轻"原则而出罪的两则实例。"折伤"只是给人造成伤害，而"登时杀者"则系致人死亡，既然《贼盗律》明文规定，"登时杀者"尚不追究刑责，

---

① 立法之在类推问题上对有利被告的认可，当以"举重以明轻"原则的提出为标志。而关于这一原则的起始，通说认为源于唐律的规定。但是，根据《通典》、《唐会要》、《旧唐书》与《新唐书》所载赵冬曦的说法，该原则虽得到了唐律的确认，但其并非形成于唐代，而是早在唐之前的隋代即已成型，唐律只不过是沿袭了隋律的这一规定。该四书均载曰："神龙元年正月，赵冬曦上书曰：'臣闻夫今之律者，昔乃有千余条。近有隋之奸臣，将弄其法，故著律曰：犯罪而律无正条者，应出罪则举重以明轻，应入罪则举轻以明重。'"因此，根据赵冬曦的说法，"举重以明轻"与"举轻以明重"应自隋代始见于律。但因隋代法律典籍缺失，赵说难以证实或证伪，相应地，关于"举重以明轻"与"举轻以明重"始见于唐律的通说似更为稳妥。（唐）杜佑：《通典·刑法典·第一百六十七》；《唐会要·卷三十九·议刑轻重》；《旧唐书·列传第四十九》；《新唐书·卷二百一十三·列传第一百二十五·儒学下》。

② （唐）长孙无忌等撰：《唐律疏议》，中华书局 1988 年版，第 134 页。

那么，对于"折伤"便更不应定罪科刑。同样，因为盗窃缌麻以上亲属的财物在情节上远比对其所为的诈欺或因赃致罪之类的行为严重，而根据法律规定，盗窃缌麻以上亲属的财物相对于对普通人的盗窃尚可减轻处罚，那么，对于缌麻以上亲属所为的诈欺或因赃致罪之类的犯罪，便更可以相对于对普通人的此类犯罪减轻处罚。①

由《唐律疏议》的以上两则例释，可以看出，"出罪"不单是指不认定为犯罪，而且还包括从轻处罚。而"举重以明轻"则是指针对法律没有明文规定为无罪的情形，比照情节较之严重但法律规定为无罪的情形认定为无罪，针对法律没有明文规定从轻处罚的情形，比照法律规定情节较之严重但法律规定为从轻的情形认定为从轻。

值得一提的是，"举重以明轻"在唐律中不但做了如上概括性的规定，而且贯彻于整个法律制度中，因而作为原则得到了确立与遵循。

例如，《唐律疏议》解疑道："问曰：有人本犯罪加役流，出为一年徒坐，放而还获减一等，合得何罪？答曰：全出加役流，官司合得全罪；放而还获减一等，合徒五年。今从加役流出于一年徒坐，计有五年剩罪；放而还获减一等，若依法减一等，仍合四年半徒。既是剩罪，不可重于全出之坐，举重明轻，止合三年徒罪。"②

唐律作为中国历史上最为发达与完备的成文法，成为后世立法的蓝本。相应地，其所确立的"举重以明轻"的刑法解释原则，也得到宋律的承续。

《宋刑统》在大量沿用唐律规定的同时，在名例篇中设"断罪本条别有制与例不同"条，照搬唐律关于"诸断罪而无正条，其应出罪者则举重以明轻；其应入罪者，则举轻以明重"与相应的注疏。③可见，与唐代一样，在宋代，"举重明轻"作为刑法解释的原则得到了遵循。

至明清时期，法律虽均设专条规定了"断罪无正条"的处置，但其不但没有如唐、宋律一样将"举重明轻"作为原则予以明文确认，而且，规定"凡律令该载不尽事理，若断罪而无正条者，引律比附。应加应减，定拟罪名，转达刑部，议定奏闻"。④因此，作为限制类推的原则的"举重以明轻"

① （唐）长孙无忌等撰：《唐律疏议》，中华书局 1988 年版，第 134 页。
② （唐）长孙无忌等撰：《唐律疏议》，中华书局 1988 年版，第 566 页。
③ 薛梅卿点校：《宋刑统》，法律出版社 1999 年版，第 120 页。
④ 怀效锋点校：《大明律》，法律出版社 1999 年版，第 21 页；田涛、郑秦点校：《大清律例》，法律出版社 1999 年版，第 127 页。

在此期间似有已被废弃之嫌。① 根据这一规定，对于法律没有规定为犯罪的案件，可以比照法律有规定的情况"定拟罪名"，定罪量刑。在这里，只有类推入罪的主张，而无类推出罪的规定。自然，针对类推出罪所确立的"举重明轻"原则也无适用的余地。

唐宋时期所确立的"举重以明轻"的基本旨趣在于，通过比照法律已有的规定，对法律没有明文规定的情形，通过类比做出有利于被告的出罪处理，属于类推解释与当然解释的范畴。鉴于一方面，对刑法的解释是适用刑法的前提，因而属于实体刑法的领域；另一方面，"举重以明轻"原则下的解释是有利被告的解释，因此，应该认为，唐宋法律通过确立与贯彻"举重以明轻"的刑法解释原则，开创了中国法律史上纯实体意义上之有利被告的先河。尽管该原则在立法层面上没有得到明清的承继，但作为一种法律解释方法，其对后世的影响不容低估。时至今日，刑、民法学人论及当然解释，均言必引唐律之"举重以明轻"为渊源，就是明证。

三、"处重为轻依轻法"

通观唐、宋刑律，还可以发现，其关于"赦前断罪不当"的规定，在很大程度上反映了程序意义上的有利被告的一个侧面。

唐律设有"赦前断罪不当"专条，而《宋刑统》也在"官司出入人罪"的名下，设专款照搬了唐律"赦前断罪不当"的规定。根据唐、宋二律这一规定："赦前断罪不当者，若处轻为重，宜改从轻；处重为轻，则依轻法。"② 也就是说，在罪犯获得赦免前，原判错误，如系将轻罪认定为重罪，应依法改判轻罪，而如系将重罪认定为轻罪，则应维持原来所做的处罚轻的判决。

从逻辑上说，既然"处轻为重"应从轻改判，与之相对应的是，"处重为轻"理当从重改判。唯有如此，才合"实事求是"之理。唐、宋二律为何置如此明理于不顾，而做出了"处轻为重，则依轻法"的规定？就此，《唐律疏议》与《宋刑统》的说明是："处断刑名，或有出入不当本罪，其事又在恩

---

① 相对于唐律，明清刑律的这一规定因抛弃了唐律对类推的限制原则而可认为是唐代以前的类推制度的死灰复燃，是历史的倒退。正因如此，薛永升才称："唐律只言举重以明轻、举轻以明重，明律增入引律比附加减定拟、由是比附者日益增多。律外有例，例外又有比引条例，案牍安得不烦耶。"（清）薛永升撰：《唐明律合编》，法律出版社 1998 年版，第 97 页。

② （唐）长孙无忌等撰：《唐律疏议》，中华书局 1988 年版，第 566 页；薛梅卿点校：《宋刑统》，法律出版社 1999 年版，第 555 页。

前，恐判官执非不移，故明从轻坐之法"。① 也就是说，之所以对处重为轻与处轻为重均做从轻的选择，是为了防止法官坚持原来的错判而拒不改判。在这里，法官拒不改判不只是一个简单的固执己见的问题，而且，还涉及法官的责任追究问题。按唐、宋律的规定，法官出入人罪，断罪不当，对法官应以反坐追究刑责，即应对其应按其对被告所错定之罪定罪科刑。因为唐、宋律规定，"断罪失于人"，"故入者，各以全罪论"，"断罪失于人者，各减三等；失于出者，各减五等"。② 这样，一旦法官的错判被发现，其自然在劫难逃。为免受责任追究，其自然完全可能拒不改判。然而，对错判，无论是处轻为重还是处重为轻，均从轻选择，在很大程度上减轻了对法官的处罚，因而有利于其对赦免前所做的错判予以纠正。正由于"官司出入人罪"与"赦前断罪不当"有着如此内在的密切关联，《宋刑统》才将唐律中分列的改二条合并为一条的二款，统归于"官司出入人罪"名下。③

关于"处重为轻，即依轻法"，《唐律疏议》与《宋刑统》以例解的方式做了注疏："'其处重为轻，即依轻法'，假令十恶，非常赦所不免者，当时断为轻罪及全放，并依赦前断定。"也就是说，即使本为十恶重罪，只要不属常赦不免之列，如果原判认定为轻罪并处以流放，也应维持原判，而不得做出从重的"实事求是"的改判。

明、清两代刑律，虽也设有"赦前断罪不当"的专条，但其规定与唐、宋二律有别。《大明律》规定："凡赦前处断刑名，罪有不当，若处轻为重者，当改正从轻；处重为轻，其常赦所不免者，依律贴断。"④《大清律例》的规定与此大同小异："凡（官司遇赦，但经）赦前处断刑明，罪有不当；若处轻为重（其轻本系赦所必原）者，当（依律）改正从轻（以就恩宥）；（若）处重为轻，其（情本系）常赦免所不免者，（当）依律贴断。"⑤ 将明、清律与唐、宋律相对比，可以发现，就"处轻为重，当改正从轻"而言，一脉相传，并无二致，但就"处重为轻"而言，唐、宋律关于"处重为轻，则依轻法"的规定，在明、清律中未再出现。正因如此，薛永升才在其所撰《唐明律合编》中按曰："唐律先言处轻为重、处重为轻之事，次言常赦所不免者，再次言赦书定罪从轻者，并无依律帖断之法。明律处轻为重，与唐律同；处重为

① （唐）长孙无忌等撰：《唐律疏议》，中华书局 1988 年版，第 566 页；薛梅卿点校：《宋刑统》，法律出版社 1999 年版，第 555 页。

② （唐）长孙无忌等撰：《唐律疏议》，中华书局 1988 年版，第 562—564 页；薛梅卿点校：《宋刑统》，法律出版社 1999 年版，第 552—554 页。

③ 薛梅卿点校：《宋刑统》，法律出版社 1999 年版，第 552 页。

④ 怀效锋点校：《大明律》，法律出版社 1999 年版，第 221 页。

⑤ 田涛、郑秦点校：《大清律例》，法律出版社 1999 年版，第 579 页。

轻，与唐律异"。① 薛氏虽然发现了明律与唐律关于处重为轻的处置上的差异，但并未揭示其原因。

那么，明、清刑律未承袭唐、宋刑律关于"处重为轻，则依轻法"规定的原因究竟何在？如前所述，按《唐律疏议》与《宋刑统》的说明，其之所以做出"处重为轻，则依轻法"的将错就错的选择，是为了防止法官坚持原来的错判而拒不改判。在明、清刑律中，针对"官司出入人罪"而对法官所规定的反坐，其严厉性丝毫也不亚于唐、宋。按理，唐、宋统治者关于法官因恐在劫难逃而拒不改正原判的顾虑，明、清统治者同样存在。但唐、宋奉行的是怀柔政策，试图以从轻来感召法官，促成其积极改正错判，而明、清统治者所奉行的是高压政策，试图以从重来重惩出入人罪的法官，以儆效尤。因此，明、清刑律抛弃唐、宋律关于"处重为轻，则依轻法"的规定，也许只能从不同朝代的统治者所奉行的不同治理策略的角度才能得到合理的解释。当然，如前所述，撇开唐代关于"处重为轻，则依轻法"的规定出台的特殊考虑不说，"处重为轻，则依轻法"的规定有违与"处轻为重，当改正从轻"的规定所应有的逻辑对应关系，明、清不采纳"处轻为重，则依轻法"的规定也尽在情理之中。

四、"格轻听依轻法"

与前述唐、宋律中的"处重以轻从轻法"密切相关而值得研究的一个重要现象是，自唐律开始，中国法律史上开始关注刑法的时间效力问题。而正是自唐律开始，作为实体意义上之有利被告的要求的重法不溯及既往原则，开始得到承认。

《唐律疏议》载曰："故令云：'犯罪未决，逢格改者，听依改者，格重，听依犯时；格轻，听依轻法'。即全无罪，亦明轻法"。② 同样的记载也见诸《宋刑统》中。③ 在唐、宋时期，"格"为法律的一种，是为官者必须遵守的行为规范，所谓"格者，百官有司之所常行之事也"。为官者违反"格"，即应按"律"论罪科刑。即所谓"其有所违及人之为恶而入于罪戾者，一断以律"。④ 在这一意义上说，"格"构成认定为官者渎职犯罪的根据，违格者，成立渎职犯罪，未违"格"者，无渎职犯罪可言。正由于"格"对于认定渎职犯罪具有如此重要的意义，因此，"格"的废、立、改，直接影响到渎职犯罪的认定。唐、

---

① （清）薛永升撰：《唐明律合编》，法律出版社 1998 年版，第 809 页。
② （唐）长孙无忌等撰：《唐律疏议》，中华书局 1988 年版，第 567 页。
③ 薛梅卿点校：《宋刑统》，法律出版社 1999 年版，第 555 页。
④ 《新唐书·志·第四十六刑法》。

宋律中记载的上引"令"文，便正是针对新"格"的颁行对于正在审判但尚未断决的案件是否具有制约作用而颁布的。所谓"犯罪未决"，即指案件正在审理、尚未判决；所谓"逢格改者"，是指遇"格"发生修改；所谓"听依改者"，其意为适用修改后的新"格"；所谓"格重，听依犯时"，意即如修改后颁行的新格较之旧格的处罚为重，则不适用新格而适用旧格；所谓"格轻，听依轻法"，是指如新格较之旧格的处罚为轻，则适用新格而不适用旧格。由此可见，唐宋律在作为刑法之表现形式之一的"格"的时间效力上，采用的是轻法优先的原则。也就是说，对于正在审理的案件，原则上适用审理时颁行的新格，但如新格对被告的处罚重于行为时的旧格，则适用旧格。套用今天的刑法学术语，便是"从新兼从轻"。鉴于从逻辑上说，适用新格与适用旧格均有其理由，以处罚轻作为选用新格或旧格的根据，确系对被告有利的一种选择，因此，唐、宋律中所确立格的"从新兼从轻"的时间效力原则，在实体意义上体现了有利被告的理念。

　　唐、宋刑律所确立的"从新兼从轻"原则，不但体现在关于"格"的时间效力的上述规定上，而且也体现在关于对赦书所从轻认定的罪名不得引律比附入重的规定上。唐、宋律规定："即赦书定罪名，合从轻者，又不得引律比附入重，违者各以故、失论。"就此，《唐律疏议》与《宋刑统》例解道："假如贞观九年三月十六日赦：'大辟罪以下并免。其常赦所不免、十恶、妖言惑众、谋叛已上道等，并不在赦例'。据赦，十恶之，赦书不免；'谋叛'即当十恶，未上道者，赦特从原。叛罪虽重，赦书定罪名合从轻，不得引律科断，若比附入重。违者，以故、失论。"① 根据这一规定与相关注疏，在赦书颁布后，对于赦书已确定减轻或免除处罚的案件，司法者不得比附律中的有关规定而对其做出重于赦书的处置。赦书即皇上赦免罪犯的正式文件，具有特别刑法的效力。相对于作为普通法的"律"，赦书是新法，相对于作为重法的"律"，赦书是轻法。禁止司法人员在赦书颁布后通过比附而适用"律"，实际上是强调作为新法与轻法的赦书的优先效力，从而进一步突出对"从新兼从轻"原则的强调。

　　与前述"处重为轻依轻法"的历史遭遇一样，唐、宋律所确立的"从新兼从轻"原则在明代也惨遭废弃。《大明律》虽就刑法的时间效力设专条做了规定，但诚如其条名所昭示的一般，其所采用的是单纯的"从新原则"。《大明律》在"断罪依新颁律"名下的具体规定是，"凡律依自颁降日为始，若犯

---

① （唐）长孙无忌等撰：《唐律疏议》，中华书局1988年版，第567页；薛梅卿点校：《宋刑统》，法律出版社1999年版，第555页。

在已前者，并依新律拟断"。① 这一规定，虽然在"从新"上承袭了唐、宋律的精神，但因其对新、旧律的轻重不加考虑，抛弃了唐律"从新兼从轻"原则所体现的轻法优先的精神，因而背离了唐律在刑法的时间效力规定上所体现的有利被告的旨趣。唯其如此，薛永升才按道："新律与旧律颇有轻重互异之处，并依新律拟断，似亦未尽平允。"尽管根据薛永升的说法，明律后来似乎通过注解的方式就该规定做了某种改进，即"后来所添注语，较觉详备"，②但因该注语未见之于《大明律》的文本，难考其详，故不敢妄加评论。

然而，较"处重为轻依轻法"为幸的是，唐、宋律在刑法的时间效力上所确立的轻法优先的原则，在清代得到了发扬光大。前清的《大清律例》虽仿《大明律》设置了"断罪依新颁律"专条，做出了与明律相同的"凡律依自颁降日为始，若犯在已前者，并依新律拟断"的规定，但观此条所加注文，即"如事犯在未经定制之先，仍依律极已行之例定拟。若例应轻者，照新例遵行"可知，③ 其旨与明律单纯的从新原则大相径庭。尽管"凡律依自颁降日为始，若犯在已前者，并依新律拟断"体现的也是从新原则，但其关于"如事犯在未经定制之先，仍依律及已行之例定拟"的规定，则在很大程度上突破了从新原则。因为所谓"如事犯在未经定制之先，仍依律及已行之例定拟"，实际上是要求以行为时的旧律与先例作为定罪量刑的根据，因而在"例"的适用上，体现的是从旧原则。而所谓"若例应轻者，照新例遵行"，则是指审判时的新例的处罚较行为时的旧律与旧例为轻时，适用新例。因此，实际上，至少在作为特别刑法的"例"的时间效力上，清律所采用的是"从旧兼从轻"的原则，即原则上适用行为时的旧律与旧例，但新例处罚轻时适用新例。鉴于从新也好，从旧也罢，最终都要服从轻法，因此，至少在"例"的时间效力上，清律与唐、宋律一样，体现了轻法优先的有利被告理念。

前清所确立的从旧兼从轻原则，得到了晚清与民国刑法的承继。晚清时由沈家本根据《大清律例》删改而成的《大清现行刑律》完全沿用《大清律例》的规定，在例的时间效力上继续采纳从旧兼从轻的立场，彰显轻法优先之有利被告的精神。④

清政府于1911年1月25日公布的《钦定大清刑律》第1条规定，一反从旧的态度，而仿唐、明律采纳从新的原则，规定"本律于凡犯罪在本律颁行

① 田涛、郑秦点校：《大清律例》，法律出版社1999年版，第23页。
② （清）薛永升撰：《唐明律合编》，法律出版社1998年版，第96页。
③ 田涛、郑秦点校：《大清律例》，法律出版社1999年版，第126页。
④ 沈家本、俞廉三：《大清现行新刑律》（上），明例下，长沙维新机器印刷局印，光绪三十四年正月二十九日。

以后者适用之；其颁行以前未经确定审判者亦同"。所谓"颁行以前未经确定
审判者亦同"，是指对于正在审理但尚未判决的案件，同样适用新法，因而体
现了刑法时间效力上的从新原则。但是，该条通过以"但书"的方式，部分
地坚持了轻法优先的精神，即"但颁行以前之法律不以为罪者不在此限"。也
就是说，对于正在审理但尚未判决的案件，如旧法不认为是犯罪而新法认为是
犯罪的，不得适用新法做有罪宣告。鉴于该条"但书"中只将"颁行以前之
法律不以为罪者"作为适用新法的例外，而没有同时将新旧二法同时规定为
犯罪但旧法处罚轻的情形也排除在适用新法的范围之外，因此，《钦定大清刑
律》对唐、宋律所倡导的轻法优先的有利被告的理念的贯彻是不全面。①

北洋政府于1912年在删改《钦定大清刑律》的基础上，颁布了《中华民

①　应该指出的是，该条没有将新旧二法同时规定为犯罪但旧法处罚轻的情形也排除
在适用新法的范围之外，并非立法之疏忽，而是刻意为之。这从沈家本在1907年的刑法草
案中所阐述的立法理由中可见其端倪："本条定刑法效力之关于时者。第一项规定本于刑
法不溯既往之原则，与第十条规定采用律无正条不处罚之原则相辅而行，不宜偏废也。第
二项前半指犯罪在新律施行前，审判在施行后，定新旧二律之中，孰当引用也。关于本题
之立法例有二：一为比较新旧二法，从其轻者处断之主义。法国刑法第四条，比国刑法第
二条，德国刑法第二条，匈牙利刑法第二条，和兰刑法第一条第二项，纽约刑法第二条，
日本现行刑法第三条第二项，日本改正刑法第六条第二项，挪威刑法第三条等皆本乎是。
二即不分新旧二法，概从新法处断之主义，英国用之。我国明律亦主此义。本朝虽有第一
主义之例，然律之本文，仍有犯在以前并依新律拟断之规定。议者谓被告犯罪之时，已得
有受当时法律所定之刑之权利。诚如此说，应一概科以旧律之刑，不应复分新旧二律之轻
重也。况人民对于国家并无所谓有受刑权利之法理也。或又谓若使新律重于旧律，而旧律
时代之犯人科以新律之重刑，则与旧律时代受旧律轻刑之同种犯人相较，似失其平。诚如
此说，则使新律施行之后，仅此旧律时代之同犯犯人科以旧律之轻刑，彼新律时代之犯人
据新律而科重刑者，若互相比较，则又失其平矣。或又谓刑失之严不如失之宽。从新律之
轻者，所以为宽大也。然刑不得为沽恩之具，非可严亦非可宽者。夫制定法律，乃斟酌国
民之程度以为损益。既经裁可颁布，即垂为一代之宪章，不宜复区别轻重宽严也。欧美及
日本各国多数之立法例，所以采用第一主义者，盖受法国刑法之影响。而法国刑法之规定
则其时代之反动耳，于今日固无可甄择者。我国自古法理，本有第二主义之立法例，此本
案所以不与多数之例相雷同，而仍用第二主义也。第二项后来颁行以前之律例不为罪者，
不在此限。其旨与前微异，盖一则新旧二律俱属不应为之罪恶，不过轻重之差。一则新律
虽为有罪，而旧律实许其行为，因判决在后，遽予惩罚，有伤期刻也。"而后，沈家本
在案语的"注意"部分指出："第一项既采用刑法不溯既往之原则，新刑律施行以前之行
为，在新刑律虽酷似有罪之行为，不得据新律之规定而罚之。第二项指未经确定裁判者，
虽已有宣告，仍得依上诉而变更之。凡案件具此情节，检察官即得上诉而请求引用新律。
其上诉方法及其限制一以诉讼法为据。"沈家本：《修订法律大臣沈家本等奏进呈刑律草案
折》，载《大清法规大全·法律部》卷11。

国暂行新刑律》。在刑法的时间效力上，完全沿用了《钦定大清刑律》的规定，有保留地贯彻了从新兼从轻的轻法优先原则。

南京国民政府 1928 年颁布的《中华民国刑法》第一条一方面改《钦定大清刑律》与《中华民国暂行新刑律》中的从新原则为从旧原则，规定"行为之处罚，以行为时之法律有明文规定者为限"，"行为后法律有变更者，适用行为时之法律"；另一方面全面突出了轻法优先的思想，以"但书"的方式将轻法作为适用旧法的例外，规定"但行为后之法律有利于行为人者，适用最有利于行为人的法律"。就我们所研究的话题而言，《中华民国刑法》关于刑法时间效力的这一规定，具有划时代的意义。因为其不但使唐律所首倡的"轻法优先"思想得到了法条的凝固，而且以"最有利于行为人"作为适用法律的标准，从而揭示了"轻法优先"与有利被告的内在关联，使有利被告这一术语与理念首次被引入了中国实体刑法的语境之中。

五、结　语

如果细究中国历史上浩瀚的法律典籍，可以发现，有关有利被告的规定俯拾皆是。① 前文只不过是对其中具有典型代表意义的诸规定的粗略考证。然而，考证虽然是粗略的，但从中所得出的结论却是重要的。因为这些结论不但是对中国历史语境中有利被告话语的规律性的总结，而且，对于厘清时下中国法律界对有利被告的某些模糊认识具有启发性的意义。

前文所考的"罪疑惟轻"的起源与传承表明，"罪疑惟轻"中的"罪疑"主要是指证据与事实存疑，与解决疑罪相配套的诸如"赦赎"与"疑谳"之类法律制度，也主要是程序性的。在这一意义上说，如胡适一样，将"罪疑惟轻"界定为程序语境中的有利被告话语，未必不当。但是，不容忽视的是，在中国历史上，经多年的流变，"罪疑"由证据与事实存疑扩展到了法律上的存疑，即由事实认定的程序问题延伸到了法律适用的实体问题，甚至成为统治者不问事实与法律是否存在疑问而对被告予以宽大处理以示仁政的托词，使得"罪疑惟轻"已偏离了其原旨，因此，将"罪疑惟轻"简单地如胡适所解释的一样视为程序上有利被告的表现，或者将其如蔡沈所注解的一样单纯地视为实体上有利被告的反映，均难免有失偏颇。至于"举重明轻"与"格轻从依轻法"，前者属于刑法解释的畛域，后者则属刑法的时间效力的问题，两者均属刑法适用的范畴，因而属于典型的实体刑法话语。自此以观之，时下中国学界

---

① 例如，《唐律疏议》所规定的，侄不识叔而殴打叔，仍不得加重处罚；父不识子而殴打子，仍应减轻处罚，在一定程度上也属有利被告的规定。

部分但并非个别学人关于有利被告只适用于程序刑法而不适用于实体刑法领域的主张，似失武断。

前文已揭，"罪疑惟轻"、"举重明轻"、"处轻为重依轻法"与"轻法优先"均是针对犯罪事实或刑法适用方面出现的疑问而提出的解决办法，而借助这些解决办法对案件所做的处置均是对被告有利的，因此，其与"存疑即有利被告"的旨趣似乎不谋而合。尤其发人深省的是，作为中国历史话语的"罪疑惟轻"、"举重明轻"、"处轻为重依轻法"、"轻法优先"与统归于有利被告名下的"疑罪从无"、"禁止不利被告的类推解释"、"一事不再理"与"新法不溯及既往"等西方话语具有相当程度的貌合之处。而且，正如"有利被告"与"疑罪从无"等已成西方法谚一样，"罪疑惟轻"与"举重明轻"等业已成中国成语。可见，中国历史语境中的有利被告之于中华法系的影响与地位，丝毫不逊色于西方语境中的有利被告在西方的影响与地位。唯其如此，简单地把有利被告视为"舶来品"，否认中国具有培植与生成这一理念的土壤，未免武断而浅薄。

然而，究极说来，关于有利被告的中国历史话语，与西方语境中的有利被告话语毕竟只是"貌合"，而非"神合"，甚至在很大程度上，两者之间的"神离"甚于"貌合"。

"罪疑惟轻"与"疑罪从无"虽均要求在证据与事实存在疑问时做出对被告有利的处置，但前者的处置结果为"轻"，后者的处置结果为"无"，而"轻"即从轻处罚，其前提是需处罚，"无"的处置结果是不处罚。两者间的"神离"是显而易见的：在"罪疑惟轻"的支配下，虽如王羲之所言，"暝途有归魄"，但也难免"暝途归魄"成为"牢中冤鬼"，是即所谓死罪可免，活罪难逃。正因如此，胡适才一语中的地指出："罪疑惟轻等于说'证据不够，只宜从宽发落'。这个从宽发落的人终身不能洗刷他的冤枉，不能恢复他的名誉"。①

"举重明轻"本身虽然是对被告有利的出罪解释，因而有与"禁止不利被告的类推解释"相"貌合"的一面。但是，在中国法律的历史语境中，"举重以明轻"的出罪解释与"举轻以明重"的入罪解释如同一枚硬币的正反两面，两者并行不悖，同时有效。正是由于"举重以明轻"并不排斥"举轻以明重"，而后者归根结底是通过类推解释而对被告做出不利的处置，其远未达到"禁止不利被告的类推解释"的境界，因此，两者之间的"神离"也是显而易见的。

---

① 《胡适的日记》，中华书局1985年版，第538页。

　　"处轻为重依轻法"虽与"一事不再理"不但"貌合"而且"神似"，但只可惜是昙花一现地见诸唐、宋二律，在明、清二代即已失传，以致没有形成传统。而且，即便是在唐、宋二律中，其也只是针对赦前的错判这一特定的问题而形成的规则，而并非如"一事不再理"一样形成制约整个再审程序的具有普适性的一般原则。因此，作为中国历史话语的"处轻为重依轻法"与作为西方话语的"一事不再理"从"貌合"到"神似"都是有限的，难以相提并论。

　　"格轻听依轻法"与"新法不溯及既往"虽然因均要求在新、旧法之间选用对被告有利的轻法而"貌合"，但"格轻依听轻法"在晚清以前是以适用新格为原则，以适用轻法为例外，而"新法不溯及既往"则恰恰与此相反，以适用旧法为原则，以适用轻法为例外。两者间的"神离"之处不言而喻：前者的基本立意是事后法可以溯及法前之事，强人所难地要求国民在行为时对行为后可能出现的对行为的禁止先知先觉，而后者则免国民于此难。晚清以后的立法虽改从新兼从轻为从旧兼从轻，从而使中国历史语境中的"格轻听依轻法"发生了与西方语境中的"新法不溯及既往"相"神合"的质变，但值得重视的是，这并非中式话语的历史发展的必然，而恰恰是晚清与民国将西方话语移植到中国语境中的结果。

　　中国历史语境中的有利被告话语，之所以与西方话语貌合神离，其深层次的原因在于文化差异。受儒家思想的影响，中国历代统治者讲求不走极端的中庸之道，崇尚中和与折中。在法律领域亦不例外。"罪疑惟轻"与"举重以明轻"即是中庸文化在刑法领域的典型折射。之所以遇有"疑罪"，不走从有或从无的极端，而做出"从轻"的折中选择，极其艺术地以"轻"而折了"有"与"无"之中；遇有法律规定不明，不做偏向无罪或有罪的绝对选择，而设计出"举重以明轻"与"举轻以明重"的出、入罪路径，使刑事政策以对仗的形式美凸显出左右逢源的"中和"文化。唐、宋二代所奉行的"处重为轻依轻法"与"处轻为重依轻法"，之所以被明、清二代的"处重为轻依轻法"与隐性的"处轻为重依重法"所取代，原因在于前者因偏"轻"而有失不偏不倚的中庸之道，而后者只不过是对此的一种纠偏。而这也许正是"处轻为重依轻法"不如"罪疑惟轻"一样对后世影响深远而成为一种法律文化现象的原因所在。同样，在新、旧法律并存之时，单纯地从新或从旧选择，都会因显示出对新或旧的偏向，而有失中和。唯其如此，才有了唐、宋律的从新兼从轻，前清的律从新、例从旧兼从轻以及晚清的无罪从新、罪重从旧的折中选择。民国初期之所以率先在刑法的时间效力上采从旧兼从轻主义而接纳了西方的"新法不溯及既往"的有利被告立场，很难说与"从旧兼从轻"本身因折中了新、旧之法而与注重折中的中庸文化相契合没有关联。与此不同，秉承主权在民的思想理念，西方形成了根深蒂固的重视个人权利的文化传统，每遇国家与个人、权力与权利发生冲突，所要求的是国家为个人、权力为权利让路。这样，当有关犯罪的事实或者相应的法律规定存在疑问时，国家做出有利于作为个人的被告的一边倒的选择，便自然而必然。正因如此，遇有疑罪，才有了从无的抉择；遇有法律规定不明，才有了不得类推定罪的禁忌；遇有错判，才有了"一事不再理"原则下的有利于被告的将错就错；遇有新、旧法律并存，才有了"重法不得溯及既往"的铁律。

鉴于关于有利被告的中国历史话语与西方话语如上所述地不但"神离"甚于"貌合"，而且生成于完全不同的文化土壤，因此，断言中国自古即有了近现代西方意义上的有利被告原则，甚至如时下台湾与大陆学界所流行的一样，将"罪疑惟轻"作为"有利被告"的对译词，似嫌轻率。① 正是在这一意义上，就中国刑事法之对有利被告理念的接纳而言，所面临的既不是简单地承接历史话语的问题，也不是简单地把西方话语移植到中国刑事法之中的问题。因为时下中国对有利被告的理念的接纳，困难不在于如何对有利被告的西方话语的移植本身，而在于如何改良中国传统文化的土壤，以免作为外来物种移植而来西方话语，在作为本土物种的中国传统话的竞争中，因水土不服而难以生成。也正是在这一意义上，中国学界曾经而且至今仍存的对西方有利被告的话语在中国是否存在适合其存活的土壤的担心，也确非杞人忧天。

---

① 参见黄清滨：《医疗刑事责任之举证责任与无罪推定》，载《台湾医界》2006 年 3 月第 49 卷第 3 期。

我的死刑观与刑法修正案（八）

——在湖南大学的就职演讲

邱兴隆[*]

作为就任湖南大学教授后的第一次学术讲座，今天我跟大家交流的主题是"我的死刑观与刑法修正案（八）"。具体说来，想跟大家聊聊如下三个方面的问题：第一，我的死刑观及其由来；第二，对我的死刑观的非议的回应；第三，刑法修正案（八）限制死刑的喜与忧。

现在我先谈谈第一个问题：

一、我的死刑观及其由来

假如大家在 Google 里面键入两个关键词，就是"邱兴隆"与"死刑"，大家会发现，从 2000 年，尤其是 2003 年后，信息量挺大，也就是说，我的名字跟死刑是联系在一起的。为什么？因为在 2000 年，应我的师兄陈兴良教授之邀，我在北大的"刑事法沙龙"做过一个学术讲座，当时我也是临时拟了一个主题，就是"死刑的德性"。当时，我就认为死刑在道德上的正当性无法得到证明，因而提出了中国应该也可以立即废除死刑的观点。从此以后，拉开了新中国死刑存废之争的序幕。在网上，支持我的，反对我的，骂我的，甚至给我写威胁信的络绎不绝。但是，10 年来，我没有为外界所左右，一直坚持我的死刑观，即中国应该立即全面废止死刑，并为此而做出过我作为一个学者所能做出的努力。

那么，我为什么会产生这么一个大逆不道的主张？其实作为学术人，有时

---

* 法学博士，湖南大学刑事法律科学研究中心主任，湖南大学法学院教授，刑法学与律师学博士生导师。

候会被误会，有时候不仅仅是被误会，还会被曲解乃至被侮辱。我曾经上网检索过人们对我的死刑废止论的评价，有相当一部分人认为我是想炒作，想一夜成名。为了让大家对我的学术心路有一个了解，我想先跟大家讲一个我之外的故事。

日本有一位很受敬重的刑法学家，叫团藤重光，他是死刑废止论者。但是，他早期是一个坚决的死刑保留论者。在八十岁高龄之时，他写了一本关于死刑的专著，就叫《死刑废止论》。在这部书的前言中，讲述了他在死刑问题上的学术心路。他是这么说的：以前，尤其是他学术生命力旺盛的时候，他一直主张死刑应当保留，不能废止。但是后来，就是到了晚年，他来了一个一百八十度的转弯——抛弃了原有的死刑保留论，而旗帜鲜明地主张废止死刑。原因何在？就在于他的一段人生经历，即他由大学教授到法官的一段经历。带着学者本能的人文关怀，从事的是掌握人的生死大权的职业，他良心受到一种煎熬。他怕！怕什么？怕把人杀错了！人头不是韭菜，割了不可能再长。这一段法官生涯，让团藤重光一直承受着一种良心的折磨。最后，他想，怎么才能避免这种折磨？唯一的办法，一了百了，废止死刑。因为，死刑是人的一种活动。而只要是人的活动，就避免不了犯错。一错就涉及人的脑袋要落地，落了就接不起来。

我没有与团藤重光一样的法官经历。那么，我为什么会提出废止死刑呢？这既有来源于生活的积累和思考，也有来源于学术的思考和积累，两个方面的。

当我上小学三年级，也就是我八岁的时候，出现的一个场景至今历历在目。在我老家，湘乡，在毛泽东的母校东山学校的操场上，当年曾经宣判过一起死刑。迄今为止，这个人长什么样，叫什么名字，我还记忆犹新。他叫周中山，这个人被以"现行反革命罪"判处死刑以后，是拖赴刑场的。也就是说，是在卡车后面绑着拖走的，而且为了宣示死刑的威慑力，车开得很慢。拖到刑场后，没有任何警戒，也无须有任何回避。周中山是被打了八枪才死的，人是被五花大绑着跪在地上，枪是从后胸开的。打一枪，他趴到地上又挣扎着爬起来；打第二枪，他趴下又爬起来；打第三枪，他还是趴下后又顽强地爬了起来！我看到了他三次趴下，三次爬起来。看到他最后爬不起来了但仍在挣扎的场景，我想起了我们湘乡人骂人的一句话，最歹毒的一句话——"你这啃草皮的"。"啃草皮的"是什么意思，就是被执行死刑的意思。相当于普通话里面说的"吃花生米的"。这里的"花生米"就是子弹。为什么是"啃草皮"呢？我开始不明白，但看了这一执行死刑的场景后，我才真正理解了什么叫"啃草皮的"。被执行死刑的时候，人是被五花大绑的，一枪打下去以后，他顺势倒地，他痛！脚在蹬，手没法挣扎，只能用嘴啃地上的草皮！

　　童年时所见的这一个场景，在当初只是一晃而过，但是在后来，随着我年龄的增长，随着我对法律，尤其是对刑法认识的加深，这个场景慢慢地跟中国的死刑问题，作为一个制度的死刑联系在一起。

　　在我上大学的时候，也就是 20 世纪 70 年代末 80 年代初，正好是中国拨乱反正的时候，我看到过两起报道。一起报道的是张志新死刑案的平反；另一起则报道的是遇罗克死刑案的平反。在今天，有人对这两个案件提出质疑，我不知就里。但是，至少根据官方的报道，张志新、遇罗克曾经是新中国最黑暗的年代的真理的呼唤者。遇罗克可能在座的不知道，遇罗锦可能你们也不知道，遇罗锦是著名的童话作家，是遇罗克的妹妹。张志新你们可能也不知道。这两个人，犹如哥白尼一样，他们发现了真理，但容不下真理的人们容不下他们！所以，他们才被人们以国家的名义枪毙了。

　　当我博士研究生毕业以后，出于一个极不自愿的机会，我歪打正着进入了大墙内的另一个世界。在大墙内，在我身边，四年零八个月之内有九十六个死囚走向刑场，而他们当中任何一个，临死前的那顿早饭都是跟我一起吃的。我跟他们长期相处，我看不出来他们坏在什么地方。当我由于胃出血，生命濒危之时，甚至看守干警们也视而不见，而是出于职业习惯本能地认为我是为了保外就医而自残。这个时候，是一位死囚用他所戴的手铐，砸响了牢门。他在呼喊！他在呼唤什么？他在呼喊："人都要死了，你们还不管呢！"这个时候，他甚至完全忘了，他自己就是要死的人了。

　　所有这一切使我产生了这样一个疑问，国家有什么权力杀人，又是谁该被杀？还有类似于张志新、遇罗克这样的人物，他们代表的是真理，但是他们却死在国家以社会的名义的枪口之下。那么，死刑起的究竟是反动的作用还是积极的作用？这些都是促使我对死刑问题产生兴趣的原因，也是研究死刑的来源于生活的第一手素材。

　　当然，我将死刑作为一个课题来研究，仅有来源于生活的素材是不够的，除此之外，我还有过相当的学术积累。

　　早年，当我在西南政法大学决定考研究生之时起，我就对刑法问题产生兴趣。在研究生三年期间，借助自己半懂半不懂的外文，阅读了，应该说是啃了大量的英美的刑法著作。后来，我惊讶地发现，在英美，真正具有学术水准和价值的著作，所关涉的不是中国刑法学界所研究的诸如犯罪构成之类的规范层面的犯罪论，而是哲理层面的刑罚论。而刑罚论必然触及刑法的一个本源问题，即国家的刑罚权问题，也就是国家用刑罚惩罚人的权力从何而来？大家知道，需要证明正当性的东西肯定不是一个东西，不需要证明的东西才肯定是一个真东西。这里有一座山，这里流淌着一条河，它们要你证明它的正当性吗？不需要。但是，你国家今天杀人，明天杀人，而且你杀的是我们同类，那么，我们当然有权质问，你国家凭什么杀人？而且，你国家一方面用法律禁止杀人，另一方面你又用死刑合法地杀人，你的理由何在？

随着我对刑罚问题感兴趣，自然而然就接触到了死刑的本源问题，就是死刑的正当性问题。当我考入中国人民大学攻读博士学位后，1987 年，在中国刑法学史上，在中国死刑问题的研究史上，应该说出现了一个具有重大意义的事件。这就是我的导师高铭暄教授，以中国刑法学会会长的身份，第一次代表中国刑法学界参加刑法学的国际研讨会。在什么地方？在意大利的西西里岛。开的什么会议？就是死刑问题研讨会。我记忆犹新的是，高老师当初交给我一个任务，他说："小邱，你是研究刑罚的，这一次会议是死刑问题研讨会，你最有发言权，你来写一篇文章，向国外学者介绍介绍中国的死刑。"我欣然领命，草就了《中国的死刑》一文。经高老师修改定稿后，该文提交给了那次死刑问题国际研讨会，后来还以高老师与我合作的名义发表在中国法学会的一个内刊上。当高老师参加完此次会议回国后，作为他的学生，我发现他在死刑问题上，有一个很大的变化。原来他对死刑问题保持沉默。为什么？中国的死刑历来是跟政治结合在一起的。但是，从意大利回来以后，他已不再对中国的死刑问题三缄其口，而是稍有微词。同时，他带回了大量的外文资料，其中包括中国政界一直心持芥蒂的著名的世界人权组织、非政府组织——大赦国际的死刑报告，大赦国际每一年都有一个关于全世界的死刑报告。因为我是研究刑罚问题的，所以高老师把这一堆资料都让我先睹为快。经翻阅这些资料，我惊讶地发现，与广施死刑的中国相对立，在西方，当时已经掀起了一股废止死刑的高潮。这引起了我的兴趣，我就跟高老师提出来了，我说，"高老师，我的博士论文准备写死刑问题"。结果大出我所料的是，高老师满脸严肃地对我说，"小邱，死刑的问题现在恐怕不宜写，看看再说吧。"

为什么？早在 1987 年之前的 1983 年，以咱们湖大法学院现在的名誉院长李步云教授为代表的 10 名学者，就曾经以十名共产党员的名义给中央写了封公开信。他们认为，1983 年的第一次大严打，是破坏法制。因为 1979 年颁布刑法，1980 年生效，而 1983 年的"严打"《决定》是大量地增加死刑，而且还迅速审判。我清楚地记得，在此次"严打"之初，县一级法院都拥有死刑宣判权。我还刻骨铭心地记得，南京市中级人民法院终审判决的一个死刑案件，从抓人到执行死刑才 7 天。所以，李步云教授等在忍无可忍的时候——请注意，李步云教授是最早提出法治概念，挑起了中国法学界第一场大辩论也就是法治与人治的始作俑者，同时他又是第一个使法治的概念引入中共中央文件的人物——出于学者的良心，他们站出来仗义执言。在现在看来，不能不说他们做出了历史的贡献。但在当时，这十名共产党人在一定范围内被不点名地受到批判。当时我所在的中国人民大学刑法教研室党支部，就专门抽了一个下午的时间，来传达和批判这十名共产党员的公开信。

在真正独立的学者社会尚未形成，在学术尚未在政治的阴影下得到解放的当时，高老师出于对学生的关爱，不让我触及死刑这一敏感的话题，我当然是可以理解的。做导师的，首先不是期待自己的学生能有多大成就，那要看他的造化。但是，做导师绝对关心一事，我这个学生能不能毕业，我这个学生能不能顺利地拿到博士学位。所以，尽管当初我要写死刑问题，但在未得到高老师首肯的情况下，我也就作罢了。

但是，在1998年，我走出大墙，回到现实生活之中，尤其是复归学界之后，基于原有的学术积累和生活积累的结合，死刑作为迫切的话题摆在了我面前。我经常追问，在人的价值系统中，有没有比人的生命更重要的东西？国家让作为社会成员的周中山、遇罗克、张志新、我的那96个死囚难友以及各式各样的罪犯的生命提前终结的权力从何而来？

正是基于对生命在人的价值系统中的至高无上性的认识，在2000年于北大的题为"死刑的德性"的讲座中，我开宗明义地用了三个问题引出了我的言说。这三个问题，我看最近被有些我不认识的记者炒作为"邱兴隆的著名的三个问题"。这就是，第一，人命多少钱一条？第二，人头和石头哪个重？第三，人皮和猫皮哪个更值钱？考考我们湖大本科生们的价值观念，谁能回答我这三个问题？

你们不回答，是不敢回答还是回答不了？我可以告诉你们，当初在北大的时候，被视为北大法学院最有智慧的一位博士生站起来说，"邱老师，我回答你。人命多少钱一条？你愿意卖多少钱就多少钱。人头和石头哪个重？你放到天平上称一称就知道。人皮和猫皮搭不上界。"后来我回答他说，"人命多少钱一条，愿意卖多少就卖多少。我出两万块钱买你命，你给吗？你不给。你不给凭什么要我给？"不是这样的吗？我们的刑法曾经规定，盗窃两万元到三万元就可以判处死刑。那不等于说，你国家在标示着一条命就是两万元到三万元钱吗？第二个问题，说人头和石头，"拿来称一下就知道了"。我说石头好办，但是割谁的头来称？割你的头你干吗？谁来称？谁忍心来称？你以为你是卖猪头的屠户啊？为什么会提出这个问题？盗窃或者走私文物，死刑！文物是什么？乐山大佛的头，兵马俑的头，不就是个石头吗？没有人，谁知道那是个文物啊。第三个问题，他说"人皮和猫皮不搭界"。我说可能我表述不准确，人命和猫皮搭上界没有？搭上了！走私珍稀动物及其制品出口，熊猫皮属于珍稀动物制品，最高人民法院司法解释明文规定，走私熊猫皮一张出口的，死刑。为什么？熊猫漂亮，熊猫是国宝，全世界只有一千多只都在中国。中国有十三亿人，中国不缺人，但缺猫。所以，为了保护一张熊猫皮可以付出一条命的代价。熊猫漂亮，猴子最丑，但猴子绝对有权利对那熊猫说，"你比我丑，是人才认为你漂亮"。如果没有人，熊猫的价值何在？不知道。

我提出这三个问题是为什么呢？早在 1998 年，在我的刑法理性四部曲之二——《刑法理性评论》中，我就系统地对 1997 年刑法所规定的四百多个罪名的刑罚结构做了个评价。最后，我得了这个结论，假如要保留死刑的话，死刑也只应限于所剥夺的权益的价值不低于人的生命的价值的那些犯罪。为什么？生命等价，命和命对等。但是，还有一种东西的价值比命更高的，即国家安全。当然，这个有争论。比如：在法国，它的刑法分则里面是把侵犯人身权利罪摆在第一章，把危害国家安全摆在第二章。为什么？人权高于主权。当然，就我们国家而言，主张人权高于主权肯定是行不通的。所以，除了涉及他人生命的犯罪，还有危害国家安全都可以保留死刑，对其他犯罪保留死刑毫无道理可言。因此，我当初认为，按照这一标准，1997 年刑法中的 68 个死刑罪名应该降为 20 余个，主要限于危害国家安全罪，还有军事犯罪里面涉及生命与战役胜败的犯罪以及故意致人死亡的犯罪。

那么，为什么我在 1998 年只是提出大幅度削减死刑罪名，而两年后，我就提出完全废止死刑呢？这是因为我意识到，中国的很多问题是讲究中和、和谐、中庸的。你提出来要限制死刑，他刚听到的时候挺感动，他回想起来还激动，他再过一段时间就一动也不动。所以，我干脆走极端，论证了死刑的非道德性，旗帜鲜明地提出全面废止死刑。我说要限制，你一动也不动。我说要废，看你还动不动。这样，也就挑起了死刑存废之争，最后达到了我预期的效果。因为我明知道你不愿意废，但是我就要求你废，让你对全面废止死刑的感到恐惧，所以让你做出让步——限制。这也就是我经常说的，瞄准天上的星星总比瞄准地上的树梢打得高。你瞄准的是树梢，可能只打到树腰；你瞄准天上的星星，打到哪里我不知道，但是，我知道，这样肯定会打得更高！

以上就是我要讲的第一个问题，即我为什么会提出立即全面废止死刑。现在我转向第二个问题，即我的立即全面废止死刑论遭遇了哪些异议，以及我是如何看待这些异议的。

二、对我的死刑观的异议与我的回应

在今天的中国学界，早已没有人主张要扩大死刑的适用范围，也没有人认为死刑将永垂不朽。但是，我的立即全面废止死刑论，始终代表的是非主流。

因为主流的观点一直是，中国在今天不能马上全面废止死刑，而只能走逐步废止的路线，即通过立法上削减死刑罪名、司法上慎用死刑，经过相当时间的过渡，最终实现死刑的废止。具有代表性的是，我研究生时的同窗、现任最高人民法院研究室主任的胡云腾教授，20年前在他的博士论文《死刑通论》中，做了一个中国废止死刑的百年梦想；前湖南师范大学的马长生教授提出了一个到2020年废止死刑的计划；还有诸如赵秉志、陈兴良教授之类的知名学者，虽未具体提出全面废止死刑的时限，但总在重复着这样一个基调：死刑在中国的将来要废止但现在不能废。

实际上，我的立即全面废止论与他们的逐步废止论，存在严重的分歧：其一，就废止的时间而言，我主张尽早废止，立即废止，越快越好，他们则主张需要一个过程，无论这个过程有多长，但肯定不是现在；其二，我主张一步到位，全面彻底的废止，而他们主张慢慢来，分步走，一点一点的废。分歧既然存在，我的立即全面废止论受到来自逐步废止论者的异议也就是必然的。

通观来自逐步废止论者的异议，大致可以归纳为如下四个方面：其一，立即全面废止死刑有违民意。因为在中国，杀人者死这一报复观念不但自古就有，而且至今仍然是中国民众所普遍接受的一种道德观念，相应地，立即全面废止死刑不能代表普通民众的伦理观，因而不能获得民众的认同。其二，立即全面废止死刑不符合对严重犯罪的报应要求，因而有失公正。其三，废止死刑必然促成严重犯罪发生率的上升，因为死刑不但具有最大的一般预防作用，而且具有最有效的个别预防作用。一旦废止死刑，社会将失去对犯罪的最有效的遏制手段。其四，中国现在还处于经济转型期，经济不发达，物质文明没有达到相当的程度，相应地，精神文明程度不高，这就决定了犯罪难以得到有效的道德与心理遏制，死刑作为遏制犯罪的手段自然在相当长的时间内还有其存在的合理性。

下面，我就结合对逐步废止论的批判，看看反对立即全面废止死刑的以上理由是否成立。

先说民意。我承认，中国的民众现在肯定无法接受立即全面废止死刑。但是，民意是一把"双刃剑"，一方面，它可以在一定程度上反映大众的正义要求；但是，另一方面，这种正义要求往往是没有经过理性提炼的原始的要求，具有相当的保守性与落后性。因此，不加鉴别地以民意作为决策的根据，往往是非理性的。

中国现在的民意是什么？这涉及一个法理学上的问题，也就是说法律与道德的关系问题。法律与道德的关系是双向的，不是单向的。法律一方面必须有它的道德基础，更重要的另一方面是法律可以培植一种新的道德观念。而长期以来，正如我前面所讲到的，中国的刑法培植的是一种什么观念？请注意，从1979年颁布刑法到1997年修改刑法，中间颁布了24部特殊法，也就是说，修改刑法的决定。而其中，90%是增加死刑。那么，法律在传达一种什么样的信息？想培植一种什么样的观念？法律在告诉老百姓，盗窃两到三万元钱就值一条命，以法律的方式强行颠覆老百姓原有的传统的观念——生命高于一切的观念，培植起来一种新的观念，即钱和命可以等价的观念。正因为我们的法律原来培植的是钱与命可以对等换算的观念，现在你突然又说，钱不能跟命等价了，老百姓当然不干了。从逻辑上来说，这是一个循环论证。你先以法律强制推行"生命和三万块钱相对等"，然后，你回过头来说这是老百姓的观念，你再以老百姓要求对盗窃罪判处死刑来作为你不想废止盗窃罪的死刑的根据。老百姓对你以国家强制力作为后盾的刑法所推行的观念已经接受以后，你再要改变，当然就难了。

最经典的例子是，1979年刑法颁布的时候，盗窃罪没有死刑。1982年严厉打击经济犯罪的决定，对盗窃罪增加死刑。从此以后，盗窃两到三万元钱的，都可以杀。到1997年，要修改刑法的时候，高铭暄老先生在一个公众场合的修改刑法的对话中，力主废止对盗窃罪的死刑。他说，自古贼无死罪，我们是社会主义国家，难道还不如封建社会把人命看的重？对盗窃犯还判死刑，那生命几何啊？结果有人提出来，老百姓接受不了啊，现在小偷那么多。然后，还有人提出来，万一盗银行怎么办？最后高铭暄老先生怒发冲冠，说"你们那么主张盗窃判死刑，是不是你们当官的怕你们自己家里面钱多了被偷啊！"当然，这话一方面来说，出自一个学者之口，肯定不是很理性的；但是另一方面也反映出来一种无奈——秀才碰上兵，有理说不清。当然，在高老师等的极力主张下，普通盗窃罪还是在1997年刑法中废除了死刑。但是，为了照顾所谓的民意，对盗窃金融机构与文物的还是保留死刑。1979年刑法没有对盗窃罪规定死刑，老百姓接受了。1982年严厉打击经济犯罪的决定对盗窃罪增加了死刑，老百姓接受了。1997年刑法对普通盗窃罪废止了死刑，老百姓还是接受了。待会儿我要说到，刑法修正案（八）又要进一步废掉盗窃金融机构与文物的死刑，我估计老百姓又会接受。我跟大家举这个例子是什么意思？是想告诉大家，民意虽然不可不尊重，但是，民意也是可以引导的。

有人会说，中国十三亿人都想不到，就你邱兴隆想到了，你就那么伟大？没错，没错。在哥伦布发现新大陆之前，谁想到有新大陆的存在？为什么？哥伦布是精英。

在邓小平想到改革开放之前，谁想到了？没有。大家知道一首歌——《春天的故事》。《春天的故事》可不是写给十三亿中国人啊，而是写给一位老人的。这位老人干了什么？在中国的南海边画了个圈！在这个圈里，崛起了一座新城。哪座新城？深圳。深圳代表着什么？在20世纪80年代初，深圳就是中国改革开放的试验田。据说曾经有一批与这位老人同样老的老人，到了这个圈里面去了一趟，回来号啕大哭，对这一位老人说，"你画的那个圈里都是黑的啊！只有一面红旗是红的呀！"但是，这位老人不为所动，并没有认为仅仅只有一面五星红旗是红的，就是没有尊重民意。而是坚持把那个圈画得很圆满，进而又在中国大地多处画了多个圈。想当初，这位老人画圈的时候，无疑也是不符合民意的，但是老人坚信这样做是符合民意的！这是一种什么意识？这是一种与我们说的民意相对应的精英意识！我们不禁要问：如果这位老人没有这种精英意识，而是顺从了当时的所谓民意，能有中国的改革开放吗？能有中国今天的富强吗？

同样，在死刑问题上，假如说没有贝卡里亚在18世纪黎明前黑暗中冒着上教会的火刑柱的危险，振臂一呼废止死刑，没有边沁继他之后不废死刑死不瞑目的执着，哪有今天的废止死刑的现实？同样，在中国，我邱兴隆假如说不提出来，也许将来也会废止死刑，但是不知道会推迟到什么时候。我不下地狱，谁下？因为我坚信，我是在为生命而呼唤。

我要强调的是，假如说民意就能决定一切，大家现在就应该马上打包回家。为什么？大学是培养精英的地方，就是要培养你们有不同于普通老百姓的意识，要培养你们有不同于普通人的价值观。因为你们是大学生，不是普通老百姓，只有你们才是中国未来的精英。联想到咱们湖南也是这样，湖湘文化的精髓是敢为天下先。什么叫敢为天下先？你没想到的我想到了，我就不同于你。我想到了，所以我是精英。

我不敢以精英自居，但是，我绝不能没有精英意识。因为我可以甘于平凡，但我绝对不会甘于平庸，我不应简单地附从于民意，而应该站在民众利益的立场，唤醒民众沉睡的生命意识，为民众的生命不被国家假借民意的漠视而鼓与呼。

讲到逐步废止论关于废止死刑即无法实现对犯罪的报应要求的责难，我早在提出废止死刑的讲座中即已明确指出，对犯罪虽然需要报应，但对犯罪的报应的实现不需要死刑，换言之，没有死刑，同样可以做到使杀人等犯罪得到罪有应得的报应。在这里，我就此做如下展开：

首先，报应不等于是同害报复。报应仅仅代表着对犯罪的一种否定评价，其所要求的是对严重的犯罪应该予以严厉的刑罚处罚，对轻微的犯罪予以轻微的刑罚处罚。这就是我们通常所讲的重罪重罚、轻罪轻罚、同罪同罚。犯罪的严重性是犯罪的客观危害与主观恶性的统一，而不仅仅是指犯罪的损害状态。

因此，报应不同于报复，其不要求犯罪与刑罚在所剥夺的权益上的对等，而仅要求刑罚的严厉性与犯罪的严重性在轻重次序上的对称。正因如此，报应只要求对作为最为严重的犯罪的杀人处以重于其他犯罪的刑罚，而未必要求对其处以同样剥夺人的生命的死刑。因此，立足于杀人偿命式的报复观念，为死刑所做的辩护，并不符合当代报应观念与原理。

其次，立足于死刑与杀人在所剥夺的权益上的对等性，为死刑进行辩护，无法解释对杀人罪适用刑罚的现实。无论是在中国，还是在保留死刑的其他国家，死刑之于杀人罪都不是绝对法定刑。也就是说，在立法上，死刑只是适用于杀人罪的多种刑罚之一，而在司法中，也有相当多的杀人案件被处以死刑以外的其他刑罚，如终身监禁乃至短期自由刑。而即使是死刑保留论者，事实上，也没有认为对杀人罪所适用的死刑以外的其他刑罚是不公正的。也就是说，保留论者在肯定对杀人处以死刑的公正性的同时，也肯定对杀人不处以死刑的公正性。这本身便说明，刑罚的公正性未必要求对杀人罪非处以死刑不可。

再次，基于报应所要求的是刑罚的严厉性与犯罪的严重性等序而不是刑罚与犯罪等害，因此，在有死刑存在的情况下，报应当然要求作为最严厉的刑罚的死刑被适用于作为最严重的犯罪的杀人等。一旦死刑被废除，终身监禁之类的严厉性次于死刑的刑罚，便成为最严厉的刑罚，报应所要求的也就仅在于将终身监禁之类的最严厉的刑罚适用于作为最严重犯罪的杀人等。因此，正如在有死刑存在的情况下，对杀人等最严重的犯罪处以死刑是报应的要求一样，在没有死刑存在的情况下，对杀人等最严重的犯罪处以终身监禁之类的刑罚，也符合报应的要求。

最后，在今天，世界上已有2/3的国家或地区废止了死刑。然而，该等国家或地区与中国大陆一样存在故意杀人、危害公共安全、绑架、抢劫与强奸等可能致人死亡的犯罪，而且，我可以肯定地说，其中绝大部分国家的此等犯罪的发生率远甚于中国大陆。然而，在这里，废止死刑的国家或地区，尽管在废止死刑前，人们对此等严重犯罪不处死刑会感到不公正，但是，在废止死刑后的今天，人们绝不会因对此等犯罪不再处以死刑而认为不公正。即使是出现意想不到的犯罪，也罕有基于所谓公正的要求而提出恢复死刑。这足以说明，刑罚的公正性不以死刑的存在为必要。重要的不是刑罚的公正性需要什么样的刑罚，而在于我们需要的是一种什么样的刑罚公正观念。

至于废止死刑便不足以遏制严重犯罪，这是一个老生常谈。我不想否定死刑具有威吓作用，我也不想否认死刑具有彻底剥夺人犯罪能力的功效。我只想说明的是，死刑究竟有大于无期徒刑多大的威吓力，是无法证明的。我们国家每年成千上万地判死刑，谁能证明这到底遏制了多少犯罪？没有人能够证明。

因为迄今为止，没有人令人信服地证明过。相反，世界上那么多国家废止了死刑，但是，在其废止死刑后，严重犯罪率并没有明显的上升！这恰恰证明了有无死刑都是一个样，进而证明了死刑之所谓大于无期徒刑的独有的威吓力在很大程度上是人们所臆测的。

同样，我也只是想说，究竟有多少人在犯罪后只有通过死刑才足以剥夺其在犯罪的能力，也是无法鉴别的。立足于个别预防，公认的原理是，死刑只有在其他刑罚不足以消除罪犯的再犯罪的能力的时候才可以动用。但是，问题在于，你怎么鉴别哪些罪犯可能再犯罪，哪些罪犯不可能再犯罪？你又如何判断哪些可能再犯罪的罪犯中，有哪些是不可以改造的？有哪些不可改造的又是单纯地关押不足以阻止他们继续犯罪而需要用死刑剥夺其再犯罪的能力的？我们显然无法做出这样的鉴别与判断。既然如此，我们在发挥死刑的所谓彻底剥夺犯罪人再犯罪能力的作用的名义下，又要枉杀多少不可能再犯罪的人、多少可以改造好的可能再犯罪的人以及多少虽不可改造但是不需死刑也可以阻止其再犯罪的人？

既然所谓死刑的最有效的威吓功效是无法证明的，既然所谓死刑的最有效的剥夺犯罪能力作用不能被证明可以得到恰当的运用，那么，所谓废止死刑便不足以遏制严重犯罪，便是一个无法证明的命题。立足于此而对我的死刑废止论的责难，自然也是苍白无力的。眼见为实，耳听为虚！我眼见的是我们的国家一直在用死刑杀人，我耳听到的是国家这样做，是为了最有效地遏制严重犯罪的发生，而我始终不知道国家通过死刑遏制了多少严重犯罪！

将犯罪率尤其是严重犯罪的发生率的升降与经济是否发达挂上钩来，是我国刑法学界与犯罪学界的一种具有代表性的主张与研究路径。按照这种研究路径，经济不发达，人们不但会基于生存的需要而直接实施盗窃、诈骗等贪利型的犯罪并派生出绑架、抢劫之类的暴力犯罪，而且还会直接实施制造、销售有毒有害食品、假冒伪劣产品之类的经济犯罪。同时，在经济不发达的社会，人们顾不上道德修养的提高与精神文明的建设，难以形成抵御犯罪的诱惑的道德与心理防线，因此，犯罪率攀升也是必然的。相应地，在这样的社会，死刑作为遏制犯罪的手段始终是必要的。基于对犯罪原因的这种解释，论者的结论势必是，只有经济发达了，物质文明提高了，人们生活无忧了，道德修养和精神文明才可以得到相应提高，才可以形成抵御犯罪的道德与心理防线，犯罪率才可以得到极大的降低。只有到了这个时候，死刑作为遏制犯罪的手段才可退出历史舞台。

上一研究路径，貌似符合马克思主义的基本原理，因而具有相当的诱惑性。然而，事实上，它是在披着马克思主义的外衣反对马克思主义。马克思怎么说的？马克思说，犯罪也是生产力。马克思又怎么说？有了小偷，才有了门锁，所以小偷促进了锁业的发达。发展到今天，盗窃还催生了防盗门，可视门铃，防盗窗。因此，犯罪刺激了经济的发展。相应地，形成了这样一个规律：凡是经济发达的地方，经济发达的时代，也就是犯罪发达的地方，犯罪发达的时代。不是吗？30 年前，经济不发达，可以夜不闭户。因为户内空空如也，没什么值得偷的。但是，到今天，不是那样了。不但要紧闭户门，而且还要安上防盗门与防盗网。为什么？富有了，值得偷的东西多了。30 年前，我们哪见过什么贩毒与绑架的，见个小偷不错了。为什么？饭都吃不饱，哪来的钱吸毒？又有谁去绑架一个身无分文的穷光蛋？今天不同了，贩毒的、绑架的、抢劫的，甚至于打劫银行的，俯拾皆是！为什么？因为富裕了，有钱吸毒了，可以绑架与抢劫到钱了，银行有的是钱被抢了！美国经济发不发达？肯定是最发达的国家之一，但是，相应地，它也是犯罪最发达的国家之一。看来，所谓经济不发达会导致犯罪的上升，经济发达了可以减少犯罪，只有经济发达到一定程度才可以使犯罪降低到相当程度，这是一个荒唐透顶的谬论。

至于说，经济不发达，道德修养和精神文明的程度必然低下，抵御犯罪的诱惑的道德与心理防线势必脆弱，反之亦反，这同样是荒谬绝伦的。事实上，在经济不发达的年代与社会，有经济不发达年代与社会的道德修养与精神文明，在经济发达的年代与社会，也有经济发达年代与社会的道德修养与精神文明。两者之间是不可能以高低二字来区分的。所谓物质文明的提高必然导致经济文明的提高，只不过是又一个虚妄的命题。古人云，饱暖思淫欲。马克思说，有100％的利润，罪犯就敢冒上绞架的危险。经济发达了，有钱了，人们更贪图精神上的满足了。包二奶、养情妇与吸毒之类的问题也就发生了，贪污、受贿与盗窃、抢劫之类的行为也就有原动力了。经济发达了，贫富差距拉大了，没有钱的人心理不平衡了，绑架、抢劫等无本万利以及制毒、贩毒、生产、销售有毒有害食品之类的一本万利的犯罪也就见怪不怪了，敢于上绞架的人也就层出不穷了。这难道不是给了所谓物质文明的发达必然导致精神文明的提高的谬论以绝好的讽刺吗？

既然经济的发达与否和犯罪率的升降没有直接的关联，既然物质文明的发达也未必会导致精神文明的提高，那么，死刑作为遏制犯罪的手段也就不以经济不发达而必要，也不以经济发达而不必要。相应地，经济不发达不能成为阻止死刑的废止的理由。

然而，与政治话语权总是掌握在政治权威手中一样，中国的学术话语权也总是掌握在那些学术权威手中。我不是学术权威，我虽然有主张立即全面废止死刑的权利，但是，掌握死刑存废的话语权的是赵秉志教授与陈兴良教授等学术权威，而不是我。所以，我的死刑废止论虽因有贺卫方等学者的支持而不再是孤鸿哀鸣，但是，面对掌握死刑话语权的学术权威们在我看来不值一驳但民间与官方均认为言之有理的责难与声讨，它很难得到当局的认同。相反，逐步废止论作为出自掌握死刑话语权的学术权威之口的主流声音，显然更符合官意与顺应民意，因而也容易得到当局的认同，并得到立法的体认。业已通过的刑法修正案（八），就死刑所做的让步，便是逐步废止论得到立法体认的标志。但是，在我看来，即使站在逐步废止论的立场，修正案（八）在死刑问题上所做的让步，也只不过是喜忧参半的结果。

下面，我结合修正案（八）与死刑相关的修改，谈谈我的喜与忧。

三、刑法修正案（八）限制死刑的喜与忧

作为对逐步废止论的回应，刑法修正案（八）从总则到分则都就死刑的适用做出了限制性的修改。

就总则而言，它增设了老年人可以不判死刑的条款。其实，老年人免死，在国内未必是逐步废止论者最先提出的建议，作为立即全面废止论者的我，早在 10 年前就在《国际人权与死刑》一文中提出，中国的死刑应该与国际人权规范相对接，其中就包括应该规定适用死刑的年龄上限。后来，在湖南衡阳，有一个年近 90 的老人，由于杀人，被一审判处死刑立即执行而引起了媒体的关注。学界也是我与陈忠林教授最先出来公开表态质疑的。这个案子后来被二审改判了死缓，没有判死刑立即执行。因此，在今天，刑法修正案（八）关于老年人免死条款的增设，应该说也包含有我的贡献。我理当为此而欣喜。然而，通观这一条款的出台过程，我不得不深表忧虑：一方面，关于这一条款，修正案（八）草案最先的规定是，犯罪时已满 75 周岁的，不适用死刑。如果这得以通过，所有犯罪时已满 75 周岁的老年人，均无条件地不得被处以死刑。但是，这一草案条款在全国人大常委会审议时，遭到了强烈异议。对其的质疑，导致了其只能增加例外条件即"以特别残忍手段致人死亡的除外"才最终得以通过。显然，在这里，采纳的是双重标准，既以年龄作为死刑是否适用的标准，又以犯罪的性质作为是否适用死刑的标准。这实际上违背了设置死刑适用的年龄上限的初衷，使支撑这一设置的理性被损毁。事实上，增设老年人免死意味着对刑法的人道价值的认同及其在刑法价值系统中的最高位阶的体认，但是，将"以特别残忍手段致人死亡的除外"予以确认，又意味着报应或者功利可以凌驾于人道之上，从而又构成对人道之作为刑法首要价值的否认。所以，我不得不担忧，刑法在死刑问题上的废、立、改，难以步入理性的路途。另一方面，包括我在内的大部分学者，所建议的免死年龄上限是 70 周

岁，但是，修正案（八）自草案到定案都以 75 周岁为免死上限。学界建议定为 70 周岁的理由是充分的，既有中国历史传统可循，又有国际人权公约上的根据，还有中国现实的经验规则——因为司法实践中很少有对年满 70 周岁以上的老人判处死刑立即执行的。但法条的草拟者不知是基于什么原因，将这一年龄上限提高到了 75 周岁。我揣测，也许是为了减少争议，使老年人免死的条款更能顺利通过。然而，不论其原因何在，我作为学者都感到一种悲哀：法条的草拟者可以置学界的建议及其背后的理性于不顾，任意拟定免死的上限，所表征的是学者与刑法理性的卑微以及权力的至高无上。由此，我不得不再次对刑法修改程序何时才能真正理性化表示忧虑。

修正案（八）在死刑问题上，最引人注目也是逐步废止论者最为兴奋的是，它削减了 13 个死刑罪名。当然，为此而欣喜者不只是逐步废止论者，作为立即全面废止论者的我，也同样为此而欢喜。因为在未全面废止死刑的情况下，削减部分死刑罪名，减少生灵涂炭的概率，在我看来，也总是一件好事。然而，在欢喜之余，我又难免忧虑重重。

首先，正如全国人大法工委做出的立法说明所表明的一样，此次被废止死刑的 13 个罪名，均是实践中基本不再适用死刑的犯罪。例如，盗窃罪，前面已经讲过，早在 1997 年刑法中，普通盗窃就已不再有死刑，保留死刑的只是盗窃金融机构与文物。然而，自 1997 年至今，我只见过一起被判处死刑的盗窃金融机构案件，那就是早几年发生在河北邯郸农业银行的保安盗窃金库案。其实，在我看来，该案是应该定性为盗窃还是职务侵占，还是值得质疑的。金库的保安是银行的雇员，其职责就是保证金库的安全，他利用看管金库的职务之便，窃取了金库中的巨额现金，属于典型的监守自盗，更符合职务侵占罪的特征。毕竟，如果他没有作为保安履行看管金库之便，也就无法窃得金库中如此大额的现金。因此，我没有理由不怀疑，是为了要判其死刑才给其定性为盗窃。因为职务侵占罪没有死刑，但是盗窃金融机构有死刑。撇开这一质疑不谈，即使司法机关对其的定性准确，这也只是我知道的绝无仅有的因为盗窃金融机构而被处死的案件。至于盗窃文物而处死的案件，早期也曾出现过，但是，今天也很少耳闻。再如，传授犯罪方法罪，自 1983 年"严打"入罪并设置死刑，迄今为止全国从来没实际判处过一个死刑。这表明，削减的都是基本上不再适用死刑的犯罪。由此，我不得不担心当局究竟是否真有削减与控制死刑的诚意。既然立法上削减的是本来就不怎么判处死刑的罪名的死刑，那么，这样的削减并不会导致实际适用死刑的数量的多大下降。因为适用死刑频率高的罪名仍然保留有死刑，审判实践中自然会一如既往地高频率地对这些犯罪判处死刑。我不禁要问，以立法上削减死刑罪名来迎合学界逐步废止论的主流声音，以显示立法民主，又以实际上不减少死刑的适用来坚守广施死刑的传统。这是一种什么样的做派？

其次，有媒体认为，修正案（八）削减 13 个死刑罪名，在很大程度上回应了我前面提到的在《死刑的德性》中所提出的三个所谓著名的问题。因为盗窃罪废止死刑，回应了我关于人命多少钱一条的质疑；盗窃文物、走私文物与走私珍稀动物及其制品罪废止死刑，也回应了我关于人头与石头哪个重以及人皮与猫皮哪个更值钱的追问。这让我感到无比悲怆，更让我感到莫大的担忧！我之所以提出这三个问题，是想强调生命无价，是想突出生命的至高无上的价值，是想说即使你不愿意立即全部废除所有犯罪的死刑，你也要还生命以尊严，将不侵犯人的生命的所有经济犯罪、财产犯罪与贪利型的犯罪的死刑予以彻底废除，以免给生命贴上价格的标签。不错，立法上废除了 13 个非侵犯生命的犯罪的死刑。但是，还有 30 多个所侵犯的权益低于人的生命的犯罪仍然保留着死刑。这里，就逻辑而言，存在一个违反同一律的问题：走私文物罪、走私贵重金属罪与走私普通货物、物品罪，都是非侵犯人生命的走私罪，走私毒品、走私枪支、弹药与走私核材料等也是不直接侵犯人生命的犯罪，对前者废止死刑，对后者保留死刑，根据何在？票据诈骗罪、金融凭证诈骗罪与信用证诈骗罪，都是非侵犯人生命的金融诈骗罪，集资诈骗罪也是不侵犯人生命的金融诈骗罪，对前者废止死刑，唯独对后者保留死刑，又是基于什么理由？在我看来，此等未废止死刑的犯罪，都是在人生命的至高无上的价值与经济秩序或者财产画上等号的犯罪，其与盗窃罪一样，给无价的生命贴上了价格的标签。立法者在废止部分非侵犯人生命的犯罪的同时，保留了另一大部分侵犯人生命的犯罪，这实际上不只是违反逻辑上的同一律的问题，而且还是鲜明地标示着立法者根本就没有树立生命高于财产与经济秩序的价值观念，甚至也根本没有意识到生命的至高无上的价值。由此，我既不得不担心，在今天没有死刑的贪利型或财产型犯罪，假若发案率飙升，立法者是不是又会对其增设死刑？又没有理由不忧虑，在生命的至高无上的价值尚未被当局意识到的国度，即使是逐步废止死刑，其路途该会多么漫长？

再次，通观此次削减死刑的 13 个罪名，无一是 1979 年刑法中规定有死刑的罪名。换言之，其都是通过修改刑法增设死刑的犯罪或者是在新增罪名的同时规定死刑的犯罪。也就是说，这些犯罪的死刑，从立到废，长的存续了 30 年，短的则只存续了 20 多年。这反映出当局对于死刑之增设具有很大的随意性。联系到自 1979 年刑法到 1997 年刑法之间的不到 20 年中，所增设的死刑罪名多达 40 余个，而此次修改刑法，废止死刑的罪名仅为 13 个，这又明显地表现出死刑立易废难的态势。由此看来，一方面，中国的当政者，似乎还没有意识到生命的尊严，可以玩人的生命于股掌之间；另一方面，中国的立法者，似乎有一种死刑情结，由对死刑的盲信导致对死刑的依恋。在如此背景下，废止死刑，还真是中国人的一种任重而道远的事业。

最后，从 1979 年新中国有了第一部刑法开始到今天，也就是 30 年。刑法改了那么多次，但减少死刑的只有两次，即 1997 年刑法和这一次的刑法修正案（八）。由此类推，刑法至少在 10 年以后才有可能发生一次减少死刑罪名的修改。乐观点估计，每 10 年以后再修改一次，每次都减少 10 多个死刑罪名，那中国要彻底废止死刑，也是半个世纪之后的事了。尽管我留恋生命，也珍惜生命，但是，我知道，自然规律不可违背。我今年 48 岁，要看到中国废止死刑，我至少要活到 100 岁。这肯定是不可能的！而主张逐步废止论的学术权威们，几乎没有比我更年少的。我祝福所有学者与所有人一样，都长命百岁。但是，与我知道我不可能活到 100 岁一样，我也知道，我的祝福虽然是真诚而美好的，但那仅仅只是一种美好的祝福而已。

7 年前，我国著名刑法学家马克昌教授在我举办的一次死刑问题研讨会上，以这样的告诫作为他老人家的闭幕致辞的结束语：死刑尚未废除，同人尚需努力！（在今天，马克昌教授离开了人世，但我不知道，他是不是像贝卡里亚与边沁一样，为其废止死刑的理念未能实现而死不瞑目。）我不知道，主张逐步废止论而反对我的立即全面废止论的权威们是会为中国没有废止死刑而死不瞑目，还是会为中国的死刑正在逐步减少而死而无憾。但是，我知道，我肯定会为中国的死刑在我临终时尚未废止而死不瞑目，也更会为中国的死刑在我临终时早已废止而死而无憾！

同学们，今日之中国，是我们的，也是你们的。但是，归根结底是你们的。废止死刑，尊重生命的受益者，是我们，但更是你们。因为你们才是未来的精英，你们才是中国未来的希望与脊梁！我坚信，你们足以担当起中国的未来，更坚信你们足以担当起我们这一代人未竟的法治重任，所有希望都只能寄托在你们的身上！但是，请别忘了，实现任何希望的前提是，活着，好好活着！因为人只有活着才有可能实现人的任何希望。你是人，我是人，他是人，罪犯与你、我、他一样都是人！死刑剥夺了作为罪犯的人的生命，也就剥夺了人活着的权利，当然，也就剥夺了人的所有希望！同学们，请允许我以我在北大废止死刑的讲座中的结束语作为我这个讲座的结束语，这不是一种虚言，而是一种告诫，更是一种拜托：让我们用我们的良心撞响中国死刑的丧钟，用我们的良知来启迪我们的民意，为中国死刑的废止而呐喊！

（本文责任编辑：邢馨宇）

邱晓华重婚案的道德与法律困惑

邱兴隆[*]

我听各位在下面都叽叽喳喳的，肯定是议论我们老邱家早在 4 年前就出大名了。不但出了个邱兴华，而且还出了个邱晓华（笑声）。关于邱兴华案，引起争议的仅在于一个程序问题，也就是对邱晓华是不是应做精神病鉴定的问题。尽管这确实也是一个重要的问题，但我对它的兴趣，远不如对邱晓华案的兴趣大。因为邱晓华案所引发的问题，远多于邱兴华案，而且，也与我们大家的生活更为贴近。这就是我今天选择邱晓华案来做这个所谓的学术报告的原因之一。此外，应该说明一下的是，我在这里之所以选择讲邱晓华案，并不在于他是一位高官，更不在于他是我游学过的厦门大学的校友。而在于，当初我在网上一看到邱晓华涉嫌重婚罪开庭审理的报道，心里就觉得怪怪的，很不是滋味。这部分源于作为邱晓华的一个同代人而对邱的处境的一种同情，更重要的是，源于自己作为一个法律人尤其是作为一个刑法学人，对现行立法，具体地说，就是我国刑法中关于重婚罪的规定的困惑。因此，如果要取个名字的话，我觉得我的这个报告的主题可称为《邱晓华重婚案的道德与法律困惑》。

下面，我准备从四个方面来向大家讲讲邱晓华案使我产生的困惑与思考。我将首先给大家介绍一下邱晓华重婚案的背景与案情；其次，我将与大家讨论一下我们所需要的是什么样道德评价标准；再次，我将对我国现行刑法关于重婚罪的规定提出批判；最后，我想从情理与法理的角度来分析在现行刑法框架下，邱晓华是否构成重婚罪。

一、邱晓华案的背景与案情

之所以要先介绍一下邱晓华案的背景与案情，是因为我估计有不少同学不知道邱晓华案的具体情况，不做一下介绍，大家可能不知所云。当然，应该说

　　[*] 法学博士，湖南大学刑事法律科学研究中心主任，湖南大学法学院教授，刑法学与律师学博士生导师。

明的是，我既不是邱晓华的辩护人，也不是邱晓华案件的有关司法人员，更不是决定邱晓华命运的那些人员。因此，我关于本案的背景与案情的介绍，实际上是基于对媒体有关报道的归纳。

　　说来，邱晓华可谓官场得意。因为其年仅 48 岁即担任了国家统计局局长，即副部级正职高官。正因如此，他也曾经被厦门大学视为杰出校友与骄傲。但是，天有不测风云，官场得意的邱晓华的家庭生活却很失意。家庭生活的失意在于他的结合妻子犯了一种特殊的疾病，即红斑狼疮。迄今为止，红斑狼疮形成的病因是什么，还是医学界待解决的一个问题，但有一点是可以肯定的，即红斑狼疮是一个不治之症，很难愈合，而且有遗传性。正由于是有遗传性，所以邱晓华跟他的妻子两人不能过夫妻生活。这个背景必须跟大家介绍一下，不然我们这场讨论就没有共许前提。根据有关介绍，至少在邱晓华的妻子犯病前，他是一个很规矩的男人，也就是说，夫妻感情挺好，也没听说过有什么外遇。但是，回溯大概四五年，或者说五六年，邱晓华做了一系列为我们觉得不可思议的事，即情乱、性乱。所谓情乱，是说他红杏出墙，在妻子之外，根据现在公布的资料来看，至少还有情人，并与多人通奸。除此之外，还有嫖娼，甚至还有境外嫖娼。

　　问题就出在邱晓华与他的情人的关系上。在 2006 年，邱晓华的一位记者情人为他生了一个孩子，女儿。尽管邱晓华与结合妻子已经有了一个上了大学的女儿，但是，再为人父的喜悦、多子多福的传统观念以及其他种种原因，促使邱晓华在有了这个孩子后，与这个记者情人的往来更为密切，感情也得到了进一步的加深。当然，具体他们之间的关系究竟深到了什么程度，对于我们来说，还是一个待解之谜。但有一点基本上是肯定的，即邱晓华的落马，与这个情人关系重大。大家所知道的上海社保基金案中涉及一位叫张某的被查处，他交代自己为巴结邱晓华，曾送给邱晓华的这位情人一套房，尽管从现有资料来看，这套房至少不属于邱晓华收受的贿赂，但是，邱晓华与其情人的关系，由此得以公开并受到追查。中纪委对邱晓华的最终审查结果是，邱虽然先后四次共计收受他人礼金 22 万元，但因其没有为他人牟利的行为，其不构成受贿罪。这样，对邱晓华的审查以清查受贿开始，以将邱与其情人的关系定性为重婚而告终，邱晓华被以涉嫌重婚罪移送司法机关处理。邱晓华重婚案经北京市人民法院开庭审理，以重婚罪判处其有期徒刑两年。这就是曾经在全国引起轰动的邱晓华重婚案的由来。

　　接下来，我们谈第二个问题，就是：

二、我们需要的是什么样的道德评价标准

在座的有绝大部分年龄都在二十岁上下，你们的父辈与你们恰好是近30年来中国道德观念大碰撞与大变革的见证人和践行者。为了帮助大家回顾一下这场大碰撞与大变革给时下中国道德评价带来的巨变，我想先给大家讲两个我在学生时代的故事。

记得上大三的时候，我们班上发生了一起新闻，就是一位同学发生了喜新厌旧的恋爱风波。他当年也就是二十岁左右，来自某省偏远农村。在上大学之前，他有一个对象，而且按照他们那个地方的规矩或者说风俗习惯，一谈上对象就同居。但上大学后，这位同学思想发生了变化。他向往在城市建立家庭，但他的对象是农村户口。后来，他家所在的乡（当时叫公社）卫生院的院长，看中了他，想把女儿许配给他，而他女儿是非农人口（即不是农村户口）。这样，一拍即合，我的这个同学结束了与对象的关系，与院长的女儿建立了恋爱关系。当然，也就还是按照当地的风俗习惯，与院长的女儿同居了。当然，他与邱晓华有本质区别，他是喜新厌旧，而邱晓华是喜新不厌旧（笑声）。但问题不是他想的那么简单。因为他的前对象家里认为，女儿都与你睡觉了，你不要她了，吃了大亏。因此，前对象一家到我这个同学家大闹"天宫"，要么是恢复恋爱关系，要么赔钱。在我的同学家没有答应后，这位想当我的同学的老丈人的前对象的父亲（大笑），把我同学家的牛牵来卖了当路费，带着女儿不远千里来到了我们学校告状，要求学校开除我的这位同学。尽管最后，我的这位同学没有被开除学籍，但还是受了开除团籍的处分。我还记得，在全班团员举手通过对他的处分的会上，除当时作为团支部组织委员的我基于我是他入团介绍人的关系以及自己现在也记不清楚的原因没有举手外，近40位年龄不等、性别不一的共青团员们的手是举得那么整齐，那么严肃，其庄严程度绝不会逊色于今天的全国人民代表大会上的任一次举手通过！因为大家所做出的是同一个道德裁判：该同学不是好人！

同样，也是在我大学期间，另一个班的一位同学也发生了一件与恋爱有关的事。当年，我们上大学的年龄上限是28岁，而且，必须是未婚。我要说的这位同学超过了28岁，而且早已结婚生子。但为了上大学，他隐瞒了年龄与婚姻状况。大学二年级的时候，他干脆以未婚的身份与班上的一位女生谈起了恋爱，一谈就是三年，直到临近毕业时，才东窗事发。与他恋爱的女同学虽然因受了欺骗而痛苦万分，并向校方做了反映，但基于理性，其没有强烈要求学校对这位男同学予以处分。此事最终不了了之。

以上两个事例中的第一例，在大家今天看来，肯定不是什么大事，而且，

恐怕在座诸位中或者你们周边，类似事例也不少见，甚至你们中有的人在中学阶段就有过此等经历。为什么？因为恋爱讲求自由。既然是恋爱自由，就应该包括"吹灯"自由，结了婚还可以离婚嘛，怎么一谈恋爱就不得分手呢？你们80后90后不是还流行"毕业说分手吗"？至于在恋爱过程中的同居行为，也是两相情愿，谈不上谁吃亏谁占便宜。因此，我敢断言，发生在我这位同学身上的事，乃至比他更"严重"、更"恶劣"的事实——比如：换过多个女朋友，如果在今天的你们身上，肯定是不会受到开除团籍之类严厉处分的，甚至根本就没有人管你这种事。为什么会这样？显然，我的这位同学当时之所以会受到如此严厉的处分，原因无外乎两个方面：其一，在当时，按照我们正统的道德观念，他喜新厌旧的做法，是应当受到谴责的；其二，他败坏了学校与班级的声誉。我们班上的同学们对给予他开除团籍处分的一致赞成，正是这种道德正义感与集体荣誉感所使然。

但是，上面所举的第二个事例，即使放在今天，恐怕也会受到谴责。因为我的这位男同学既已结婚生子，自然也就没有了恋爱的资格，而他一方面对那位女同学隐瞒真相，玩弄她的感情；另一方面又违背了作为丈夫对妻子所应尽的真诚义务，使这位女同学与他的妻子都成了他上演的感情游戏的牺牲者与受害人。然而，学校当时没有对他做出任何处分，这究竟是为什么？显然是因为作为受害者的女同学与他的妻子没有向学校提出处分的要求，而学校则因而认为他没有造成恶劣的影响，学校的声誉没有因他的行为而遭到多大的毁损。

略加分析，即可发现，两个事例中的处理结果的不同，实际上都是20多年前占主流地位的集体主义道德观念的折射。在前一事例中的严厉处理与后一事例中的不受处理的背后，起主宰作用的都是同一道德评价标准，即是否给学校这一集体造成不良影响。而之所以如我所分析的一样，在今天，前一事例不会受处理，而后一事例反而可能受处理，是因为我们的道德观念与道德评价标准变了。在今天，尽管单纯的集体主义道德观念与评价标准仍有市场，但其已开始向尊重个人意志、个人自由与个人权利的不干涉主义观念转变。反映在恋爱、婚姻、性与家庭等问题上，我们的不干涉主义色彩日趋明显，我们不再把是否给集体造成所谓的不良影响等作为单一的道德评价标准，而更注重于将是否违背当局者个人意志作为道德评价的标准。按照这一标准，前一事例中的当事人是在光明磊落地行使其恋爱自由权，当年为集体主义道德评价标准所不容的"喜新厌旧"，在今天的个人主义道德评价标准下，完全可以被理解为人从不成熟走向成熟的必然。正如在当年，提出离婚的一方会同样被斥为"喜新厌旧"的陈世美，但在今天，人们却在高呼"结婚是误会，离婚是理解"一样。而后一事例中的当事人，即使在今天也仍会受到谴责，是因为他在追求个人自由的同时，跨越了自由的底线。按西方某位著名思想家的说法，自由就是"我在街上走，没有妨碍你，你也不要妨碍我"。按中国民间通俗的说法，自由应该是"大路朝天，各走一边"。但是，后一事例中的当事人，是以隐瞒真相的欺诈方式在追求自己的意志。他所谓的自由，是建立在对那位女同学与他的妻子的自由与权利的妨碍之上。

说到这里，我还应该告诉大家，前列两个事例中的两位当事人今天的归宿，因为他们今天的境况，实际上是与当年所受到的不同处理密切相关的。第一例中的当事人，由于是背着处分离开学校的，在绝大部分同学被分配到中央、省一级政法机关工作的情况下，作为当年全县高考文科状元的他，被发配回老家的县公安局工作。尽管其历经折腾，在年过半百的今天已成为某市公安局法制科的科长，但是，哪个1983年毕业至今已工作了近30年的老牌大学生，不是处长、副处长的，至少也应该混过副处级！而第二例中的当事人，由于没受任何处分，其档案中清清白白，被分配到某地级市公安局工作，一切顺利，在今天已成为威震一方的市公安局局长！副厅级！我经常在想，如果学校当年能像今天一样，对第一例中的当事人持不干涉主义态度，他今天会如此平庸吗？我也经常在想，如果学校对后一事例中的当事人，不因作为受害者的两位女性的沉默而持不干涉主义，而是在干涉主义的驱使下，对他做出了任何处分，他能有今天的辉煌吗？

我说这些，不意味着对学校当年的两种不同处理方式的任何褒贬。因为这是历史所决定的。时光不可倒流，树也不可能倒过来长。按黑格尔的说法，既存的都是合理的。我仅仅是想提醒大家，不管你是否意识到，也不管你是否承认，我们的道德观念与道德评价标准发生了由集体主义向个人主义的裂变。而我们尤其是你们，都是这种裂变的受惠者。试想一下，如果没有诸如第一例中的当事者一样的许多我的同代人所付出的沉重的代价，你们今天能真正享受到恋爱自由吗？请大家正视这一变革，并珍视这一变革给我们所带来的个性解放、对个人权利的尊重以及对个人自由的张扬。

现在，让我们再回到邱晓华案件上来。

我首先必须申明的是，对邱晓华的人格评价与对其所为之事的评价，应该是相对独立的。对某人的人格的否定，不等于对其所为的任何事都要否定，而对某人所为的事的否定，也不等于对其人格的全面否定。正如你们经常议论我"邱兴隆如何如何，但是（不过、可是、然而），他还如何如何"一样，我们要学会全方位、多角度地来评价人或事，摒弃以简单的"好"或"坏"来评价人的传统模式。就邱晓华在婚姻与性问题上的所作所为，我们的评价也应建立在具体的分析的基础之上。

　　根据有关资料，邱晓华的婚外性行为有三个层面：情人之性、通奸之性与嫖娼之性。我个人认为，根据邱晓华的具体情况，总体说来，他的婚外之性是可以理解的。原因很简单，性是人的本能需要，所谓"食、色，性也"。也可以说，作为人，邱晓华与我们大家一样，拥有满足性的天然的权利。尽管按照公认与通行的道德规范，在一夫一妻体制下，婚外性往往构成道德否定与谴责的对象，但是，具体在邱晓华，这一道德规范显得近乎残忍。因为邱晓华的妻子之病，决定了她作为配偶无法履行其对丈夫的性义务。在这种情况下，我们仍然要求邱晓华不能为性而逾越婚姻的雷池半步，无异于是在剥夺邱晓华作为人所固有的性权利。换言之，在对邱晓华的性行为方式的评价上，我们面临着一个道德上的两难选择：要么是要求邱晓华放弃性权利，以实现婚姻与性的同一性，要么是允许邱晓华冲决婚姻的围堤，实现性的权利。因此，我们尽可以以邱晓华破坏了婚姻与性的同一性为由，对其婚外性行为做出否定乃至谴责的道德评价，但面对这样的诘问，即性是不是人人都可以享有的权利，邱晓华也是人，他的性权利如何实现？我们又将如何作答！

　　也许，有人会说，他可以离婚。不错，他当然拥有离婚的权利，而且，只要他以妻子不能履行性义务为由提起离婚诉讼，我相信，任何一位法官都会判准离婚的。我甚至还认为，如果他的妻子能意识到没有性的婚姻对于作为人的邱晓华来说，只不过是一口活棺材，她就应该主动与他解除婚姻，还他以做人的权利。因为尽管疾病不是她的错，但是，疾病使她已不能履行作为一个妻子所应尽的义务，她还有什么权利用婚姻来桎梏邱晓华，她又有何权利让邱晓华继续生活在婚姻这口活棺材之中？但问题在于，邱晓华的妻子没有主动提出离婚，邱晓华也没有要求离婚。没有离婚的结果是什么？对于邱晓华的妻子来说，是邱晓华继续承担着作为丈夫所尽的义务，关怀、照顾患病的妻子，使她生活无忧，疾病得到治疗。相反，一旦离异，邱晓华的妻子将会失去这一切。这又提出了一个道德上的难题：邱晓华"糟糠之妻不下堂"，没有因为妻子有病而抛弃她，而是继续履行着作为丈夫的义务，但是，却因妻子无法履行作为妻子的义务而有了婚外之性。我们的道德是要求邱晓华置病妻于不顾，还是理解与宽容邱晓华的婚外之性？实际上，这里所涉及的正是我前面所提到的集体主义道德观念与个人主义道德观念的冲撞，让我们要么立足于维护婚姻与性的同一性的社会需要的角度对邱晓华做出道德谴责，要么立足于对邱晓华的处境及其个人权利的同情、理解与尊重的角度对邱晓华做出宽容。面对这一道德两难，我们该做何选择？其实，我已在前面讲第一个事例时，告诉了大家，我的答案：摒弃集体主义道德观念，张扬个人主义的道德观念。少一份干涉、苛求与责难，多一份同情、理解与宽容。近30年前在我同学身上所出现的道德悲剧，在今天，绝不应该在邱晓华身上重演。

说到集体主义的道德观念，我不得不提醒大家注意，它最危险的不仅仅是在道德要求的名义下对个人自由的干预，而是在于它最容易被政治所利用。事实上，我们面临着对传统道德观念的承继与扬弃，但是，我们更面临着对新的道德观念的培植与接纳。然而，无论是对传统道德的承继与扬弃还是对新的道德观念的培植与接纳，都应该是一个自然的过程，而不是特定利益集团所能主宰或操纵的。而集体主义的道德观念，由于其貌似维护大家的利益与公共权利，具有很大的欺骗性与蒙蔽性，容易被特定的利益集团用作奴化人的工具，使我们不自觉地在所谓维护道德纯洁的名义下，放弃自己的权利，扼杀自身的个性。

有人说，邱晓华是高官，对他应该有不同于常人的道德要求。从表面上看，这一说法没有什么错，而且也完全吻合正统的道德观念。然而，这里实际上是将对人的政治要求与道德要求混同在一起，忽视了对邱晓华作为高官首先是人的人格与人性的认同与尊重。不错，邱晓华是官员，你们可以对他有不同于常人的行政纪律要求；不错，邱晓华是党员，你们可以对他有不同于非党员的党纪要求。但是，党纪、政纪反映的是党德、政德，不是道德。你们用你们的党纪、政纪要求他，我们没有任何资格评头论足。但是，我们的道德标准不等于你们的党纪、政纪，你们不要用你们的党纪、政纪来取得我们的道德，你们更不应在集体主义的名义下以政治需要来诱奸或强奸我们的道德观念（掌声）。

事实上，如果我们不考虑邱晓华是一名高官，而是考虑他是一个与我们一样的人，那么，发生在邱晓华身上的情事与性事，都会被我们认为不是什么大不了的事。只要我们正视这样的现实，即我们周边有多少人在体验着"天亮说分手"式的情与性，我们周边又有多少人在"夜总会"、"酒吧"、"发廊"之类的灰色场所频繁进出；只要你设身处地地想一想，如果你处于与邱晓华同样的境地，你会如何做，我想，我们就不会离开对普通人的道德要求来对邱晓华提出所谓更高的道德要求，我们也不会离开对普通人的道德评价标准来评价邱晓华的婚外性行为。"己所不欲，勿施于人"固然是至理名言，但是，己之所欲，莫加于人，也同样揭示了不干涉主义的真谛。

我强调对邱晓华的理解与宽容，不等于说我对他的行为的认同。我只是想说，我们处在一个多元的但又讲求个性的社会，我们的道德观念与道德评价标准都是多元的，任何把道德观念与评价标准一元化的努力，都是对我们的道德的不尊重。我不赞成对像邱晓华一样的官员予以不同于普通人的道德非难，不等于我对以党纪、政纪来约束官员有何异议。我只是反对将政治问题道德化的泛道德主义倾向，我只是在提醒诸位谨防道德被沦为政治的工具。

现在，让我们转向邱晓华案件所涉及的法律规定，即现行刑法关于重婚罪的规定是否合理的问题。

三、现行刑法关于重婚罪的规定合理吗

从 1979 年刑法到 1997 年刑法，诸如暴力干涉婚姻罪、虐待罪之类的妨害婚姻家庭罪，在未达到严重程度时，都是自诉罪，即只有受害人告诉的，才有可能追究刑事责任。唯有重婚罪，刑法始终没有关于不告不理的规定，即属于公诉之罪。不知道在座的诸位，尤其是对刑法感兴趣的同学们注意到这个问题没有。在我主持的各种考试中，我经常针对这一知识点出判断题或选择题，让考生回答重婚罪是自诉罪还是公诉罪？很多人都答错了，习惯于认为重婚罪是自诉罪。在这个错误的答案背后，隐含着什么？为什么刑法始终没有将其规定为自诉罪，而我们中的不少人都会认为其是自诉罪？是单纯基于对刑法的这一规定的不了解而发生的判断错误，还是人们内心确信重婚罪应该是自诉罪？我在出这个考题的时候，不只是在考你的刑法知识，即你是否意识到刑法没有就重婚罪做出不告不理的规定，同时也是在做一个民意测验，即考察你认为重婚罪究竟应该属于自诉罪还是公诉罪？尽管我的标准答案只有一个，如果你答的是自诉罪，我必须扣你的分，但是，从内心来说，我又极其希望你与我一样认为重婚应该规定为自诉罪！

为什么？婚姻，我个人认为，是纯粹的两人世界，是作为社会成员的人最为私人的领地。在今天，我们的国家，我们的法律，我们的公权力，对我们的私人场域干预的实在太多了，以至于我们真正享有自决权的个人权利少的可怜。我们期盼国家不要过多地干预我们的私生活，我们期盼国家对天然只能属于我们私人的私权利尽量持不干涉主义的态度，真正还我们的权利以私人的属性。我们也就当然希望公权力不要侵入我们的婚姻这一绝对应该属于私人的自留地。

讲到这里，我突然想起了一个问题，也是我在讲课时反复强调的一个问题，即犯罪的本质特征是什么？别跟我说教科书上所说的是什么社会危害性，也别跟我说是否应该是什么刑事违法性！我认为，犯罪，尤其是在有受害人的犯罪，只有一个本质特征，就是违背他人意志。在重婚案件中，受害人是合法的配偶。如果作为受害人的配偶明知而放任对方重婚，所谓的重婚便相当于受害人承诺的行为，因为它是不违背受害人的意志的。在这种情况下，你国家主动干涉它做什么？你把它作为犯罪而以公权力介入的道德上的合法性何在？你能说你是为了维护受害人的权益吗？受害人什么时候需要你的公权力介入了？

不，你不是在维护受害人的权益，而是在将你的意志强加给受害人，或者说，你是在干涉主义的驱使下粗暴地践踏受害人的自决权，你是在强奸受害人的意志。同样，在受害人不愿诉诸刑法的重婚事件中，纵然是受害人事前所不明知的，也纵然是受害人极其不希望此等事情的发生，但是，其不愿起诉本身即意味着对现实的迁就、放任，或者对公权力介入自己的婚姻与家庭的反对。既然如此，国家还有必要一相情愿地以公权力干涉其私权利吗？实际上，这与我开始讲到的那种虚伪的集体主义道德观念之间有着某种契合，它表面上所维护的是一夫一妻制的婚姻制度，实质上却是在干涉我们的个人意志。一夫一妻制当然要维护，也有必要通过重婚在刑法中的入罪来维护，但是，有一个基本的底线，这就是，在刑罚权的发动上，应该尊重受害人的意志自由。

以邱晓华案为例，对其提起公诉所导致的是什么样的结果？大家考虑过没有？首先，当然是邱晓华如人所愿地被逮捕、被判刑。当然，大家可以说他是罪有应得。但问题在于，他的妻子会这样认为吗？有资料显示，对邱晓华的婚外情，他的妻子是明知的。她放任丈夫的行为或者"认为家丑不可外扬"或者不愿家庭解体！而你以国家的名义来起诉他，将罪犯的耻辱加诸于他，她能同意吗？其次，邱晓华的被捕、判刑，对于身患重病的邱晓华的妻子来说，无外乎是雪上加霜。因为一方面，审判的公开、媒体的炒作，使她最大的家庭隐私暴露无遗，她在精神上只会苦不堪言；另一方面，邱晓华的银铛入狱，使她失去了经济上的来源，生活上的照应，对于身患绝症的她来说，又何尝不是"屋漏偏逢连夜雨"？再次，邱晓华受到刑事追究，同时也把作为他的情人的女记者推向了罪犯的边缘。大家知道，重婚犯罪具有一定的对偶性，即不但有配偶而重婚的一方可以构成，无配偶但明知对方有配偶而与之结婚的一方也同样构成。这样，在对邱晓华提起公诉的同时，实际上也就意味着对女记者也应提起公诉，否则，便谈不上法律面前人人平等。尽管这位女记者最终没有被起诉与追究刑事责任，但是，不追究她而只追究邱晓华，原因只有一个，即邱晓华是官员，女记者是平民百姓！基于对官员应该有的高于对普通人的道德要求，邱晓华应受追究，而女记者则可不受追究。而这正是我前面所讲的把对官员的党纪、政纪要求上升为道德要求，并将其作为刑法对其私生活的介入的道德根据的明证。我不是说，对女记者不予追究是错误的，而是想说明，对官员的政治要求与对人的道德要求的混同，势必带来对法律面前人人平等的原则的背离。正由于按照现行法律的要求，女记者同样难逃重婚罪责，公权力的介入给她造成的痛苦也是难以言状的：她不但要承受牢狱之灾，而且要丧失 37 岁才初为人母的天伦之乐，并承受作为母亲无法正常抚养幼女的良心谴责以及对自身与孩子的前途的无限担忧。最后，我们不能不关注的是，公权力的介入，给邱晓华与女记者的女儿会带来何等的痛苦与灾难：嗷嗷待哺的她，因父母的罪过不但丧失了接受正常抚养的权利，而且还因本身是重婚的产物而构成重婚的罪证，她甚至于本身便是作为"原罪"而来到人世的！其实，问题的严重性还不仅限于此，我们还应看到，在我们的公权力干预邱晓华等的私生活的同时，在邱晓华重婚案被广为报道的同时，也就向全世界公开了这个来到人世才几个月的幼儿是"私生子"的事实，她作为人的隐私权在哪儿？当她10岁、20岁、30岁、40岁、50岁、60岁的时候，当她面对自己的同伴、面对自己的同事、面对自己的儿孙之时，她会受到什么样的对待，她将如何做人，她又如何度过漫长的人生？（热烈的掌声）假如我是私生子，你骂了我，我会说你侮辱了我，甚至将你告诉上法庭。而我们的国家却可以置几个月的婴儿的隐私于不顾，向全世界宣告她是私生子。难道同样的行为，当其由个人实施时是犯罪，而当其是国家假借社会的名义实施之时，其就是正义的？

在邱晓华与其结合妻子及其女儿的三人世界中，也许还残留有那么一点点天伦之乐，但是，在他与她之间的二人世界中，不再有男欢女爱，不再有儿女情长！而正是女记者的介入，重建了另一个既有男欢女爱又有儿女情长更有天伦之乐的三人世界，而后一个三人世界是前一个三人世界所默认、理解、包容的，因而可以说两个三人世界的5个成员构建了一个和谐的社会。尽管这两个三人世界因邱晓华是共同成员或者说因女记者及其女儿的存在而略显畸形，但这一外在畸形内在和谐的5人世界相对于那个外在正常内在畸形的三人世界，要强得多。如果我们的刑法规定重婚不告不理，如果我们的刑法不给公权力对私权利的侵入大开方便之门，这种畸形但却和谐的5人世界，必将继续和谐下去。然而，我们的刑法顽固地坚持重婚罪为公诉罪，将我们神圣不可侵犯的私人领域变成了公权力可以肆虐的屠场，和谐的5人世界不但不再和谐，而且本在和谐世界中生存的5人，都将陷入前述万劫不复的深渊！

说到这里，我忽然为我前面所讲述的现在已是公安局长的那位同学捏了一把汗。如果不是学校当年的宽容，他家有妻儿却在学校大谈其爱而且一谈就是近四年，以致与恋人形同夫妻的行为，能逃一劫吗？他还会有今天的辉煌吗？

说了那么多，我只是想告诉大家，刑法将重婚罪规定为公诉之罪，是对历史与人性的反动，是公权力粗暴践踏私权利的明证，是一条明显的没有道德上的合法性的恶法！因此，我再次疾呼，也恳请大家与我一同疾呼：还刑法以理性，还私权以本性，还我们作为私权的主体身份！（热烈的掌声）

也许，我还必须向大家揭示一下，诸如此类的恶法，在我国现行刑法中是多处存在的。原因就在于我们的立法缺乏应有的理性。刑法的每一次修改，几乎都是刑网的扩张与对作为个人的被告不利。立法者似乎没有意识到刑罚不是一个好东西，似乎没有意识到刑罚的有限性，似乎没有意识到刑事制裁应有的限度。面对一种道德反常现象或者一个道德反常事件的出现，我们很少甚至根本不考虑其是否是社会发展的必然，是否仅仅是新的道德观念对传统或正统道德观念的合理冲击——我们只会惊呼"狼来了"！我们只会凭我们既有的道德情感，对其做出本能的抵制反应！我们一边在强调"与时俱进"，一边却在顽固地以正统的道德观念衡量新生的事物！我们甚至不惜把刑罚这一终极手段用做"卫道"的工具，用刑法来扼杀被正统道德观念视为离经判义的现象与行为。我们甚至在立法时根本就忘记了，我们处在一个多元的社会，需要以多元的道德观念与道德评价来包容与宽容新生事物。于是，一种新生的反常事件或者现象，即足以成为刑法修改的动因，并引发一个新的入罪条款，派生一个新的罪名或者一条加重处罚的规定。

实际上，重婚罪之所以被规定为公诉罪，正是以上不理性的立法背景的产物。据我所知，当时主张把重婚罪规定为公诉罪的是某婚姻法学专家。她言之凿凿地说，规定重婚可以公诉的理由是为了确保作为弱者的妇女的权益。为什么？因为女性在家庭之中往往处于弱势地位，丈夫构成家庭的经济支柱，处于强势。因此，丈夫建外室、包二奶，妻子或碍于面子或担心既有的一切失去，往往只有委曲求全，不予告诉。正是为了保护女性的婚姻家庭权益，才有必要将重婚规定为公诉罪。在这里，我们姑且不说把重婚罪的受害人只理解为女性是对刑法的无知与误解，也一看就知道这一立法理由是很难成立的。我不否认，受害人不告诉有委曲求全的因素。但是，正是由于她（他）不告，她（他）的"委曲"尚可求得家庭之"全"，而现在，你国家主动干预，她的"委曲"是得到了解脱，但是，她（他）的家也就无法"求全"了。我想，在个人的委曲求全与国家介入下的妻离子散乃至家破人散之间，她（她）是宁可委曲继续求全，也不会认同国家的主动介入。以本案为例，我们有什么根据认为邱晓华的妻子没有控告是委曲求全而不是基于对邱晓华的理解或者基于对自己无法履行作为妻子的义务的愧疚？我们又有什么理由一边高呼维护邱晓华妻子的权利口号一边却干着违背其意志的勾当？

应该指出的是，我之所以认为关于重婚应予公诉的规定是一条恶法，还有一个重要的理由，即如此规定使重婚罪的行为人丧失了改正的机会。我们知道，自诉案件，即使已经告诉，也可以撤诉。因此，如果在自诉后，行为人能良心发现，并求得配偶的宽容，受害人完全可以通过撤诉而维持家庭的稳定。但是，公诉案件是不容基于事实与法律之外的原因而撤诉的，即使行为人翻然悔悟，检察机关也得将公诉进行到底、法院则不得不将受害人的意志置于一边而"惩你没商量"，行为人的悔改机会便被断然剥夺。

我以上对刑法关于重婚罪作为公诉罪的规定的正当性的质疑与批判，是立足于应然的角度，即在"恶法非法"的意义上展开的。由此所得出的必然结论是，刑法应该将重婚罪修正为自诉罪。然而，在刑法作出这样的修改前，我们不得不说，国家公权力对邱晓华重婚事件的介入是合法的，毕竟"恶法亦法"。因此，我们现在应该最终转向对邱晓华的行为在现行刑法规定的框架下，是否构成重婚罪的分析。

四、邱晓华构成重婚罪吗

按照刑法第二百五十八条的规定，重婚是指有配偶而重婚或者明知他人有配偶而与之结婚的行为。通常认为，重婚包括法律意义上的重婚与事实意义上的重婚。所谓法律意义上的重婚，当是典型的重婚，或者说从刑法的规定的文理所能直接得出的结论，即在自身婚姻存续期间再与他人结婚，或者明知他人婚姻存续而与之结婚。在这里，结婚是指严格按照婚姻法的有关规定而履行了结婚登记手续的行为。所谓事实意义上的重婚，则是最高人民法院在有关司法解释中对法条的规定予以扩张解释的结果，指的是"有配偶的人与他人以夫妻名义同居生活的，或者明知他人有配偶而与之以夫妻名义同居生活的"（最高人民法院《关于〈婚姻登记管理条例〉施行后发生的以夫妻名义非法同居的重婚案件是否以重婚罪定罪处罚的批复》）。在这里，我不想过多地质疑最高人民法院将事实婚也纳入重婚处理的解释的合理性，只需说明，我对在刑法已严格贯彻罪刑法定原则的情势下，最高人民法院仍然坚持这种不利于被告的超出法条文理的解释的合理性持怀疑态度，就足够了。因为它与有利被告原则对法律解释的限制相冲突。有兴趣者，可以阅读我的《有利被告论探究》一文（见《中国法学》2004 年第 6 期）。鉴于在中国现行司法背景下，司法解释的效力不只是相当于而且甚至还高于立法的程度，我们对邱晓华是否构成重婚罪的分析，还是以在最高人民法院关于事实婚可以构成重婚的语境中进行为宜。

我没有掌握邱晓华与女记者办理法定的结婚手续的证据或线索，因此，我揣测，其不存在所谓法律上的重婚的问题。相应地，问题的关键仅在于，邱晓华与女记者之间是否构成事实婚。而要就此得出正确的结论，首先必须弄清两人之间的行为是否符合事实婚姻的成立条件。根据最高人民法院的有关司法解释，事实婚的基本必要要件是以夫妻名义同居生活。而所谓以夫妻名义同居生活，首先必须是同居生活，其次这种同居生活而是必须以夫妻的名义进行的。所谓同居生活，当指异性之间"持续、稳定地共同居住"［最高人民法院《关于适用〈中华人民共和国婚姻法〉若干问题的解释（一）》］。而所谓以夫妻名义则是指不能仅仅是以情人之类的名义（新婚姻法将有配偶而与人同居排除在重婚之外，意味着情人关系或所谓包二奶的行为不属于事实婚），而必须是自认双方系夫妻关系并对外承认系夫妻关系，而外界也将其视同为夫妻关系。因此，有通奸的事实而无同居关系，或者虽有同居关系但没有因夫妻名义同居，均不构成事实婚。

那么，我们再来看看邱晓华与女记者之间是否构成事实婚？

我们首先来看看他们是不是同居关系。邱晓华与女记者有比较稳定的私通关系，这是不容置疑的事实，因为两者相处的时间至少有三年之久。但长期而比较稳定的私通关系就等于同居吗？如果这样，又如何界定长期通奸即所谓性伴侣关系或者长期稳固的情人关系与同居关系之间的区别？

关于邱晓华案，有两个简单的事实，可以告诉我们，他与女记者之间是很难成立同居关系的。其一，邱晓华身为高官，在很大程度上其行动是不如普通百姓自由的，其究竟能有多少时间与女记者长相厮守而达到法律意义上所谓的同居的程度？媒体报道的一个情节为此做了最好的注脚：邱晓华只有利用国庆长假才得以抽空飞往上海看一眼他的宝贝女儿！其二，邱晓华身处京城，女记者远在上海，一南一北，他们能够长相厮守吗？恐怕一个月难以相聚一次。如此虽然长期而稳固但却无法生活在一起的关系，与其说是同居关系，还不如说充其量只不过是一种情人关系。

我们再来看看他们是不是以夫妻名义相处。有媒体报道，邱晓华的部分同事与女记者的一些朋友对二人之间的关系是明知的。问题在于，他们所知道或者认为的二人之间是什么样的关系？是情人关系，还是夫妻关系？邱晓华或女记者是举行过结婚仪式还是对外宣称过互为夫妻？实际上，同样有两个基本的事实告诉我们，邱晓华与女记者没有也不可能对外宣称两人是夫妻关系。其一，当女记者怀孕后，年近40的她禁不住即将初为人母的喜悦，向她的朋友发过"祝福我吧"的短信，但是，当人们追问孩子的父亲姓甚名谁时，她没有说是邱晓华，而只含糊地说是"金融界的"。显然，女记者在这里不是想公开她与邱晓华的关系，而只是想向她的朋友宣布她即将做母亲的消息。既然连孩子的父亲是谁她都有意回避，又如何能认为她承认或宣称了她与邱晓华之间是夫妻关系，或者是在以夫妻关系同居呢？其二，邱晓华的身份与地位。正如媒体所渲染的一样，邱晓华与女记者相识之时，即已身居国家统计局副局长的高位，是一颗冉冉升起而前途无量的政治明星。他敢于承认或张扬他与女记者之间的这种敏感的关系吗？要知道，在今日中国之官场，钱、色二字是两根高压线。混迹国家机关数十年而且多经风浪的邱晓华难道连这基本的官场规则也不懂？难道他不知道女记者与他之间的关系一旦为外人所知晓，即足以让他

"前途无量"变成"前途无亮",乃至身败名裂?我想,借他100个胆子,他也不敢承认"我有一个小老婆"!

有媒体利用邱晓华与女记者之间有孩子大做文章,甚至认为私生子的存在就是事实婚的明证。荒唐!有孩子就是婚姻最好的证明吗?有多少强奸案导致受害人怀孕的?又有多少女性因一夜风流而误为人母的?你能说她们与孩子的父亲之间是事实婚吗?再说,即使按照最高人民法院的含混的司法解释,也没有哪一条把有孩子当成事实婚姻或重婚的标志或要件啊。你尽可以说孩子的出生不符合计划生育政策,但你没有任何权利把孩子作为邱晓华与女记者构成重婚的罪证!

正由于邱晓华与女记者之间不但难以构成同居关系,而且谈不上以夫妻名义同居,他们之间充其量只不过是情人关系,而非事实婚的关系,相应地,邱晓华与女记者之间不构成事实婚姻因而不构成重婚罪,应该是本案的必然结论。重婚罪是足以剥夺人身自由的一种刑事犯罪,事实婚也是一个有特定含义的法律概念,而不是想弄你就是有罪,不想弄你就是无罪的任性的工具。(掌声)

但是,说实话,早在对邱晓华案的有罪宣判前,我就不敢对其最终结果持乐观态度,我甚至更多地在为邱晓华的结局而担忧。因为正如我先面所讲到的一样,我们的道德不时会受到政治的蹂躏,而我们的法律又何尝不可能成为政治需要的工具呢!在当初,我真希望我的这一预判是一个错误。然而,可悲的是,被我不幸而言中的是,邱晓华案受到的果然是一个有罪判决。

刑法视野下的网络裸聊

邱兴隆[*]

一、引　言

近年来，媒体广泛报道了很多引起强烈社会反响的刑事案例，因为其引起的关注与反响是如此强烈，所以，我觉得将其称为刑事法律事件都为贴切。其中，有三例具有典型性：

第一例是发生在延安的夫妻看黄碟案。讲的是延安的一对夫妻晚上在家看黄碟，公安人员根据举报闯到他们家中把他们两口子给抓了。

第二例是 4 年前发生的邱晓华案件。讲的是作为高官的有妇之夫邱晓华因为找了一个情人而被以重婚罪追诉。

第三例就是我这里所要讲的也是 4 年前发生在北京的少妇张某网络裸聊案。根据有关报道，少妇张某在自己家中通过 E 话通在聊天室与多个异性进行视频裸聊，被北京市公安机关通过技术侦查手段发现后在家中抓获，最终被以传播淫秽物品罪立案侦查并移送石景山区人民检察院审查起诉。检察机关以同一罪名向法院起诉。但法院认为对这种案件追究刑事责任无法可依，因此，检察机关最后撤回了起诉。撤回起诉后，北京市检察系统的人员和公安部的网络监管部门的人员，都出来表了态。总体意思是，承认在现有法律与司法解释的框架下，难以对类似于本案的裸聊行为予以定罪量刑，但在将来，应该通过修改刑法或颁布司法解释，将此等行为入罪，追究刑事责任。

以上三则案例，看似不同，但所受到的舆论关注程度是相同的。原因在于，看黄碟也好，找情人也好，裸聊也罢，都是发生在私人的场域，同时，都发生了公权力介入私人空间的问题。因此，在该三则案例受到普遍关注的背后，实际上凸显出一个严肃而严峻的话题：有没有一定的领域，纯属私人的空间，公权力绝对不容介入？在并非公权力绝对不可介入的那些领域，公权力的

* 法学博士，湖南大学刑事法律科学研究中心主任，湖南大学法学院教授，刑法学与律师学博士生导师。

介入是否应当有一定的限制？

　　下面，我结合张某裸聊案，谈谈我对现行刑法框架下的网络裸聊是否犯罪以及是否应通过立法将网络裸聊行为纳入刑法的调整视野的一些看法。前一个问题是站在实然的角度，即根据现行刑法与司法解释，网络裸聊是否犯罪。而后一个问题所站在的是应然的角度，即网络裸聊是否应该被规定为犯罪。

二、裸聊的界定与形式

　　让我们先来看看什么是裸聊以及裸聊的表现形式。

　　谈到裸聊，首先得给它一个界定，即我们这里所说的裸聊是指什么。在我看来，裸聊无疑是在网络上裸体聊天的简称，因此，其具备三个方面的特征。其一是发生在网络这一虚拟空间，而不是现实中；其二是裸，即展示赤裸的身体的局部或全部，并伴之以淫秽的动作；其三是聊，但这里所说的聊与普通场合的聊天是有区别的。也就是说，聊天的内容带有性的色彩，即聊天的主题是与性相关的。结合这三个特征，网络裸聊可以被界定如下：所谓网络裸聊，是指行为人在展示自我裸体并自我猥亵的同时，与人谈论性问题、交流性感受、性体验或者通过感官刺激而满足性欲。简言之，网络裸聊就是在网络的虚拟空间里通过感官刺激而为的手淫与意淫。

　　鉴于在现行刑法框架下，与淫秽、色情主题相关的犯罪有不同的界分，而此等界分往往取决于淫秽、色情的不同表现形式，因此，有必要就现存的网络裸聊的表现形式做一归纳与分类。

　　以是否收费为标准，网络裸聊有有偿裸聊与无偿裸聊之分。所谓有偿裸聊，是指聊天的一方以收费作为裸聊的前提条件。在一方不愿付费的情况下，另一方不可能出现裸聊。而所谓无偿裸聊，则是指聊天的双方不以付费作为裸聊的前提，而只以至少有一方裸聊为必要。

　　以参与的人数为标准，网络裸聊有单人互聊与多人群聊之别。所谓单人互聊，是指裸聊的双方均只有一人，即所谓点对点的裸聊。而所谓多人群聊，则是指裸聊的参与者不少于三人。

　　鉴于裸聊可能发生在聊天室，而聊天室内的聊天方式有"私聊"与"公聊"之分，因此，裸聊还可以分为私下裸聊与公开裸聊。

　　以上三种分类，在现实中是可以出现交差的。根据排列组合，裸聊可以出现如下复杂的表现形式：（1）无偿的单人互聊；（2）有偿的单人互聊；（3）无偿的多人群聊；（4）有偿的多人群聊；（5）无偿的单人私下裸聊；（6）无偿的单人公开裸聊；（7）有偿的单人私下裸聊；（8）有偿的单人公开裸聊；（9）无偿的多人私下裸聊；（10）无偿的多人公开裸聊；（11）有偿的多人私下裸聊；（12）有偿的多人公开裸聊。

三、裸聊是犯罪吗

根据以上分类，结合刑法的现行规定，可以发现，无偿的单人私下裸聊不可能涉嫌任何违法犯罪问题。既然是无偿的，自然不涉及与卖淫有关的违反治安处罚法的行为，更不涉及与卖淫相关的任何犯罪。因为此等违法犯罪，都以"卖"即收费为基本构成要件，而无偿的裸聊，不具备"卖"即收费的特点。相应地，既然裸聊是单人之间私下进行的，自然也就不涉及聚众淫乱、组织淫秽表演或传播淫秽物品之类的问题，因而不至于涉嫌聚众淫乱罪、组织淫秽表演罪或传播淫秽物品罪。

有偿的单人私下裸聊，因为其具有"卖"即收费的特征，所以，有可能涉嫌卖淫。然而，卖淫或称性服务、性交易、援助交际，就是通过出售性行为，如性交、口交、手淫等，以赚取金钱，即有偿性行为。在这里，性行为是一种现实中的互动行为，即行为人之间需有身体上的接触。而网络裸聊中，虽然也涉及性行为，但这样的性行为是在行为人之间没有身体接触的情况下发生的。这就决定了有偿的私下裸聊因不符合卖淫的特征而不可能涉及对治安处罚法的违反，自然也就更谈不上犯罪。同时，尽管刑法上规定了组织卖淫罪，但既然有偿裸聊不等于卖淫，组织裸聊的行为当然也就谈不上构成组织卖淫罪。

多人群聊，无论是无偿的还是有偿的，从表面上来看，都有多人淫乱之嫌。因为既然裸聊是裸体、淫秽动作、淫秽语言与文字的综合体，那么，裸聊的参与者必然各自表现为淫秽的姿态与场景。而多人群聊，由于参与者多，完全可能表现为聚众的方式。这就决定了，多人群聊的纠集者或多次参与者似乎可能涉嫌刑法上的聚众淫乱罪。然而，与卖淫一样，淫乱当指在现实中的性行为放纵，即只在行为人有身体接触的情况下才有可能发生。而网络裸聊，虽有淫秽言行，但其发生在虚拟的网络空间内，行为人互相之间缺乏现实的接触。因此，多人群聊，纵有纠集者或多次参与者，也因裸聊不等于淫乱而不构成聚众淫乱罪。

然而，多人群聊，无论是无偿的还是有偿的，又同时带有明显的表演色彩。尽管就每一裸聊的参与者是通过观看对方的淫秽动作而获得感官与精神上的满足而言，其只是受众，但问题在于，其同时还通过自己的淫秽动作而使对方获得感官与精神上的满足。因此，裸聊的参与者，既是观众，又是表演者。同时，淫秽表演，不以表演者与受众之间有直接的身体接触为必要，其典型的特征是表演者做出淫秽的举动，而受众则通过观看而不是通过身体的接触来获得精神上的满足。正因为表演的功效在于观看者通过视觉而获得满足，因此，受众是通过现实中还是通过网络视频或电视等媒介观看而获得满足，都不影响表演本身的成立。相应地，只要裸聊夹杂有淫秽的动作，而非单纯地展示裸体与聊天，其便完全可以成立淫秽表演。鉴于以裸聊的方式所进行的表演，内容淫秽，而且，在多人群聊的情况下，完全可能出现组织者，因此，尽管是自发进行的多人群聊，因为没有组织行为而不可能构成任何犯罪，但是，在多人群聊系由特定的人组织进行的情况下，组织者完全可能构成刑法上的组织淫秽表演罪。

在这里，需要强调的是，组织犯是共同犯罪中所特有的概念，即共同犯罪人的一种类型，指的是在共同犯罪中起发起、策划和指挥作用的人。与此相适应，所谓组织行为，则是指在共同犯罪中的发起、策划、指挥行为。由此可以看出，组织行为至少必须具备如下两个方面的特征：其一，必须是组织者针对被组织者所实施的行为，因此，在不存在二人以上的场合，不可能存在所谓组织行为；其二，组织行为不单指引起犯意的简单的邀约行为，而应该是在犯意的形成阶段表现为发起与策划犯罪的行为、在犯罪的实行阶段表现为指挥犯罪的行为。换言之，所谓组织行为，应能体现出组织者与被组织者的被服从与服从的关系，而不是指单纯的邀约、共谋与共同实行的行为。否则，在组织行为与纠集或聚众行为之间便不存在任何区别。

就组织淫秽表演罪而言，刑法所调整的是组织淫秽表演给他人观看的行为，而不是组织他人观看淫秽表演的行为。因此，只有在表演一方既有表演者又有组织者的情况下，才有可能存在组织表演者。相应地，尽管既组织他人表演又自行表演者因其在单纯的自我表演之外还实施了组织表演的行为而构成组织淫秽表演罪，但是，单纯的自我表演者，因未实施组织他人表演的行为而不构成本罪。

但是，多人群聊形式的淫秽表演，因为参与者本人既是表演者又是受众，所以，即使在所有参与者之外，不存在独立的组织者，而且，孤立地看，每一个参与者都只代表自己而不受制于自己一方在自身之外的任何人的组织行为，但是，如果各参与者不是自发地纠集或参与的，而是受参与者中的一人或数人所组织而参与的，那么，该组织者便因同时实施了裸聊的组织行为而可以构成组织淫秽表演罪。将组织者与表演者人为地孤立起来，认为只有参与者之外的组织者才可能构成组织淫秽表演罪，实际上是人为地将集表演者与组织者于一身的行为人排除在组织者之外，既忽视了多人群聊方式的淫秽表演的实情，又属于违反刑法的立法本意的限制解释。因此，在多人群聊的情况下，有无入罪的可能，关键取决于有无组织裸聊的行为存在，而无论组织者本人是否裸聊的参与者。

任何形式的裸聊，只要其所采取的不是私聊的方式，而采取了公开的方式，无论其发生在单人之间还是发生在多人之间，都有可能涉嫌传播淫秽物品方面的犯罪。其中，有偿的公开裸聊所涉嫌的是传播淫秽物品牟利罪，而无偿的公开裸聊所涉嫌的则是传播淫秽物品罪。因为裸聊的过程也就是将淫秽的形象、动作、语言或文字传播给他人的过程，而一旦把淫秽的形象、动作、语言或文字理解为淫秽物品，将公开裸聊认定为传播淫秽物品，便不存在任何障碍。

然而，所谓淫秽物品，系指具体描绘性行为或露骨宣扬色情的侮淫性的书刊、影片、录像带、图片以及其他淫秽物品。由此可见，淫秽物品的特征有二：其一，需表现为特定的物质性的载体；其二，该物质性的载体所反映的内容是淫秽的。尽管在裸聊过程中，裸聊者所做的动作、语音聊天中的话语都可能具有淫秽的内容，但是，人体动作与语音在不通过录像、截图或录音等固定的情况下，不可能物化为特定的有形的载体，因而不构成淫秽物品。将裸聊中的人体、动作与语音等本身作为淫秽物品，意味着人体或人体动作本身被解释为物，有违物之基本含义，涉及对人不是物这一基本理念的颠覆，构成对人的主体性亦即人的尊严的漠视。而且，一旦把行为人的身体或动作理解为淫秽物品，那么，行为人便既构成犯罪的主体又构成犯罪的对象，因而势必混淆犯罪主体与犯罪对象之间的界限。因此，基于人体、人体动作与语言不是物，可以得出这样的结论，即只包含裸体、淫秽动作与淫秽语言的公开裸聊行为，虽然传播了淫秽的场景，但没有传播淫秽物品，因而不应被认定为传播淫秽物品罪。

但是，裸聊中的"聊"未必仅仅表现为语音聊天，而且还可能甚至更多地表现为文字聊天。也就是说，行为人在互相展现各自的裸体并做出淫秽动作的同时，可能通过文字而互相交流。而出自行为人的文字，必然形成聊天记录。当行为人所采取的是公开聊天的方式时，便不可避免地会将带有淫秽、色情成分的文字展现在同一聊天室内的所有人面前。这就产生了这样的淫秽文字本身是否构成淫秽物品的问题，因而必然引出以文字方式进行的公开裸聊，是否构成传播淫秽物品罪之问题。

淫秽文字可以视为淫秽物品，在有关司法解释中似有规定。根据最高人民法院、最高人民检察院《关于办理利用互联网、移动通讯终端、声讯台制作、复制、出版、贩卖、传播淫秽电子信息刑事案件具体应用法律若干问题的解释》制作、复制、出版、贩卖、传播淫秽文章与短信息均可构成传播淫秽物品牟利罪或传播淫秽物品罪。这里所言的"文章"与"短信息"，都是以文字为表现方式。但是，由文章与短信息可以构成淫秽物品，并不必然得出聊天的文字也可以视为淫秽物品的结论。因为一方面，在这里，文字是依附于行为人的淫秽动作而存在，其与语音一样，只是行为人互相交流的手段，而不是一种固定聊天内容的载体；另一方面，作为淫秽物品的文章与短信，是以有形的载体传播给受众，具有相当的稳定性，而聊天室内的聊天文字会因自己或他人的聊天文字的出现而很快消失，不像淫秽文章与短信息一样具有稳定性。正因如此，公开裸聊所显现在聊天屏幕的文字，似以不解释为淫秽物品为宜。相应地，以文字方式进行的公开裸聊，也不宜被认定为传播淫秽物品罪。

由上可见，除了有偿的多人公开群聊的组织者可能构成组织淫秽表演牟利罪、无偿地组织公开群聊的组织者可能构成组织淫秽表演罪，其他任何形式的裸聊行为，在现行刑法框架下不可能构成任何犯罪。

前文所列的被北京市检察机关撤回起诉的张某裸聊案，检察机关本曾考虑过以组织淫秽表演罪起诉。但一方面，张某一方只有其一人参与，不存在其还组织了他人共同参与的问题；另一方面，张某进入聊天室与他人裸聊，带有自发性与临时纠合性，其他裸聊的参与者也不是在张某的组织下而参与的，因此，张某既非单独的组织者也非表演者兼组织者，其不具有任何组织裸聊的行为。在这一意义上说，北京市检察机关没有以组织淫秽表演罪起诉张某，是明智的。但是，根据有关资料，检察机关为证实张某的犯罪事实而向法院提交了侦查机关作为证据所截取的张某等裸聊的图片，这表明，检察机关最终是基于对人体或人的淫秽动作系淫秽物品的认识而认定张某构成传播淫秽物品罪。而如前所述，人体或人的动作不构成物品，人体的淫秽动作自然也不构成淫秽物品。这就决定了检察机关以构成传播淫秽物品罪对张某的起诉无法成立，其最终撤回起诉虽属无奈，但不得不说是唯一而必然的选择。

四、裸聊应入罪吗

如前所述，就张某一案，部分检察与公安人员发表了意见，认为应通过修改立法或修正司法解释，而将类似情况纳入刑法调控范围，追究刑事责任。这种观点具有一定的代表性。但是，在我看来，这种观点不但是不可取的，而且还是相当危险的。

其一，如前所述，张某因没有组织行为而不构成组织淫秽表演罪，又因其身体与淫秽动作不属于淫秽物品而不构成传播淫秽物品罪。要将张某的行为入罪，除非将组织淫秽表演罪更名为淫秽表演罪，不再把组织行为作为入罪的必要条件，或者把人体或人的淫秽动作的展现解释为传播淫秽物品。然而，不把组织行为作为入罪的必要条件或者把人体或人的淫秽动作解释为淫秽物品，意味着任何淫秽表演即人体或淫秽动作的展现，都将被作为犯罪追究。因为裸聊——无论是单人互聊还是多人群聊，也无论是无偿的还是有偿的，更无论是公开的还是私下的——既因在他人面前展现自身的裸体并伴之以淫秽动作而构成淫秽表演，又因系将淫秽的形象、动作、语言或文字传达给他人而构成传播淫秽物品。

在现实中，尽管无人做过具体的统计，但网络裸聊所发生的人数与频率，恐怕不会低于卖淫、嫖娼现象。仅此，动用刑罚遏制网络裸聊的代价必将是高昂的。因为一方面，犯罪嫌疑人与被告人的成倍增加，势必加重司法机关与监狱的负担，而这必将以人力、财力与物力的投入成倍增加为代价；另一方面，成倍的公民尤其是大量的青少年将会被打上罪犯的烙印，由此而给其所带来的社交、就业、生活等方面的障碍本身即会成为一个重大的社会问题，而其由此所可能形成的与社会对立的情感以及进而由此所可能采取的报复社会的违法犯罪行动所可能带来的社会问题，将更是不堪设想的。以如此高昂的社会代价来遏制网络裸聊行为，无疑是一种得不偿失的选择。

其实，扩大网络裸聊入罪范围所带来的社会代价还不仅限于其本身，而且还因构成对现行刑法体系的冲击所带来的巨大代价。这种冲击虽然是局部的但不能不说是重大的。普遍存在而见怪不怪的卖淫、嫖娼、同性恋、通奸、婚外性行为、成年人之间的自愿猥亵行为，无一不带有展示裸体与以性行为为内容的淫秽动作。此等行为，以行为人面对面地观看乃至身体接触为前提，无论从哪一角度来说，其都比单纯的网络裸聊严重。一旦非有组织的裸聊行为被以淫秽表演入罪，诸如此类的不可避免地带有互相表演与欣赏色彩的行为，便没有任何理由不被以被淫秽表演入罪。因为很难想象，在一个把虚拟空间中的意淫行为犯罪化的社会，可以把在现实中发生的"淫乱"非犯罪化。同样，一旦人体、人体动作、语言、作为对话的载体的文字等被解释为物品，裸聊被作为传播淫秽物品而入罪，诸如此类的不可避免地要将各自的身体暴露在他人面前并以肢体动作或语言挑逗他人乃至与他人发生性关系的行为，自然也就更没有理由不被以传播淫秽物品入罪。因为无法想象，在一个把虚拟空间中的出现的人体与淫秽动作、语音、文字作为淫秽物品并将相互间在虚拟空间中的接触作为传播淫秽物品的社会，可以不把现实中发生的暴露的人体、淫秽的动作、语言等作为淫秽物品，并可以不把相互间在现实中的接触认定为传播淫秽物品。由此类推，女性逼迫成年男性发生性关系、女性对男性以及男性对成年男性的强制猥亵等有受害人的行为，便更没有理由不被入罪。因为既然自愿的身体暴露、性交与猥亵尚应入罪，又岂有不将强制他人身体暴露、强迫他人与自己性交以及强制猥亵他人入罪之理？如此一来，犯罪嫌疑人、被告人与罪犯的人数岂不会成几何数增长？国家对刑事司法的人力、财力与物力的投入的增加又岂不会是个天文数字？由大量公民被打上罪犯的烙印所带来的社会问题又岂不会俯拾皆是？

我们应该牢记，刑法是一种终极规范，其所调整的只能是不得不由其调整的行为。在确定刑法的调整范围时，我们不得不考虑经济与社会代价问题。

其二，如果网络裸聊应该犯罪化的主张的出发点是用刑罚遏制网络裸聊，那么，在应该考虑上列代价问题之外，我们还不得不考虑这样的现象是否可以通过刑罚得到遏制的问题。因为既然犯罪化的出发点是遏制网络裸聊，那么，假如网络裸聊即使动用刑罚也无法遏制，犯罪化的目的便无法实现，所动用的刑罚也就属于不应动用的无效的刑罚。

网络裸聊之所以流行，原因主要有两个：一是网络系虚拟的空间，人与人之间没有现实的接触，网络聊天无论涉及任何话题，都具有相对的隐秘性与安全性，不至于像现实中一样，可能因话题涉及隐私而难以启齿或者祸从口出；二是裸聊可以在一定程度上满足人对异性的身体与性的好奇和渴望，同时也可以使自身的性欲得到一定程度的发泄，从而使现实中基于道德与法律禁锢而无法得到宣泄的欲望得到一定程度的满足。鉴于对异性的身体与性的好奇与渴望以及性的冲动与压抑都是人所固有的天性，而天性是难以遏制的，因此，只要有网络视频存在，裸聊便是难以避免的。纵有刑法规制，人们都可能基于原始的人性冲动与对难以被发现的确信而不顾法律的禁止而我行我素地将裸聊进行到底。这就如同卖淫、嫖娼一般，尽管一如既往地受到我国法律的禁止，但其不但没有因法律的"重拳出击"而绝迹或消弭，反而愈演愈烈，成为一种生命力极其旺盛的现象，以致近乎公开化与产业化。因此，通过犯罪化而动用刑罚遏制网络裸聊行为，最终只会成为一个虚幻的空想。

其三，既然犯罪化以高昂的代价为前提，而且，很难实现遏制网络裸聊的初衷，那么，我们应该考虑犯罪化本身是否有必要的问题，或者说，应该在犯罪化之外设计一种代价更低但能更有效地遏制网络裸聊的手段。因为刑法作为一种终极规范，其调整手段系构成对人之最重要的权利的剥夺的刑罚，其对社会关系的调整，是以对公民最重要的权利的剥夺为代价。然而，从效益法则出发，在一种代价高昂却又难以见效的手段与一种代价更低而且收效显著的手段之间，理性而必然的选择应该是后者而不是前者。假如我们有充分的根据认为，网络裸聊是一种应该由社会作出否定评价的行为，那么，我们就应该认识到，遏制网络裸聊的最有效的途径不是将其犯罪化，而是完善网络监控与管理措施，使裸聊无法在网络上流行。事实上，裸聊之所以流行，在很大程度上是软件开发商与网站放任乃至追求所致。可以设想，假如没有视频聊天软件的出现，假如视频聊天软件不被引入聊天室，假如"不得裸聊"之类的禁忌有相应的监管措施来支撑，网络裸聊即使不可能从根本上杜绝，其无疑也可以在很大程度上得到遏制。而这一成效，肯定远大于通过把网络裸聊犯罪化所可能收到的效果。因此，要遏制网络裸聊，最有效的手段当是加强网络管理，而不是动用刑罚。

曾其健危害公共安全案的再思考

邱兴隆[*]

在新刑法颁布以后，我国曾经出现过好几起影响很大的，又像交通肇事又像以危险方法危害公共安全罪的案件。在福建的福州曾经发生过因为轿车出车祸，撞死三人，撞伤多人而被一审按以危险方法危害公共安全罪判处死刑，二审改以交通肇事罪判处有期徒刑七年。在湖南的株洲，同样发生过这样的情况。也是一审按以危险方法危害公共安全罪判处死刑，二审改定交通肇事罪，判处有期徒刑七年。

在 2007 年的一天，我无意中打开 163 网易的时候，看到了关于北海海关缉私局副科长曾其健驾车撞死六人、撞伤九人，由广西自治区高级人民法院维持原判，按以危险方法危害公共安全罪判处死缓的报道。看完有关这个案件的信息后，我感觉到在定性上可能有问题。因此，经努力，我找到了本案的二审判决书。一看，果不出我所料，这是一份近乎荒唐的判决书。为什么？因为假如这纸判决能够成立，在中国便不再存在过失犯罪，任何过失犯罪都可能认定为故意。正因为这样，我认为这个案子很有讨论的必要，便在醒龙律师网的律师论坛上把这个判决书发表了出来，在座的一部分同学发表了很好的意见。

今天跟大家在这里见面，就是想谈谈我对这个案件的看法。在网上我曾经以《曾其健案的案里案外》为题发表了自己的一些看法。今天我继续以《曾其健危害公共安全案的再思考》为题系统地谈谈我的意见。

我准备从如下几个方面对这个案件进行解剖：第一，案件背景，想跟大家介绍一下本案的基本案情。第二，故意与过失之区别。第三，本案究竟该如何定性。第四，本案判决书所反映出来的程序问题。第五，曾其健的癫痫病与本案以及曾其健的行为的定性的关联。

下面，我首先给大家介绍一下案情。

---

[*] 法学博士，湖南大学刑事法律科学研究中心主任，湖南大学法学院教授，刑法学与律师学博士生导师。

曾其健是北海市海关缉私局法制科副科长，他曾经担任本单位的兼职驾驶员，但是后来经他本单位同办公室的人反映，曾其健在办公室有过癫痫发作。正由于这样，他本单位下了禁令，他不得再开本单位的车。曾其健虽有驾驶执照，但他明知癫痫病人在禁驾之列，也就是说，凡是患有癫痫病的人不得驾驶车辆。但是，曾其健为了使自己能继续驾车，隐瞒了自己有癫痫病的情况，骗取了年检的通过。从其发现自己有癫痫病到本次案发，时间长达四年多，他一直没有停止驾车，但从来没有过在驾车的过程中发生癫痫的这种情况。

本次案发的当天下午两点左右，曾其健正要去上班，他的一个朋友给他打了一个电话，说自己的摩托车和他人的车辆发生了刮蹭，也算一个交通事故，正在争执当中，让曾其健去帮忙。曾其健急急忙忙赶到了现场，但只逗留了几分钟，也就只说了两句话，即要么就是你们自己和解，但是不和解假如说要打架的话，我就给你叫人。说完这两句话他就急急忙忙往回赶。为什么？因为两点半要继续上班，这样，曾其健在回单位上班的途中，高速驾驶轿车。事后经过鉴定时速高达九十多公里，但这一条路是限速四十公里。后面车祸怎么发生的是一本糊涂账，因为除了曾其健本人能说得清，所有的人都只能证明这个车车速很快。这样曾其健高速驾车，一直没有减速，先是撞上了一辆电动三轮车，把人都撞飞了，但车没有停，然后又连续撞击了几个行人和几辆电动的三轮车和摩托车。最后车子是怎么停下来的？是撞在一辆正在行驶的公共汽车上，当时拦腰撞上，不是车头对车头撞上。一共是撞死了六人还撞伤了九人。这就是本案的基本案情。

本案案发后，北海市党政领导高度重视，有的亲临现场，有的发出了种种指示。而且，这一事件也引起了媒体关注，造成了不小的舆论压力。

在处理过程中，公安机关曾两次以交通肇事罪移送检察机关审查起诉，但检察机关两次退回补充侦查，最终才改按以危险方法危害公共安全罪移送起诉。一审、二审都认定的以危险方法危害公共安全罪，判处曾其健死缓。

现在，我们来谈谈犯罪故意与犯罪过失的内容和区别。

大家知道，根据我国刑法的规定，犯罪故意是指明知自己的行为会产生危害社会的后果，而追求或放任这种结果的发生。据此，我们明确，故意的内容在于：第一，故意罪过的认识或者说意识因素是对行为招致危害结果的"明知"。第二，故意犯罪的意志因素是对危害结果持追求或放任态度。其中，所持的如果是追求的态度，我们称为直接故意；如果所持的是放任的态度，我们称为间接故意。

按照我国刑法的规定，犯罪过失是指应当预见自己的行为会引起危害社会的后果，由于疏忽大意而没有预见，或者虽然已经预见，但是轻信自己能够避免。这样，我们同样可以明确，过失的内容在于：第一，过失的意识或认识因素是应当预见而没有预见行为会引起危害结果发生或者已经预见到了行为会引起危害结果发生，其中，属于应当预见而没有预见的，是疏忽大意的过失的认识因素，而已经预见者，则系过于自信过失的认识因素；第二，过失罪过的意志因素是疏忽大意或者轻信能够避免，其中因疏忽大意而没有预见者，属于我们所说的疏忽大意的过失的意志因素，而轻信能够避免者属于我们所说的过于自信的过失的意志因素。

在故意和过失之间，实际上涉及三对重要的区别。只有弄清了这三对区别，才有可能正确地适用刑法关于罪过的规定，准确地对具体的案件进行定性，也才有可能对曾其健案的定性得出一个正确的结论。

这三对区别就是：直接故意和间接故意；间接故意与过于自信；过于自信与疏忽大意。

直接故意与间接故意的区别容易认定。两者在认识因素上都是明知，因此，人们一般认为，两者在认识因素上不存在区别。但是，这种说法是存在问题的。因为虽然都是明知，但是，直接故意情况下所明知的只有危害结果发生这一种可能性，而间接故意情况下所明知的则不是危害结果发生这一种可能性，而且，还包括危害结果不发生的可能性。因此，在强调作为两者在认识因素上的共性即都是明知的同时，也必须看到，直接故意所明知的内容是危害结果发生这一单一的可能性，而间接故意所明知的内容是危害结果发生与不发生的双重可能性。否则，便会人为地模糊两者在认识因素上的区别。至于两者在意志因素上的区别，应该说是显而易见的。因为希望危害结果发生，意味着行为人对危害结果的发生所持的是一种积极促成的态度，危害结果的发生是行为人的初衷所在，危害结果的不发生，则违背行为人的本意。而放任危害结果的发生，则意味着，行为人对危害结果的发生与否，持无所谓的态度，其既不积极促成也不积极避免危害结果的发生，危害结果是否发生，都不违背其意志。

间接故意与过于自信的过失，是故意与过失中最难区分因而最易混淆的两个概念。在我们这里所要讨论的曾其健案件中，便涉及对两者的区别。说到间接故意和过于自信的过失的区别，不得不首先指出，传统的刑法教科书有一个似是而非的表述，即认为两者在意识因素上不存在区别，因为两者对危害结果发生的可能性都有认识。乍一看来，这一表述似乎没有什么错，因为明知也好，预见也罢，确实都表明行为人对危害结果有认识。问题在于，虽然都是有认识，但明知与预见所表明的认识程度是完全不同的。也就是说，即使仅从文理上来看，"明知"的含义是"明明知道"或者说"很清楚"，给人以近的感觉；而"预见"的含义是对将来所可能发生的事态的一种判断，给人以远的感觉，因此，两者的程度是不同的。其实，细加分析，还可以发现，两者在认识程度上的差别在于，如前所述，间接故意情况下的"明知"虽然是对危害结果发生或不发生的可能性都有认识，但行为人实际上有一个判断，即发生的可能性大于不发生的可能性，至少是发生与不发生的可能性是半对半，否则，其便不会放任危害结果的发生，而不是放任危害结果不发生。而过于自信情况下的"预见"虽然也是对危害结果发生或不发生的可能性都有认识，但行为人同样有一个判断，即发生的可能性小于不发生的可能性，否则，其便不可能产生可以避免危害结果发生的轻信。同样，关于间接故意与过于自信的过失，传统教科书还有一个似是而非的表述，即两者都不希望危害结果发生。这样的表述，严格说来也没有什么错。因为"放任"也好，"轻信能够避免"也罢，危害结果都不是持积极促成的态度。但问题在于，我们需要的不仅仅是对两者在意志因素上的这一共性的关注，而更多的是需要对两者所表明的意志因素上的差异的说明。其实，关于两者的意志因素的准确表述应该是，"放任"意味着既不希望发生，也不希望不发生，危害结果发生与否，都不违背行为人的本意；而"轻信能够避免"则意味着行为人不但不希望危害结果发生，而且希望危害结果不发生，因为总的说来，其是意图避免即排斥危害结果发生的可能性的，危害结果的发生，违背行为人的本意。因此，归纳起来，间接故意与过于自信的过失在意识因素上的区别在于，前者所认识到的是危害结果发生的可能性大于不发生的可能性，而后者所认识到的是危害结果不发生的可能性大于发生的可能性；两者在意志因素上的区别在于，前者既不希望也不避免危害结果的发生，危害结果的发生，不违背行为人的本意，而后者希望危害结果不发生，危害结果的发生违背行为人本意。

至于过于自信的过失与疏忽大意的过失的区别，从理论上说，很容易把握。但是，在具体案件中，也会遇到说不清道不明的情况。正如我后面要说到的一样，在曾其健案件中，便存在这样的问题。好在过于自信也好，疏忽大意也罢，两者都是过失，不像把故意和过失混为一谈一样，可能导致定罪量刑上的重大错误。就意识因素而言，过于自信的过失是已经认识到危害结果发生的可能性，而疏忽大意的过失是没有预见到这种可能性。而有没有预见是一种质的区别，理论上很好区分。同样，两者在意志因素上也好区别。疏忽大意的过失，因为没有预见，自然不会想到要避免危害结果的发生，而过于自信的过失，则是希望危害结果不发生，即意图避免也相信能够避免危害结果的发生。对于危害结果的发生而言，前者是无知而无为，而后者则是有知而欲有所为。两者容易发生混淆之处在于，在具体案件中，在行为人确未采取任何避免危害结果发生的措施的情况下，其究竟是因为没有预见到危害结果发生的可能性而没有采取相应的避免措施，还是其虽然预见到了危害结果发生的可能性，但没有来得及采取避免措施？这一问题，在曾其健案中显然很突出，以致我们很难说曾究竟是过于自信还是疏忽大意。

明确了故意与过失的内容和界限，我们具备了讨论曾其健案件与评价有关判决的前提条件。现在，让我们回到曾其健案件，来看看本案究竟应该如何定性。

我们先来看看本案的判决理由："曾其健明知驾驶机动车辆可能会造成生命财产的毁损，仍驾驶小汽车在城市道路上高速行驶而发生碰撞。"按照这一认定，曾其健在主观上的认识因素是"明知驾驶机动车辆可能会造成生命财产的毁损"，意志因素是"仍驾驶小汽车在城市道路上高速行驶"。

说曾其健"明知驾驶车辆会造成生命财产的毁损"，当然没有错。因为任何一个理智正常的人都知道，驾驶车辆有可能出交通事故。问题是，曾其健在当时的具体背景下是否认识到了他的高速驾驶行为会造成生命的毁损？法院没有列举任何事实根据来支持其对曾其健在当时当地认识到了其高速驾驶行为会导致危害结果发生的可能性的判断。正因为曾其健是否认识到了危害结果发生的可能性，本身尚是一个待证的事实，便不能排除其当时当地确实没有认识的可能性，因而无法排除其处于作为疏忽大意的过失的认识因素的"没有预见"状态。事实上，在日常生活中，超速驾驶现象屡见不鲜，你能说他们在当时当地的具体背景下都认识到了出车祸的可能性吗？如果说只要超速驾驶就是认识到了危害结果发生的可能性，那么，就意味着因超速驾驶而导致的任何交通事故都不可能由疏忽大意构成。这显然是武断的。因为刑法所要求的不是对超速驾驶本身的认识，而是对超速驾驶可能引起危害结果发生的因果关系的认识。对超速驾驶本身的认识，虽然是对危害结果的认识的前提，但毕竟不等于是对危害结果发生的可能性本身的认识。因为行为虽然包含有结果发生的可能性，但行为人是否认识到了这一可能性完全是另一回事。我们常说忙中出错，而在本案中，曾其健高速驾驶的原因显然是急于赶回单位上班，在匆忙驾车赶路的同时忽视了危险的可能性是完全存在的，也是合乎常情的。法院的判决在没有认识甚至没有排除曾其健对危害结果的发生的可能性的前提下，即认定其明知危害结果发生的可能性，显属武断。

退一万步说，即使曾其健在当时当地确已认识到了危害结果发生的可能性，也还存在一个需要进一步分析的问题，即其对这种可能性的认识究竟属于"明知"还是"预见"的问题。而恰恰是关于这一点，法院的判决又没有任何事实根据。也就是说，法院又是在没有排除曾其健仅仅是"预见"的可能性的前提下，武断地认定其属于"明知"。你根据什么说他是明知？是根据他的口供吗？他没有做这样的供认！是根据其他人的证言吗？其他人不可能也没有做出这样的证明！是根据情理推定吗？但情理告诉我们，对行为性质的明知不等于对危害结果发生的可能性的明知！实际上，法院在这里是把对高速驾驶的明知等同于了对危害结果发生的可能性的明知。但如果对行为的明知可以等同于对危害结果发生的可能性的明知，那么，刑法上关于明知是对行为引起结果发生的可能性的明知，便应当取消，相应地，所有对行为的性质的明知都不存在过于自信的可能性，而只可能构成间接故意，间接故意与过于自信之间的区别也就荡然无存。如果明知告诉驾车就是明知危害结果，那么，按照这一逻辑，我在加油站抽烟，就是明知会引起火灾，一旦火灾发生，我就是放火罪；我酒后驾车，就是明知会引起车祸，一旦车祸发生，我就是以危险方法危害公共安全罪。以此类推，还存在什么过于自信的过失？干脆学英美刑法，把间接故意与过于自信之间的界限取消，一律称为"鲁莽"算了。在理论上，高速驾车的危险不但在于害人，而且还在于害己，也就是说，如果曾其健果真不但认识到了危害结果发生的可能性，而且，认为危害结果发生的可能性大于不发生的可能性，那么，他所认识的便不只是害及他人的结果发生的可能性大于不发生的可能性，而且还是自己发生车毁人亡的可能性大于不发生的可能性。但是，在如此"明知"的前提下，他还可能继续高速驾车吗？是赶回单位上班重要，还是他人以及自己的性命重要？难道作为一个理智正常的人，置自己的生命危险于不顾的原因仅仅是为了上班不迟到？从法院关于曾其健明知危害结果发生的可能性的判断中，所得出的是如此荒唐的结论，其武断性更是不言而喻。

由上可见，法院在既未排除曾其健当时当地没有认识到危害结果会发生的可能性也未排除其在当时当地是认为危害结果不发生概率大于发生的概率的可能性的前提下，即得出了曾其健系明知危害结果会发生的结论，人为地混淆了间接故意与疏忽大意的过失、过于自信的过失在认识因素上的界限。

法院的判决把"仍驾驶小汽车在城市道路上高速行驶"当成了曾其健主观对危害结果发生持放任态度的根据。然而，在"城市道路上高速行驶"的情况俯拾皆是，因此而导致车祸者也屡见不鲜。如果在城市道路上高速行驶就是放任危害结果的发生，那么，是不是所有在城市道路上高速行驶都是冒故意危害公共安全之险？是不是所有因此而导致车祸者都构成故意危害公共安全罪？是不是意味着交通肇事就不可能由过失构成？如果这样，刑法还规定交通肇事这一过失犯罪干什么？

结合判决书的行文，可以看出，法院实际上是把曾其健在事故过程中没有采取任何刹车或避让措施作为了其放任危害结果发生的事实根据。然而，撇开后面将专门讨论的曾其健是否采取了避让等措施不谈，而即使假定其确未采取这样的措施，也不能忽视，没有采取这样的措施的原因可能多种多样。如果其是基于对危害结果发生与否漠不关心的心理而没有采取这样的措施，其当然属于放任。但问题在于，其完全可能是因为没有预见到危害结果发生的可能性，以致没有采取这样的措施；其也可能是因事发突然，措手不及，以致来不及反应而没有采取这样的措施；其甚至也有可能是因为癫痫发作无法而采取这样的措施——毕竟，鉴定结论是不能排除第一次撞击后癫痫发作的可能性。在没有排除其他种种原因之前，即得出曾其健是放任危害结果发生的可能性的结论，实际上是等于说，只要客观上没有采取刹车或者避让措施，主观上就是对危害结果发生漠不关心。这显属以偏概全。其实，在突发情况下，因措手不及而处置不当的情况，在驾驶过程中是经常发生的。甚至有不少驾驶者还有过错将油门当成刹车踩，以致不但没有刹住车反而加了油的经历。如果客观上没有采取刹车等措施就是放任危害结果发生，那么，在客观上加大了油门，岂不是主观上追求危害结果发生的明证？

除以上问题，认定曾其健是放任危害结果的发生，也有悖常理。鉴于超速驾车的结果不只是可能害人，还有可能害己，正如本案事实所示，曾其健没有采取刹车或避让措施的结果不但造成了多人死、伤，而且也造成了自身的车撞在公共汽车上而遭到损害以及本人受伤（虽然轻微），因此，除非我们承认曾其健有意放任自己的死、伤，便没有理由认定其放任他人的死、伤。但是，我们能说曾其健是放任自己的车撞击公共汽车与自身受伤的结果吗？曾其健不是要赶回单位上班吗？人死了是不可能上班的啊，他怎么可能一边放任自己的死、伤，一边还要赶回单位上班呢？难道他为了赶回单位上班，足以成为他在放任他人死、伤的同时放任自身死、伤的原因？

我们在前面还说过，放任意味着危害结果的发生不违背行为人的本意。而在本案中，能说15人死、伤，自身的车被毁坏等，不违背曾其健的意志吗？其高速驾驶的本意是为了赶回单位上班，而结果却是造成如此严重后果——不但上不成班了，而且还面临砍头的危险，能说不违背他本意吗？

间接故意之所以叫间接故意，是因为这一故意作为行为人的另一直接故意而存在的，也就是说，行为人之所以不顾结果发生的危险，是因为在他看来，另一直接故意的意义大于对这一危险的避免。这使我想起了20世纪80年代发生在北京姚锦云以驾车的方法危害公共安全案。作为出租汽车司机，姚锦云对本单位的领导的某些做法不满，向上级反映，没有得到上级重视。于是，她想用自己的死来引起人们对官僚主义的重视。为了制造轰动效应，姚锦云选择了高速驾车撞击金水桥的方式自杀。最终的结果是，她不顾人流，高速驾车撞上了金水桥，自己没有死，但致数十人死、伤。在这里，姚锦云是抱定了死的目的，因而为了实现这一目的而不顾他人的死活。她是在"反正我要死了，你们是死是活关我什么事"的心态的支配下而造成的危害后果。但是，在本案中，与姚锦云不同，曾其健既不想死，也不存在任何其他足以置他人的生命与财产安全不顾的原因，其高速驾车的原因即其直接目的仅仅是赶回去上班，而这是不足以派生出其放任他人死、伤的间接故意的。

可见，法院的判决关于曾其健对危害结果的发生所持的是放任态度的认定，也是显然不能成立的。

正因为既没有事实根据支持曾其健系明知自己的行为会引起危害结果，也没有事实根据支持其系放任危害结果的发生，因此，曾其健不构成只有故意才能构成的以危险方法危害公共安全罪，应该成为一个定论。与此相适应，曾其健只有可能构成过失犯罪。

那么，需要进一步明确的是，曾其健构成哪一种过失犯罪？存在两种观点：一种观点认为，应定交通肇事罪；另一种观点认为，应定过失以危险方法危害公共安全罪。之所以产生这两种观点的分歧，原因在于没有弄清该二罪之间的法条竞合关系。过失以危险方法危害公共安全罪，是指过失以除失火、过失爆炸、过失施放危险物质与过失决水之外的其他危险方法危害公共安全，其属于普通法。而交通肇事，是特指在交通运输过程中过失危害了公共安全，其属于特殊法。根据特殊法优先于普通法的原则，应当认定为交通肇事罪，而不应认定为过失以危险方法危害公共安全罪。另外，根据鉴定结论，造成事故的直接原因是超速驾驶，而超速驾驶在道路交通法中是明确禁止的。因此，曾其健的行为完全符合交通肇事罪所要求的违反交通法规的前提条件。对其适用交通肇事罪的法条定罪量刑，可谓恰如其分。

法院之所以就本案做出了错误的定性，除了前面所谈及的对故意与过失的认识不清之外，还有一个重要原因，便是对本案的证据收集与运用存在重要问题。那么，我们接下来谈谈本案证据收集与运用中存在的问题。

仅仅从判决书的列举来看，本案在证据的收集与运用上至少存在如下问题：

首先，是对证人证言的审查判断。判决书明文列举了证人刘金秀与冼春安的证言。既然已作为法院采信的证据做了列举，说明其作为证据的合法性与真实性不存在问题。但该二证人证言与本案的关联何在？他们不但证明了事发的过程，而且证明了曾其健在案发过程中的表现。根据刘金秀的证言，"该车将驶至其面前时，看见该车往右打少许方向避让其"。请注意，在这里，证人证明曾其健曾有过避让行人的行动！"避让"说明了什么？说明了在高速驾驶过程中、第一次撞击前，曾其健在主观上想避免死、伤的结果发生。一审判决如何能对这一证言视而不见，得出曾其健主观上不是想避免而是放任危害结果发生的结论？根据冼春安的证言，事发后，曾其健走下车时，曾"自言自语说，怎么搞的"。显然，按照日常用语习惯，在这里，"怎么搞的"意味着"本不应该是这样的"。这足以说明，事故的发生，是出乎曾其健的意料，即违背其本意的。既然是违背行为人本意的，其主观心态当然也只可能是过失，而不可能是出于放任的间接故意。法院置如此重要的证言的证明力于不顾，而认定曾其健是放任危害结果的发生，显系主观臆断。

其次，是对证据的收集与采信。按理，在交通事故性的犯罪案件中，交警部门的出警记录与现场勘查笔录等，应该构成必要的证据。然而，在本案判决书中，如此重要的证据却未见列举或没有就其内容做必要列举。这些证据的缺失或者被轻视，导致了本案中的如下事实不清：（1）在案发后，曾其健是否主动报警？这不只是涉及曾其健是否构成自首的问题，而且，还涉及对曾其健在事发后的表现进而涉及对其主观心理即罪过形式的认定。因为如果是曾其健主动报案（根据媒体引用有关目击者的陈述，事发后，曾其健下车后曾电话报警），在一定程度上构成对其故意放任心态的否定，并构成对危害结果发生违背其意志的肯定。试想，如果行为人是放任危害结果的发生，在事发后，除非良心发现，其如何会主动报案？（2）在交警到达现场后，曾其健有何反应与表现？根据有关媒体引用现场目击者的陈述，在交警到达现场后，曾其健曾参与抢救工作，并曾向交警说过"这里还有一个人活着，快来抢救"。如果此言属实，则构成曾其健不愿他人死、伤的明证；否则，其不会有希望减少人员死亡的如此表示。（3）事发后，曾其健最先是被交警控制还是被巡警控制抑或是由交警交由巡警控制？证人冼春安证实事发"几分钟后，交警来了"；证人蒋俊证实，最先是"交警过来了"；证人王伟、廖竖武、钟国凤所证实的是"公安人员"。因此，现场目击证人，无一证实最先到达现场的是巡警，相反其所证实的是交警最先到达现场。但是，判决书所认定的是，曾其健最先是被巡警控制，与证人证言相矛盾。（4）从第一次撞击至最后撞击公共汽车，距离为多远？时间有多久？这涉及对曾其健没有采取刹车或避让措施的原因的分析。因为时间短（证人廖辉娟证实，事件的持续过程只有5秒；证人李师梅也证实"整个过程不到10秒钟"），说明曾极有可能是来不及反应，从而可以辅证其是过失，而非故意。正因为如此重要的证据缺失或被轻视，以致本案部分重要事实不清，我们不能不说，本案证据的收集或采信显然片面。

最后，是关于本案的鉴定结论。根据鉴定结论，曾其健在第一次撞车的时候，是清醒的，但不排除第一次撞击后癫痫发作的可能性。这个鉴定结论意味着什么？不能排除癫痫发作的可能性这一鉴定结论是有利于曾其健的还是不利于曾其健的？有利还是不利？请大家注意，有利不利要看癫痫病本身对曾其健有利还是不利。假如说癫痫病是导致本案发生的原因，也就是像判决书所认定的一样曾其健明知道自己有癫痫病，构成其应当承担刑事责任的根据，那么，癫痫病本身是不利于曾其健的，但是这个鉴定结论说不能排除癫痫病发作的可能性，能不能证明就是癫痫病发作？当然不能。因为鉴定结论本身是模棱两可的。换句话说，不能排除，就是不能肯定癫痫病发作的可能性，再换句话说，也就是不能排除癫痫病没有发作的可能性。换言之，它没有排除癫痫没有发作的可能性，不具有作为有罪证据所应有的排他性。假如有人跟我开玩笑说，邱老师，不能排除你是人的可能性，你说我会生气吗？因为这一问话同时还意味着我可能不是人。假如说癫痫发作是有利于曾其健的事实，那么，鉴定结论也是一个有利于他的证据，因为这一结论所证据的正好是他有可能是癫痫发作。正由于无论癫痫发作是否构成不利于曾其健的事实，而鉴定结论又不具有证明这一事实的任何意义，因此，其是不能作为不利于曾的证据来运用的。但是，判决书在反驳律师关于曾其健案发时系癫痫发作以致无法控制事态的辩护意见时，以曾明知自己有癫痫作为了根据，实际上是承认曾当时是癫痫发作，因而不具有证明力的鉴定结论用作了不利于曾的证据。这足以说明，法院对鉴定结论的证明力的判断，存在重大失误，明显地违背排除合理怀疑的证明标准。

以上是仅从判决书的列举中就发现的与证据有关的问题。我敢断言，如果看了案卷，有关证据所存在的问题肯定还会多得多。

最后，我们再来谈谈曾其健的癫痫病与本案以及对曾其健的行为的定性的关联的问题。

癫痫是由大脑神经细胞异常放电引起的突然性、反复性和短暂性的大脑功能失调，可以表现为运动、感觉、意识、精神等多方面的功能障碍，因而属于间歇性精神病的一种，病发时可能导致患者意识与意志能力的不同程度的丧失。大家知道，刑法的规定，间歇性的精神病人在精神病没有发作期间所实施的犯罪应当承担刑事责任。言下之意是说，间歇性的精神病人不因在疾病发作期间所造成的损害社会的后果而承担刑事责任。

在本案中，辩护人主张案发是曾其健癫痫发作所致，进而主张曾主观上不可能放任危害结果的发生。但是，鉴定结论所载是，在第一次撞击时，曾其健的神志是清醒的，即排除了癫痫发作的可能性，只是不能排除后续撞击过程中癫痫发作的可能性。因此，辩护人主张案发完全系癫痫发作所致的这一辩护理由，显然是不能成立的，其充其量只应以不能排除后续撞击系癫痫发作所致的可能性为由为曾做从轻辩护，而不应立足于癫痫发作而为曾做改变定性的辩护。因为假如癫痫发作是就案件作出有利于曾其健的定性的一个事由，那么，鉴定结论所示的第一次撞击时曾其健的癫痫没有发作，则表明这一事由不成立。相应地，面对辩护人的以上辩护理由，法院正确的分析过程本应该是：根据鉴定结论，案发与癫痫无关，即使案发过程中因癫痫发作而导致了本案危害结果的加重，也只是一个量刑情节，而不应影响对曾其健案的定性。

　　但问题在于，法院的判决对律师意见的辩驳，是立足于曾其健对自身有癫痫病的明知，即明知自己属于癫痫病患者，不得驾驶，却仍然驾驶。这等于是说，即使案发系曾其健癫痫发作所致，也因其事先明知自己有可能在驾驶过程中癫痫发作而导致危害结果，而不能改变曾其健在主观上是放任危害结果发生的性质。在这里，法院实际上是援引了原因上的自由行为理论。也就是说，尽管案发时，曾其健因癫痫发作而意志不自由，但其在明知自己作为癫痫患者不得驾车的情况下，仍然驾车，表明其在导致事故的原因上意志是自由的。如果本案确系曾其健癫痫发作所致，我认为，从曾其健是自陷于无责任能力的危险之中的角度来看，主张其属于原因上的自由行为，并无不妥。但是，本案的鉴定结论所表明的是，本案案发非癫痫发作所致，因而不涉及是否原因上的自由行为的问题。法院援用原因上的自由行为理论来解释曾其健的刑事责任，显属画蛇添足。

　　从法院以上画蛇添足的判决理由中，实际上还引出了一个重要的问题，即假如本案案发确系曾其健癫痫发作所致，本案因而属于原因上的自由行为之适例证，曾其健是否因为明知自己有癫痫病不得驾车却仍然驾车，而应就其在癫痫发作期间所导致的危害后果承担故意罪责？我的回答无疑是否定的。

　　其一，患有癫痫病与癫痫病发作是完全不同的两个概念。前者代表的是一种静态，后者代表的是一种动态。可能导致行为人损失意识与意志能力的不是作为静态的癫痫，而是作为动态的癫痫。换言之，任何癫痫病患者，在癫痫未发作期间，与常人无异，只有在发作期间才会进入没有刑事责任能力状态。相应地，曾其健对自己患有癫痫病以及癫痫病人不得驾车的明知，不等于对其癫痫何时何地会发作的明知，更不意味着对这种发作所可能造成的危害结果的明知。因此，正如明知酒不得驾车却仍然驾车，不等于是对酒后驾车的危害结果的明知一样，癫痫病患者明知自己不得驾车却仍然驾车，不等于是对驾驶过程中可能发生的危害结果的明知，更不等于是对癫痫发作引起交通事故的明知。而如前所述，故意犯罪中的明知，只能是对行为引起结果发生的可能性的明知，而不限于对行为性质本身的明知。以对癫痫患者不得驾车的明知取代对这种驾驶行为所可能造成的结果的明知，无异于是认为取消了故意与过失的界限。

其二，根据作为本案证据的曾其健病历所载，曾自 2001 年始即发现患有癫痫病，至案发长达四年有余。而在这四年多中，曾其健始终未停止过驾驶行为，但没有出现过在驾驶过程中癫痫发作的任何情况。这足以使曾其健产生不会出现癫痫发作因而不会造成危害结果的轻信。因此，曾其健不具有放任危害结果发生而只具有轻信危害结果不会发生的事实基础。因为在长达四年中都没有发作的病态，纵然发作，即使在我们一般人看来，也当属偶然而非必然，更何况是作为当局者的曾其健呢？如果说明知自己不得驾车而仍然驾车，便是对危害结果的放任，那么，曾其健是否在长达四年多的时间内一直是置他人与自己的生命、健康与财产安全于不顾呢？我们有什么理由推定曾其健对四年才偶然发生一次的事件做出了发生的可能性大于不发生的可能性的判断？我们又有什么理由认定，四年才一次的这一事件的发生不是出乎曾其健的意外？

其三，在座的有驾车的，请你设身处地想一想，无论你本人，还是你的亲人，在你驾车的时候，所担心的是你自身的安全还是他人的安全？是不是首先考虑的是你驾车时自己不要出事，然后再考虑不要让别人出事。这是一种本能，也是一种常理。但是，你明知自己有癫痫病，假如对癫痫发作可能造成的危害后果所持的是放任态度的话，不是意味着首先需放任自己死、伤的结果吗？这可能吗？正如说邱兴隆明知酒后不能驾车却仍然驾车，首先是放任自己车毁人亡，然后才是放任他人死、伤一样，不荒唐吗？同样，如果说曾其健放任他人死、伤的结果的发生的原因还可从其对他人生命与健康的漠视来解释，那么，他有何原因，又有何动机放任自身的死、伤结果的发生？因此，以曾其健明知自己有癫痫病，不得驾车却仍然驾车为由，推定其对危害结果发生所持的是放任态度，也因违背常理而明显地不能成立。

由上可见，法院援引原因上的自由行为理论对律师的辩护意见的反驳，不但是画蛇添足，而且，引出了一个与其关于曾其健案的定性截然对立的结论。在这一意义上说，法院关于本案的判决，是一个荒唐得再也不能荒唐了的判决。

废止死刑：还有什么可说的

——就独生子女免死对苏力教授说不

邱兴隆[*]

作为一位死刑废除论者，我理当为反对死刑的任何言说而欢呼。因为废止死刑也好，就具体人群或者犯罪提出死刑豁免也罢，至少在尊重生命这一出发点上应该能找到共同。毕竟，主张废止死刑与在具体的个案中支持死刑，貌似一个悖论。然而，当我品味了苏力关于独生子女免死的言说后，不但没有产生为此而欢呼的任何冲动，甚至也找不到不对其说不的理由。

我之所以无法为苏力关于独生子女免死的言说而欢呼，原因首先在于尽管我主张废除死刑，但是我所主张的是死刑应在立法上全面废除，因为我认为死刑在任何情况下都不是个好东西。而苏力言说所及，是死刑在立法上应该保留但不得对独生子女予以适用。换言之，在苏力看来，死刑在一般情况下是个好东西，但是一旦对独生子女适用，便会变成一个坏东西。正由于苏力的言说是以承认死刑是个好东西为前提，而我认为死刑无例外的不是个好东西，所以，我与苏力之间不可能存在契合。其次，苏力的言说的逻辑是，死刑给作为罪犯的独生子女的家人带来的不幸是一种所谓的殃及效果，因为株连无辜而有违罪责自负的原则，所以，为避免死刑的适用的这种所谓殃及效果以及对罪责自负的背离，唯有对独生子女免除死刑。而在我看来，所谓的殃及效果只不过是死刑的诸多虽然不可欲但又不可避免的消极效果之一，其与罪责自负原则搭不上界。换言之，由罪责自负原则得不出对独生子女免死的结论。相反，不但罪责自负不支持废止死刑，而且，刑法的任一基本原则均可能反对独生子女免死。

---

* 法学博士，湖南大学刑事法律科学研究中心主任，湖南大学法学院教授，刑法学与律师学博士研究生导师。

再次，尽管我历来钦佩任何一位学术大家基于学者的霸气，但是，对苏力关于一切废止或限制死刑的言说都是胡说，唯有其关于独生子女免死的言说才是真理的那种唯我独尊，我很难服气。尽管我不想与苏力斗气，但是我的不服气赋予了我不服气的话语权。因为我的结论是，如果苏力关于独生子女免死的逻辑与理由能够成立，那我所主张的废止死刑的逻辑与理由就没有理由不成立。最后，尽管有人说法律的生命不是逻辑而是经验，① 但是，我总觉得法律人不能不讲逻辑。而在苏力关于独生子女免死的言说中，其一如既往地承续了不讲逻辑的风格。② 基于我感到独生子女免死的言说是其逻辑紊乱的产物，所以我的逻辑也不允许我为苏力的言说而欢呼。

有鉴于上，基于一个刑法学人的本能，我不能有话不说。所以，我不得不与苏力唱一出对台戏，对其独生子女免死论振臂高呼几声"不"!

一、连累家人：虽不可欲但又不得已

城门失火尚殃及池鱼，家门不幸，岂能不累及家人？独生子女因犯罪而被处死刑，涉及两个家庭，不，准确地说是两个家族断子（父母）绝孙（爷爷奶奶、外公外婆）。在不孝有三，无后为大，讲求传宗接代的中国语境中，说这对于任何一个独生子女家庭都是一种灭顶之灾，肯定不为过。同时，因为独生子女是支撑两个家族的顶梁柱，他的被处死，意味着少则两位（父母）多则6位（父母、爷爷奶奶、外公外婆）老人生活上面临老无所养的惨景。在这一意义上说，死刑对独生子女的亲属的贻害也莫大焉。因此，我完全赞成苏力关于死刑对独生子女家庭的连累不容低估的看法。

---

① 美国最高法院大法官霍姆斯语。参见 ［美］霍姆斯：《普通法》，冉昊、姚中秋译，中国政法大学出版社 2006 年版，第 1 页。

② 按照苏力自身的逻辑，他很可能认为是我根据自己的逻辑指责其不讲逻辑。但是，因为我不知道苏力讲的是什么逻辑，因此，在苏力明示其所讲的是何种逻辑之前，我会始终坚持苏力是不讲逻辑的。这在本文后续部分将多次涉及。至于我说苏力一贯不讲逻辑，是因为根据我的逻辑，苏力确实不只是在关于独生子女免死的言说中不讲逻辑，而且，早在送法下乡与奸淫幼女不需对幼女有明知的言说中，就不讲我认为的逻辑。例如：在送法下乡的言说中，苏力论证的是审判委员会不能废黜，但其列举的却是一个本来不该判刑的警察经审判委员会讨论后仍然被判刑的案件（参见苏力：《送法下乡》，中国政法大学出版社 2000 年版，第 129、131 页）。然而，在我看来，这一案例只能说明审判委员会也在办错案，因而无法支撑苏力所主张的审判委员应予存留的立场。同样，苏力在没有确认制定法关于奸淫幼女的规定不需以对幼女的明知为主观要件的前提下，对最高法院关于奸淫幼女必须以对幼女的明知为必要要件的解释横加批判（参见苏力：《司法解释、公共政策和最高法院》，载《法学》2003 年第 8 期），实际上也犯了大前提不成立的逻辑错误。

问题在于，这样的连累效果是作为死刑不可避免地会造成的消极效果之一种而存在，我们因而能否如苏力一样，得出为杜绝它的存在而废止对独生子女的死刑的结论。

刑罚的作用机理表明，刑罚是把"双刃剑"，既可以产生有利于社会的积极影响也可以产生不利于社会的消极影响。① 关于刑罚的积极影响，也就是我提出的刑罚的功能，② 学界的关注可谓够多的了，以致其早已进入了大学本科教科书。然而，关于刑罚的消极效果，学界虽也有关注，但系统而深入的研究尚未提上议事日程。根据我的分类，苏力所谓的殃及效果，当属副作用或者说消极效果之一。③

死刑对犯罪人亲属的不利影响或者说连累效果固然存在，但其并非死刑的消极效果的全部。除了对犯罪人的亲属，死刑对犯罪人本人、潜在犯罪人、受害人以及其他社会成员同样都固有着或此或彼的不利影响。其与苏力所谓的殃及效果一样，同属死刑的消极效果之列。

就对犯罪者本人而言，死刑的消极效果主要表现为恶化犯罪。具体说来，便是一旦实施犯罪，犯罪人可能基于对死刑的畏惧或者对生命的绝望而在犯罪中孤注一掷——在杀人时，基于杀一个保本，杀二个赚一个的心理而杀死多人；在实施强奸、抢劫与绑架等犯罪的同时，杀人灭口；在犯罪后，可能为逃避惩罚而伪造现场、毁灭证据、转移侦查视线、嫁祸于人乃至行凶拒捕；即使在因犯罪而被羁押候审期间，也可能基于绝望而对同监人犯或者监管人员施暴或基于求生的本能而越狱逃跑，并在成功脱逃后为报复社会或者基于生存的需要而继续犯罪。如此等等恶化犯罪的现象，与死刑的威吓难脱干系，构成死刑的最明显也是最严重的消极效果。

就对潜在犯罪人即尚未着手但徘徊在犯罪门口的人来说，死刑的消极效果虽不如对犯罪者本人明显与严重，但是其同样存在。主要表现在一旦决意犯死罪，其便会为犯罪后顺利逃避死刑的惩罚而精心策划、慎密设计、充分准备甚至在犯罪预备阶段派生出别的犯罪等。他们可能制定周密的犯罪方案，也可能物色犯罪同伙，还可能为犯罪而准备工具、创造条件。基于决意犯罪又畏惧死刑的心理而可能发生的如此种种行为，要么会增加破案难度，要么会扩大犯罪的危害，自然非死刑的消极效果莫属。

---

① 参见［德］李斯特：《德国刑法教科书》，徐久生译，法律出版社2000年版，第20页。

② 参见邱兴隆：《撩开惩罚的面纱——刑罚功能论》，载《法学研究》1998年第6期。

③ 参见邱兴隆：《撩开惩罚的面纱——刑罚功能论》，载《法学研究》1998年第6期。

就对受害人及其亲属而言，死刑的存在会强化其复仇的本能。犯罪让受害人亲身体验了犯罪所造成的痛苦，杀人罪则还让受害人的亲属亲历了失去亲人的切肤之痛。死刑的存在，让受害人及其亲属本能的复仇愿望转化为非置犯罪人于死地不可的诉求，将死刑视为复仇的唯一合适的手段。一旦犯罪人最终未能如其所愿地被处死，受害人及其亲属便认为法律或者司法不公，轻者围堵法庭、聚众上访、冲击党政部门，重者对犯罪人或者其亲属乃至其辩护人予以私力报复——通过此类加害行为满足其因未处死犯罪人所未能满足的复仇心理。受害人及其亲属基于死刑的存在而对死刑作为复仇手段的心理依赖，其实不只是会导致诸如此类的直接的不利影响，而且，更重要的是，其还会培植一种对司法乃至法律本身的不信任，导致司法与法律的权威性在受害人及其亲属心目中丧失殆尽。

至于以上人等之外以及苏力所关注的犯罪人亲属之外的其他社会成员，表面看来，虽然与犯罪以及刑罚的关联不强而似乎不会受死刑的多大影响，死刑因而也不会对其形成多大的消极影响，但是，实际上，死刑对其有一种隐性的、慢性的、潜移默化的不利影响，即强化其对同类生命的漠视，贬低生命在其心目中的价值。至少，国家以死刑的方式向他们展现了一种血腥的杀人场面，培植与强化着一种同类相残的人性。不仅如此，鉴于死刑是一种人为的活动，而只要是人的活动就难免出错，所以，国家以司法的方式所犯的错杀在所难免。而被错杀的对象非这里所列的无辜的社会成员莫属。因此，只要有死刑存在，其便必然带来错杀无辜的消极效果。

过多地论证死刑的消极效果，会游离本文的主题。以上列举已足以表明，死刑的消极效果远非苏力所谓的殃及犯罪人亲属这一种，而是俯拾即是。由此引发的问题是，按照苏力的逻辑，为了避免殃及作为独生子女的犯罪人的亲属而应对独生子女免死，那么，死刑的其他消极效果是否也应避免？如果不应避免，我们有什么理由放任死刑恶化犯罪的效果的发生？我们又有什么理由对死刑强化复仇本能所带来的消极影响等闲视之？我们还有什么理由对死刑培植与强化人性的残忍熟视无睹？尤其是，我们有什么理由对国家假借社会的名义用死刑错杀无辜麻木不仁？

我不想把复杂的问题简单化，因为我知道，归谬法的以上运用虽然足以揭示苏力的独生子女免死论在逻辑上的不自洽，但是，这不足以展示死刑这把"双刃剑"的复杂的作用机制以及国家面对死刑的消极效果该作何选择。

死刑的消极效果，与其积极效果一样，都是基于死刑的存在而产生的。正如有人因为怕死而不犯罪，也有人因为怕死但是仍然决意犯罪所以为避免死刑而杀人灭口一样，死刑的消极效果不但具有其发生的必然性，而且还具有与积极效的同生性。换言之，既要追求死刑的积极效果，又要绝对避免死刑的消极效果，显然是不现实的。如果决定保留死刑，就得在相当范围内容许死刑的消极效果或此或彼地存在，而要彻底杜绝死刑的消极效果，唯一的选择只能废除死刑。

基于对死刑的消极效果产生的必然性及其与积极效果的共生性的以上认识，在不愿废除死刑的前提下，要使死刑的效益最大化，不但要使其积极效果得到充分发挥，而且要使其消极效果得到最大限度的避免。这意味着对死刑的效益的追求，实际上是一种取舍与平衡。也就是说，死刑的某一或者某些积极效果的实现，总是以放任其尽了最大努力避免但仍然不可避免地要发生的某一或者某些消极效果的发生为代价。

现代社会，总是发展与风险共存。电脑与网络的诞生带来了一场改变我们生活的革命，但这以我们不得不在一定范围内承担计算机犯罪的风险为前提。虽然我们可以从网络技术的设计、网络管理乃至法律的规制等多方面的努力来防止计算机犯罪的发生，但是实际上，我们完全知道，所有这一切充其量只能使计算机犯罪控制在一定范围内，而无法让其不发生。在这里，容忍计算机犯罪在一定范围内的发生，构成我们享受电脑与网络给我们提供的便利的必要代价。飞机、火车、汽车与轮船的发明，带来了现代交通的便捷，但这以我们不得不在一定范围内承受空难、海难以及陆路交通事故的发生的风险为前提，虽然我们可以从提高飞机等交通工具的安全性能，改善机场、航线、铁路与公路等交通设施，以规章乃至法律规制交通行为等多方面来避免交通事故的发生，但是，我们不可能不知道，如此这般的努力，最多也只能是使其在一定程度上不发生，而不可能让它绝对不发生。

同样，人们①假定死刑能够实现对已然的犯罪的报应而是公正的，能够实现对未然的犯罪的遏制而是有益的，所以人们主张保留与适用死刑是必要的。但是，追求这种假定的公正与效益，以社会必须在一定程度上承担死刑的消极效果为前提。因为虽然人们可以为避免死刑的恶化犯罪的效果而做出种种努力，但是，人们无法杜绝杀人灭口、死囚脱逃之类的事件的发生；② 人们虽然

---

① 请注意，在这里我用的是"人们"，而不是"我们"，更不是"我"。我以"人们"代表未必是"我"或者"我们"所认同的但也未必认同苏力的主张的一般人的认识。当然，凡以"我们"或者"我"为主语的认识，则是我的或者我所认同的认识。

② 广西女死囚冯凤成功逃离看守所为此做了很好的注脚。详见《广西两狱警失职致死囚脱逃分别获刑》，载 http://news.163.com/09/0924/03/5JUQL8I200011229.html，最后访问 2011 年 8 月 10 日。

可以设计出刑事附带民事诉讼、① 受害人及其亲属申请抗诉之类的制度②来让受害人及其亲属表达其对国家的诉求，乃至动用法制教育以及涉诉上访应对机制等手段来避免受害人及其亲属未能满足对罪犯未判死刑的愿望而可能采取的极端行动，但是，抬尸喊冤、冲击法院、进京上访之类的极端行为仍然比比皆是；人们虽然可以让法院通过新闻发言与案情通报之类的公开解释来就未对罪犯处以死刑向社会做出交代，③ 但是，在杀声如潮的舆论压力下，司法当局不得不通过二审改判死刑，④ 甚至不惜通过牺牲一事不再理原则，启动再审程序撤销生效判决、改判死刑立即执行来迁就民意、满足民众的杀人欲；⑤ 人们虽

---

①　参见《中华人民共和国刑事诉讼法》第七章。

②　参见《中华人民共和国刑事诉讼法》第182条。

③　如：面对舆论的不满，云南省高级人民法院副院长田成友以接受记者采访的方式就没有判处李昌奎死刑立即执行做出了说明，参见《我骑虎难下，但死刑是时候改变了》，载 http：//epaper.xkb.com.cn/view.php? id＝708807，最后访问 2011 年 8 月 10 日。

④　二审撤销一审的非死刑立即执行判决而改判死刑立即执行，通过一明一暗的两种方式来实现。明的是指，根据刑事诉讼法的规定，由检察机关提起抗诉，二审支持抗诉意见，改非死刑立即执行判决为死刑立即执行判决。暗的则是指，在检察机关没有抗诉但被告人提起上诉的案件中，由于受上诉不加刑的原则的限制，二审法院无法直接撤销非死刑立即执行判决而改判死刑立即执行，于是乎，二审法院以撤销一审判决，发回一审法院重审的方式将案件退回一审法院，并以内函（只入法院的内卷而不向被告人与辩护律师出示的内部函件）的方式"指示"一审法院通过重审重新判处死刑立即执行。

⑤　一事不再理或者禁止双重危险原则，通常只允许对判决既已生效的案件做有利被告人的再审，而不允许对其做不利被告的再审。而刘涌案中，在死刑缓期二年执行的二审判决已经生效的情况下，最高人民法院决定通过再审改判刘涌死刑立即执行。参见《最高法院改判刘涌死刑　已于昨日执行》，载 http：//news.sina.com.cn/w/2003－12－23/14112448380.shtml，最后访问 2011 年 8 月 10 日。这可以视为违反一事不再理原则的适例。因此，在 2004 年于湘潭大学举行的"死刑的正当程序学术研讨会"上，我曾惊呼："最高人民法院在启动再审程序对刘涌执行死刑的同时，也就宣告了一事不再理原则在中国的死刑"！不幸而被言中的是，李昌奎业已由云南省高级人民法院决定再审，其结果也是将已生效的死刑缓期二年执行判决改为死刑立即执行。该案成为违反一事不再理原则的又一例证。参见《云南高院启动男子杀 2 人获死缓案再审程序》，载 http：//news.sina.com.cn/c/2011－07－16/221922826168.shtml，最后访问 2011 年 8 月 10 日；《云南省高院再审判处李昌奎死刑》，载 http：//news.ifeng.com/society/special/lichangkui/content－3/detail_2011_08/22/8595902_0.shtml，最后访问 2011 年 8 月 26 日。而这两个案件中的改判死刑立即执行，都明显的是基于舆论的压力。

然可以为避免错杀无辜而确立特殊的证据规则、① 做出特殊的辩护规定②以及设计特殊的复核程序，但是，国家从未停止上演错判无辜者死刑的悲剧。③

显然，诚如被尽力避免但仍然发生的计算机犯罪是人们享受电脑与网络的便利所必须付出的代价，也如同被尽力避免但仍然无法避免的空难、海难与陆路交通事故是人们享受交通便捷所无法避免的牺牲，被我们竭力避免但仍然发生的死刑的恶化犯罪、强化复仇、误导民意与错杀无辜之类的消极效果，也是人们为实现死刑的所有积极效果而不得不容忍的现实。人们不希望看到它们。人们为避免它们的发生而竭尽了全力！但是，它们仍然不以人们的意志为转移地存在！迫于无奈，人们不得不将这些解释为一种必要的代价，而将付出此等代价的正当性诉诸对死刑的积极效果的追求。

苏力在死刑的众多不可避免的消极效果中单单看到了死刑对独生子女的亲属的消极效果，并由此得出了应该废止对独生子女的死刑的结论。由此引发的问题是，苏力所看重的死刑对罪犯亲属的消极效果，是否甚于死刑的所有其他消极效果，以至于我们不得不为避免作为死刑的单一的消极效果的前者而废止对独生子女的死刑，同时又要基于对非独生子女的死刑之可能的积极效果的追求而不得不容忍死刑的任一其他消极效果乃至所有其他消极效果的总和。

我不知道苏力能否对这一问题做出自圆其说的解答，因为苏力始终对这一问题保持沉默。但是我知道，人们对苏力的独生子女免死论所引发的上一问题，恐怕难以做出任何肯定的回答。尽管我无法证明但是我确信，人们完全可以主张，连累独生子女罪犯家人的消极影响再大，也不如死刑之恶化犯罪的消极影响大，因为前者不可能导致犯罪的独生子女亲属的生命的丧失，而后者则必然以更多的人的生命、健康与财产损失为代价。人们也完全可以主张，连累罪犯家人的消极影响再大，也不如死刑之强化复仇本能所带来的消极影响大，因为即使独生子女因犯罪而被处死，其亲属也不得不接受其系罪有应得这一现

---

① 如最高人民法院、最高人民检察院、公安部、国家安全部和司法部于 2010 年 6 月 13 日专门针对死刑案件联合发布了《关于办理死刑案件审查判断证据若干问题的规定》。
② 参见《中华人民共和国刑事诉讼法》第 34 条第 3 款。
③ 1986 年辽宁省"李化伟故意杀人案"，被判死缓的李化伟在案发 15 年后才因真凶归案而沉冤得雪；1992 年甘肃省的"杨文礼、杨黎明、张文静抢劫、故意杀人案"，被判死缓的杨文礼等也是在两年后真凶落网才洗脱冤屈；1993 年海南省的"黄圣育、黄亚全故意杀人案"，在案发 10 年后真凶落网，被判死缓的"两黄"才被省高级法院改判无罪；1998 年云南省的"杜培武故意杀人案"，同样也是因真凶落网，被判死缓的他才得以恢复清白。如果说这些冤案因所判处的都只是死缓而不足以说明问题，那么 1989 年湖南的滕兴善与 1996 年内蒙古的呼格吉勒图被以死刑错杀，则可谓够触目惊心的了。

实，并忍气吞声地默默承受断子绝孙的痛苦。而死刑所强化的复仇本能得不到满足，则会直接引发受害人及其亲属的破坏社会稳定与秩序行为，乃至直接引发对罪犯或其亲属的私力报复的恶果，并削弱其对司法与法律乃至政府与国家的信任。人们还完全可以主张，连累独生子女家属的消极影响再大，也不如错杀无辜的消极影响大，毕竟，前者在很大程度上是包括罪犯家人在内的绝大部分社会成员都可以容忍的一种消极效果，而后者则是全社会均无法容忍的消极效果。如果死刑的连累独生子女犯罪人的亲属的消极效果与死刑的其他某单一的消极效果的如此对比衡量尚不足以说明问题，那么，我确信，人们甚至还完全可以将连累罪犯亲属的消极效果置于天平的一边，而将死刑的所有其他消极效果置于天平的另一边，得出死刑的其他消极效果的总分量远远大于死刑连累独生子女罪犯亲属的消极效果的分量的结论。

由此，苏力必将陷入逻辑上的二难：要么承认独生子女免死不是一种必然的结论，而只不过是难以得到人们认同的一个随意性很大的命题；要么承认，死刑的任一其他消极效果与死刑的连累独生子女罪犯亲属的消极效果一样值得关注，进而得出它们与连累独生子女罪犯亲属的消极效果一样甚至更值得杜绝的结论。然而，作为独生子女免死论的首倡者的苏力肯定不会承认其煞费苦心地提出的这一论点只不过是一个不严谨而且得不到认同的命题。同样，在死刑的众多消极效果中只对死刑之于独生子女罪犯亲属的消极效果予以特别关注的苏力，也当然不会认为死刑的任一其他消极效果较此更值得关注。因为如此的认为，将导致死刑应不只是对独生子女而且是对所有人均予废止的结论。毕竟，假如由对独生子女罪犯亲属的连累可以得出对独生子女应当免死的结论，那么，由恶化犯罪与错杀无辜等其他消极效果的不可绝对避免性就必然得出死刑应予彻底废止的结论。因为只有彻底废止死刑，才能从根本上杜绝诸如此类的消极效果的发生。但是，恰恰是苏力，以其特有的逻辑坚守着死刑不能彻底废除而只能对独生子女废除的论调，似乎没有发现或者不愿意承认，不彻底废止死刑与对独生子女废止死刑之间在逻辑上构成一对悖论。

二、独生子女免死：来自公正与效益的异议

刑罚的正当化根据在于奠基于报应观念之上的公正与根植于功利观念之中的效益。死刑之所以被人们认为是正当的，就在于人们假定其可以给刑罚的公正价值与效益价值的实现以助益。在这里，我撇开关于刑罚的公正与效益价值的实现是否需要死刑以及死刑究竟能给刑罚的这两大价值的实现以多大助益的质疑不问，而姑且假定自己对人们关于死刑可以给刑罚的公正价值与效益价值的实现以助益的命题予以认同。这样，我顺理成章地会提出的问题是，独生子

女免死，究竟是符合死刑的公正与效益的要求，还是会阻碍死刑的公正与效益的实现。

在独生子女系 80 后与 90 后之主体的今天，杀人者与被杀者均有可能是独生子女。既存的公正观念难以偏袒作为杀人者的独生子女的亲属而忽视作为被杀者的独生子女的亲属的存在。药家鑫的父母因痛失独子而晚年凄凉，其状固然堪怜，但是，作为受害人的张妙的父母何尝又不因晚年丧女而其情凄惨，既存的公正观念绝不会容许人们只同情药家鑫的父母而置张妙的父母的感受于不顾。当如苏力所主张的一般，独生子女杀人可以免除死刑，类似于药家鑫的父母一样的杀人者的父母固然可以从儿子仍然活在这个世界上而得到欣慰，但是，类似于张妙的父母一样的受害人的亲属的创伤又如何抚平？更何况尽管人们承认加害人的父母与受害人的父母都因与犯罪本身无关而具有人格上的平等性，但是人们的道德评价的天平天然就不会向加害人的父母而只会向受害人的父母倾斜！因此，当人们必须在同情杀人者的父母与抚慰被杀者的父母之间做出选择时，既存的公正观念只会选择抚慰被杀者的父母而不会如苏力一样选择同情杀人者的父母。

更为紧要的是，以上既存的公正观念正是支撑死刑的存在的假定的公正价值的根由所在。因为这一既存的公正观念要求杀人者付出生命的代价，死刑则是作为满足这一观念的手段而存在。尽管既存的公正观念进化到今天，已不再要求对所有杀人者均处以死刑，但是，它尚未进化到不要求对所有杀人者均处死刑的程度。而在独生子女占杀人者之主要组成部分的今天，一旦如苏力所言，独生子女成为免死牌，既存的公正观念将受到致命的冲击。因为这意味着死刑将无法对多数杀人者适用，也就意味着多数杀人者将不需付出生命的代价！死刑赖以生存的假定的公正价值将受到根本性的摧毁。

可见，对独生子女免死虽然可以避免死刑连累独生子女的亲属这一消极效果，但是，在杀人偿命的既存的公正观念得以改变之前，由此必然牺牲死刑对被杀者的亲属的抚慰功能并动摇死刑赖以存在的根基。在要么同情杀人者的亲属并牺牲死刑对公正价值的追求，要么让被杀者的亲属得到抚慰并使死刑的公正价值得以维持之间，人们的选择很自然的只会是舍弃前者，追求后者。这也就是说，为了维系奠基于既存的公正观念之上的死刑的公正价值，放任死刑对独生子女亲属的连累这一消极效果的存在，虽然是一种令人遗憾的选择，但又是一种迫不得已的必然的选择。

死刑的假定的效益价值，简单地说，就是通过对杀人者处以死刑而让其不再杀人并以死威吓其他意欲杀人的人，让其放弃杀人的意向，从而使更多的无辜的生命得以幸免于被杀。在这里，人们首先是假定杀人者只要存活在这个世界上，便拥有继续杀人的可能性，并认为死刑因从肉体上消灭了犯罪人而一了百了地使其继续杀人的可能性化为乌有；其次是假定总有一部分人是潜在的杀人者，他们尚未杀人但已形成杀人的意念，而死刑的存在构成遏制其将杀人的意念付诸行动以及当其已经付诸行动时促成其犯罪未遂或者中止犯罪的最强有力的手段，因为潜在的杀人者在决意杀人的同时不可能不考虑作为杀人之法律后果的死刑，换言之，其将因畏惧被杀而不敢杀人。既然如此，既存的效益观念只允许在证明杀人者不可能再杀人而且处死杀人者不可能收到遏制潜在的杀人者的杀人或者遏制潜在的杀人者不需要处死杀人者的前提下，才对杀人者不处以死刑。同理，对作为独生子女的杀人者免予死刑，除非证明所有独生子女杀人犯均不可能再杀人，并且遏制潜在的杀人犯不需处死独生子女杀人犯或者即使处死独生子女杀人犯，也无法收到遏制潜在的杀人的效果。

　　苏力完全可以证明药家鑫不具有再杀人的可能性：药家鑫一贯表现良好，从无前科与劣迹；药家鑫并无杀人预谋而只属于激情犯罪，不具有强烈的反社会人格；药家鑫在犯罪后听从亲属的规劝而投案自首，具有明显的认罪意识与接受审判和惩罚的诚意；药家鑫在庭审中痛哭流涕、当众下跪、追悔莫及，其悔罪意识与求生意识强烈。对于这样的人，不予立即处死而在保留二年的处死的可能性的威吓下给其一线生机，促其主动改造，并辅之以强制劳动与思想改造，最终消除其主观上的犯罪意识，同时以无期徒刑与长期徒刑为后盾在客观上剥夺或者限制其再杀人的可能性，这完全可以万无一失地保障其不可能再杀人。我不得不承认，这样的证明是无懈可击的。假如我是药家鑫案的合议庭成员，假如我作为法官的独立的投票权不受任何看得见或者看不见的手的牵引，我会基于同样的逻辑而以药家鑫人身危险性不大为由就对他的处死投上我的反对票，我甚至还会引证一句刑法格言即"改造可以改造者，不可改造者使之不危害"来告诫我的法官同事，说服他们认同我关于药家鑫属于可予改造者而不属不可改造者的结论，并促成他们与我一样就处死药家鑫投上他们的反对票。但是，我的这一认同只限于药家鑫，我的反对死刑票只会投向作为个案的药家鑫，而未必能适用于作为杀人犯的张家鑫或李家鑫，除非这个张家鑫或李家鑫是第二个或者第三个人身危险性小的药家鑫！因为我的逻辑不允许我由药家鑫人身危险性小推导出所有杀人犯都人身危险性小，更不允许我由药家鑫是独生子——药家鑫人身危险性小，推导出所有独生子女杀人犯都人身危险性小，因为药家鑫是独生子与药家鑫人身危险性小之间没有任何因果关联，而只不过是彼此不相关的两个事实。由其他杀人犯也是独生子女无法得出其人身危险性也小的必然结论，相反，我的观察告诉我，在诸如张家鑫或李家鑫之类的大量独生子女杀人案中，作为独生子女杀人犯的张家鑫或李家鑫往往并非如同药家鑫一般地一贯表现良好、无预谋地激情犯罪、投案自首与真诚悔罪。相反，他们劣迹斑斑、前科累累、有预谋、有计划地杀人、毁尸灭迹、订立攻守同盟、转嫁罪责，甚至在押赴刑场执行枪决之时，昂首挺胸、"面对死刑我大笑"！① 如果综合药家鑫在犯罪前、犯罪中与犯罪后的表现，我们得出的是其人身危险性小、不需适用死刑的结论，那么，由张家鑫或李家鑫的此等表现中我们所得出的必然是相反的结论，即其人身危险性大，不堪改造，非适用死刑不足以剥夺其再杀人的能力。既然并非所有独生子女杀人犯都是人身危险性小而可以改造的杀人犯，对所有独生子女杀人犯一律免死，必然以损毁死刑的个别预防效果即剥夺杀人者的再杀人的能力为代价，质言之，便是必须让不特定的社会成员的生命处于来自未被处决的独生子女杀人犯的再度杀人的危险之中。然而，这样的危险是任何社会成员都不愿意承受的，因而也是死刑的效益理念所无法接受的。

　　也许，苏力还可以认为，即使是不堪改造，死刑也未必是剥夺作为人身危险性大的独生子女杀人犯的张家鑫或李家鑫们的再杀人能力的唯一手段。因为死刑缓期二年执行、无期徒刑与长达 20 年的有期徒刑不但足以使他们与社会相隔离，在客观上限制其再杀人的条件，而且，长期的监禁即使不让其老死狱中，也足以"苦其心志，劳其筋骨，饿其体肤，空乏其身"，或消磨其意志，或损毁其体能，使其即使回归社会，也无心或无力再杀人。既然如此，基于刑

---

① 我曾以辩护人的身份介入的这样一个案件，也许可以例证这种情况的存在：被告人刘某系出身单亲家庭的独生女，案发时为年仅 21 岁的大学二年级女生。其性行为紊乱，仅案卷材料所反映的与其同时保持性关系的人员就多达 4 人，包括其大学任课老师、网上聊天认识的男友、公共汽车上邂逅的老乡以及老乡介绍的国有公司老总。根据一般人的道德评价标准，可以认为她一贯表现不好。为了摆脱与其有性关系的国有公司老总谢某的纠缠，刘某隐瞒与谢某通奸的真相，对其男友谎称遭谢某强奸，教唆其男友并通过其男友邀约男友的中学同学，三人共同诱杀了谢某。为销毁罪证，在刘某提议下，三人共同肢解谢某的尸体，并毁尸灭迹。其杀人的手段可谓残忍。为了减轻罪责，刘某事先曾将谢某诱至酒店发生性关系，并刻意保留了留有谢某精斑的内裤。在庭审中，刘某曾以内裤留有谢某的精斑作为证据，声称自己杀死谢某是因谢某对其强奸后意图长期霸占，试图误导法庭以受害人谢某有重大过错为由，对其从轻处罚，免予死刑。其犯罪计划之周密，拿通俗的话来说，其城府之深，远远超出了一般人的想象。在被执行死刑时，刘某面不改色，一路欢笑。其对死刑之藐视，由此可见一斑。关于本案的辩护词，见邱兴隆：《刘忆故意杀人案一审辩护词》，载 http：//blog. tianya. cn/blogger/post_ show. asp？BlogID = 1013466&PostID =9706503，最后访问 2011 年 8 月 10 日；关于本案的判决书，见《女生刘忆故意杀人案死刑判决书》，载 http：//www. ruclaw. com/redirect. php？ fid = 53&tid = 150763&goto = nextnews-et，最后访问 2011 年 8 月 10 日。

罚的节俭性理念，对作为独生子女杀人犯的张家鑫或李家鑫们适用死刑便是多余的。尽管我完全可以同意这一说法，但是，我同意不等于人们会同意，更不等于死刑的效益观念会对此表示认同。因为诚如苏力所言，活着就有希望，也诚如古人所云，"留得青山在，不怕没柴烧"。只要是活着的人，只要其愿意再杀人，即使在狱中，其杀人之手也仍然可以伸向同监人犯或者管教人员；他甚至还可以越狱脱逃后，继续杀人。① 同样，他们中总会有那么一些人，尽管可能是极个别的人，虽经长期的牢狱生涯，但意志未消，体能未毁，"20 年以后又是一条好汉"，在刑满获释后，继续杀人。尽管监禁期间杀人、越狱脱逃后杀人、刑满释放后杀人的杀人犯永远属于罕见的异例，但是，物以稀为贵，事以稀为奇——狗咬人不是新闻，但人咬狗总是新闻！唯其是异例，其才足以吸引人们的眼球，并让人产生对杀人者继续杀人的恐惧，进而在这种恐惧心理的驱使下，不同意对杀人者不处死刑。在这种情况下，人们很自然地也是很理性地考虑的不是处死杀人者会在多大程度上累及其亲属，而是不处死杀人者，包括自己在内的无辜者时刻有可能成为杀人者监禁期间再杀人、越狱脱逃后再杀人或刑满释放后再杀人的牺牲品。而这样的考虑，恰恰能得到死刑效益理念的支撑。因为按照刑罚的有效性与必要性理论，只要是有效而且必要的刑罚，都是正当的刑罚。而死刑之对于活刑无法遏制的再杀人，不但是有效的，而且是必要的。

　　是的，苏力完全可以令我不得不信服地说，"绝大多数人都不是因为害怕刑罚而守法的"。我甚至还可以引申一下，"绝大多数人不杀人不是因为害怕死刑"。但是，人们包括苏力与我都在坚信，总有人不违法是基于对刑罚的畏惧——他们不是不想犯罪，而是不敢犯罪，也总有人不杀人是基于对死刑的恐惧——他们不是不想杀人，他们甚至已经着手杀人，但是，他们因为害怕被处死而不敢杀人或者不敢把杀人进行到底。刑罚不是预防犯罪的唯一手段，死刑也不是遏制杀人的唯一措施，但是，人们坚信，刑罚是预防犯罪的必要手段，死刑是遏制杀人的必要措施，因为刑罚对于害怕刑罚的人是有效的，死刑对怕死的人是有力的。因此，除非苏力可以证明，所有独生子女都不需死刑的威吓便不会杀人，或者所有独生子女都不会畏惧死刑，其才可以得出死刑的一般预防效果的发挥不需要对独生子女适用死刑的结论。然而，苏力做不了这样的证明，也不应得出这样的结论。

---

　　① 四川死缓犯人陈富山自监狱成功脱逃后继续杀人便是最好的例证。参见《死囚脱逃死刑！当庭咆哮嚣张！》，载 http://news.sina.com.cn/o/2006 – 07 – 28/06549589584s. shtml，最后访问 2011 年 8 月 10 日。

所有独生子女都不需死刑的威吓便不会杀人，给了苏力不堪重负的证明责任。因为苏力需要像人口普查般地对数以亿计的没有杀人的独生子女做一问卷调查：你没有杀人是因为不想杀人还是不敢杀人？而这足以让 1 个苏力忙活几辈子，10 个甚至 100 个苏力耗费一生。而且，苏力还必须时刻准备面对这样一种尴尬：只要这数以亿计的未杀人的独生子女中有 1 人的回答是，我想杀人但我不想死，苏力关于所有独生子女都不需死刑的威吓便不会杀人的假定就会不攻自破。我想，苏力会宁可遭遇这样的尴尬也不愿忙活几辈子或者耗费一生去做这样的问卷调查。我还认为，苏力甚至应该宁可承认证明不了所有独生子女都不需死刑的威吓便不会杀人这一假定，也不去为证明这一假定而费财劳神。因为在我看来，这一假定其实是一个不证自明的谬论。药家鑫是独生子，明知杀人要处死刑仍然杀人。如果对 80 后与 90 后的杀人犯做一统计，我敢说，其中的大部分是独生子女。与药家鑫一样，他们都是明知杀人要处死刑而仍然杀人的人。面对如此现实，人们不禁会问，杀人要处死，尚有如此之多的独生子女冒死杀人，果然如苏力所言，一旦国家打出了独生子女杀人免死的牌，又会有多少独生子女杀人？当然，苏力完全可以回答说，独生子女们完全可能从国家对独生子女免死的政策中体会到国家对独生子女生命的价值的格外尊重，其对生命的价值的认识也由此得到升华，并基于对生命的尊重而不愿杀人。果能如此，对于社会而言，其莫幸焉！然而，即使人们承认这样的可能性的存在，也绝不会高估这样的可能性，而且，人们甚至还会在为此而乐观的同时，增加一种担忧：一旦独生子女免死变成现实，有多少原来因怕死而不敢杀人的独生子女会因不需再怕死而义无反顾地杀人？我不敢说这里的担忧会远远大于这里的乐观，但是，说在这里是喜忧参半，应该不是一种武断。

不错，药家鑫是独生子，他明知杀人者死仍然杀人。不只是药家鑫，还有张家鑫、李家鑫以及 N 个独生子女都是明知杀人者死仍然杀了人。而这足以证明有相当一部分独生子女是不怕死的，事实上，每一起死罪的出现都是死刑威吓失效的证明。引申一下，每一起独生子女杀人案的发生，都是独生子女不怕死的明证。然而，由此，我们只能得出有的独生子女不怕死的或然性肯定判断，而无法以偏概全地得出所有独生子女都不怕死的全然性肯定判断。因为相对而言，没有杀人者总是占独生子女的绝大多数。尽管我们不应该武断地认为他们没有杀人都是因为害怕死刑，但是说他们中有哪怕是极少一部分人是因为害怕死刑才未杀人，应该也不是一种武断。

苏力认为，对独生子女免死，不会弱化刑罚的威吓效果。但是，他既无法也不愿去证明所有没有杀人的独生子女都不是畏惧死刑所致，也无法否认死刑足以阻止部分独生子女杀人。这样，人们完全可以反对苏力的这一立论，坚持相反的主张，即因确信一旦没有死刑的威吓，原来基于对死刑的畏惧而没有杀人的独生子女便会加入杀人的行列，而认为对独生子女的免死必然弱化刑罚的威吓效果。基于死刑的威吓效果的弱化意味着更多的无辜者将成为独生子女免死的牺牲品，死刑的一般预防效益因而必然受损，苏力所主张的独生子女免死论，自然也难以得到死刑效益价值的支撑。

三、独生子女免死：基于刑法原则的抵抗

苏力明知独生子女免死可能推导出死刑的彻底废止的结论，也意识到了独生子女免死难以得到人们所主张的公正与效益的证成，但是，其仍要坚持只对独生子女废止死刑的言说。于是，其无可奈何地将其立论的根据诉诸罪责自负。然而，即使这样，苏力仍然走不出逻辑上的尴尬，因为罪责自负虽然反对株连无辜，但其与苏力言说中所及的死刑之于独生子女亲属的连累效果根本不搭界。

在刑罚发达史上，罪责自负是作为对株连无辜的否定而出现的。但是，这里的株连无辜，说的不是刑罚的适用自然派生的一种结果，也不是刑罚适用的一种伴生状态，而是蕴含着对刑罚的威吓效果的一种刻意的追求。原因在于，在当时的刑罚的设计者看来，单纯的惩罚犯罪者本人，虽然可以震吓部分社会成员，但是，仅此还不够，只有把与犯罪人有身份关联的人都作为刑罚的对象，才可以让人们对刑罚的畏惧发挥到极致。这样，一方面，可以增加意欲犯罪者的心理强制——决意犯罪者不但要考虑自己受惩罚的后果，还要考虑自己犯罪可能对亲人、朋友、师长乃至街坊四邻的拖累。他们即使不为自己考虑，也要为可能被刑罚株连的他人考虑，从而不只是畏惧自己受惩罚而且还因为担心自己的关系人受到惩罚而不敢犯罪。另一方面，又可以强化对犯罪的戒备，使人们因担心自己无辜受到刑罚的牵连而对可能发生在自己关系人中的犯罪高度警惕，遏制其发生，甚至大义灭亲，检举揭发自己的关系人的犯罪。单就刑罚的威吓效果的发挥而言，株连无辜是刑罚的设计者煞费苦心的结果，也充分展现了其智慧与创造力。由此可以断定，只有发生在无辜者身上的不利后果是刑罚的运用者刻意追求的，才可以归为株连无辜。

苏力知道，连累独生子女罪犯的亲属，不是死刑的适用者所刻意追求的。因此，他承认"刑事惩罚，在法律的概念层面不连累他人"。然而，苏力非从罪责自负原则中找到独生子女免死的支撑不可，所以，他把连累独生子女罪犯的亲属这一不可欲的"殃及效果"扩大解释为"社会经验层面"的株连无辜。在这里，苏力想表达的实际上是这样一层意思：尽管法律不认同株连无辜，但是实际上，株连无辜的结果总是不可避免地存在，死刑对独生子女亲属的连累就

是这种法律不认同但事实上客观存在的株连结果的表现。如果我没有误读苏力，那么，我不得不遗憾地说，苏力的逻辑又一次出现了问题，因为他在偷换概念，因为他试图将不为用刑者刻意追求的死刑的消极效果强行塞进株连无辜的范畴。

根据苏力的逻辑，连累独生子女的亲属，虽然不是用刑者所追求的，但其是死刑之适用于独生子女所不可避免地带来的，因而仍属株连无辜。而我想说的是，如果不为用刑者所刻意追求的客观效果也可以被扩大解释为株连无辜的话，那么，死刑的株连效应，便远未限于独生子女的亲属，而是涉及所有无辜者。因为死刑可能恶化犯罪，使本可以不受害的无辜者成为被恶化的犯罪的牺牲品；因为死刑可能强化受害人的亲属的复仇欲望，以致在犯罪人不被判处死刑时引发对其亲属乃至社会的私力报复；因为死刑可能错杀人，使任何无辜者均可能成为错杀的牺牲品。这样，我们是不是还该说，恶化犯罪、强化复仇欲以及错杀无辜也都是死刑的所谓不可欲的"殃及效果"，因而均是死刑的株连无辜的表现？如果这样，我们是不是该得出只要有死刑存在，株连无辜就在所难免的结论？进而是不是要根据苏力的逻辑得出死刑在任何情况下都会株连无辜，违反罪责自负原则，因而应予全面废止的结论？

不，这不只是以死刑的消极效果偷换了株连无辜的概念，而且，阉割了罪责自负原则本身。罪责自负之于株连无辜的否定，以责任的要求取代身份的牵连而作为了刑罚的发动的根据。这里的责任，当指基于犯罪而产生的责任，即以刑事制裁主要是刑罚的担当来实现的刑事责任。它所强调的是刑事责任与刑罚止于犯罪者一身，拿通俗的话来说即"一人犯罪一人当"。至于不是基于刑事责任之担当的刑罚之外的任何结果，都不是罪责自负所关心的问题。换言之，只要不是让犯罪人之外的人承担刑事责任，只要不是让犯罪人之外的人替代犯罪人受到刑罚的惩罚，就不存在违反罪责自负原则的问题。

死刑是对独生子女罪犯本身而不是对其亲属适用，其亲属既未遭受死刑的惩罚，也未以死刑之外的任何方式替罪犯承担或者分担其刑事责任。在这种情况下，死刑谈何违反了罪责自负？药家鑫的父母没有因为儿子杀人而被处死刑，也没有因为儿子杀人而受到任何追究，甚至也不用为儿子承担死亡赔偿的民事责任——至于苏力所言他们被列为了刑事附带民事的共同被告，我敢说纯系无中生有的臆断，因为他们不可以也不应该被列为共同被告，也不用为已具有完全民事能力的儿子代为承担赔偿责任。对药家鑫处以死刑，违反了哪家的罪责自负？至于药父、药母等亲属所承受的丧子之苦以及由此所将面临的老无所养等凄苦，尽管是难以想象的，但是，这既不是作为刑事责任的替代或者分担而产生的，也不是作为一种刑罚惩罚而存在，它与罪责自负毫无纠结。

苏力的独生子女免死论，不但不能如其所愿地得到来自罪责自负原则的支撑，而且，必然受到来自刑法三大基本原则的强烈抵抗。

苏力不是没有意识到其言说可能遭遇来自罪刑法定原则的抵抗，因为他也承认，对独生子女免死，在制定法上没有既存的根据，只有所谓经验层面的独生子女犯罪从轻的原则的支撑。尽管罪刑法定主义发展到今天，并不要求任何从轻处罚都得有制定法上的明确授权，但是，在制定法上没有明文规定的根据可循的情况下，即使是有利被告的选择，也不得游离制定法的精神太远，更不容与制定法的规定或者其精神相背离。我认同，经验层面的许多制度或者规则，作为惯例，不但已深入中国刑事司法之精髓，而且，也早已获得民众的认同。对它们的遵循，不会被理解为对罪刑法定的背离。如大义灭亲、基于义愤而犯罪、受害人有明显过错、犯罪后真诚悔罪、积极赔偿受害人等，被冠以"酌轻情节"而对犯罪人的量刑发生从轻影响。但是，对独生子女犯罪从轻处罚，我不但从制定法上找不到任何只言片语的明示或者哪怕是任何暗示的线索，而且，也找不到司法解释或者判例上的根据。相反，我所见到的均是独生子女犯罪未受到任何基于其是独生子女而从轻的判决，甚至于诸如药家鑫一样的独生子女犯罪被处死的案件，也随时可见。以我作为刑法学人与主打刑事辩护的律师的二重身份的阅历，我只知道，当代中国的司法者，从未因为犯罪人是独生子女而手软或者犹豫过，哪怕是处以极刑！因此，即使是在扮演给犯罪人开脱的辩护人角色之时，我也从未想到过要以我的委托人是独生子女为由，为其做出从轻辩护。而且，我甚至也没有见到过或者听到过我的刑事辩护律师同行们发表过如此高论。也许是我孤陋寡闻！但是坦率地说，苏力所言的独生子女犯罪从轻已成为当代中国刑事司法的一条经验规则，我还是首次在苏力这里听到。我实在不想随意给苏力的独生子女免死论扣上违背罪刑法定原则的大帽子，但是，我又委实不得不提醒苏力，罪刑法定主义虽然偏重于对不利被告的量刑的制约，但绝不会对毫无制定法上的根据又无经验规则支撑的有利被告的量刑坐视不理。苏力为了证成其独生子女免死的言说，生造了一个独生子女犯罪从轻的子虚乌有的所谓经验规则，也许恰恰是其在罪刑法定主义的强大阻隔面前无能为力的表现。

如果仅限于药家鑫案，完全有理由在罪刑法定的框架内对药家鑫予以免死。因为药家鑫具有法定的可以从轻或者减轻处罚的自首情节，① 而造成法官们不敢对其免死的理由或者原因，无论是受害人亲属不同意也好，国人皆谓不

---

① 被网民们命名为"赛家鑫"的李昌奎奸杀少女并摔死幼童，论罪当比药家鑫严重，但其因有自首的法定从轻情节而被云南高院改判死刑缓期二年执行。尽管该二审判决同样引起了舆论的强烈不满，但不会有人指责其违反了罪刑法定原则。

可不杀也罢，都非法定的理由或原因。倘若法官们果真以自首为由置受害人与国人的感受于不顾而对药家鑫免死，我倒觉得是罪刑法定主义的胜利。但是，令我百思不得其解的是，基于对药家鑫父母的同情，苏力竟置自首这一法定的免死理由于不顾，而硬要冒违反罪刑法定主义的危险而别出心裁地找出独生子女作为没有任何制定法与经验层面上的根据的免死理由。唯一的解释只能是，苏力把对药家鑫父母的同情凌驾于既存法律的规制之上了！

当然，苏力完全可以申辩说，其不是在既定的法律框架内即实然的层面提出对药家鑫之类的独生子女免死有据可循，而是认为，可以通过修改刑法将独生子女免死作为一条规则予以确认。如果这样，我当然无话可说。因为苏力完全可以说，我跟你说的是牛头与马嘴，对不上号。如果苏力说的是这些，我宁可撤回我的质疑，但是我需要苏力做出说明。你到底说的是按实然的法律主张可以不判药家鑫们死刑还是按照你说的修改法律后不判药家鑫死刑？这是一个悬案，我等待苏力的回应！①

我承认，罪刑法定只关注实然，而不关注应然。所以，如果苏力不是立足于实然而是立足于应然关注独生子女的问题，我可以撇开罪刑法定主义不管。但是，我想继续追问苏力，你考虑过罪刑相适应原则吗？

苏力显然没有考虑这一质问，也许从来没有想到有人提出这样的质问！但是，我必须提出质问，因为我是刑事法律人！

苏力先生，你主张独生子女可以免死！但是我想问的是，一个独生子女杀一人可以免死，然而，一个独生子女杀10个甚至100个人，你还主张免死吗？苏力肯定会说，因为他是独生子女，所以，我将免死进行到底！如果这样，我佩服苏力作为学者的个性与勇气！但是我想说的是，苏力未必有这样的个性与勇气！因为苏力在专注于刑不及无辜的同时，太不在意作为另一条刑法原则的罪刑相适应，自然没有底气面对来自这一原则的质疑。

我之所以说是太不在意，是因为苏力太关注死刑对独生子女之适用可能给其父母带来的连累效果，而在引证罪责自负的同时忽略了罪刑相适应原则。撇开自首不说，药家鑫也该死。尽管我是死刑废除论者，但是我仍然要说，在未废除死刑的前题下，药家鑫不死，谁死？制定法上的既定的死刑标准是，罪刑极其严重，苏力凭什么说药家鑫的罪行不是极其严重？一贯表现好也好，没有预谋的杀人也罢，基于真诚悔罪而跪地求生也罢，哪一点能否定药家鑫的罪行极其严重？没有，真的没有！既然没有，意味着药家鑫完全符合处以死刑的标

---

① 同样的悬案也发生在苏力关于奸淫幼女不需要明知的言说中。参见邱兴隆：《一个半公正的司法解释》，载《法学研究》2004年第6期。

准。苏力主张，药家鑫是独生子女，杀了他，他的父母就没法活了。我想问的是，根据罪刑相适应原则，他父母没法活了，就能减轻独生子女的犯罪的严重性吗？他父母没法活了，与他的犯罪极其严重又有何关联？既然如此，不处死药家鑫，哪来的罪刑相适应？

作为人，我很同情药家鑫的父母的遭遇。但是，作为法律人，我知道同情的底线是法律的规定与精神，我更知道，当基于人性的同情超出法律的规制时，我无法服从人性而只能服从法律。因为我知道，真正的法律人，在法与情相冲突时，只能屈从于法而不应服从人性。我不敢说苏力情绪大于理性，但是，我不得不说，将心比心，苏力以普通人的良心取代了法律人的良知——为了药家鑫的父母不再有那么多的痛苦，而甘愿置罪刑相适应的刑法原则于不顾。

苏力应该是明知，独生子女免死的最大障碍在于刑法面前人人平等的原则。不然，他就不会那么在意地论证，其言说不会导致刑法面前不平等。但是，我觉得，凡是苏力在意的东西，实际上都是其底气不足的东西。

苏力单刀直入地说，对独生子女免死不会导致太大的不平等。因为有二个以上子女的人，要么是农民，要么是城市里的特殊阶层。而随着城市化节奏的越来越快，城乡差别必将越来越小，独生子女政策只适用于城市不适用于农村的例外将越来越没有市场。与此相适应，不杀独生子女与只杀非独生子女之间的心理反差不会越来越大，而只会越来越小，最终接近于零！

也许苏力的预测是对的。但是，我想问的是，独生子女政策施行以来，这30年的城乡生育差异所造成的农村多二胎与城市多一胎的格局如何应对？在城乡差异完全消失、独生子女政策停止施行之前的将来，基于政策允许而出现的城乡生育差异必将继续造成的农村非独生子女，又该怎么处置？按照苏力的意思，是不是因为将来不会有如此大的生育差异，所以，今天开始就可以不杀独生子女，而只杀非独生子女，任由作为非独生子女的农家子女作为国家杀戮的对象？还有，无论城市还是农村的非政策许可而出生的非独生子女，是不是因为其本身是政策不允许出生的便带有"原罪"，在其犯罪后就应该受到有别于独生子女的极刑处罚，以此来救赎其原罪？

我不敢想象，一个法律人会有如此认识！不管他或者她是不是独生子女，他或她一旦出生为人，他或她就享有作为人而生存的天赋人权！他或她不能因政策与法律不让他或她出生而在出生后不享有生存的权利，当然也不因其是不是独生子女而高人一等或者低人一头。但是，苏力非要说，独生子女不可杀，要杀的只是非独生子女。我不敢相信，苏力会在无意中以人是否独生子女为标准在划分等级。我更不愿意相信，苏力在有意划分这样的等级。不管苏力如何申辩，我想，在他声言独生子女不可杀的同时也就等于说非独生子女可杀。我不管将来的城市化规模有多大，我也不管今天的城市化发展速度有多快，我更不管明天的城乡差别有多小。我只想说，人一旦以是否是独生子女为标准被决定是杀还是不杀，人就遭受了不平等的待遇，刑法面前人人平等的根基就不复存在。因为既然是否独生可以作为是否处死的标准，那这一标准为什么不可以作为裁量其他刑罚时区别对待的标准？既然量刑可以因是否独生而异，那是否标志着人可以分为可死与不可死、可轻与不可轻两个等级？一旦承认人可以被如此划分等级，作为刑法面前人人平等的根基的人格平等将荡然无存！

其实，独生子女免死导致的不平等不仅源于政策允许的城乡生育差异，也不仅源于政策不允许的超生，而且苏力还忽视了一个极其不应该忽略的渊源，那就是源于计划生育政策对少数民族的倾斜。基于独生子女政策基本上不适用于少数民族，尤其是人口少的少数民族，根据人口普查，10 年内，少数民族人口的年均增长率高于汉族人口 0.11 个百分点。[①] 这意味着一旦苏力的独生子女免死论变为现实，少数民族子女被处死刑的概率将远远超过汉族子女。我想，死刑适用上所凸显出民族歧视的问题以及由所可能导致的民族矛盾，是难以想象的。而这也是苏力没有想到的，或者因为想到了而有意回避的。

四、独生子女免死：站不住脚的根据

为证明其独生子女免死论的成立，苏力搜肠刮肚地援引了历史的制度、现实的制定法乃至过时的政策，将其作为支撑独生子女免死论的直接或间接根据。然而，在我看来，苏力所援引的这一切，无一可以对其独生子女免死论起到任何证成作用。

被苏力引作独生子女免死论之直接根据的是在中国历史上盛行过近1600 年的存留养亲制度。我不得不承认，单就着眼于为父母养老送终而言，存留养亲与独生子女免死论在表面上似有惊人的默契。然而，我不得不说，两者之间貌似而神离，完全不可通约。

一方面，存留养亲制度，在历朝历代，都无疑是作为例外情况在适用。因为在当时的历史背景下，对生育不但不予以限制，而是放任甚至鼓励。这样，所谓的独子，本就罕见，而属"犯死，若祖父母、父母七十以上，无成人子孙，旁无期亲者，具状上请"[②] 者就更是千里难挑其一。与此相反，在奉行计

---

① 参见《数据显示少数民族人口十年年均增长率高于汉族》，载 http://news. qq. com/a/20110428/000770. htm，最后访问 2011 年 8 月 10 日。

② 《隋书》卷二十五《刑法志》。

划生育的基本国策已逾 40 年，一对夫妇只生一胎的政策已执行近 30 年的今天，中国的现实是，处于犯罪之高发年龄段的大都是独生子女。一旦独生子女免死得以制度化，死刑将只会作为例外情况而适用于极少数非独生子女。因此，如果说存留养亲制度下作为罕见现象而得以免死的只是极其个别的人，因而既不会对"杀人偿命"的本能的公正观念形成大的冲击，也不会在多大程度上对死刑的威吓力构成削弱，那么，独生子女免死制度下幸免于死的则是犯死罪者中的多数。这样，至今仍然大有市场的"杀人偿命"式的本能的公正观念将受到毁灭性的冲击，人们所假定的死刑的威吓力也将荡然无存。

另一方面，尽管苏力为了引起人们对面临死刑的独生子女的父母的同情，将死刑可能给独生子女父母造成的心理痛苦与生活悲惨予以了过分渲染，甚至于提醒人们注意药家鑫父母完全可能自杀，但是，必须看到的是，大部分独生子女罪犯的父母或者祖父母不可能已达 70 高龄以上，他们在子女被处以死刑后，尚可自食其力，即使退休了，尚有退休工资或者社保可资救济，哪怕在农村，也有土地与低保可资维生。毕竟，社会主义不允许饿死人！而且，在独生子女成为社会主体的今天与将来，父母与儿女之间的感情纽带相对松弛，相互之间的关联已不再十分强烈。能亲奉父母的独生子女，虽非没有，但确不多见。至于三代同堂，儿孙绕膝，其乐融融的晚年，对于将来的绝大多数中国老人来说，确系一种奢望。正是如此，即使是有儿有女的当代许多老人，也不再将安享晚年的幸福理解为儿孙的陪伴，而是宁愿远离儿孙而栖身于敬老院、养老院与老年公寓之类的机构。习惯了没有儿孙陪伴的生活的老人们，对儿孙们在感情上与生活的依赖和寄托必将被冲淡许多。相应地，独生子女被处死刑而给其亲属带来的精神上的痛苦，当然要比苏力渲染的轻得多。至少，在我记忆中，几乎没有听到过父母因儿子被处死而自杀的事件，所听到的反而是儿孙被杀令其父母或祖父母悲痛欲绝并最终含恨自尽的案例。① 我不是要低估死刑给被处死刑的独生子女的亲属所可能造成的生活不便以及精神上与情感上的痛苦，而只是想客观地分析这种不便与痛苦究竟有多大，并指出，这样的不便与痛苦不但没有苏力所渲染的那么大，而且，也完全不可与流行存留养亲制度的时代的独生子女亲属们所承受的不便与痛苦同日而语。因为就生活而言，在当时，既无退休工资之类的稳定来源，也无社会保障制度之类的救济，独子之被处死，意味者其父母必将陷入饥寒交迫的境地，甚至被推到死亡线上挣扎；而就精神痛苦而言，在当时，亲情几乎是老年人晚年生活的唯一精神支柱，独子

---

① 其实，不只是我听到过这样的案例，苏力本人不但听到而且还引证过这样的案例。参见苏力：《送法下乡》，中国政法大学出版社 2000 年版，第 129、131 页。

之被处死，意味着其年迈的父母失去了唯一的精神寄托。因此，如果说奉养父母是古代中国刑法法外开恩设立存留养亲制度的出发点，那么，在社会基本上已取代子女而担当起这种奉养之责的今天，再以这一理由来论证独生子女免死，便难以令人信服与接受。

苏力是如此看好中国古代的存留养亲制度，以至于其甚至比照该制度中的死刑上请，来设计其独生子女免死制度，提议最高人民法院将是否独生子女纳入死刑复核的视野。然而，苏力却恰恰忘记了，在今日之中国，根本不存在激活存留养亲制度的前提。苏力非要挖掘出存留养亲这一历史上的本土资源，让其以独生子女免死的面目在毫无生存土壤的当下中国现实中复活，不得不说是让秦始皇迎娶杨贵妃——"对错了象"。

苏力还力图从现实的制定法的规定上寻找对独生子女免死的间接支撑，不惜费大力地从孕妇或哺乳的妇女不判死刑以及《刑法修正案（八）》新增的老年人免死中推导对作为特殊人群的独生子女免死的根据。然而，我不得不着力指出，苏力的如此推导与引证，又一次"表错了情"。

之所以说其"表错了情"，是因为苏力只注意到制定法上免死的规定针对的是特定的人群，而忘了此等特定人群与独生子女没有任何可比性。审判时怀孕、正在哺乳的妇女免死，这不但是中国古今的传统，① 而且是中外制定法的通例，② 甚至已得到国际人权法的确认。③ 就此，存在多种解说。有人说，这是人类繁衍的需要，因为杀死孕妇或哺乳的妇女，同时也就杀死了未出生的生命或者影响了刚出生的生命的延续；也有人说，这是一种功利的考虑，因为在任何国度的任何时代，女人犯罪所占的都是极少数，而审判时怀孕或者正在哺乳的妇女更是凤毛麟角，对其是否处死，都无关紧张；还有人说，不对审判时怀孕或者正在哺乳的妇女处以死刑，是基于人道的考量……我不想考究，诸如此类的解说中，何者有理何者牵强。我只想说明的是，此类解说无一可以适用

---

① 如唐、明律规定，被判死刑的孕妇，在产后100天之后始可执行。

② 参见《中华人民共和国刑法》第49条；外国关于孕妇免死大致分为三种情况：1. 对妇女犯罪不得适用死刑。如危地马拉宪法规定，死刑不适于妇女；蒙古刑法也将妇女列为不得适用死刑的对象。既然所有妇女都不得被处以死刑，孕妇与新生儿的母亲当然包含在这一禁止中。2. 对怀孕的妇女不适用死刑或不判处死刑。如坦桑尼亚、安哥拉、博茨瓦纳等国。罗马尼亚刑法不仅规定孕妇不适用死刑，同时还规定有不满3岁的儿童的母亲，也不得适用死刑。3. 对怀孕的妇女可以判处死刑但应延期执行。如日本、废止死刑前的德国与比利时、突尼斯、土耳其、缅甸等国以及美国多数州。

③ 参见《公民权利和政治权利国际公约》第6条与《关于保证面对死刑的人的权利的保护的保障措施》第3项。

于犯罪的独生子女。当然，苏力完全可以说，既然怀孕与哺乳的妇女不可杀，为何作为独生子女的罪犯不可不杀？难道说，不杀独生子女不是基于人类繁衍的需要？难道说，不杀独生子女就不是对刑法人道主义的彰显？是的，苏力不但可以如此这般地而且还本可从孕妇与哺乳的妇女免死挖掘更多的理由，并以此来找寻独生子女免死的类比支撑。但是，我想，一个简单的经验事实可以告诉苏力，两者不可类比：水产资源法针对鱼类保护有禁渔期的规定，而禁渔期无疑是鱼类繁殖期；动物保护法针对动物保护有禁猎期的规定，而禁猎期无疑是动物繁殖期。我相信，苏力绝不会由此引申开来说，既然怀孕的母鱼或母鹿都不可以捕杀，为何独生鱼或者独生鹿就可以捕杀？因为尽管我不知道苏力是否有过钓鱼或者狩猎的经验，但是，我的经验是，每遇不可欲地钓上即将排卵的母鱼或者捕捉到了即将分娩的野禽，我都会不假思索地放生。但是，除此之外，我从来没有去考量我钓上的鱼类或者所捕捉到的鸟类是否独生——如果没有苏力的独生子女免死的言说，我甚至从来就没有考虑过我为什么只对正在怀孕的鱼类或者鸟类放生却对鱼们或者鸟们是否独生不闻不问！

　　苏力还从《刑法修正案（八）》增设的老年人免死的规定类比支撑独生子女免死。然而，与孕妇或哺乳的妇女免死一样，老年人免死在古代中国代代相承，① 在当代保留死刑的国家以及很多国家废除死刑之前，也不乏如此规定，② 甚至于这也得到了国际人权文件的确认。③ 更为重要的是，对老年人犯罪不处死刑，即使在今天中国司法的经验层面，虽未成定制，但几成惯例。④ 老年人免死因而既有其本土历史传统参照，也有国外与国际的经验可资借鉴，更有本土现实惯例可循。《刑法修正案（八）》增设这一规定，显然易于得到

---

　　① 如《唐律疏议·名例》载："八十以上，十岁以下，及笃疾，犯反逆杀人应死者，上请。"

　　② 如菲律宾《修正刑法典》第47条规定，年满70岁以上的罪犯不得执行死刑。

　　③ 如《美洲人权公约》第4条第5项规定，超过70岁的人不得处以死刑。联合国经济及社会理事会在其1989年5月24日的1989/64决议提出应该"确立一种最大年龄限度，超过这一限度，任何人便不得被判处死刑或者被执行死刑"。参见邱兴隆：《国际人权与死刑》，载《现代法学》2001年第2期。

　　④ 2002年，湖南衡阳市中级人民法院曾一审判处一名年满88岁的老人韦有德死刑立即执行，引起了包括我本人在内的许多人的不满。参见《九旬老人死刑风波》，载 http://news.sina.com.cn/c/2003 – 04 – 11/103991432s.shtml，最后访问2011年8月10日。2004年2月，经过最高人民法院专家们的研究，并由湖南省高级人民法院审判委员会集体研究决定，判处韦有德死刑，缓期二年执行，载 http://news.163.com/2004w02/12474/2004w02_1077760155244.html，最后访问2011年8月10日。

人们的认同。① 就此，人们同样可以做出立足于功利的解释。因为老年人犯罪的比例低，而犯死罪的人就更为罕见，不对其处以死刑，不会在多大程度上削弱死刑的威吓力。同时，老年人年老体衰，再犯罪的能力不强，而且其有生之年短暂，不对其处以死刑而只处以无期徒刑或者长期徒刑，其也会老死狱中。与此相反，独生子女免死不如老年人免死一样形成了传统，也没有国外或国际的经验可资借鉴，更无本土现实的惯例可循，因而很难为人们所接受。而且，在今天，独生子女已成为犯罪的生力军，也是死罪的主要实施者，人们没有理由不相信不对其处以死刑会大大削弱死刑的威吓力。更何况独生子女犯罪者大都是青壮年，其年富力强，犯罪的活力大，有生之年长，不对其处以死刑，则给其留下了很大的再犯罪的余地？因此，苏力从老年人免死的规定中类比支撑独生子女免死的企图，只是徒劳。

顺着苏力的以上思路，尽管其没有，但是我认为其本来还可以做出这样的努力：以古今中外一以贯之的未成年人免死的制定法惯例类比支撑独生子女免死，因为未成年人与独生子女均属特殊人群。然而，如果这样，我又得提醒苏力的是，未成年人惟其未成年，心智未开，认识能力与控制能力有限，才被视为情有可原的特殊人群。唯其如此，我们才将缺乏沉稳的成年人称为"孩子气"，也唯其如此，我们才奉劝对犯错的孩子不够宽容的成人们，"你怎么与他计较，他还是个孩子"。正是基于未成年人的这一情有可原，我们受制于我们的人性而以对犯罪免处死刑来显示出刑法上的大度宽容。但是，我们借此所表达的是对未成年人本人的怜悯，而与未成年人的亲属无关。尽管这在客观上肯定可以给其父母与亲人以安慰，但是这不是我们的初衷，因为我们追求的是对未成年人的宽容，而不是对其父母的同情。不过，独生子女免死论不同！独生子女不具有未成年人一样的宽容与怜悯的前提，包括苏力也不得不认为，药家鑫们罪不可恕，值得同情的只是药家鑫们那可怜的父母们。

一语道破天机！对独生子女免死的出发点不是基于对独生子女本人的宽容，因为他们情不堪怜，而在于对其亲属的同情。然而，我们可以，古人可以，甚至外国人也可以，接受以免死表达的对未成年人的宽容，因为在这种情况下的不宽容意味着残忍，在这种情况下不宽容的人就是忍人！但是，除了苏力，人们不可以，古人也没有，即使是外国人也不曾，接受基于对非罪犯的同情而对独生子女罪犯的免死。因为如前所述，人们会认为，这样的同情的表达会让社会付出很多很多——这将使社会付出牺牲死刑乃至整个刑罚的公正与效益的代价，这因而将危及死刑乃至刑罚赖以存续的根基。

---

① 即使这样，老年人免死条款尚且引发过很大争议，更何况独生子女免死？

　　仅此尚嫌不够，苏力还看似附带实则并非不经意地引证了独子不当兵与以独生子女为由所做的某些外交交涉，意图强化对独生子女免死的间接支撑的力度。

　　我没有当过兵，但是，我对独子不当兵的政策并不陌生。我甚至知道，即使在穷兵黩武的民国末期，也奉行的是"三抽一，五抽二"的抽丁政策。尽管在兵源匮乏的时候，抽丁变成了抓（壮）丁，才有了川语版的电影《抓壮丁》，也才上演了王保长要抓作为"芋子娃儿"的父母的独苗苗的"芋子娃儿"去当兵的一幕。但是，俱往矣！独子不当兵也好，"三抽一，五抽二"也罢，已经而且还必将距我们越来越远。因为在今天的中国，几乎每个适龄男丁都是独苗苗，他们不会因其是"芋子娃儿"而享有不服兵役的义务，他们甚至不会因其是独生子女而免除逃避兵役所应受的处罚，① 我们的兵役部门及其工作人员更不会因动员独生子女去当兵而被当做王保长。王保长不可能预料到今天会遍地都是"芋子娃儿"，但是他所声称的要抓"芋子娃儿"当兵的理由与今天的"芋子娃儿们"不得不当兵的理由有着惊人的暗合：兵员紧张！在适龄兵员都是"芋子娃儿"的今天，如果仍然奉行独生子女不当兵的政策，"谁来保卫咱妈妈"？"谁来保卫咱国家"？苏力硬要用过时的政策推导出独生子女免死的合理性，等于是让今天的人们都脱下西服而穿唐装。

　　更为有心但是更有说道的是，苏力甚至不惜引证这样的外交辞令②来补强对其独生子女免死论的支撑：新西兰地震后，中国驻新西兰大使馆希望新西兰，因中国实行"独生子女"政策的特殊国情，向在基督城地震中失去子女的中国家庭，发放特别抚恤金。苏力无疑是想说，既然奉行独生子女政策的国情可以促成中国驻新西兰大使馆请求对独生子女死者发放特别抚恤金，同一国情为何不能支持对独生子女免死。如果这样，我不得不说，苏力又犯了不讲逻

---

　　① 如 2011 年 4 月，武汉市江岸区政府对张某等 3 名拒绝服兵役的青年做出如下行政处罚的决定：从 2011 年 1 月起两年内，国家机关、社会团体和企事业单位，不得对其实施招聘和录用；教育部门取消其今后报考高、中等院校资格；公安机关不得为其办理出境手续；工商行政管理部门，不得为其办理工商营业执照；建议各级党团组织不予批准办理和接纳其为党（团）员。参见《武汉 3 人拒服兵役被行政处罚》，载 http：//news. cn. yahoo. com/ypen/20110421/320451. html，最后访问 2011 年 8 月 10 日。

　　② 之所以说是外交辞令，是因为中国驻新西兰大使馆不可能不知道，这样的请求是无法得到满足的。因为新西兰不实行独生子女政策，它不可能为支持中国的独生子女政策而网开一面，正如即使是中国政府请求，其他保留死刑的国家也绝不会对在其境内犯死罪的中国独生子女罪犯免处死刑一样。但是，中国驻新西兰大使馆这样做，能让在新西兰境内的中国人感受到祖国的温暖，也能让全体中国人感受到中国政府对其公民的关怀。

辑的老毛病：我们同情在新西兰地震中死难的中国同胞，如新西兰政府在同情这一请求的基础上，果真发放了特殊抚恤金，我们会举双手赞成。撇开这一同情不说，我们也绝不会嫉妒，至少我们不会为获取独生子女死者的特殊抚恤金而愿意死于新西兰的下次地震中。我们甚至不但不会对驻新西兰大使馆所代表的中国政府的如此请求表示任何异议，而且还会对政府的如此义举充满感激之情。然而，独生子女免死不一样！首先，因犯罪而被处死的独生子女与地震中丧生的独生子女不一样，前者罪有应得、死有余辜，后者惨遭横祸、死于无辜。人们的同情心不允许人们不同情后者，也不会允许人们同情前者。诚如人们同情汶川地震中的每一位遇难者，但是人们不会同情任何一个药家鑫。其次，中国人不是新西兰的纳税人，新西兰政府愿意多出钱来抚恤中国同胞，中国人无权反对，但是，中国人是中国公民，你要中国以对犯罪者免死来表示对其亲属的同情，中国人有权反对。最后，但是并非最不重要的是，驻新西兰大使馆代表中国政府请求发放特殊抚恤金，只会让中国政府深得人心，而一旦国家对独生子女罪犯免死，则国家很有可能民心尽丧——在任何时候，国家都不应该忘记，你基于对独生子女亲属的同情而对独生子女免死，固然可以获得罪犯的亲属的人心，但是，你必然失去作为独生子女的受害人的亲属的人心，而且，你很难得到作为局外人的其他社会成员的人心，因为必须重申的是，人们的同情心通常只会倒向受害人一边，而不会偏袒加害人一边。

五、死刑的存废：信与不信才是一个问题

以上，我已多次明示或者暗示，独生子女免死一旦成立，彻底废止死刑就是一个必然的结论。但是，我反对独生子女免死，不等于我放弃了废止死刑的主张。我的意思是，在未全面废止死刑的前提下声言独生子女免死，是徒劳的，唯有全面废止了死刑，独生子女的亲属始可与任何人一样获得亲人犯罪不被处死的荣幸。然而，苏力不主张废止死刑，而只主张对独生子女免死。因为在他看来，废止死刑的所有言说，都是一派胡言，难以得到民众的认同。而民意不可违！在民众义愤填膺的抗议声中，废止死刑的呼声再大，也永远只是一种孤鸿哀鸣。

但是，我还是要说，独生子女免死如能侥幸成为现实，彻底废止死刑的实现也就为期不远。这不是一个复杂的逻辑问题，如果这样，我没有必要重复前文已经充分做出过的论证或者复述前文已经陈述的理由，而是简单明白的一个事实：在独生子女已经开始成为而且必将越来越成为犯罪的主力的当下中国，独生子女免死果真被提上议事日程，那还有几个"罪行极其严重"的人会被不幸地押赴刑场执行死刑？根据实存的制定法，未满18岁的人不得判处死刑，

年满 75 岁的人一般也不得判处死刑。掐头去尾，也只有 18 岁至 75 岁的人构成死刑的候选人。而当下中国，作为犯罪高峰年龄的已满 18 岁不满 30 岁的人，基本上都是作为计划生育基本国策的产物的独生子女，一旦独生子女免死成为现实，处于此年龄段的人也将高举免死牌。剩下的可以处死的，也就是处于犯罪低发年龄段的 30 岁至 75 岁的人——还要排除其中的独生子女与作为非独生子女的孕妇或哺乳的妇女。这样，只有处于犯罪高发区的少数非独生子女以及处于犯罪低峰年龄的非独生子女可以被判处死刑。我敢断言，倘若这样，中国的死刑至少可以减少 90%！而且，这一被减少的死刑率会真正与日俱降——因为每天都有独生子女加入到免死者的行列之中，因为在独生子女政策不变的前提下，今天已经出生为人的未满 18 岁的人，绝大部分将以独生子女的身份步入免死的队伍之中。而在 45 年后，今天的 30 岁以上的人都将进入老年人免死的序列，今天的已满 18 岁不满 30 岁的人必将以独生子女的主体身份取代今天的 30 岁至 75 岁的人的非独生子女的主体身份而成为免死的对象。至于今天已经出生为人的 18 岁以下的未成年人以及未来的 45 年内出生为人的人，同样绝大部分具有独生子女的身份，自然也将成为免死的对象。这样，在 45 年后的中国，只有合法地或者非法地出生的那少数非独生子女中的犯死罪者有可能被判处死刑——假若这样，届时，废止死刑与废止死刑之间的渐近线必将接近为零距离！因此，我敢斗胆预言，以此类推，自独生子女免死成为现实之日起，彻底废止死刑在中国的实现为期也就是 45 年。

远吗？不远！如果有幸，我还可以在有生之年见证中国废止死刑的那一天！

苏力很可能不会苟同我的上一个说法，因为他很可能不愿意与我在有生之年一同见证中国废止死刑的那一天。他为了避免 45 年后废止死刑与死刑的渐近线的距离接近为零，为其独生子女免死论设定了三条除外规定，而其中的每一条都意味着对任何独生子女免死的限制。苏力说，对叛国罪、恐怖犯罪与严重危害公共安全的犯罪等，即使是独生子女也不得免死。顾头不顾尾！苏力先生似乎忘了，他的独生子女免死论立足的不是犯罪的性质是否严重，而仅仅是对被处死的独生子女的亲属们遭遇的同情。药家鑫只是杀人，没有叛国，没有实施恐怖犯罪，没有危害公共安全，他的父母值得同情，所以药家鑫可以免死；张家鑫持枪抢劫银行，作案 10 起，杀死 10 人，他的父母值得同情，所以张家鑫也可以免死，因为他没有叛国，没有实施恐怖犯罪，没有危害公共安全；李家鑫奸杀幼女——按照苏力的主张，可以无论其是否明知是幼女，作案 10 起，强奸幼女 10 人，全部杀人灭口，他的父母值得同情，因为他没有叛国，没有实施恐怖犯罪，没有危害公共安全。王家鑫不可免死，因为他投敌叛国，纵然他是家中的独苗，纵然其上有衰老的爹娘；马家鑫也不能免死，因为他加入"东突"，持枪拒捕，杀死了1名围捕他的民警，他实施的是恐怖活动，纵然其还有年迈的父母；赵家鑫更不能免死，因为他醉酒驾车，撞死了1人，危害了公共安全，纵然其祖父母、外祖父母已年逾80，父母已过六旬。这里，苏力又在以儿孙犯罪的性质是否严重，将独生子女的亲属划分为值得同情的与不值得同情的两个等级。这里，苏力又在践行着其独生子女免死不违背平等原则的逻辑！

苏力又说，对双亲已故的独生子女犯其他死罪，不可免死。这里，苏力总算是讲了一回逻辑——既然没有值得同情与可怜的对象，也就没有为了表达同情而免死的前提，这在逻辑上是完全自洽的。但是，难道值得同情与可怜的仅仅是独生子女的双亲？如果虽然双亲已故，但祖父母、外祖父母白发人送黑发人，在送走同样是独生子女的儿女之后，将养老送终的希望寄托在独（外）孙身上，含辛茹苦将独（外）孙拉扯大，而独（外）孙犯下了杀人罪呢？难道他们不比那些杀人的独生子女的健在的双亲更值得同情与怜悯？是的，我有钻牛角尖的重大嫌疑。苏力完全可以说，把属于此等情况的独生子女再做不免死的例外就是。例外，又是例外！我不知道，一种主张或者规定，如果例外多了，它的普适性何在，它的理性又从何而来。要知道，只要有趴窗户的，就会有上房揭瓦的！口子一旦被例外撕开，理性就可能最终被例外撕裂。

苏力还说，对已生育子女的独生子女犯其他死罪，也不得免死。卸磨杀驴！人就是生育的工具，只要他或者她完成了繁衍后代的责任，人类就会生生不息。老的不去，新的不来。独生子女走了，他或她留住了他或她的根。他或她可以在刑场上安详地闭上他或她的双眼。有根就有希望，有根就会开花结果。他或她的父母从他留住的根中看到了这种希望，看到了希望之花在将来的怒放。于是乎，他们会化丧子的悲痛为养孙的力量，宁可自己历尽千辛万苦，将独（外）孙抚养成人，也不愿将抚养孩子的负担转嫁给社会与国家。因为养（外）孙而防老，在（外）孙儿身上寄托着他们安享晚年、养老送终的希望——但愿（外）孙儿不犯死罪，也但愿即使其犯死罪之时，（外）孙儿的妈妈或爸爸的任一方还健在，否则，作为父母双亡的独生子，其死罪难逃，祖父母或外祖父母的这一希望会再一次被扑灭而变得彻底的绝望。万劫不复！但是，苏力又忘了，人的平等性！他又一次践行了独生子女的父母可以根据是否有孙辈而分为值得同情与不值得同情的二等的逻辑。在他看来，有孙辈的独生子女的父母可以低人一等。在这里，苏力还要将这种等级观念进行到底，在另一个层面上再次践行他的平等的逻辑。独生子女生育了独生子女，留下了他的根，他比没有留下根的其他独生子女少了很多遗憾，因此，处死留下了根的独生子女，不等于是对他的歧视，因为他留下了根的欣慰足以弥补他死的遗憾。因为他相对于没有留下根的其他独生子女罪犯而被提前剥夺的生命会在他留下的根上得到弥补或延伸，纵使其受到了歧视，他也死而无憾。

　　逻辑，该死的逻辑！苏力辛辛苦苦设计的独生子女免死论及其所做的制度设计包括其以上三项除外性规定，都毁于逻辑！苏力不会在意逻辑，因为他完全可以遵循法律不是逻辑而是经验的逻辑。因为他完全可以说，以上除外性规定，注重的是经验而不需考虑逻辑。经验告诉苏力，全面废止对独生子女的死刑，难以服众，难以得到民意的支持，因而难以变为现实。所以，苏力必须与民众妥协，所以他声称"无论犯什么死罪，独生子女都免死。肯定不成"。作为妥协的产物，才有了他关于独生子女免死的三条例外。经验，这确实是经验。在讲求"中庸"、"中和"与"折中"传统的中国，尤其是在构建和谐社会的今天，妥协甚至和稀泥，都是一种经验，而且往往是一种成功的经验。政治策略如此，经济发展如此，社会治理如此，法律实践岂能例外？疑罪从无与疑罪从有都是极端，不得罪国家就得得罪个人。所以，人们开发罪疑惟轻的本土历史资源，做了艺术性的折中，产生了屡试不爽的疑罪从轻的当代实践。尽管这种实践也导致了杜培武、李华伟与赵作海等多起死缓错案，但是，人们可以自豪地说，他们终究没有被错杀，人们甚至可以问心无愧地说，他们虽然坐了冤狱，但国家可以给其足够的补偿，足以抚慰他们受伤的心灵。他们也会对国家最终纠正了他们的错案而感激涕零。因为他们与苏力一样，知道吃饭也可能噎死人，因而会对国家错判他们死缓表示理解与宽容，他们甚至还会为自己没有被判立即执行死刑因而可以享用国家的补偿而庆幸。经验，还是经验，告诉了苏力，中国的老百姓是善良的。只要你能对他说话和气些，只要你能在此前提下，照顾到他的感受与情绪，只要你不站在他的对立面而是与他做出一些甚至一点点妥协，他就不会反对你，他甚至还会理解你、同情你直至支持你。正是基于对中国人的这种经验性的了解，苏力认为，不需逻辑上的自洽，只需在独生子女免死论上加以三点限定而与民众做出妥协，他就可以"判断中国民众大致可以接受这一规则"。

　　但是，在这里，我还是要说，苏力很可能犯了经验主义的错误。中国的老百姓虽然善良，但是他们好认死理，他们不但未必会像苏力所自信的一样"大致可以接受这一规则"，而且很有可能成为阻挡苏力独生子女免死论推进路上的"钉子户"。因为他们认为，杀人偿命、欠债还钱，天经地义；因为他们确信，生命等价，杀人者不死，被杀者的生命便被贬值；因为他们认为，杀人者不死，就可能继续杀人！而没有死刑的威吓，独生子女就可以肆无忌惮地杀人，他们自身的生命就没有保障。这些，有的被他们奉为天理，有的被他们作为不需证明的常识，因而都是他们认为必须承认的死理。面对好讲死理的百姓，面对如此这般的死理，苏力的三大限定的妥协是无力的。中国式的经验是行不通的。苏力最好在确证"中国民众大致可以及接受这一规则"之后，再得出"中国民众大致可以接受这一规则"的判断。不过，需要告诫苏力的是，在就独生子女免死征求民意之前，你准备好了吗？如果将这一高论挂在网上征求民意，即使你说话再和气，也很有可能被"砖头"砸得晕头转向。这也是经验。因为我因提出全面废止死刑而有过被砸得鼻青脸肿的经验，而我的经验告诉我，苏力也许缺乏的正是被砸的经验，网民们完全可能用"砖头"劈头盖脸地给他补上这一经验。

苏力甚至还要让中国的死刑永垂不朽！所以，他不但要不顾逻辑地给独生子女免死留有余地，而且还要反对全面废止死刑。为此，他在按照自己的逻辑逐一反驳他所归纳的废止死刑的理由后，再次提出了民意。因为民意只会认同他的有限制的独生子女废止论，而不会认同全面废止死刑论。

我不得不说，我不知道苏力所归纳的死刑废止论的5点理由从何而来，但是，我知道这5点不是废止死刑的理由的全部，我更知道，其中无一是我作为废止论者所主张的理由，我甚至发现，苏力要么是没有读懂要么是误读乃至曲解了至少是我的死刑废止论。

关于死刑的存废之争，如果把贝卡里亚视为死刑废止论的肇始者，至今已有200余年的历史。从经验的层面来看，在国际社会，废止死刑的实践一直没有中断过，而且，废止死刑的国家与地区已接近2/3。① 在我看来，持续两个多世纪的争论已经把保留与废止死刑的理由说的足够充分的了，所以，我在主张废止死刑的同时，并未过多地复述那些早已为人所熟知的理由，而只想说明一个道理：死刑在道德上的正当性，是无法证明的——刑法不因有死刑而公正，也不因没有死刑而不公正；死刑相对于次严厉的刑罚（如：终身监禁）在遏制犯罪方面的边际效益，也是无法证明的。至今没有人能证明，没有死刑，本该当死刑的暴力犯罪会在多大程度上上升，而有了死刑，该当死刑的暴

---

① 根据联合国经济及社会理事会秘书长第六个五年报告所提供的资料，截至1999年2月，世界上完全废止死刑、对普通犯罪废止死刑以及连续10年以上未执行死刑的国家和地区多达123个，没有废止死刑的国家和地区只有71个。参见 United Nations，"Capital punishment and implementation of the safeguards guaranteeing protection of the rights of those facing the death penalty：Report of the Secretary—General"，Annex 1，Table 2—4，Annex 1，Table 2—4，pars67，para68，para60 and Table 2，para. 108，E/2000/3.

力犯罪会在多大程度上下降。① 因此，在我看来，一切赞成死刑的视角，也都是反对死刑的视角，反过来说，也一样成立的是，一切反对死刑的视角，也都是赞成死刑的视角。② 相应地，仅限于争论的技术层面，我认为，将死刑存废定位于一种游戏，也未见得有多大不妥。

但是，死刑存废之争涉及国家是否有权剥夺人的生命，人的生命是否具有不可剥夺的超然价值以及生命权是否属于不可剥夺的基本人权等理念上的与实践中的一些基本问题，它因而绝不只是一个技术层面的游戏，而是理论价值与实践意义兼具的一场论战。既然存废双方都已在各自的立场说清楚了自己的理由，而双方又不会轻易放弃自己的立场而向对方俯首称臣，我有理由认为，只要这个世界上尚有死刑存在，死刑存废之争就必将是一场持久的拉锯战。剩下的，只是保留死刑的国家是信存还是信废的问题。国外保留与废止死刑的经验，辅证了这一命题的成立：保留死刑的国家，无疑是坚守保留死刑的立场，用保留死刑的理由回击着来自废除论者阵营的攻击；废止死刑的国家，也肯定是采信的废止死刑的理由，并坚守着不得恢复死刑的立场。这实际上平等地赋予了保留论者与废止论者双方一种责任：如何让民众与当局接受保留死刑的理由，坚守保留死刑的立场，或者如何让民众与当局采信废止死刑的理由，转向废止死刑的立场。

苏力虽然主张对独生子女废止死刑，但是，其反对全面废止死刑，因而要让民众与当局接受保留死刑的理由，坚守保留死刑的立场。所以，他一方面以很难得有的逻辑杀伤力对废止论的理由予以反击，试图证明废止论的理由的不成立；另一方面又根据经验而提出民意反对废止死刑，以图利用民意将废止论陷于人民群众的汪洋大海之中，让废止论者要么在民意面前望而却步要么被民

---

① 大量研究表明，死刑与遏制犯罪的关联不大。例见：Thorsten Sellin, The Penalty of Death, London：Sage Publication, 1980, pp. 157 - 179；W. J. Bower and L. R. Pierce, "Deterrence or Brutalization：What Is the Effect of Execution?", Crime and Delinquency, Vol. 26, pp. 453 - 458。在 2004 年于湘潭大学举行的"死刑的正当程序学术研讨会"上，陈兴良教授认为，应该由废止论者承担证明死刑不能有效地遏制很多犯罪的责任。而我则认为，应当由死刑保留论者承担证明死刑具有大于终身监禁等次严厉的刑罚的遏制犯罪的作用的责任，如果保留论者承担不了这种责任，则其证明不了死刑是遏制犯罪所必要的。参见邱兴隆：《死刑断想》，载《法学评论》2004 年第 5 期。

② 一切反对死刑的视角都是支持死刑的视角，是作为保留论者的陈忠林教授在 2003 年于湘潭大学举行的"死刑问题国际研讨会"上的一个发言中首先提出的。而一切赞成死刑的视角都是反对死刑的视角，则是作为废止论者的我为回应陈忠林教授的这一命题而在本次会议的发言中提出的。

众的唾沫所淹死，将废止死刑的呼声阻隔在当局之外。

　　我是废除论者。我有责任让民众与当局采信废止死刑的理由，转向废止死刑的立场。事实上，自提出废止死刑的命题以来，我一直在履行这一责任，尽管我不一定以书面的文字作为履责的方式。① 因此，尽管苏力所归纳的 5 点废止死刑的理由与我无关，但是其肯定与废止死刑的立场有关。我当然，也有义务对苏力的反驳予以回击——我没有奢望说服苏力转向废止死刑的阵营，因为我知道一个成熟的学者不会轻易为他人的说服所左右而放弃自己的立场，② 我只是想再次证明前面所述的命题，即任何保留死刑的任何视角都是废止死刑的视角。

　　我没有立足过废止死刑的历史潮流来主张废止死刑，但是，我很乐意承认废止死刑是一个历史的潮流。苏力说，没有人看到过这一个历史的潮流。但是，我想告诉苏力的是，我看到了死刑由盛到衰的历史，我看到了以执行方式的不同划定死刑的等级的复杂的死刑在近世的消亡，我也看到了死刑由大面积的适用到限于小范围的适用的转变，我更看到当代国际社会凫趋雀跃般的对死刑的废止——无死刑的欧洲即是明证。相反，尽管我也看到了个别国家在废止死刑之后又恢复了死刑，③ 但是，我知道这是异例。因为绝大多数国家在废止死刑后没有再让死刑死灰复燃。我不知道，如果这不是潮流，还有什么可以称为潮流。我倒是认为，问题不在于我们是否承认废止死刑是一种潮流，而在于我们是否要顺应这一潮流。苏力完全可以不随波逐流，而自外于这一潮流，但是其无权剥夺我投身这一潮流的话语权，更无权扼杀我甘当弄潮儿的勇气。苏力可以固守既存的都是合理的之命题，为中国的死刑自外于废止死刑的潮流找寻理由，我也可以坚守只有合理的才应该成为既存的之信念，为中国投身于废止死刑的潮流奠基铺路。这才是学术自由，这才是大路朝天，各走一边！苏力有自外于废止死刑的潮流之外的权利，但是，我也有我投身废止死刑的潮流的自由。我们可以井水不犯河水，但是我不允许你用你的河水来污染我的井水！

　　我枚举过许多国家废止了死刑，而且，我一直关注又有哪些国家在加入废止死刑之列。但是，苏力误读了我。我没有也不会那么简单地认为，外国的月亮比中国的圆，因此，我没有也不会那么浅薄地认为，因为许多外国废止了死

---

　　① 除以论文的方式论证废止死刑的必要性之外，我更多的是以学术讲座与死刑案件辩护的方式来呼吁废止死刑。

　　② 如：苏力的奸淫幼女不需以明知为必要的言说，虽然遭到了刑法学界几代学人的集团轰炸，但是其并未放弃这一言说。

　　③ 如：1993 年，菲律宾国会通过恢复死刑法案，但其于 1994 年 1 月恢复了死刑。

刑，中国就要废止死刑。我只是想探寻外国废止死刑的原因与经验何在，其能不能给我以某些启示，能不能为中国保留或废止死刑提供某种借鉴。换言之，我想揭示，外国人与中国人之间，是否有某种可以通约的理性，而这种可以通约的理性，如：人权、人道与生命神圣，是否允许我们在死刑问题上持与废止立场截然相反的立场？我不会是因为西方人穿西装而穿西装，也不会因为中国人穿长袍马褂而穿长袍马褂，我穿西装是因为我觉得西装庄重，我穿长袍马褂是因为我尊重中国服装文化！

我引证过贝卡里亚的一些言辞，如同苏力经常引证波斯纳一般，尽管我并不认为贝卡里亚废止死刑的言论句句是真理。在我赞成贝卡里亚的观点的时候，我引证他，是基于对前人的思想与贡献的尊重，不敢贪天之功为己功，至少，基于基本的学术规范，我也应该如此做。更为重要的是，我不是为引证而引证，更不是在为了表明贝卡里亚说过的都是对的之意义上予以引证，我甚至不是为了引证贝卡里亚的言辞，而是这些言辞所表达的真理！我也会引证苏力，就在本文中，我也一直在引证苏力。我赞成贝卡里亚的观点，所以我引证贝卡里亚，我反对苏力的言说，所以我也要引证苏力。这是我的自由，苏力无权指责我只引证贝卡里亚来支持死刑的废止，而不引证苏力保留死刑的言说，因为我从苏力的言说中无法发现废止死刑的哪怕是一丝的启迪。当然，苏力更无权要求我只引证他保留死刑的言说而不引证贝卡里亚废止死刑的言说。因为我根本就不主张保留死刑。要引证苏力，也只会在批判他的言说时才予以引证。

苏力认为，死刑肯定不能震慑全部暴力犯罪，甚至不能震慑许多非暴力犯罪，这不是废止死刑的理由，任何刑罚都无法做到这一切。我不知道苏力听哪位废止论者如是说过，至少我没有说过，而且，我也没有听到或者看到过任何一位废止论者如此说过。也许这又是我孤陋寡闻。因此，我有足够的理由认为，苏力所针对的是他的假想敌，而不是我以及我所知道的任何废止死刑论者。我甚至不同意有些废止论者关于死刑没有威吓力的主张，因为我认为，喜生恶死是人之本能，只要有死刑存在，就有人会因为怕死而不犯罪。我只是说，死刑究竟有多大威吓力，尤其是相对于次严厉的刑罚，它的威吓力会更大多少，即其边际效益有多大，是无法证明的。而在无法证明的情况下，以死刑能比次严厉的刑罚具有更大的威吓力作为证明死刑存在的根据或者理由，是难以令人接受的。眼见为实！我看到的是国家从来就没有停止杀人，但是我却看不到国家通过杀人遏制了多少人杀人或者挽救了多少人的生命，我不得不要求国家证明其通过杀人挽救了多少人的生命。一旦国家担当不起这一证明责任，我就完全有理由要求国家停止以杀人所做的赌博。①

不错，吃饭还可能噎死人，人类不能因此而禁止吃饭。但是，吸毒可能要人命，人类应该禁止吸毒。因为吃饭是人类生存的需要，人是铁，饭是钢，一顿不吃饿得慌，十天不吃死光光。而吸毒不是维持人的生命所必需的，因此，我们为维持生命应该禁止有害于生命的吸毒。苏力用吃饭还可能噎死人来指责以死刑可能错判作为废止死刑的理由的荒谬，显然又犯了一个逻辑错误：人类不吃饭就会死亡，这是不需证明的经验！所以不能因噎废食。但是，人类没有死刑未必就不能生存，甚至不等于不能一样好地生存。中国唐代有过废止死刑的尝试，而唐人一样无恙地生存着；② 日本历史上有过 347 年无死刑的奇迹，而在这 347 年，日本人并非是奇迹才存活了下来；③ 世界上那么多国家与地区废止了死刑，那里的民众也没有成天生活于暴力犯罪的恐怖之中，他们同样衣食劳作，休闲享乐。苏力如果认为没有死刑的话，中国人就无法生存，那他必须承担这样的证明责任。

至于民意，我不认为是一成不变的，更不是不可引导的。我甚至认为，如果苏力能让民众"大致接受"他的独生子女免死论，我就敢说，我可以让民众"基本接受"我的死刑废止论。中国共产党人可以用"打土豪，分田地"6个字鼓动民众推翻一个旧政权，而建立一个新政权，中国人可以通过改革开放而抛弃计划经济体制，重建一个深得人心的市场经济社会，中国政府可以通过将计划生育作为基本国策而说服（也许还有降服！）其习惯并坚守着多子多福传统的民众只生一个孩子，我就不信只要其愿意，同一个政府就不能以生命神圣的理念引导民意，使生命的价值通过废止死刑而得到升华。

我不是精英，我也不是不相信民众。然而，我也不愿意当民众的尾巴，更不想当民意的应声虫。因此，在我相信民众、认同民意之前，我会慎重的审视，理性的分析，因为我思故我在，反过来说也是一样，因为我在故我思——我必须有我独立的人格与学格。毕竟，我就是我，不是你与他。当然，苏力也完全可以不为我的固执所动地同样固执地说，苏力就是苏力，我有我的逻辑！我是苏力，我怕谁！

---

① 参见邱兴隆：《死刑的效益之维》，载《法学家》2003 年第 2 期。

② 唐玄宗"承大道之训，务好生之德"，于天宝六年下诏："自今以后，所断绞、斩刑者宜除削此条。"参见沈家本：《历代刑法考》（三），中华书局 1985 年版，第 947 页。

③ 参见［日］森川哲郎：《日本死刑史》，文艺社昭和 53 年版，第 34—35 页。

六、独生子女：废止死刑还有话要说

与苏力不同，我不主张基于对独生子女亲属的同情而单列独生子女作为免死的对象。但是，我认为，在死刑存废之争中，基于独生子女的考量，完全可以增加全面废止死刑的分量，至少可以增加死刑废止论的感染力，扩大其受众，使更多的民众加入到支持至少是同情废止死刑的行列中来。

人口学界已成定论的是，由于独生子女在家庭中所处的地位特殊，容易养成其性格上的特异性。独生子女集父母、祖父母与外祖父母的爱于一身，导致来自多方面的溺爱与娇宠，而这容易使独生子女变得自私。同时，独生子女早期难养成尊重长辈、遵守纪律的自觉性，进入社会后又不易养成与人协同合作精神。因此，独生子女普遍以自我为中心，并缺乏承受挫折的能力。如此等等，易于导致犯罪。事实上，当下许多罪案，都打上了独生子女心理偏异的烙印。药家鑫为掩饰自己的过失不惜杀人灭口，乱刀捅死一个鲜活的生命，可以说是极端自我中心的适例。而在杀人案中占有较大比例的因失恋或感情纠纷而杀人，则为独生子女缺乏承受挫折的能力做了最好的注脚。

尽管独生子女犯罪是其自由意志的结果，心理偏异不构成对其免责的理由，但是，我们是不是该反省一下促成其犯罪的心理偏异的原因何在？父母、祖父母与外祖父母的溺爱与娇宠以及独生子女自身的修养固然是重要原因，但是，我们的国家与社会，在推行独生子女政策的同时，是不是要对独生子女的心理偏异承担相当的责任？毕竟，无论是独生子女的长辈还是独生子女本人，都不愿意独生子女形成心理偏异。相反，心理偏异在一定程度上，是独生子女的长辈以及独生子女自身被迫接受的现实，甚至可以说是他们为服从独生子女政策而做出的牺牲。既然心理偏异与独生子女政策的施行难脱干系，而心理偏异又构成独生子女犯罪的重要原因，那么，国家与社会是不是也应对独生子女的犯罪承担相应的责任？

其实，独生子女政策的推行，不只是导致了以上心理偏异，而且还带来了许多社会问题。最明显的是，独生子女政策造成中国"四二一"（四名祖父母与二名父母皆由一名独生子女扶养）扭曲型家庭结构，让年轻夫妇背负沉重的扶养负担，以及男女性别比的失衡。而前者容易导致独生子女基于生存而铤而走险地实施基于贪利动机的暴力犯罪，后者则会增加男性之间为争夺女性资源而犯罪的概率。在这一意义上，国家与社会也应对独生子女犯罪承担相应的责任。

不管国家与社会应对独生子女犯罪承担的责任有多大，也不管国家与社会应该如何分担独生子女犯罪的责任，只要承认国家与社会有如此这般的责任，

只要国家与社会愿意承担其责任，我们就应该对独生子女犯罪人表示出一定的同情与宽容。这一定的同情与宽容只有通过缓和对独生子女犯罪的刑罚，始可得到体现。相应地，独生子女免死也就成了必然的结论。因为只要将犯罪的独生子女处以极刑，就意味着国家与社会不愿意承担甚至不愿意承认其应该担当的这种责任。让独生子女独自承担本应由国家与社会分担的责任，显然是不公平的。

　　同样是基于独生子女政策的考虑，废止死刑还可以避免国家失去犯罪人亲属方面的人心。"四二一"的家庭结构，决定了死刑让独生子女的6位长辈断子绝孙，对于已婚的独生子女来说，还会让其配偶承受丧夫（妻）之痛，甚至还会让已生育的独生子女的后人痛失父（母）爱。不容忽视的是，这会在犯罪人的如此之多的亲人中培植一种仇恨——对国家以及国家的法律的仇恨，进而使国家与法律丧失在这部分人中的人心。一旦对独生子女免死，其亲属们只会对国家与法律感恩戴德，此等仇恨可以避免，国家与法律不但不会丧失而且只会深得这部分人的人心。

　　独生子女免死？岂不是与苏力不谋而合或者殊途同归？不！独生子女免死只是我的一个暂时的结论，而不是最终的结论。因为我知道，而且前文已反复强调，独生子女免死行不通。我只是想借用独生子女免死这一过渡性的结论来支撑我的全面废止死刑的终极性的结论。换言之，只有在全面废止死刑的前提下，才有可能做到独生子女免死。因为只有在全面废除死刑的情况下，独生子女免死论所不可避免地会导致的人与人的不平等待遇——对非独生子女的歧视以及对农民与少数民族的歧视——等问题始可得到避免。

　　其实，因要对独生子女免死而全面废止死刑，使非独生子女也"沾光"免死的理由，与政策允许的非独生子女作为独生子女政策的例外而出生的理由是一致的。原因很简单，无论国家是基于什么理由让非独生子女作为独生子女政策的例外出生，也就有理由让非独生子女作为独生子女免死政策的例外而免死。从这个意义上说，非独生子女"沾光"免死，源于其"沾光"的出生。因此，在全面废止死刑后，真正沾了独生子女免死的光的只有少数非政策允许而出生的非独生子女。所以，我的终极性结论即全面废止死刑，与苏力的独生子女免死论在导致死刑的消亡方面的效果未必反差很大。

　　当然，我还应该再做一交代：即使我的独生子女免死这一过渡性的结论，也出自与苏力完全不同的前提。苏力的独生子女免死论立足的是对独生子女亲属的同情，而这违背了只有犯罪与犯罪人才是刑法的评价对象的刑法学常识。我的独生子女免死这一过渡性的结论，则出自基于对犯罪的原因的分析而对独生子女罪犯本身的同情与宽容，既有犯罪社会学上的根据，也吻合了只有犯罪与犯罪人才是刑法评价对象的原理。因此，苏力因为其前提不成立而无法使其独生子女免死论得到至少是刑法学人的认同，而我的独生子女免死的过渡性结论，则因前提完全成立而至少是刑法学人可以认同的。至于我由这一过渡性的结论引申出的全面废止死刑的结论，我想，只要国家勇于承担其应该承担的责任，只要人们意识到了国家对独生子女犯罪有责任而且应该与独生子女分担这一责任，就应该不只是刑法学人，而且还包括国家与民众都可以认同的结论。

我于世界之交的 2000 年基于自己的学术良心首次提出中国应全面废止死刑。① 此后的 10 余年，中国出现了许多与死刑相关的重大法律事件，药家鑫案即属其中之一。此类重大事件的发生以及学界与民众对它们的关注，都在不同程度地推进着中国的法制改革。孙志刚事件的发生，敲响了收容遣返制度的丧钟；杜培武、李化伟、佘祥林等死刑错案的被相继踢爆，不但促成了死刑复核权的回收，还催生了死刑证据规则与非法证据排除规则；刘涌被再审改判死刑立即执行以及李昌奎被撤销生效的死缓判决而改判死刑立即执行，引发了人们对中国式的实事求是的再审制度的反思，形成了修改刑事诉讼法引入一事不再理原则的动念。② 这无疑是可喜的，但是，同时也是可悲的。因为几成经验性的结论是：中国法制尤其是刑事法制的任何些微的改革，都得付出自由乃至生命的代价。

药家鑫死了，死的轰轰烈烈！基于经验，我认为他不会白死，因为他引发了苏力关于独生子女免死的言说，让苏力为废止死刑做出了他的贡献——尽管其言说在我看来是不成立的，但是它进一步引发了我关于独生子女与全面废止死刑的关联的思考。假如有一天，中国真的如苏力所愿地实现了独生子女免死，或者如我所愿地基于独生子女的国情而全面废止了死刑，我想，人们会记住这其中包含苏力与我的共同贡献。当然，人们更不应该忘记，这是药家鑫用他的生命做出的贡献！

① 我最先是应陈兴良教授的邀请在北京大学所做的题为《死刑的德性》的讲座中论证了死刑在道德上的正当性无法得到证明，并得出了应当废止死刑的结论。该讲座经录音整理后，收入陈兴良教授主编的《法治的使命》（法律出版社 2003 年版）与我主编的《比较刑法》（第一卷·死刑专号）出版。

② 参见邱兴隆：《死刑的程序之维》，载《现代法学》2004 年第 4 期；黄京平、彭辅顺：《论一事不再理原则与我国的死刑案件再审》，载《现代法学》2004 年第 4 期；昌智伟：《探析我国刑诉法对"一事不再理"原则的移植》，载 http://www.criminallaw.com.cn/article/default.asp? id = 4766，最后访问 2011 年 8 月 10 日。

有利被告的定位

邢馨宇[*]

"有利被告"一语虽已为人所熟知，但是，在西方，关于有利被告的适用范围，即其作为一条原则究竟在哪些场合具有约束力，尚未达成共识。而在国内，关于有利被告的含义与适用范围，也各说不一。有鉴于此，有必要自历史到现实对有利被告的适用范围作一系统的梳理，给其以应有的定位。

一、有利被告的历史定位

在西方，关于有利被告的表述多种多样，仅在英文中，与中文中的有利被告相近的短语就不下数种。如：do benefit to the defendant、in favor of the accused、give the accused the benefit of doubt 等。但是，出现频率最高的表述当属"in dubio pro reo"。同样，国内学界近年有关有利被告的研究，也往往是从对"in dubio pro reo"的含义的解析入手，有关有利被告的论争，也往往是围绕"in dubio pro reo"的适用范围而展开的。由此看来，"in dubio pro reo"与有利被告有着"剪不断，理还乱"的纠葛。因此，从历史的角度对"in dubio pro reo"的定位做一番考察，对于正确认识有利被告在刑事法中的地位，应该不无裨益。

（一）in dubio pro reo 在希腊悲剧中的定位

尽管在制度层面上，"in dubio pro reo"起源于罗马法，是不争的事实，但是，从思想渊源来说，其源头似应回溯到此前的希腊时代。[①] 德国学者奥特弗里德·赫费（Otfrid Hoffe）从希腊悲剧《奥瑞斯提亚》（Oresteia）中就 in

---

* 法学博士，湖南警察学院教师。

① 美国学者格林利夫（Greenleaf）将无罪推定追溯到《旧约·申命记》（Deuteronomy），他引用 Mascardius Do Probationibus 来表明，该原则实际上包含在古希腊的斯巴达与雅典的法律中。（Greenleaf, On Evidence, pt. 5, 29, note. ）基于后文将述及的"in dubio pro reo"之于无罪推定的伴生性，如果格林利夫的观点成立，则也可以推定"in dubio pro reo"同样应该包含在古希腊的斯巴达与雅典的法律中。

dubio pro reo 的起源所做的演绎，对于我们考察 in dubio pro reo 在历史上的定位，不无启发。

古希腊悲剧之父埃斯库罗斯（Aeschylus）根据在古希腊广为流传的传说《对阿特柔斯家族的诅咒》（The Curse on the House of Atreus）于公元前 458 年编写了悲剧《俄瑞斯忒亚》三部曲。① 根据剧情，阿戈斯（Argos）的统治者阿伽门农（Agamemnon）自特洛伊（Trojan）凯旋回到阿戈斯后，被其妻子克吕泰涅斯特拉（Clytemnestra）在奸夫埃葵斯托斯（Aegisthus）的帮助下杀害。阿伽门农年幼的儿子俄瑞斯忒斯（Eurystheus）被流放。俄瑞斯忒斯成年后，太阳神阿波罗（Apollo）的代言人在特尔斐（Delphi）指示他对谋杀其父者复仇。于是，俄瑞斯忒斯潜回阿戈斯，杀死了克吕泰涅斯特拉与埃葵斯托斯。俄瑞斯忒斯被复仇三女神（Furies）追踪而逃亡到了特尔斐。复仇三女神亦尾随而至。在这里，阿波罗命令俄瑞斯忒斯将自己交付智慧女神雅典娜（Athena）。雅典娜随即在阿瑞斯山主持了一场审判，被告即是俄瑞斯忒斯，控方为复仇三女神，辩护人则是阿波罗。雅典娜指示众判官就俄瑞斯忒斯是否有罪予以投票，投票的结果为有罪与无罪的意见平分秋色。最终，雅典娜投下了其决定性的一票，宣告俄瑞斯忒斯无罪。

《俄瑞斯忒亚》三部曲描述了自原始的个人复仇进化到文明司法的运动。赫费透过该剧剧情，揭示了新旧两种法律的冲突，即"按照由复仇三女神所代表的旧的母系法与血缘法，弑母是一项绝对的禁忌。而根据由阿波罗所代表的新法，即平等法（也许带有重男轻女的意味），即使是母亲，也应因其犯罪而受到严惩"。在雅典娜的法庭上，之所以出现了投票的势均力敌，正是因为在旧法与新法之间，判官们各持一端。而雅典娜之所以投票支持俄瑞斯忒斯，是因为他"并非明确地有罪"。鉴此，"雅典娜才提出并遵循了 in dubio pro reo 原则"。正是如此，赫费评论道，"人性为全球化的世界解读了《俄瑞斯忒亚》，其可以给世界以四点启示。它可以指出，根本的冲突不是简单的诊断（俄瑞斯忒斯有罪）或者简单的治疗（他因此应该受到惩罚）可以解决的。它还表明，根本的冲突不只是存在于而且还起源于两种不同的文化之中。而且，它揭示了这样的冲突不能由争议的当事人之一而只能由某一第三人来判断与决定。它还表明了所有其他人必须使自己服从于这一第三人，即一个（国际）

---

① 分别为《阿伽门农》、《莫酒者》与《复仇女神》（又译《善好者》），均于公元前 458 年上演。

刑事法庭。最后但并非不重要的是，它表明 in dubio pro reo 必须被遵守"。①

假如赫费就希腊悲剧与 in dubio pro reo 的源起所做的以上演绎可以成立，那么，我们必然得出 in dubio pro reo 诞生于规范冲突之中的结论。因为在雅典娜所审理的俄瑞斯忒斯弑母案中，不存在对证据与事实的异议或怀疑，所存在的疑问仅仅在于在作为母系法的旧法与作为平等法的新法之间如何取舍。在这里，in dubio pro reo 显然是作为指导新旧法律的取舍的原则而存在。正是如此，从其诞生的原因来看，in dubio pro reo 意义上的有利被告，应该定位为解决规范冲突的一条实体法原则。

（二）in dubio pro reo 在罗马法中的定位

尽管没有确切的史料表明，罗马法与希腊文明之间存在着承续关系，但是，鉴于公元前 2 世纪，希腊自归罗马统治，即成为整个西方文明的精神源泉，因此，学界始有"希腊人在接受罗马武力征服的同时，以其文明征服了罗马"之说。② 相应地，兴盛时期的罗马法中存在着与希腊悲剧所揭示的有利被告相似的内容，也就顺理成章。

德国学者卡尔·弗里德里希·施杜肯伯格（Carl－Friedrich Stuckenberg）指出，"假如在适用无罪推定原则时，仅将其单纯的理解为 in dubio pro reo，那么一个个独立的摘要，尤其是最为著名的图拉真批示，就总是被引用来支持有关罗马法来源的观点。这些观点要么表达了关于怀疑，要么建议在刑事案件当中首先采用量刑更为轻微的法律条文，或坚持将准确的证据视为判决的基础"。③ 联系到图拉真执政于罗马征服希腊近 300 年之后因而完全有可能吸纳了希腊悲剧所反映的 in dubio pro reo 之精神，结合有据可查的图拉真的相关批示，不难得出施杜肯伯格关于 in dubio pro reo 在罗马法上的适用范围的论证不容置疑的结论。

根据《学说汇纂》第 50 卷的记载，存在疑问时，应该作出对被告有利的宽大解释，是罗马法所一再强调的规则。如："在存在疑问的所有案件中，最宽容的解释都应优先"；"在刑事案件中，较宽容的解释总应优先"；"在存在疑问的案件中，采用宽容的解释既安全又公正"。在这里，所谓疑问并非只限

---

① Otfrid Hoffe, The Liberal Studies in a Global World, in Philosophy of Education：An Anthology, edited by Randall R. Curren, Oxford：Blackwell Publishing（2007），p. 106.

② 邱兴隆：《刑罚理性评论——刑法的正当性反思》，中国政法大学出版社 1999 年版。

③ Carl－Friedrich Stuckenberg, Untersuchungen zur Unschuldsvermutung, Berlin：Walter de Gruyter（1998），p. 653.

于事实或证据存疑，而且，也包括法律存疑。① 正是如此，《学说汇纂》第 48 卷才有"在法律的解释中，刑罚应该缓和而不是严厉"的相应记载。② 在这一意义上说，施杜肯伯格关于在罗马法中 in dubio pro reo 包括"建议在刑事案件当中首先采用量刑更为轻微的法律条文"的论断是无可非议的。由此看来，在法律存疑时应该遵循 in dubio pro reo 原则，是罗马法与希腊精神一脉相承的立场。

但是，与希腊悲剧所反映的对单纯的法律冲突的解决不同，在罗马法中，in dubio pro reo 的触角已开始延伸到证据与事实方面的疑问，即如施杜肯伯格所言地通过"坚持将准确的证据视为判决的基础"而对程序刑法产生制约力。如："让所有原告明白，除非可以通过合适的言证或决定性的书证或者相当于不容置疑的证据而且比白昼更为明朗的间接证据的证明，其不应提出指控"。③

由上，可以就对 in dubio pro reo 的历史考察得出第二个结论，即至罗马法时期，in dubio pro reo 便已作为同等地解决事实存疑与法律存疑的原则而存在。换言之，自罗马法开始，in dubio pro reo 便构成程序与实体兼顾的一条综合性的刑事法律原则。

（三）in dubio pro reo 在教会法中的定位

美国学者詹姆斯·Q. 惠特曼（James Q Whitman）指出，"in dubio pro reo 这一格言，仍然是或多或少地直接从'更安全路径'教义中生成的另一条规则"。④ 因此，对 in dubio pro reo 作为原则的形成过程的考察，离不开对其与诞生于中世纪道德神学之中的"更安全路径"的关联分析。

公元 6 世纪，教皇格里高利大（Pope Gregory the Great）即确立了一条被后世广为引证的原则，即"在可疑的案件中，予以确信的判决，是一件严重而不恰当的事"。⑤ "该原则得到了 12 世纪末 13 世纪初锐意改革的有法律背景的教皇们以这样的方式的提升，这些方式会在英吉利海峡两岸对法律分析形成

---

① 转引自 Coffin v. U. S. , 156 U. S. 432（1895），载 http：//www. constitution. org/ussc/156 – 432. htm。

② 《学说汇纂》第 48 卷（罗马刑法）C. ，薛军译，中国政法大学出版社 2005 年版，第 339 页。

③ 转引自 Coffin v. U. S. , 156 U. S. 432（1895），载 http：//www. constitution. org/ussc/156 – 432. htm。

④ ames Q. Whitman, The Origins of Reasonable Doubt：theological roots of the criminal trial, New Haven：Yale University Press（2008），p. 123.

⑤ 转引自 James Q. Whitman, The Origins of Reasonable Doubt：theological roots of the criminal trial, New Haven：Yale University Press（2008），p. 202.

一代接一代的影响"，① 并由此衍生出了所谓"更安全路径"的教条。

在 12 世纪末期，教皇克勉三世（Clement Ⅲ）在涉及一位教士与一起有争议的意外死亡的一个决定中，首次提出了"更安全路径"的概念。当时，有一位教士想用其正常系着的腰带抽打他的一个家人。恰好他的刀子从系于其腰带上的刀鞘里掉了出来，脱落于他试图惩罚的家人的背上。其受伤的家人过了一段时间后，伤口愈合。但随后，家人因情况恶化而死亡。就此，引发出这样的疑问，即经历了如此致命的流血事件污染的该教士，是否不能再履行其圣礼职责。对这一问题的回答显然是令人疑虑的。克勉三世认为，"因为在存在疑问的案件中，我们必须选择更安全的路径，因此，宜于告诫该教士，别再涉足神圣的秩序，但在忏悔后，他应满足于主持次要的秩序"。② 由此可知，克勉三世所谓"更安全的路径"的教条，是指存疑时，应以适当的方式行事，以尽量减少对神圣秩序的污染的可能性。

数年后，该教条得到了律师教皇伊诺森特三世（Innocent Ⅲ）的重申，他提出了"更安全路径"教条的经典公式，即"存疑时必须选择更安全的路径"。③ 值得注意的是，伊诺森特三世绝非仅仅对"更安全路径"教条做了文字上的提炼，更重要的是，使该教条发生了有利被告的裂变。

在克勉三世那里，所谓"更安全的路径"旨在确保神圣秩序的纯洁性，而非真正对被告"更安全的路径"。而到了伊诺森特三世这里，"更安全的路径"演变成了使人的灵魂免遭危险的策略。伊诺森特三世之后的神学家们将判断分为四个级别的确信。关心自身灵魂救赎的基督教徒被责成寻求最高级别的确信。这一最高级别的确信被称为"道德确信"，位于其下的较低级别的其他三种确信依次分别为看法、猜疑与怀疑。而怀疑的表现形式多种多样，其中，"实际的怀疑"亦即对是否从事某一具体行为的怀疑，引发出特别紧迫的问题。"当人们尚未确定有关行为的对与错时即采取行动，便是从事一种本身即为恶的行为，并因而犯下一种道德罪恶"。④ 正是如此，伊诺森特三世的"更安全路径"规则才强力主张，"在实际的怀疑的情况下，必须采取更安全

① James Q. Whitman, The Origins of Reasonable Doubt: theological roots of the criminal trial, New Haven: Yale University Press (2008), p. 117.

② James Q. Whitman, The Origins of Reasonable Doubt: theological roots of the criminal trial, New Haven: Yale University Press (2008), p. 117.

③ 转引自 James Q. Whitman, The Origins of Reasonable Doubt: theological roots of the criminal trial, New Haven: Yale University Press (2008), p. 118。

④ James Q. Whitman, The Origins of Reasonable Doubt: theological roots of the criminal trial, New Haven: Yale University Press (2008), pp. 117 – 118.

的路径"。① 正如西方认识论史与科学史学者所表明的一样，关于怀疑的神学对西方认识论的形成举足轻重。相应地，道德神学论者关于确信的四个级别可以被认为"不只是代表着一种道德责任的等级，而且也代表着证明的等级"。② 由此，所谓"更安全路径"已退去其维护神圣秩序的纯洁性的原始含义，而转变成了一种道德要求。受此等教义支配的司法，在案件存疑时所采取的"更安全的路径"，当然是有利被告的路径。

在中世纪的教会法中，in dubio pro reo 主要是作为解决事实存疑的规则而存在。这从有关教会法的如下记载中，可以得到印证：早在公元 3 世纪，教皇西斯笃二世（Pope Sixtus II）在其关于处理谴责罪人时的棘手问题的一封信中宣布，上帝是唯一总可做出可靠判断者，而人类则不然。当人类遭遇不可靠的指控时，除非根据足以产生确信的证据，其不得谴责被告人。③ 公元 6 世纪，前引教皇格里高利大宣布，"声称确实的决定不解决可疑的问题"；公元 11 世纪的法国著名主教与教会法学家沙特尔的伊沃（Ivo of Chartres④）指出，"未经可靠的证据证实之事是不可信的"。⑤ 由此所得出的结论是，虽然某些东西可能是真的的，但是，除非经可靠的证据证实，不应得到法官的相信。⑥ 因此，12 世纪的教会法学家胡古奇诺（Huguccio）就刑事诉讼问题做了如下分析："可疑的问题"是"未经证言或书证或诸如口供之类的证据证实"的问题。⑦ 在这里，所谓怀疑，显然只针对事实，而似乎与法律上的存疑无关。

然而，至 18 世纪末 19 世纪初，在教会法中，in dubio pro reo 的功能似乎已不再局限于解决事实的存疑，而是已扩展到对法律上的疑问的解决。因为根据自 18 世纪末至 19 世纪初被作为牧师的指南而广泛运用的一部法文版的《良心词典》，"在每一存疑的案件中，人们的救赎都处于危险之中，人们都必须

---

① 例如 Enciclopedia Cattolica（Città del Vaticano，1950），4：col. 1945（s. v "dubbio"）。

② James Q. Whitman, The Origins of Reasonable Doubt: theological roots of the criminal trial, New Haven: Yale University Press (2008), p. 117.

③ James Q. Whitman, The Origins of Reasonable Doubt: theological roots of the criminal trial, New Haven: Yale University Press (2008), p. 118.

④ Chartres，法国北部城市，位于巴黎的西南方，其 13 世纪的大教堂是哥特式建筑的杰作，以彩色的玻璃和不对称的塔尖而闻名。

⑤ James Q. Whitman, The Origins of Reasonable Doubt: theological roots of the criminal trial, New Haven: Yale University Press (2008), p. 118.

⑥ Decreti Pars Secunda, C. 11, q. 3 c. 74.

⑦ James Q. Whitman, The Origins of Reasonable Doubt: theological roots of the criminal trial, New Haven: Yale University Press (2008), p. 119.

总如伊诺森特三世所言，走更安全的路径。有疑问的法官，必须拒绝判决，而无论疑问是与人、法律还是事实有关"。① 在这里，in dubio pro reo 对与法律有关的疑问显然未再保持沉默，而是有所作为。

由上可见，源于道德神学之中的"更安全路径"教义的 in dubio pro reo，在教会法中，尽管一开始主要是作为解决事实存疑的原则而存在，但是，后来已被发展成对事实与法律存疑均具有适用力的一条原则。由此，我们可以 in dubio pro reo 的历史考察得出的第三个结论，即在教会法中，in dubio pro reo 是一条同时适用于事实与法律存疑但偏重于解决事实存疑的刑事法律原则。

二、in dubio pro reo 的当代西方定位之争

关于 in dubio pro reo，现今西方学界对其的界定几乎千篇一律，充其量只是大同小异。相应地，"如果对有罪存在疑问，判决必须有利于被告"，被视为对 in dubio pro reo 的经典解释。然而，在这种表面一致的界定背后，隐含着种种纷争。正是这些纷争的存在，使 in dubio pro reo 作为刑事法律原则的定位成为当代西方学界一个尚难达成共识的问题。

（一）in dubio pro reo 的广、狭之争

in dubio pro reo 以"存疑（in dubio, in doubt）"为首要关键词。如何理解"存疑"中的"疑"，也就成为把握该原则的关键。正是基于对"疑"的不同理解，在当代西方产生了 in dubio pro reo 广、狭二义之争。

所谓存疑，当指案件存在疑问，这是不争的定论。问题在于，这里所称的疑问，是单指对案件事实所存在的疑问，即因为证据不足、事实不清以致对被告人是否有罪所生的疑问，还是同时包括对据以认定被告有罪的法律存在疑问，即因为法律规定不明、适应困难以致对被告的行为是否符合法律的相应规定所生的疑问。对这一问题的不同回答，构成 in dubio pro reo 广、狭之分的分水岭。狭义的 in dubio pro reo 论者，认为该原则只适用于事实存疑，与法律疑问无关。而广义的 in dubio pro reo 论者则认为，事实之疑与法律之疑，均属存疑，都需作出有利被告的选择，in dubio pro reo 理当同时适用。

狭义的 in dubio pro reo，在时下大陆法系国家不乏其主张者，尤以德国为甚。德国联邦最高法院曾以判例的形式表达了对广义 in dubio pro reo 的排斥。其明确指出，"in dubio pro reo 原则只与事实的认定有关，而不适用于法律之解释"。所谓不适用于法律之解释，如德国学者罗科信所言，便是"不适用于

---

① Collet, Abrégé du Dictionnaire des Cas de Conscience de M. Pontas, Paris : Libraires Associés, 1767, 1 : 467 – 468.

对法律疑问之澄清”,“当法律问题有争议时,依一般的法律解释之原则应对被告为不利之决定时,法院亦应从此见解”。① 因此,狭义论在德国系主流观点。狭义论也为部分法国学者所主张。如:埃赛义德认为,尽管当法律上出现不能排除的模棱两可的规定时例外情况下可能会导致无罪判决,但有利被告原则仅限于在事实上出现疑问时才能适用。②

然而,广义的 in dubio pro reo,在今天的西方更为流行。法国学者斯特法尼即是广义论的典型代表。他明确指出,在法律有“疑问”的情况下,如法官借助一般的法律解释方法仍未能找到法律的真正意义,即“如果疑问依然存在,法官则应当作出有利于被告的解释”。③ 而前南斯拉夫问题国际刑事法庭助理法官 Guéna? l Mettraux 更是旗帜鲜明地主张,“在对法律的解释存在疑问的场合,疑问的解决应该有利于被告 (in dubio pro reo)”。④ 尽管在英美学者看来,in dubio pro reo 只是大陆法系特有的原则,但是,美国最高法院所主张的对刑法的从宽解释原则,实际上与广义的 in dubio pro reo 关于刑法存疑时应做有利被告的解释的主张不谋而合。正是如此,持广义说者,在美国也大有人在。如:美国最高法院在“亚当斯抢险公司诉美国”(Adams Wrecking Co. v. United States)案中明确指出,“在刑事制定法中存在模糊的场合,疑问的解决应该有利于被告”。⑤⑥ 深受英美法影响的菲律宾法官们,同样习惯于把从宽解释视为 in dubio pro reo 的有机组成部分。如:在“菲律宾人民诉贝瑟·坦姆珀雷达”(PEOPLE OF THE PHILIPPINES versus BETH TEMPORADA)案中,法官科罗纳认为,“适用与解释刑法的基本原则,是要以有利被告的方式解决所有疑问,即 in dubio pro reo,亦即规则在存疑时支持被告”,而“in du-

① [德]克劳思·罗科信:《刑事诉讼法》,吴丽琪译,法律出版社2003年版,第128页。

② ESSAID, La presomption d'innocence, Nr. 42 S. 294ff.

③ [法]卡斯东·斯特法尼等:《法国刑法总论精义》,罗结珍译,中国政法大学出版社1998年版,第140页。

④ International Tribunal for the Prosecution of Persons Responsible for Serious Violations of International Humanitarian Law Committed in the Territory of the Former Yugoslavia since 1991, http://secnet069. un. org/ x/cases/limaj/acjug/en/Lima – Jug – 070927. pdf.

⑤ 27 Adams Wrecking Co. v. United States, 434 U. S. 275, 284 – 285 (1978); 又见 George P. Fletcher and Jens David Ohlin, "Reclaiming Fundamental Principles of Criminal Law in the Darfur Case", JICJ 3 (2005) 539, at 552。

⑥ 28 Guéna l Mettraux, International Crimes and the ad hoc Tribunals (Oxford, 2005), p. 226。

bio pro reo 与从宽解释纠缠不清"。①

　　关于 in dubio pro reo 的广、狭对立，在当代西方是如此明显，以至于同一国际法庭对于不同的案件，所持的是不同的主张，甚至于不同法官针对同一案件，也往往持完全相反的意见。如：在卢旺达国际刑事法庭在 1998 年对 Delali 的判决中，就 in dubio pro reo 所持的是广义说，明确主张，"对刑事制定法的严格解释的效果在于，模棱两可的措辞或模糊的语句使其含义留下了合理怀疑，而解释的准则解决不了问题的场合，疑问之益应该赋予公民而不是未能对自身作出解释的立法者。这便是为何模糊的刑事制定法应被作出反对立法者的解释的原因所在"。② 然而，在仅仅 5 年后的 Staki 案中，该法庭又认为，in dubio pro reo "原则应该适用于对事实的裁决而不适用于对法律的裁决"。③ 显然，法庭在前例中所持的是广义说，而在后例中则持的狭义说。在该法庭于 2007 年对利马杰、巴拉穆尔和特穆斯的审判中，沙哈布丁法官与 Schomburg 法官围绕 in dubio pro reo 之争，同样反映了广狭二说的针锋相对。在该案中，Shahabuddeen 法官力主"in dubio pro reo 原则同时适用于法律与事实问题"，而 Schomburg 则坚持"in dubio pro reo 原则只适用于事实问题"。④

　　关于 in dubio pro reo 的广、狭之争必然引发对该原则的不同定位。持狭义论者，因为将 in dubio pro reo 的适用范围仅限于事实存疑，势必将 in dubio pro reo 定位为一条单纯的刑事诉讼法原则。而持广义论者，则因将事实与法律存疑均纳入了 in dubio pro reo 的适用范围，而理所当然地把其定位为程序与实体兼顾的一条综合性的刑事法原则。

　　（二）in dubio pro reo 在刑事诉讼法中的定位之争

　　无论是广义说还是狭义说，在肯定 in dubio pro reo 是刑事诉讼法中的一条原则这一点上，是完全一致的。然而，关于该原则在刑事诉讼法中的地位，具体说来，关于其与无罪推定原则的关系、其究竟是作为证据规则还是作为证明的标准而存在以及其在哪些具体问题上适用等，当今西方学界同样众说不一。

---

① http://sc.judiciary.gov.ph/jurisprudence/2008/december2008/173473 - corona.htm.

② IT - 96 - 21 - T, 16 November 1998, para. 413.

③ IT - 97 - 24 - T, 31 July 2003, para. 416.

④ International Tribunal for the Prosecution of Persons Responsible for Serious Violations of International Humanitarian Law Committed in the Territory of the Former Yugoslavia since 1991, http://secnet069.un.org/x/cases/limaj/acjug/en/Lima - Jug - 070927.pdf.

1. in dubio pro reo 与无罪推定的关系

德国学者 Stuckenberg 指出，在法国，"对无罪推定与 in dubio pro reo 的关系的认识不一"。① 事实上，法国学界的这种认识不一，只不过是整个西方学界认识分歧的缩影。在这种分歧的背后，隐含的争议是，in dubio pro reo 是否具有独立于无罪推定而存在的意义。

在德国，正如 Stuckenberg 指出的一样，关于对无罪推定与 in dubio pro reo 的关系的认识，经历了由等同说到包容说的演变。即是说，"在以往的观点当中，将无罪推定和怀疑法则等同视为举证责任的规则。此外，现在怀疑法则又多被视作无罪推定的核心内容"② 将两者等同看待的观点之所以曾经盛行，是因为无罪推定并不见诸德国宪法或刑事诉讼法的规定之中。无罪推定也好，in dubio pro reo 也罢，都只不过是从《德国刑事诉讼法》第 261 条的规定中得出的推论。两者的这种同源性，决定了对其的区分意义不大。如：罗科信所著《刑事诉讼法》一书，只字未提无罪推定，而只是将 in dubio pro reo 作为一条证据原则予以阐述。③ 在这里，罗科信并非是不承认无罪推定原则，而只是认为 in dubio pro reo 只不过是无罪推定的翻版，在既已论及 in dubio pro reo 的前提下，没有必要多余地重复论述无罪推定原则。而随着欧洲一体化的兴起，《欧洲人权公约》第 6 条所确立的无罪推定原则，对德国的刑事法制产生了约束力。这样，德国学界不得不在传统的 in dubio pro reo 原则之外，承认无罪推定的独立意义。将 in dubio pro reo 视为无罪推定的核心内容的观点也就应运而生。如：海尔曼认为，无罪推定并非没有独立于 in dubio pro reo 之外而存在的意义，相反，后者只不过是从前者推出的结论。④

在法国，与德国不同，基于无罪推定是宪法所确认的原则，有关 in dubio pro reo 的谈论，只有在肯定无罪推定作为独立的原则的前提下进行。因此，法国的主流观点始终是，无罪推定与 in dubio pro reo 是虽有联系但互相独立的两条原则。法国学者托里斯就无罪推定与 in dubio pro reo 所做的如下区分，也许可被视为法国主流观点的代表："有利被告原则与存在的未知事实相联系，规定有利于被告的判决结果。但判决结果允许对于已经确定的无罪的不同的判

---

① Carl – Friedrich Stuckenberg ， Untersuchungen zur Unschuldsvermutung, Walter de Gruyter, 1998, 174.

② Carl – Friedrich Stuckenberg ， Untersuchungen zur Unschuldsvermutung, Walter de Gruyter, 1998, 98.

③ ［德］克劳思·罗科信：《刑事诉讼法》，吴丽琪译，法律出版社 2003 年版，第 125—128 页。

④ Uwe Hellmann, Strafprozessrecht, Springer, 2005, 284.

定方式以及惯用方法的差异以及未被证明的罪过。与此相反，无罪推论作为一个相对真实，本身就排斥疑问的。法官从无罪过的事实出发，这种事实只能通过有罪过的确定来推翻，否则就按照无罪过来处理。在证明评价的结果中出现罪过上的疑问是不可能的。第二个区别在于，有利被告原则只存在于法官主观心理上对于在罪过判定中主张的事实有疑问时才能适用，而无罪推论在所有情况下都可以适用，只要是在法律的证明过程中有对于未被重视的前提的疑问，甚至是即使有法官的推理说明也是如此"。① 在这里，托里斯指出了无罪推定与 in dubio pro reo 的两大主要区别，其一，前者是根据已知的事实，推定被告无罪，后者是针对未知的事实，宣告被告无罪，因此，前者启动于法庭对证据审查判断之前，后者则只有在对证据审查判决之后始可介入；其二，前者适用于整个刑事诉讼之中，而后者只适用于法官根据证据对被告是否有罪的判断。

德、法等大陆法系国家有关 in dubio pro reo 与无罪推定的关系之争，也得到了国际刑事法院的回应。卢旺达国际刑事法庭 2007 年就利马杰、巴拉穆尔和特穆斯所做的判决，即把 in dubio pro reo 称为"无罪推定原则的必然结果"，② 从而认可了 in dubio pro reo 与无罪推定之间并非同一但属结果与前提之间的关系。

在英美法系中，表面看来，in dubio pro reo 未被作为一条原则予以确认，与无罪推定并行的是排除合理怀疑原则。然而，实际上，排除合理怀疑与 in dubio pro reo 具有可通约性，甚至将排除合理怀疑原则作为 in dubio pro reo 在英美法系的翻版也未尝不可。③ 正是如此，可以认为，在英美法系的刑事诉讼法领域，不存在无罪推定与 in dubio pro reo 的关系之争，两者被公认为互相独立、彼此并行的原则。

2. in dubio pro reo 与证据规则或证明标准

尽管对于 in dubio pro reo 是与证据或证明相关的一条原则，西方学界少有异议，但是，关于 in dubio pro reo 究竟是一条审查、判断证据的规则还是一项证明的标准，尚存分歧。正是如此，德国学者 Uwe Hellmann 才指出，"有争议

---

① Uwe Hellmann, Strafprozessrecht, Springer, 2005, 284；参见 VEGAS TORRES, Presuncion de inocencia, S. 211 f。

② International Tribunal for the Prosecution of Persons Responsible for Serious Violations of International Humanitarian Law Committed in the Territory of the Former Yugoslavia since 1991, http://secnet069. un. org/x/cases/limaj/acjug/en/Lima – Jug – 070927. pdf。

③ 美国学者朗宾指出，in dubio pro reo 与合理怀疑的标准之间必然存在某种关联。见 Langbein, Historical Foundations of the Law of Evidence: The View from the Ryder Sources, 96 Col. L. Rev. 1168, 1199 n. 152 (1996)。

的是，有利被告原则是仅仅只能在全案的判断上适用还是在间接证据的判断上亦有用武之地"。①

德国学者赛福林虽然注意到了无罪推定与 in dubio pro reo 是两条并行的原则，但其把 in dubio pro reo 理解为一条证据规则，而不是将其视为一项证明标准。他指出，"必须认真区分无罪推定与 in dubio pro reo，后者是一条证据规则"。②

卢旺达国际法庭审理的利马杰、巴拉穆尔和特穆斯案中，巴拉穆尔的上诉理由中所主张的 in dubio pro reo "从未被限于关于有罪的最终决定"，而认为其适用于个别证据的审查判断，③ 便是这种将 in dubio pro reo 视为证据规则的观点的反映。

作为对以上观点的回应，德国联邦最高法院在 2004 年的一项判决中确认，in dubio pro reo "不是一项证据规则而是一项与作出决定有关的原则。只有在对所有证据予以考量后，法院不能确信某一直接与有罪以及法律后果相关的事实的存在，其才可以坚持这一原则"。④ 瑞士⑤与奥地利⑥法院也持与此相似的主张。卢旺达国际法庭在前述利马杰、巴拉穆尔和特穆斯案的审理中，反驳了巴拉穆尔以 in dubio pro reo "从未被限于关于有罪的最终决定"因此初审法院未根据该原则对有关其身份的证据进行甄别违反该原则的上诉，主张 in dubio pro reo 只适用于对犯罪要素的认定与有罪决定的作出，而不适用于对个别证据的认证，从而从国际法的角度认同了 in dubio pro reo 只是一项认定事实是否

---

① Uwe Hellmann, Strafprozessrecht, Springer, 2005, 284.

② Christoph J M Safferling, Towards an international criminal procedure, Oxford University Press, 2001, p. 70 n69.

③ 巴拉穆尔认为，3 名证人的辨认结果均表明，他们并不认识他，但他们都就其身份出具了不利于他的证言。因此，该 3 人的证言因值得怀疑而不应采信。初审法庭没有将该等证言排除在定案的根据之外，违反 in dubio pro reo。参见 International Tribunal for the Prosecution of Persons Responsible for Serious Violations of International Humanitarian Law Committed in the Territory of the Former Yugoslavia since 1991, http: //secnet069. un. org/x/cases/limaj/acjug/en/Lima – Jug – 070927. pdf。

④ Bundesgerichtshof, Mar. 14, 2004, 49 Entscheidungen des Bundesgerichtshofs in Strafsachen BGHSt 112 (122).

⑤ 参见 ROBERT HAUSER & ERHARD SCHWERI, SCHWEIZERISCHES STRAFPROZESSRECHT § 6.5, § 54.5 (3rd ed. 1997)。

⑥ 参见 EGMONT FOREGGER ET AL. , DIE ? STERREICHISCHE STRAFPROZE? ORDNUNG 371 (7th ed. 1997)。

成立的证明的标准，而非一条证据规则。① 受联邦最高法院的判决的影响，赛福林也一反将 in dubio pro reo 视为证据规则的常态，在后来发表的一篇文章中改称 "in dubio pro reo 在对证据的权衡发生后进入角色。如果在此阶段，法官对与决定相关的某一事实不是充分确信，那么，他便必须假定，该事实对被告的影响微乎其微。存疑原则因而不可适用于证据的孤立的因素，而只在证据在其整体上得到推敲后始可适用"。②

由上看来，尽管关于 in dubio pro reo 是一项证据规则的观点依然存在，但是，将其作为一项证明标准的主张实际上已在西方占据主导地位。按照这一主张，任何案件，只有当证据达到了足以使法官确信被告有罪的情况下，始可做出有罪判决。如证据不足以证明作为犯罪构成之要件的某一或某些事实的成立，则属事实存疑，因而应适用 "in dubio pro reo" 的原则，作出犯罪不成立的结论。

3. in dubio pro reo 对再审的适用

in dubio pro reo 虽然主要适用于对案件事实的判断，但是，在当代西方，有将其扩大适用于除此之外的若干程序问题的趋势。关于该原则对再审的适用力的承认，便是这一趋势的明显反映。

再审虽然是与一事不再理密切相关的程序，但其与 in dubio pro reo 并非完全没有关联。因为尽管 in dubio pro reo 不可能直接适用于再审程序，但是，其构成启动再审的重要前提之一。这是因为，一方面，既已生效的成判有可能是违反 in dubio pro reo 的结果，在这种情况下，对该原则的违反本身即足以构成启动有利被告的再审的理由；另一方面，随着新的有利被告的证据的发现，成判所赖以作出的事实有必要重新认识与判断，并因而引起怀疑与动摇，这样，成判所认定的事实，也就存在着需要重新适用 in dubio pro reo 原则的问题。正是在这个意义上，当今西方尤其是德国普遍承认 in dubio pro reo 对再审的间接适用力。德国学者海尔曼关于 in dubio pro reo 与再审的关联的如下分析，应该代表了德国关于 in dubio pro reo 对再审的适用的主流观点："in dubio pro reo 的基本原则虽然在再审中不可以直接适用，但是再审的证明并不需要对所提出的

---

① 46International Tribunal for the Prosecution of Persons Responsible for Serious Violations of International Humanitarian Law Committed in the Territory of the Former Yugoslavia since 1991, http：//secnet069. un. org/x/cases/limaj/acjug/en/Lima – Jug – 070927. pdf.

② Christoph Safferling, error and Law ? Is the German Legal System able to deal with Terrorism? – The Bundesgerichtshof (Federal Court of Justice) decision in the case against El Motassadeq, 5 German Law Journa, l No. 5 (1 May 2004) , Special Edition.

主张的完全证明。因此，怀疑在这里可以间接发挥作用。因为对于前已存在的判决的动摇或者是对于其公正性的严重的怀疑就可以赋予申请再审的正当性。如果被反驳的判决通过新的证据的证明使其因丧失事实基础而失去其说服力，那么案件的判决就被推翻。"①

4. in dubio pro reo 对程序违法的适用

关于 in dubio pro reo 是否适用于对程序违法的证明，西方主流观点持否定态度。根据这一立场，在被告主张其在侦查过程中受到刑讯之类的场合，如其主张无法得到证明，则只能作出对其不利的否定判断。德国联邦最高法院曾通过判例确认了这样的观点，认为程序违法无法得到证明时，则需得出不利被告的结论。然而，这一主流观点在德国也受到了挑战。如罗科信指出，"不过此是否具有永久的正确性，在法治国家的标准衡量下，不无疑问；就被告陈述时亦应尊重其自由意志决定权的观点而言，罪疑惟轻（注：应为 in dubio pro reo）亦应适用于违反刑诉法第 136a 条②的案件。较正确的主张应是，在违反程序规定的案件中，有重大质疑时，应为有利于被告之决定"③ 德国学者 Lehmann、Kuhne、HaufY 与 Bauer 等也都认为，如证据表明，程序违法具有"极大可能性"，则应该允许 in dubio pro reo 被适用于对程序违法的证明。④ 由此看来，在德国，主张 in dubio pro reo 可以附条件地适用于对程序违法的证明的反主流呼声，也并非孤鸿哀鸣。这也在相当程度上反映了前文所述的扩大 in dubio pro reo 的适用范围的趋势。

在当代西方，在与 in dubio pro reo 之定位相关及其适用范围方面，除以上所列之外，尚存多个争点，如：in dubio pro reo 是否适用于诉讼前提要件的证明等，在此无须一一赘述。因为前文的列举已为后文将对 in dubio pro reo 的应

---

① Uwe Hellmann, Strafprozessrecht, Springer, 2005, 340.

② 该条的内容为："（1）对被告人决定和确认自己意志和依此采取行动的自由不允许用虐待、疲劳战术、伤害身体、服用药物、折磨、欺骗或者催眠的方法予以侵犯。只允许在刑事诉讼法允许的范围内实施强制。禁止以刑事诉讼法不允许的措施相威胁，或是以法律没有规定的利益相许诺。（2）妨碍被告人记忆或妨碍其反省能力的方法，禁止使用。（3）第（1）和第（2）部分的禁止性规定，不管被告人是否同意采用禁止使用的方法，都必须适用。即使嫌疑人同意使用，也不允许使用以违反这种禁止性规定的方式获取的供述。"

③ ［德］克劳思·罗科信：《刑事诉讼法》，吴丽琪译，法律出版社 2003 年版，第 127—128 页。

④ ［德］克劳思·罗科信：《刑事诉讼法》，吴丽琪译，法律出版社 2003 年版，第 128 页。

然的定位的分析提供了充分的前提条件。

三、有利被告的应然定位

在我国学界，尽管对无罪推定的研究已趋成熟，但将有利被告提上研究的议事日程，还是近年的事。而且，从见诸文字的有关有利被告的为数不多的研究来看，除个别专论外，人们在"有利被告的名下"所谈论的实际上仍然是无罪推定的内容。只提无罪推定而不提有利被告以及在"有利被告"的新瓶中装无罪推定之旧药的这种研究现象的背后，折射着前文所列的西方学界对 in dubio pro reo 在刑事诉讼法中的定位模糊。另外，国内学界虽有个别研究触及到了有利被告的实体意义，但其关于有利被告之于实体刑法的适用的立论，不但很少引起共鸣，反而屡遭诘难。这又无不打上了西方关于 in dubio pro reo 的广、狭之争的烙印。由此看来，有必要在前文就 in dubio pro reo 的历史与现实定位所做的梳理的基础上，结合国情，对有利被告做一应然的定位分析。

（一）有利被告的宏观定位

如前所述，围绕 in dubio pro reo 的广、狭义之争，引发了关于 in dubio pro reo 究竟是一条同时适用于程序与实体的综合性的刑事法原则还是仅仅适用于程序领域的诉讼法上的原则之争。这一事关 in dubio pro reo 的宏观定位的论争，究其原因，大致有三。

首先，鉴于 in dubio pro reo 这一法谚是以拉丁文的方式流传下来的，人们理所当然地将其源头追溯到古罗马法。然而，在罗马法中，并无 in dubio pro reo 即"存疑时有利被告"一语可寻。因此，人们往往把出自图拉真之口的与此相近的御示作为 in dubio pro reo 原则的源头。如：德国学者 Johann – Volker Peter 指出，"如对被告有罪留有某种疑问，则裁决应有利于被告"的原则"来自拉丁法谚 in dubio pro reo，其意为'给予被告以疑问之益'。该原则的最早的源头出自罗马皇帝图拉真（公元98—117年），当时他提供了这样的法律意见，即'与其对一个无辜者判刑，还不如不惩罚一个罪犯的行为'"。① 然而，罗马法中乃至即使图拉真，有关有利被告的法律意见并非限于皮特所引证的这一段，而是既涉及程序也涉及实体问题。如前文所引证的"在法律的解释中，刑罚应该缓和而不是严厉"一语，即同样是出自罗马法，而这显然表达的是从实体上对被告作出有利解释。正由于部分西方学者片面地将图拉真有关事实存疑应有利被告的法律意见引为 in dubio pro reo 的唯一源头，而有意无

---

① Johann – Volker Pete, VIEW: The power of the constitutional state, http://www.dailytimes.com.pk/default.asp? page = story_ 22 – 11 – 2004_ pg3_ 7.

意地将其法律存疑应有利被告的法律意见排除在外，才导致了狭义 in dubio pro reo 的流行及其与广义说的分庭抗礼。

其次，如前所考证，中世纪基督教道德神学中的怀疑论，所着力解决的主要是对事实的怀疑。相应地，在此间的教会法中，作为 in dubio pro reo 的适用的前提的也主要是事实方面的疑问。而近现代西方法学中关于 in dubio pro reo 的解说，难免带有中世纪与早现代教会法学的遗风，以至于美国学者惠特曼直截了当地宣称，"in dubio pro reo 规则的确是一条道德神学规则"。① 正由于现代西方法学与教会法固有着如此密切的联系，中世纪教会法中的 in dubio pro reo 的重程序轻实体的倾向，自然而必然地遗传到了现代西方法学之中。当今西方流行的狭义 in dubio pro reo 论即渊源于此。然而，前文已揭，至十七八世纪，教会法中的 in dubio pro reo 的适用范围已由单纯的事实存疑向法律存疑扩展。受此影响，世俗法中出现了英国法官所主张的对法律的有利被告的限制解释即从宽解释。② 广义 in dubio pro reo 论也就应运而生，并因而形成了与狭义论的互相对立。

最后，现代化后的刑事法有别于前现代刑事法的显著特征是程序法与实体法的分立。作为自罗马法乃至古希腊即已形成的刑事法的原则的 in dubio pro reo，在刑事法近代化过程中，也面临归属于刑事程序法还是刑事实体法的问题。这样，本同归 in dubio pro reo 名下的诸项要求，也就被一分为二地分别适用于程序法与实体法。相应地，在渊源上对罗马法具有极大依附性的大陆法系，虽然沿用了 in dubio pro reo 概念，但形成了程序法领域内以 in dubio pro reo 来指代有利被告而实体法框架内则以严格解释之类来表达有利被告的分野，从而导致了狭义 in dubio pro reo。与此不同，英美法系一方面在渊源上对罗马法不具有强烈的依附性，始终不存在 in dubio pro reo 的概念；另一方面没有严格的程序法与实体法之划分，而是以排除合理怀疑与从宽解释等具体原则在同一的刑事法领域表达有利被告的话语，因而也就无所谓广义或狭义 in dubio pro reo 之争。但是，在全球化的今天，两大不同法系之间通过国际公约与国际法庭之类场合的对话日甚增多。大陆法系所流行的将 in dubio pro reo 的适用范围限于程序的狭义论，受到了来自非大陆法系的基于有利被告的精神而将 in dubio pro reo 的适用范围扩张解释为程序与实体兼顾的广义论的挑战。前文所

---

① James Q. Whitman, The Origins of Reasonable Doubt: theological roots of the criminal trial, New Haven: Yale University Press, 2008.

② 此间的限制解释的主旨是对抗扩大死刑的适用的立法趋势，与宗教神学中的避免灵魂受污染的说教相吻合。

引的沙哈布丁法官与 Schomburg 法官在卢旺达国际刑事法庭关于 in dubio pro reo 是否适用于法律的解释的对峙，在很大程度上便是来自非大陆法系的广义论挑战大陆法系的狭义论的反映。来自作为英美法系国家的圭亚那的沙哈布丁法官广引美国最高法院判例，力主 in dubio pro reo 原则应该适用于对刑法的从宽解释，显然持的是英美法的立场。而来自大陆法系国家德国的 Schomburg 法官则从德国最高法院的判决中寻找支持 in dubio pro reo 只得适用于事实存疑的根据，固守的是大陆法系传统。

综观广狭二说聚讼的原因，可以发现，分歧的症结实际上不在于在实体刑法领域是否可疑与应该贯彻有利被告的精神，而仅仅在于 in dubio pro reo 这一概念是否适用于实体刑法的解释。正如英美法系不存在这个概念也就不存在对其的广狭之争而只存在关于刑法是否可做从宽解释之争，也正如即使反对将 in dubio pro reo 适用于法律上的疑问的大陆学者，也未必反对在实体刑法中贯彻轻法溯及既往等有利被告的精神一样。正由于狭义的 in dubio pro reo 所反对的仅仅是对借用 in dubio pro reo 的名义对实体刑法作出有利被告的解释，而不是从一般意义上否认实体刑法领域贯彻有利被告精神的必要性，in dubio pro reo 的广狭之争，实际上只应理解为刑法存疑时是否可做有利被告的从宽解释之争，而不应定位为关于有利被告理念只适用于程序还是应程序与实体兼顾之争。

明确了西方围绕 in dubio pro reo 的广狭之争的症结所在，我国学界近年来有关有利被告是否适用于实体刑法之争也就迎刃而解了。

主张有利被告应程序与实体兼顾者，所探讨的是作为一种理念的有利被告在实体刑法中贯彻的必要性与可行性。尽管其立论也是从对 in dubio pro reo 的解析入手，但在其解析中，明确了 in dubio pro reo 即存疑包括事实存疑与法律存疑，并从法律存疑入手，展开了其关于刑法存疑应允许有利被告的解释等实体法上之有利被告的立论。否定有利被告之实体法上的意义者则将 in dubio pro reo 对译为"罪疑惟轻原则"，进而主张其是"解决刑法中事实不明时的裁断规则"，"不适用于法律解释的不同"，因而认为该原则具有实体意义上的保留性。① 两相对比，可以发现，分歧的焦点集中于刑法存疑是否 in dubio pro reo 的题中之义，具体表现为刑法存疑时是否允许有利被告的解释。

撇开否定论者关于刑法存疑不得适用 in dubio pro reo 的具体理由不谈，仅

---

① 陈珊珊：《论罪疑唯轻原则》，载《法学评论》2007 年第 2 期。

就其将 in dubio pro reo 对译为"罪疑惟轻原则"而论,① 便令人难以苟同。一方面,正如笔者已经考证的一样,"罪疑惟轻"作为中国历史上特有的有利被告的话语,意为犯罪事实不清时应对犯罪人做出从轻的判决。而从轻的前提是有罪。与此不同,in dubio pro reo 的直译为"存疑时有利被告",而这里的有利被告不单指而且甚至主要不是指从轻,而且还包括甚至主要是指从无。因此,拉丁文 in dubio pro reo 与中文"罪疑惟轻"虽有貌似的一面,但更有神离的一面。将 in dubio pro reo 对译为"罪疑惟轻",忽视至少贬低了 in dubio pro reo 中所包含的极浓的"疑罪从无"的意味。另一方面,in dubio pro reo 即"存疑时有利被告",在概念上,并未将"疑"局限于事实之疑,而是给法律之疑留有与事实之疑同等的空间,在理解上,如前所述,在西方自古至今都不乏包括法律之疑的立论。而"罪疑惟轻"具有其特定的内涵,其所谓的"疑"往往特指事实之疑。相应地,将 in dubio pro reo 对译为"罪疑惟轻",便等于人为地将法律之疑排除在 in dubio pro reo 的适用之外,因而未免失之武断。因此,否定论者将 in dubio pro reo 对译为"罪疑惟轻"并在此前提下主张 in dubio pro reo 只适用于事实存疑而不适用于刑法存疑,显属循环论证。其在此前提下对肯定论者的诘难,则系前提错误。

此外,应该附带指出的是,肯定论者关于有利被告应该适用于实体法上的疑问的立论,不只是以需要作出有利被告的解释的"刑法规定模棱两可"作为其论据,而是在此外还涉及"刑法无规定"与"刑法冲突"等情况。② 而否定论者仅以 in dubio pro reo 不得适用于刑法解释为由从整体上否定有利被告之于适用实体刑法的必要性与可行性,在逻辑上也显属以偏概全,因而难以令人信服。

综上所述,当代西方关于 in dubio pro reo 的广狭之争,所体现的只是对 in dubio pro reo 是否适用于刑法的解释的认识的不同,而丝毫也不妨碍作为一种理念的有利被告之于实体刑法中其他领域的贯彻。部分中国学者对有利被告理念在实体刑法中的贯彻的否定,实际上充其量也只是反对在实体刑法规定模棱两可时做出有利被告的解释,而丝毫也不意味着反对"刑法无规定"与"刑法冲突"等情况下对有利被告的适用。有鉴于此,即使作为一种让步,姑且

---

① 应该指出,将 in dubio pro reo 对译为"罪疑惟轻",是我国台湾学界通行的做法。例见:[德]克劳思·罗科信:《刑事诉讼法》,吴丽琪译,法律出版社 2003 年版,第125—128 页。个别大陆学人将 in dubio pro reo 对译为"罪疑惟轻",显然是受了台湾译者的影响。

② 邱兴隆:《有利被告论探究》,载《中国法学》2004 年第 6 期,第 146—154 页。

承认有利被告不得适用于刑法的解释，也不妨碍有利被告理念在实体刑法其他领域的贯彻。因此，有利被告的意义并不限于程序领域的事实存疑，还同时适用于实体领域的法律存疑。相应地，我们应该还有利被告程序与实体兼顾的应有的本来面目，将其定位于同时适用于程序刑法与实体刑法的一条综合性的原则，而不仅是一条只适用于程序刑法的原则。

（二）有利被告的程序法上的定位

前文所述的当代西方关于 in dubio pro reo 与无罪假定的关系之争、in dubio pro reo 究竟是一个证明标准还是一条证据规则之争以及 in dubio pro reo 是否适用于某些具体问题之争，都是在肯定 in dubio pro reo 是刑事诉讼法上的一条原则或规则的前提下，围绕有利被告作为原则在刑事诉讼中的地位之争。在国内，尽管因为研究的视野仅局限于无罪推定，对与 in dubio pro reo 相对应的有利被告原则的研究尚未真正提上议事日程，有利被告在刑事诉讼法中的定位自然也尚未受到重视，但是，在国内只提无罪推定而不谈有利被告的这种研究现状的背后，实际上已隐含着对两者的关系的认识模糊。因此，结合西方关于 in dubio pro reo 在刑事诉讼中的定位之争与我国刑事诉讼法的有关规定，给有利被告以在刑事诉讼中所应有的定位，应该成为本文的主题之一。

无罪推定与有利被告，是密切联系的一对范畴。根据美国权威的法律百科全书的解释，无罪推定是"要求政府证明刑事被告人有罪并解除被告人证明其无罪的负担的一条原则"。① 从这个意义上说，无罪推定是一条确定证明责任的原则。而有利被告则要求在控方不能排除合理怀疑地证明被告有罪时，对被告作出无罪宣告。这就决定了无罪推定与有利被告之间是一种前提与结果之间的关系，即因为无罪推定确定控方承担着排除合理怀疑地证明被告有罪的责任，所以，当控方未能履行这一责任时，就必然引发有利于被告的判决。前文所述及的卢旺达国际刑事法庭关于"是无罪推定的必然结果"的观点，便正是对无罪推定与有利被告的这种密切联系的正确揭示。

然而，无罪推定与有利被告又是两条互相独立的原则。正如上引美国法律百科全书所指出的一样，无罪推定"并不被视为被告无罪的根据，而且，其也不要求从任何明显的事实中得出一种有利被告的强制性的推论"。② 也就是说，因为无罪推定本身实际上只是关于被告无罪的一种假定，这一假定经证据

---

① American Law Encyclopedia Vol 8, http：//law. jrank. org/collection/19/West – s – Encyclopedia – American – Law. html.

② American Law Encyclopedia Vol 8, http：//law. jrank. org/collection/19/West – s – Encyclopedia – American – Law. html.

的证明而可能被否定，也可能因此而被肯定，所以，无罪推定只有通过排除合理怀疑的证明标准才有可能产生有利被告的结果。① 将无罪推定与有利被告相等同，有违无罪推定作为一种假定的初衷。

　　不仅如此，"除对排除合理怀疑的证明的相关要求之外，无罪推定主要是象征性的"，② 即它将未经法院确定有罪的犯罪嫌疑人或被告人视为无罪的人。基于这一观念，无罪推定自刑事诉讼一开始即具有约束力，不只是法院而且包括侦查与起诉机关③都必须遵循的原则，比如：它"支持在审判前即解除对刑事被告人的羁押的做法"。④ 但是，有利被告主要是在法院确定被告是否有罪时适用，而不适用于审前的诉讼活动。因此，两者的适用范围与约束对象也显然不同。

　　由上可见，有利被告是独立于无罪推定而存在的一条刑事诉讼法原则。我国《刑事诉讼法》第162条第3款的规定，实际上也印证了有利被告相对于无罪推定而存在的独立性。我国宪法与刑事诉讼法不但没有关于无罪推定的明文规定，甚至也无"任何人在未经法院有罪判决前不得被认为有罪"之类象征性的宣示，因此，尽管学界不乏主张我国刑事诉讼法确立了无罪推定原则者，但这种主张应该说是没有法律依据的，而只不过是对第163条第3款的定位错误所致。该款显然只适用于法院的判决，而不适用于侦查与公诉机关，因而不如无罪推定原则一样具有普适性。另外，该条所谓的"证据不足，不能认定被告人有罪的"，与第1款关于"案件事实清楚，证据确实、充分，依据法律认定被告人有罪的"具有对应性。第1款表明，刑事案件的证明标准在于"事实清楚，证据确实充分"，第3款规定的是这一证明标准没有得到满足

---

　　① 美国最高法院认为，无罪推定实际上是一种误称。"它不是一种技术上的'推定'——不是从明显的事实中得出的一种强制性的结论。相反，它最好被定性为一种'假定'，其只有在缺乏反证时才会得到满足。"Taylor v. Kentucky，436 U. S. 478 (1978)，http：//supreme. justia. com/us/436/478/.

　　② American Law Encyclopedia Vol 8，http：//law. jrank. org/collection/19/West－s－Encyclopedia－American－ Law. html.

　　③ 例如：在 Taylor v. Kentucky 案中，美国最高法院认为，本案初审检察官在总结陈词中宣称被告人"像每一已受到审判、今天已进监狱或感化院的其他被告人一样，在被排除合理怀疑地证明有罪前，拥有这种无推定权"，是把被告人与原来有罪并被判处监禁的被告人相联系，变相地请求陪审团在决定被告人有罪或无罪时考虑其关于被告有罪的主张，因而有违无罪推定的精神。Taylor v. Kentucky，436 U. S. 478 (1978)，http：//supreme. justia. com/us/436/478/.

　　④ American Law Encyclopedia Vol 8，http：//law. jrank. org/collection/19/，West－s－Encyclopedia－American－Law. htm.

时的法律结果，即法院应作出无罪判决。这种情况下的无罪判决，是以事实存疑为前提，因而与 in dubio pro reo 的程序要求相吻合，应该认为是有利被告的体现。正是从这个意义上说，我们虽然不能主张，我国刑事诉讼法确立了无罪推定原则，但应当承认，其作出了贯彻有利被告原则的基本精神的尝试。换言之，我国《刑事诉讼法》第 162 条第 3 款不应定位为无罪推定原则的体现，而只能定位为对有利被告原则的确认。

有利被告原则虽然具有独立于无罪推定的意义，但是，只有在肯定其这一独立性的前提下，进一步明确其性质与适用范围，始可对其在刑事诉讼法上的地位有一明确的认识。

在西方，in dubio pro reo 是作为不能"排除合理怀疑"的结果而存在，在我国，有利被告也是"事实不清"的产物。而"排除合理怀疑"与"事实清楚"都是对既有证据所证明的事实是否成立的一种综合性的总体评价，在逻辑上，其是后于对证据的单一审查与判断而存在。因此，正如前文所列西方主流观点与卢旺达刑事法庭所主张的一样，有利被告不应定位为一条可以适用于对各别证据的审查与判断的证据规则。① 但是，西方主流观点与卢旺达刑事法庭关于 in dubio pro reo 是一项证据标准的定位，也大有商榷的余地。因为在西方，证明的标准显然应该是"排除合理怀疑"，而 in dubio pro reo 则是案件事实没有达到"排除合理怀疑"这一证明标准的结果。将 in dubio pro reo 定位为证明标准，无疑是把证明标准与没有达到证明标准的法律结果混为一谈。同样，鉴于我国刑事诉讼法上的证明标准是"事实清楚"，而有利被告则是事实没有达到"清楚"这一证明标准的结果，因此，也不应将有利被告定位于证明标准。正由于有利被告既不是一项证据规则也不是一条证明标准，而只是案件事实没有达到证明标准时的一种法律后果，我们不妨将其定位为一条认定案件事实的原则。

正由于有利被告是一条认定案件事实的原则，因此，大凡需要证据证明的案件事实的认定，无论其是客观事实还是法定事实，原则上都离不开有利被告的适用。原判已经认定的不利被告的事实，由于新的证据的出现而足以引起新的怀疑，而构成一个有待新的证明的事实，因此，有利被告可以适用于对既判案件的再审；程序违法，虽然独立于犯罪事实之外，但其构成影响犯罪事实的认定的一个单独的法律事实，同样需要经过法庭的认定，因而当然可以适用有利被告的原则；犯罪是否已过追诉时效等作为诉讼前提的事实，也存在一个需

---

① 在我国，适用于个别证据的审查判断的规则，应该是刑事诉讼法第 42 条所规定的真实性规则，即"证据必须经过查证属实，才能作为定案的根据"的规则。

要认定的问题，自然也不能自外于有利被告的适用。

由上可见，在程序语境中，有利被告应该是一条独立于无罪推定之外而在事实存疑的前提下适用于案件事实认定的原则，对法院认定案件事实的活动具有普遍的制约力。

（三）有利被告的实体法上的定位

正如前文已经指出的一样，西方尤其是大陆法系国家所流行的反对在刑法存疑时适用 in dubio pro reo 以及我国学界部分学者所持的反对实体刑法中的有利被告的主张，实际上，都是围绕刑法的解释是否适用有利被告原则而展开的。因此，要给有利被告以实体法上的定位，首先应该解决在刑法的解释上是否有适用有利被告的余地。

尽管规范的明确性是罪刑法定的题中之义，但事实上，即使是在立法者看来再明确不过的刑法规范，也可能引起司法者在理解上的分歧，更何况基于立法技术的原因，刑法的规定本身可能出现含糊不清或者模棱两可，以致其意不明呢？因此，中外学者所主张的"刑法上的疑问是需要解释来消除的"，"当刑法存在疑问或争议时，应当依一般的刑法解释原则消除疑问"，① 是无可厚非的。但问题在于，一方面，"一般的刑法解释原则"的确定必须受制于罪刑法定的原则及其派生原则；另一方面，"一般的刑法解释原则"也未必是万能的，在依据这些原则穷尽解释的努力后，可能仍然存在无法消除的疑问。在这方面，美国的经验也许可以给我们以莫大的启发。

基于罪刑法定的明确性要求以及作为其派生原则的禁止类推解释的要求，美国最高法院确立了严格解释的原则。严格解释的主旨在于，严格按文本的文字含义来解释文本，对文本的含义的理解不得超出文本的文字含义所允许的范围。正如严格解释原则的奠基人之一斯托里所指出的一样，"我在其真实而持重的意义上赞成这样一条规则，即刑事制定法不应因暗示而扩大，或者被扩大到不属其措辞与要旨之内的情况"。② 因此，根据严格解释原则，不利被告的类推解释或扩张解释被排除在刑法解释的方法之外。例如：在 McBoyle v. United States 案中，美国最高法院主张，按照严格解释，飞机不属机动车。据此，其撤销了原审法院将运输被盗飞机的行为扩大解释为被盗机动车的判决。本案中，原审法院实际上是通过将机动车扩大解释为包括飞机而对被告类推定罪。而霍姆斯大法官在代表法庭所发表的意见中认为，法律文本中所称的机动

---

① 张明楷：《"存疑有利于被告"原则的适用限制》，载《吉林大学社会科学学报》2002 年第 1 期，第 58—59 页。

② U. S. v. Shackford, 5 Mason, 445, Fed. Cas. No. 16262.

车"是一种行驶的车辆，而不是通常不被称为车辆的飞行的某种东西"。① 在这里，霍姆斯显然是严格遵循"机动车"的文字含义而排斥了原审法院基于扩张解释而为的类推定罪。由此可见，美国的严格解释原则奠基于作为罪刑法定主义的派生原则的排除类推原则之上。

在绝对的严格解释下，似乎本不应存在有利被告适用的余地。因为有利被告的解释必然表现为对不利于被告的规范（如作为犯罪构成要件的行为）的限制解释或者对有利于被告的规范（如受胁迫）的扩张解释。而限制解释与扩张解释，严格说来，至少在逻辑上意味着对严格解释原则的违背。正是如此，斯托里又指出，"但是，在措辞属于笼统性的，并包括各类人的场合，我不知道哪一权威会证明法庭这样的做法是正当的，即在应由制定法所矫正的危害可同等地适用于所有人的场合，将其限于其中的一类或者给其以最狭义的解释"。② 在这里，斯托里显然是在反对有利被告的限制解释。

斯托里式的严格解释拘泥于刑法文本的措辞的含意，因而属于通常所谓的词义解释。然而，纯粹的词义解释未必吻合立法的原意，因为作为刑法术语的措辞与作为普通术语的同一措辞完全可能含意不同。这样，按通常用法对刑法术语的解释，也许符合措辞作为普通术语的含意，但有悖其作为刑法术语的本意。正如美国最高法院大法官马歇尔所言："刑法应该严格解释的规则之古老，也许丝毫也不亚于解释本身……应该说，尽管有这一规则，但立法者的意图支配着对刑事制定法以及其他制定法的解释。这是千真万确的。但其不是一条替代旧的规则新的规则。它是对旧的格言的修正，等于是说，虽然刑法应该严格解释，但是其不得被严格解释到挫败立法者的明显的意图的程度。"③ 相应地，在严格解释的原则下，实际上还存在着修正斯托里式的词义解释的马歇尔式的尊重立法意图的解释。在马歇尔看来，在词义解释无法确定立法意图时，可以通过分析文本的语境以及参照同一术语在其他制定法中的含义对其予以确定。他在 united states v. fisher 案中关于"只要用心来发现立法的意图，它就会抓住可以提供帮助的任何东西"的意见，被视为对刑法解释中的遵循立法意图原则的经典表述。受此启发，一代又一代的最高法院法官在解释刑法时，都为探求立法意图而作出了不懈的努力，甚至发展到从立法所产生的历史

---

① McBoyle v. United States, 283 U. S. 25 (1931), http：//supreme. justia. com/us/283/25/case. html.

② U. S. v. Shackford, 5 Mason, 445, Fed. Cas. No. 16262.

③ 69UNITED STATES V. FISHER, 6 U. S. 358 (1805), http：//supreme. justia. com/us/6/358/.

背景、先例与词典等权威性资料中挖掘立法本意的程度。①

　　然而，美国的经验表明，马歇尔关于"只要用心来发现立法的意图，它就会抓住可以提供帮助的任何东西"的论断过于乐观。因为大量案件表明，即使穷尽了一切诸如词义与语境考察之类内在的努力以及诸如立法的历史、词典等权威解释之类外在的努力，立法意图也仍有可能含糊不清甚至模棱两可。如在 1985 年的 Liparota v. United States 案中②，针对制定法关于"任何人有明知地以未经制定法或规章许可的任何方式使用、转让、取得、改变或者占有优惠券或者授权卡"的规定，就"有明知地"是"使用、转让、取得、改变或者占有优惠券或者授权卡"的修饰语还是"以未经制定法或规章许可的任何方式"的修饰语，在理解上存在严重分歧。而这关涉构成该条款所列之罪是否以对使用方式违法的明知为构成要件。就此，最高法院对立法者关于该规定的原意进行了可以做出的任何分析，即穷尽了探求立法本意的所有努力，但最终的结论是，制定法上的用语、既存的先判与立法的历史均无法就立法意图提供确切的答案。因此，不得不承认，在作为刑法解释的一般原则的严格解释的框架下，仍然存在"解释不清"的问题。而面对诸如此类的"解释不清"的问题，解释者必须在不利被告与有利被告之间作出明确的选择。这样，作为严格解释之例外的有利被告的"从宽解释"原则即"关于刑事制定法的范围的含糊应该以有利被告的方式解决"③便应运而生。因为"从宽规则确保刑事制定法会就被弄成非法的行为提供一个合理的警告，并在立法者、控诉者与法院之间达成界定犯罪的能力的适当平衡"；因为"尽管适用从宽规则会与国会的暗含的或明示的意图相冲突时，不得适用该规则，但是，当议会的目的不明时，它提供了一种历史悠久的解释方针"。④

　　美国的经验，得到了法国的主流观点的印证："在法律有'疑问'的情况下……法院也无义务一定要采取'最有利犯罪人'的限制性解释。如同在法

---

　　①　参见 Lawrence M. Solan, Law, language, and lenity, William and Mary Law Review, Oct, 1998。

　　②　Liparota v. United States, 471 U. S. 419（1985）.

　　③　Rewis v. United States, 401 U. S. 808, 401 U. S. 812（1971）. See also United States v. United States Gypsum Co. , supra, at 438 U. S. 437；United States v. Bass, 404 U. S. 336, 404 U. S. 347 – 348（1971）；Bell v. United States, 349 U. S. 81, 349 U. S. 83（1955）；United States v. Universal C. I. T. Credit Corp. , 344 U. S. 218, 344 U. S. 221 – 222（1952）.

　　④　UNITED STATES V. FISHER, 6 U. S. 358（1805）, http：//supreme. justia. com/us/6/358/.

律的规定不甚明确的情况下一样，法官应当首先借助于一般的解释方法（预备性工作、传统与理性材料），从中找到法律的真正意义……如果疑问依然存在，法官则应当作有利被告的解释"。① 显然，在法国学界，也承认即使是借助"一般的解释方法"，也可能"疑问依然存在"，因而有适用有利被告的余地。

其实，至少就法国的经验而言，有利被告在刑法解释领域的适用还存在更为广阔的空间。因为除依一般解释原则或方法解释仍然解决不了的场合有其适用的余地之外，有利被告还可以通过不禁止有利被告的类推解释、扩张解释与限制解释而发挥其指导作用。因为基于罪刑法定主义所禁止的是类推定罪，而不是类推不定罪，因此，排除类推完全可以被当然理解为只排除不利被告的类推，而给有利被告的类推留有余地。与此相适用，有利被告的类推解释、扩张解释与限制解释便同样可以作为严格解释的例外而存在。②

国内学界对有利被告之于刑法解释的适用的否定，主要是基于如下三方面的理由：其一，罪刑法定虽然禁止类推定罪，但不禁止扩张解释，因此，罪刑法定原则未必只允许有利被告的扩张解释而禁止不利被告的扩张解释；③ 其二，刑法上存在的疑问，只能根据解释的一般原则来解决，有利被告不具有作为刑法解释原则的独立意义；④ 其三，即使在西方，也未将有利被告适用于刑法的解释。⑤

然而，略加分析，即可发现，以上理由难以成立。

首先，尽管在原始意义上，作为罪刑法定原则的派生原则的禁止类推原则，的确所禁止的只是类推解释，而不禁止扩张解释，但是，一方面，如前所述，禁止类推实际上已被严格解释所取代，相应地，而扩张解释尤其是不利被告的扩张解释，理所当然地被作为解释的一般原则的严格解释所排斥；另一方

---

① ［法］卡斯东·斯特法尼等：《法国刑法总论精义》，罗结珍译，中国政法大学出版社 1998 年版，第 140 页。

② 例见 ［法］卡斯东·斯特法尼等：《法国刑法总论精义》，罗结珍译，中国政法大学出版社 1998 年版，第 138 页。

③ 张明楷：《"存疑有利于被告"原则的适用限制》，载《吉林大学社会科学学报》2002 年第 1 期，第 58—59 页。

④ 张明楷：《"存疑有利于被告"原则的适用限制》，载《吉林大学社会科学学报》2002 年第 1 期，第 59 页。

⑤ 这一理由并非否定论者所明确主张，但隐含在其将西方相同主张引作自己立论的根据的论证方法中。例见张兆松：《"刑法存疑时有利被告原则"质疑——兼与邱兴隆教授商榷》，载《人民检察》2005 年第 6 期，第 52 页。

面，正如西方学者所指出的一样，类推解释尤其是类推定罪，往往难以与扩张解释相区分。如上文所列的 Liparota v. United States 案中的初审法院便是通过将机动车扩大解释为包括飞机而对运输被盗飞机的行为类推运输被告机动车的行为定罪。因此，在不禁止扩张解释的前提下是谈不上对类推解释乃至类推定罪的真正禁止的。由此可见，在今天，所谓扩张解释不违反禁止类推的原则，实有不合时宜之虞。

　　其次，正如美国的经验与法国的主流观点所表明的一样，刑法的一般解释原则或方法不是万能的，即使基于刑法的一般解释原则而穷尽了一切努力，也仍然可能存在无法消除的刑法疑问。正如我国有学者所言，"尽管我们总是希望通过解释来解决刑法规定及其适用中的疑问，但围绕刑法规定及其适用的分歧或争议往往不以人的毅志为转移地存在。只要有'解释不清'的刑法，只要有凭解释消除不了的刑法疑问，在刑法适用上便总会有'难以解决的疑问'，因而可能并存着有利被告与不利被告的两种选择，从而给有利被告原则的贯彻留下了贯彻的空间"。① 的确，在立法经验丰富、立法技术成熟、刑法学理论发达的美国与法国，尚承认刑法可能存在根据一般的解释原则或方法无法解决的疑问，在立法经验欠缺、立法技术滞后、刑法学理论不成熟的我国，奢谈刑法的所有疑问都是基于解释的一般原则所能解决的，便更显无疑武断。试举一例：我国《刑法》第 17 条第 3 款规定："已满十四周岁不满十八周岁的人犯罪，应当从轻或者减轻处罚。"在这里，既然是"应当从轻或者减轻处罚"，自然也就排除了作为法定最高刑的死刑的适用。然而，第 49 条又专门规定，"犯罪的时候不满十八周岁的人"，"不适用死刑"。由此必然引发如下争议：第 49 条只是对第 17 条的简单重复还是应该与之同时适用？基于对立法意图的善意理解，刑法没有必要就同一问题作出同一规定。但是，如果不理解为是重复规定，而认为应该同时适用，那么，第 17 条第 3 款便应该在先满足第 49 条的前提下适用，即对未满十八周岁的人应该在排除死刑的前提下再从轻或减轻处罚，因而对之充其量只能判处有期徒刑。因为在排除死刑适用的前提下，无期徒刑成了法定最高刑，而从轻或减轻处罚，当然也就排除了无期徒刑的适用。然而，在实践中，对不满十八周岁的人判处无期徒刑的案件大量存

---

① 邱兴隆：《有利被告论探究》，载《中国法学》2004 年第 6 期，第 152 页。

在。这意味着实践中实际上是把前列两条款理解为简单的重复。① 如此矛盾之处，在我国刑法中虽不能说俯拾即是，但也非屈指可数。而这构成对所谓刑法上的疑问可以根据解释的一般原则解决殆尽的论调的最好反驳。因此，正如卢旺达刑事法庭法官沙哈布丁所言："无论关于常规性质的规定的解释的规则是如何自给自足，在适用这些原则的过程中都必须想到该原则（注：指 in dubio pro reo）。此外，在此等规定之外，还可能存在法律上的疑问"②。

最后，的确，在西方，关于刑法解释不得适用有利被告原则的主张尚有一定市场。但是，一方面，该主张并非唯一的主张，甚至也不是主流的主张。与之对立的是，至少是在英美法系国家与法国，肯定有利被告应当适用于刑法的解释的观点不但存在，而且是作为主流观点而存在。只看到否定论的存在而无视作为主流观点的肯定论的存在，将前者作为唯一或者主流观点予以引证，显系以偏概全。另一方面，正由于在西方并存着截然对立的两者主张，正确的态度不是不加分析地采信其中的一种主张而否定另一主张，而应该是在对两者的对比分析中得出肯定或否定的结论。极具讽刺意义的是，国内部分否定有利被告之于刑法解释的意义者，对前文所引证的作为法国的主流观点之代表的论述，予以断章取义的引证，即只引证其关于"在法律有'疑问'的情况下……法院也无义务一定要采取'最有利犯罪人'的限制性解释。如同在法律的规定不甚明确的情况下一样，法官应当首先借助于一般的解释方法（预备性工作、传统与理性材料），从中找到法律的真正意义"的表述，而有意无意地舍弃了其对"如果疑问依然存在，法官则应当作有利被告的解释"的强调，从而将肯定有利被告之于刑法解释的适用的西方主流观点引为反对将有利被告适用于刑法解释的立论根据。③ 这一指鹿为马的戏剧性的插曲，也许反映

---

① 也许有人会提出，第 17 条第 3 款只能排除死刑立即执行的适用，而第 49 条则进一步排除了死缓的适用，因此，对不满 18 周岁的人判处无期徒刑，不是对该两条款系重复规定的承认。然而，如果这样，第 49 条便应当规定为"不得适用死刑缓期二年执行"，否则，就不得适用死刑立即执行而言，第 49 条也是对第 17 条第 3 款的重复。

② International Tribunal for the Prosecution of Persons Responsible for Serious Violations of International Humanitarian Law Committed in the Territory of the Former Yugoslavia since 1991, http: //secnet069. un. org/ x/cases/limaj/acjug/en/Lima - Jug - 070927. pdf.

③ International Tribunal for the Prosecution of Persons Responsible for Serious Violations of International Humanitarian Law Committed in the Territory of the Former Yugoslavia since 1991, http: //secnet069. un. org/ x/cases/limaj/acjug/en/Lima - Jug - 070927. pdf. 引文是沙哈布丁对 Schomburg 法官反对在刑法解释中适用 in dubio pro reo 的主张的反驳，其中单引号所引内容出自 Schomburg 之口。

了至少是部分否定论者的立论的苍白。

由上可见，就禁止类推原则不排斥有利被告的类推解释、扩张解释与限制解释以及在基于一般的解释原则穷尽解释的努力后仍然无法解决刑法上的疑问时采纳有利被告的解释而言，有利被告不但可以而且应该适用于刑法的解释。正是如此，卢旺达刑事法庭法官沙哈布丁才极赋感染力地论辩道："'在案件的特定环境下确定与适用法律，当然是法庭本身的职责与崇高的义务，因为法律寓于一个法律之庭的司法知识之中'，这固然是当然之理。但是，在对法律拥有'司法知识'之前，法庭必须确定法律。在确定法律时，法庭受特定的原则的指引。in dubio pro reo 便属这些原则之一。"①

既然有利被告原则如上所述地应该适用于刑法的解释，我们便不得不承认该原则作为实体刑法中的一条原则的地位。但是，这并不等于说有利被告原则之于实体刑法的意义仅限于刑法的解释，也就是说，其在实体刑法中的地位并不以作为解释刑法的原则为限。相反，在相对罪刑法定主义的框架下，无论是西方还是国内，轻法可以溯及既往作为新法不得溯及既往原则的例外，不但是学界的通说，而且得到了立法的确认或司法的贯彻；允许适用有利被告的习惯法作为排斥习惯法原则的例外也得到了西方学界的普遍承认；再加之如前所述地，允许有利被告的扩张或类推解释也作为禁止类推原则的例外而已成为西方的主流观点，因此，有利被告在实体刑法上不是作为解决某一单个问题的规则而存在，而是对刑法上的疑问的解决具有普适性的一般原则而存在。这就决定了有利被告原则应该被定位为在刑法存疑的前提下确定刑法的适用的一条一般原则。

四、结　语

有关流行于西方的 in dubio pro reo 的定位的历史与现实考察表明，自古希腊以来，其便作为一条刑事法原则而存在。尽管在当代，关于该原则是单纯的程序原则还是程序与实体兼顾的刑事法原则以及其作为程序法原则的适用范围，在西方尚存争议，但是，这些争议在很大程度上是可以通过辨析而解决的。同时，即使是暂时难以形成共识的问题，也并非完全构成对该原则予以定位的障碍。例如：即使撇开该原则应否适用于刑法的解释这一争论的焦点不谈，我们也不妨将其定位为程序与实体兼顾的一条综合性的刑事法原则。因为

---

① International Tribunal for the Prosecution of Persons Responsible for Serious Violations of International Humanitarian Law Committed in the Territory of the Former Yugoslavia since 1991, http: //secnet069. un. org/x/cases/limaj/acjug/en/Lima - Jug - 070927. pdf.

至少在程序法之外，其适用于实体法中的新法的溯及力与刑法渊源的确认等领域，是不争的共识。

但是，对有利被告作为一条综合性的刑事法原则的承认，只是对该原则的定位的一个方面。问题的另一方面在于，必须明确该原则与其他原则的主次轻重即位阶。

正如前文已明晰的一样，有利被告作为无罪推定原则的伴生原则，在程序领域是作为一条解决事实存疑的原则而存在，即在事实上的疑问无法得到解决时发挥其作用。而其作为罪刑法定原则的伴生原则，在实体领域是作为一条解决法律存疑的原则而存在，即在法律上的疑问无法得到解决时发挥其作用。这一定位，虽然肯定了有利被告作为一般原则的制约作用，但是，同时也凸显出该原则无论是在程序领域还是在实体领域的适用的被动性与有限性。

所谓被动性，是指有利被告只有在不得已的情况下始有作为，即总是作为无罪推定与罪刑法定的例外而存在。就事实认定而言，在控方基于无罪推定的要求排除合理怀疑地证明了事实成立的情况下，也就谈不上对事实做有利被告的认定的问题。只有在排除合理怀疑的证明标准没有得到满足以致事实介于成立与不成立的两可之间时，始有有利被告发挥作用的余地。就法律适用而言，如根据罪刑法定及其派生原则的要求，既存的法律可以没有疑义地适用于具体的案件之中，所谓有利被告也就无从谈起。只有在既存的法律与罪刑法定的要求或此或彼地存在一定差距或矛盾时，才有作出有利被告的选择的必要。

所谓有限性，是指有利被告的适用范围是不是无限的，即其总是作为无罪推定与罪刑法定的补足而存在。一方面，适用该原则的主体主要甚至只能是法院，而不像无罪推定与罪刑法定一样，不但适用于法院，而且还适用于侦查机构与控方。另一方面，无论是在事实认定上还是在法律适用上，该原则的适用都是有条件的，即只有在有疑问的前提下始可适用，而不像无罪推定与罪刑法定一样，具有无条件的普适性。

有利被告原则的被动性与有限性决定了其在刑事诉讼法与刑法中都是后于无罪推定与罪刑法定而起作用，在任何情况下，其位阶都居于该二基本原则之下。任何将有利被告凌驾于该二原则之上而对其的优先考虑，都势必因越位而有违该原则的实质精神，因而构成对其的滥用。

醉酒驾驶行为入罪论

贾　凌* 毕起美**

在 2010 年全国"两会"上，有人认为目前无证、醉酒和超速驾车的行为的处罚不足以震慑酒后驾车等危险驾车行为的发生，建议增设"危险驾驶罪"。2009 年 7 月 18 日，四川成都李刚、罗毅两位律师上书全国人大常委会，建议在刑法中增加"饮酒、醉酒驾驶机动车罪"，两位律师认为目前我国刑法对于醉酒交通肇事违法行为的规定明显滞后，建议立法机关以现在案件为契机，尽快对刑法进行修改，这样才能真正完备防范体系，体现对公民生命财产安全之基本权利的维护。[1] 张明楷教授也主张：在交通领域内增设酒后驾驶、超速驾驶等犯罪。[2] 将酒后驾驶行为入罪的呼声此起彼伏，对于尚未发生实害结果的酒后驾驶行为，刑法是否应该提前介入以及如何介入，值得认真研究。

一、我国交通安全现状和对醉酒驾驶行为的立法缺陷

（一）我国交通安全现状分析

我国自改革开放以来，经济社会全面进步，科学技术水平日益提高，汽车工业得到突飞猛进的发展，汽车总产量从 1990 年的 51 万辆上升到 2000 年的 207 万辆，增长了三倍，年均增长速度为 13.58%。[3] 2005 年年底汽车总产量达到 615 万辆，汽车产量在世界上仅次于美国、日本，汽车年总产量已跃居世界的三位。[4] 到 2009 年 7 月，我国汽车数量已达 1.78 亿辆。随着汽车进入寻

---

　*　女，回族，法学博士，昆明理工大学法学院教授。

　**　（1987—），女，彝族，云南临沧人，昆明理工大学法学院硕士研究生。

　①　杜雯：《律师上书全国人大建议酒后驾车应判刑》，载《成都商报》http：//news.163.com/09/0719/04/5EIBJDP70001124J.html。

　②　张明楷：《刑事立法的发展方向》，载《中国法学》2006 年第 4 期。

　③　马力：《中国汽车市场最近十年发展态势分析》，载《世界汽车》2003 年第 1 期。

　④　王静、张西征：《关于我国汽车工业发展的几点思考》，载《江苏商论》2006 年第 8 期。

常百姓家庭的，是频频发生的惨烈的交通事故。据公安部门统计，2005年，全国共发生道路交通事故450254起，造成98738人死亡，469911人受伤，直接财产损失18.8亿元。① 2008年我国共发生道路交通事故265204起，造成73484人死亡，304919人受伤，直接财产损失10.1亿元。其中，在2008年因酒后驾驶机动车辆发生交通事故造成约18371人死亡，76230人受伤，直接财产损失2.5025亿元，按这样计算的话，因酒后驾驶平均每天死亡50人，每4年死亡约73484人，已经超过在5·12汶川地震中的死亡人数（6.9万）。乘以14年，每14年死亡的人数为257194人，已超过了1976年在唐山地震中死亡的人数（24.2万人）。这些数据使人触目惊心！② 一场场惨烈车祸的发生，一个个鲜活生命的逝去，撞击着人们的心灵，也引起了人们对道路交通安全的格外关注和深刻思考。近年发生的杭州保时捷醉驾案，成都醉酒驾驶案等一系列的醉驾案件又一次引发了理论界对酒后驾驶行为的诸多思考，在残缺的法律和饥渴的民意之间，立法机关应当如何取舍，何去何从？刑法不可能也不应当把一切酒后驾驶行为纳入法网，但可以考虑将其中情节较为严重的醉酒驾驶行为纳入刑法的视野。

（二）我国对于醉酒驾驶行为的立法缺陷

1. 从刑事立法来看

我国《刑法》第133条交通肇事罪规定：违反交通运输管理法规，因而发生重大事故，致人重伤、死亡或者使公私财产遭受重大损失的，处3年以下有期徒刑或者拘役；交通运输肇事后逃逸或者有其他特别恶劣情节的，处3年以上7年以下有期徒刑；因逃逸致人死亡的，处7年以上有期徒刑。本条是典型的过失犯，致人重伤、死亡或者使公私财产遭受重大损失的结果的发生是刑法介入的前提，这是一种典型的事后罚，对交通事故的预防显得微不足道，且本罪只规定了三个量刑幅度，没有规定量刑的具体情节，为此，最高院作出了相应的司法解释，从《最高人民法院关于审理交通肇事刑事案件具体应用法律若干问题的解释》第2条第2款及其第1项的规定可以看出"酒后驾驶"是作为一个降低定罪标准的一个情节而被规定。也即如果行为人在具备了"酒后驾驶"这个情节之后并造成一人以上重伤，负事故全部或者主要责任即可满足交通肇事罪构成要件的要求。而从第2条第1款第1项的规定，"死亡

---

① 熊红祥：《公安部通报2005年全国道路交通事故统计分析》，载 http://news.xin-huanet.com/legal/2006−01/12/content_4042310.htm.

② 中新数据。EB/OL http://szb.qzwb.com/dnzb/html/2009−08/14/content_69825.htm#。

一人或者重伤三人以上，负事故全部或者主要责任的"；可以看出与有"酒后
驾驶"这个情节相比，在没有"酒后驾驶"的情况下，只有死亡一人或者重
伤三人以上才符合交通肇事罪的要求。

但是，如果存在造成交通事故死亡 1 人或者重伤 3 人负事故全部或者主要
责任，并且具有酒后驾驶的情况，其法定刑却只能是 3 年以下有期徒刑或者拘
役。因为相关法条并没有对这种情况下是否应该加重处罚并没有作出规定，按
照罪责刑相适应原则，这样的量刑是存在问题的。这实际上等于对酒后驾驶行
为没有作出相应的评价，这样的处罚明显偏轻且很不合理。此外，就算存在
"酒后驾驶"情节，它一定可以被交通肇事罪所包含吗？很显然并不能。

2009 年 9 月 8 日，最高人民法院公布了广东黎景全案和四川孙伟铭案两
起醉酒驾车犯罪案件，并附加了倾向性意见：今后，对醉酒驾车，肇事后继续
驾车冲撞，放任危害后果发生，造成重大伤亡的，构成以危险方法危害公共安
全罪，应当依照《刑法》第 115 条第 1 款的规定定罪处罚。这样的规定值得
我们思考，交通肇事罪是过失犯罪，以危险方法危害公共安全罪是故意犯罪，
如果行为被认定为交通肇事罪，在其没有"因逃逸致人死亡"情节的情况下，
行为人将最多获刑 7 年有期徒刑，即便是"因逃逸致人死亡"，也最多获刑 15
年有期徒刑；而如果该行为被认定为以危险方法危害公共安全罪，则将被在
10 年以上有期徒刑直至死刑判刑。如果说此标准存在其合理性，那它也只是
对"醉酒驾车"作出了规定，对于"酒后驾驶"的行为，刑法依然没有发挥
其应当发挥的作用。

2. 从行政立法来看

酒后驾驶行为分为饮酒后驾驶和醉酒后驾驶两种，凡 100 毫升血液中酒精
含量大于等于 20 毫克，少于 80 毫克的驾驶员将被认定为饮酒后驾车，80 毫
克（含）以上的驾驶员将认定为醉酒驾车。对于酒后驾驶行为，2003 年 10 月
28 日第十届全国人民代表大会常务委员会第五次会议通过的《中华人民共和
国道路交通安全法》第 91 条规定："饮酒后驾驶机动车的，处暂扣一个月以
上三个月以下机动车驾驶证，并处二百元以上五百元以下罚款；醉酒后驾驶机
动车的，由公安机关交通管理部门约束至酒醒，处十五日以下拘留和暂扣三个
月以上六个月以下机动车驾驶证，并处五百元以上二千元以下罚款。一年内有
前两款规定醉酒后驾驶机动车的行为，被处罚两次以上的，吊销机动车驾驶
证，五年内不得驾驶营运机动车。"

《中华人民共和国治安管理处罚法》则对醉酒的行为进行了原则性规定。
该法第 15 条规定："醉酒的人违反治安管理的，应当给予处罚。"第 2 款规
定："醉酒的人在醉酒状态中，对本人有危险或者对他人的人身、财产或者公

共安全有威胁的，应当对其采取保护性措施约束至酒醒。"

中国公安部交通管理局 2010 年 3 月 17 日正式发布新修订的《机动车驾驶证申领和使用规定》，将饮酒后驾驶机动车，在高速公路上倒车、逆行、掉头，使用伪造、变造机动车牌证 3 种违法行为，由一次记 6 分调整为记 12 分。新规定于今年 4 月 1 号起正式施行。从我国行政立法的以上规定可以看出，对于酒后驾驶行为的行政措施主要是暂扣、吊销驾驶证、罚款、拘留和扣分制。从表面来看，行政措施似乎不断加大力度，以期对酒后驾驶行为的预防和控制，但从实际的情况来看，这样的立法规定似乎没能取得预想的效果，相对于其他国家的行政立法也相对偏轻，如美国对酒后驾驶行为的规定是，当驾车人血液中酒精含量为 0.1% 时，被视为醉酒驾车。如果被警察第一次抓住，要当场没收驾照，并被立即拘留到医疗中心，关押 12—48 小时至酒醒，次日，这名司机要交纳数千美元的"保释金"、75 美元医疗费用以及 250—400 美元（折合人民币 1900.3040 元）罚款，并吊销驾照 1 年。若第二次抓住，罚款加倍，吊销驾照 2 年。以后再抓，惩罚更重。除了罚款外，屡次犯错的，甚至会被送去参观停尸房里因车祸死亡者的残破尸体。让他们从此警醒。在日本，不但酒后驾驶行为将受处罚，提供酒者及搭车人也推脱不了责任，要连带受处罚。① 我国对酒后驾驶的行政处罚显然偏轻，对醉酒的认定标准较低，拘留的时间相对较短，罚款的金额数目也偏少，在执行中还存在大量的"人情执法"的现象等，这对于酒后驾驶行为人毫无威慑作用，很多人有恃无恐，出于侥幸的心理，屡屡以身试法。

综上分析我国的刑事立法和行政立法，结合我国交通安全的现状，对于交通事故频发的主要原因的酒后驾驶行为，笔者认为刑法作为最后的一条防线理应发挥其应有的预防作用，在交通肇事罪和以危险方法危害公共安全罪之外单独设立一个罪名，将酒后驾驶行为入罪，显得非常之必要。

二、立法建议的必要性与可行性分析

（一）立法建议的必要性

必要性，即当为性，表明为或不为一定行为的意义，表明通过实施建议达到目的，解决问题的效果、实现的有利因素和条件。② 必要性其实是解决"现实需要、与时俱进"的问题，因为法律的确定性与适应性之间的紧张关系乃是法律与生俱来的一个胎记，由于成文法的局限，立法者不可能完全预见藏身

---

① 安平：《各国对酒后驾驶的惩罚规定》，载《湖南农机》2009 年第 8 期。

② 曾粤兴：《刑法学方法的一般理论》，人民出版社 2005 年版，第 2 页。

于无尽多变的生活海洋中的未来事件，所以，法律需要不断完善，可以说，完善法律是一个永恒的话题，因为事物都在不断的变化与发展，存在即需完善，没有一部成文法的规定可以一劳永逸，刑法当然也不例外。

1. 从现实分析入罪的必要性

我国目前拥有全世界 1.9% 的汽车，引发的交通死亡事故却占了全球的 15%，我国道路交通事故死亡率目前"排名"世界第一。① 汽车工业的迅速发展、私家车的普及取代了我国曾经"自行车王国"的称谓，而随之而来的交通事故也引人深省，世界卫生组织的事故调查显示，50%—60% 的交通事故与酒后驾驶有关，酒后驾驶已经被列为车祸致死的主要原因。发展中国家尤为突出，每 33 分钟就会有一人死于与饮酒有关的交通事故。酒后驾车交通事故（归类为特大事故或重大事故）的比例明显高于非酒后驾车交通事故。② 尽管有大多数人认为酒后驾车酿成的交通事故永远不可能发生在自己的身上，但专家的统计结果证明：在每个人的一生中卷入与喝酒有关的交通事故的可能性为 30%。显而易见，饮酒与开车是多么可怕的致命结合，正是由于酒后开车这个"罪魁祸首"使得一幕幕本不该发生的惨剧接连上演，造成一个个幸福美满的家庭支离破碎。③ 在我国，每年的交通事故达数万起；而造成死亡的事故中大多都与酒后驾车有关，2009 年 1 月到 7 月，中国内地因酒后驾驶导致的道路交通事故造成 1169 人死亡，其中醉酒驾车恶性肇事案件频频出现，这些案件引起了恶劣的社会影响，酒精引发的一件件惨案让酒后驾车施加刑罚的声音不绝于耳。④ 酒后驾车的危害后果一旦发生，采取任何补救措施都为时已晚，因为无辜的生命已经被飞来的横祸夺走，因此，在充满风险的现代社会，有必要将危害公共安全的酒后驾驶行为纳入刑法的调整范畴，这是民众的普遍要求，也是现实生活的急切需要。

2. 从理论分析入罪的必要性

（1）费尔巴哈的心理强制说

目前我国对酒后驾驶行为的刑法处罚都是事后罚，未能起到威慑的作用，将酒后驾驶行为入罪可以起到威慑的作用，因为行为人能预见到作出某一行为

---

① 谢娜等：《驾车道路交通事故流行病学研究》，载《法律与医学杂志》2004 年第 4 期。

② 谢娜等：《驾车道路交通事故流行病学研究》，载《法律与医学杂志》2004 年第 4 期。

③ 马牌：《酒后驾驶的误区》，载 http://www.nxnet.net/newspaper/20 06－03/OS/。

④ 《公安部统计专项行动背景》，EB/OL. 载 http://www.jxhld.gov.cn/news/i/1/200909/04－47063.html。

的后果，从而基于合算与不合算的合理选择作出相应的行为抉择，这就是费尔巴哈的心理强制说，这种学说的基本内容为："一切犯罪的心理成因均在人的感性之中，人们对行为或者行为所产生的快感的欲望驱使其实施犯罪行为；为了抑制这种感性，就需要使人们知道，因实施犯罪行为而受到刑罚处罚的痛苦，大于因犯罪行为本身所产生的快感"。[①] 这种学说至今仍未过时，面对酒后驾驶的严峻状况，提高酒后驾驶的违法成本，让行为人能预先估测到违法成本大于守法成本，无疑能起到积极的威慑作用。

（2）违法性根据：结果无价值论

将酒后驾驶行为入罪需要考究行为的违法性，在违法性理论中，存在行为无价值与结果无价值的争议。行为无价值理论主张违法性的本质是对社会伦理秩序的违反，结果无价值理论主张违法性的本质是对法益的侵害或者威胁，根据结果无价值论，行为没有达到一定的程度即侵害或威胁到法益之前不能课处刑罚，从而缩小了刑法处罚的范围，按照行为无价值理论，违法的本质是对社会伦理秩序的破坏，这样有可能扩大或者缩小刑法的处罚范围。笔者赞同结果无价值论的观点，酒后驾驶行为是一种高概率、高危险性行为，对他人的生命财产安全具有极大的危害，威胁的是公共安全利益，即超个人的利益，不特定的多数人的人身、财产利益，因此这种行为威胁到了刑法所要保护的法益，其违法性本质决定了该行为需要被纳入刑法的视野，以体现对不特定多数人生命、财产利益的保护。

（二）立法建议的可行性

立法建议的可行性，即指可操作性，必要性解决的是应然的问题，可行性解决的是可以所然的问题，将酒后驾驶行为纳入刑法的射程，是否可行？有人对此表示担心。有人认为，法律是以教育为目的的，如果将酒后驾驶应入罪的话，似乎成了法律以惩罚为目的。为此，我们应当辩证地看待，教育是目的，惩罚是手段，当我们的教育不能让那些具有饮酒驾驶恶习的人改掉恶习，甚至通过行政处罚也不足以改掉饮酒驾驶的恶习时，就说明人们对酒后驾驶的重视度不够，现有法律的威慑力不强。

1. 将酒后驾驶行为入罪符合民众的普遍要求

酒后驾驶行为给公共安全带来了严重的威胁，悲剧的不断上演，将酒后驾驶问题推向了风口浪尖，成都男子醉酒驾车闯红灯，连撞 5 车撞飞 4 条生命，黑龙江鸡西司机醉酒驾车连撞 26 人致 2 人死亡，南京司机酒后驾车连撞 9 人，5 人死亡包括孕妇，杭州保时捷撞死 17 岁女孩等一系列的惨案，使民众对酒

[①] 张明楷：《刑法的基本立场》，中国法制出版社 2002 年版，第 4 页。

后驾驶所造成的危害已深恶痛绝，普遍要求要遏制这种行为，而法律实施的最终目的是使民众能够有秩序地生活在社会之中，并因此实现生命之价值，将其入罪能有效维护公共秩序，保护不特定多数人的生命、健康和财产利益，将酒后驾驶行为入罪正是民意的体现。

2. 借鉴国外以及台澳地区经验，从而构建严而不厉的刑事法网

对于危险犯而言，只要行为足以造成某种危险结果发生的危险状态，就构成既遂。目前，将酒后驾驶这一危险驾驶行为入罪已经成为一股世界性的潮流，很多国家和我国的港澳地区都将其规定为犯罪。如《德国刑法典》第 315 条的危害公路交通安全罪：（1）因下列行为危及他人身体、生命或贵重物品的，处 5 年以下自由刑或罚金刑：①由于引用酒或麻醉品，或由于精神上或身体上的缺陷，在无能力安全驾驶有轨交通工具、悬空缆车、船舶或飞机的情况下，驾驶此等交通工具的；②作为上述交通工具的驾驶员，或负责其安全的人员，严重违背义务，触犯保护有轨交通工具，悬空缆车、船舶或飞机交通法规的。（2）犯第 1 款第 1 项之罪而未遂的，亦应处罚。（3）犯第 1 款之罪有下列行为之一的，处 2 年以下自由刑或罚金刑：①过失造成危险的；②过失为上述行为，且过失造成危险的。① 德国将所有的酒后驾驶行为都囊括入刑法领域，并根据不同的情况进行定罪量刑。可以看出刑法与法益保护的联系，并不要求只有在法益受到实际侵害的时候才能产生刑事可罚性。此外，英国规定了酒后驾驶罪，美国《模范刑法典》第 205.5 条规定了公然醉酒罪，日本刑法第 208 条之 2 危险驾驶致死伤罪，芬兰《刑法典》第 3 条规定酒后驾驶罪、第 4 条规定严重酒后驾驶罪，韩国 2005 年增设了危险驾驶罪，我国澳门地区"刑法典"第 279 条规定危险驾驶道路上之车辆罪，我国台湾地区"刑法典"第 185 条规定妨碍公众往来安全罪等，为此，中国刑法应与国际接轨，立足于中国的国情，借鉴国外关于酒后驾驶的相关立法，将酒后驾驶行为入罪，从而有效防止酒驾交通事故的发生。

三、结　语

通过以上对立法建议的必要性与可行性分析，笔者认为，具体罪状可作如下设计："醉酒在公路上驾驶机动车辆的，处一年以下有期徒刑或者拘役，并处或者单处罚金；造成严重后果的，依照《刑法》第 113 条之规定定罪处罚；如果预见到发生严重危害后果的可能性，又没有自信的客观依据的，依照《刑法》第 115 条之规定定罪处罚。"此罪的目的在于预防及醉酒驾驶机动车

---

① 《德国刑法典》，徐久生、庄敬华译，中国方正出版社 2004 年版，第 156 页。

辆有可能发生的事故危险。醉酒驾驶与飚车一样，在各种违章驾驶行为中具有引发交通事故的最大危险，需要设置行为犯模式加以有效预防，以此弥补交通肇事罪预防犯罪功能的不足。这一条文设计可以衔接本罪与交通事故罪在同为犯罪过失情况下的刑事责任，同时，又能衔接本罪与以危险方法危害公共安全罪在同为犯罪故意情况下的刑事责任，并足以辩驳行为人可能主张的自己实施行为是基于过于自信过失的辩解。因为从常识、常理判断，醉酒驾驶与飙车一样，行为人对于可能引发严重后果都有一定程度的预见，只不过在醉酒状态下，控制能力有可能减弱，但行为人无充足的理由说明自己具有有效避免危害结果发生的客观依据。根据刑法原理，倘若行为人预见到发生危害结果的可能性，有没有避免该结果发生的客观依据，最终导致危害结果发生的，不能认定为过于自信的过失，恰恰应当认定为间接故意。

此外，之所以将驾驶"机动车"作为本罪的构成要件之一，是因为机动车相对于非机动车来说，危险性更高。

将醉酒驾驶行为入罪具有重大的理论意义和实践意义。从实践来讲，将醉酒驾驶行为入罪，有利于完善现行的刑事法律，形成一个有效预防和控制交通事故的法网，符合世界范围内刑法的发展趋势，能有效地缓和交通安全的严峻现状，从根源上遏制交通事故的发生，做到防患于未然，是预防犯罪的刑事政策的一个合理体现。

对醉酒后驾车的经济学分析

——兼评《刑法修正案（八）（草案）》第一百三十三条的完善

范才友* 蒋志强**

引　言

　　2010 年 8 月 23 日，提请全国人大常委会初审的《刑法修正案（八）（草案）》（以下简称草案），引起社会高度关注。草案规定在刑法第一百三十三条后增加一条，作为第一百三十三条之一："在道路上醉酒驾驶机动车的，或者在道路上驾驶机动车追逐竞驶，情节恶劣的，处拘役，并处罚金。"对醉驾入刑等热点问题，多数的观点认为醉驾的社会危害大，用刑法增加对此类行为的威慑非常必要，但是，也有部分观点认为醉驾入刑的时机尚不成熟，应暂缓醉驾入刑。[①] 而对于醉驾的刑罚，部分人大常委会委员认为草案的规定过轻，应当加重处罚力度，构成其他罪的，应当数罪并罚。另外，也有人大代表认为，醉酒驾驶机动车和在道路上驾车追逐竞驶，属于行为犯，又属于危险犯，建议增加一款即"造成他人轻伤的处三年以下有期徒刑或者拘役，造成他人重伤的，处三年以上七年以下有期徒刑，造成他人死亡的处十年以上有期徒刑、无期徒刑或者死刑。"[②] 对于上述问题，各种观点均有一定的道理，那么该如何

　　*　湖南省邵阳市中级人民法院副院长。

　**　湖南省邵阳市中级人民法院审判员。

　　①　参见佚名：《酒后驾车五大危害，刑法拟定"醉驾入刑"引争议》，载中国日报网 http：//www. chinadaily. com. cn/dfpd/lvyou/2010 – 08 – 28/content_ 776547. html，于 2010 年 10 月 27 日访问。

　　②　参见佚名：《全国人大常委会组成人员分组审议时表示醉驾肇事惩罚力度应加重》，载京华网 http：//epaper. jinghua. cn/html/2010 – 08/26/content_ 580432. htm，于 2010 年 10 月 27 日访问。

完善草案关于醉驾方面的规定呢？本文拟从另一个有别于法学的经济学角度进行分析，为完善该规定提供不同的视角。

古典经济学理论体系的创立者亚当·斯密认为，利己是人的本性，人类的活动离不开利益这个主题。在被称为西方经济学第一部"圣经"的《国民财富的性质和原因的研究》一书中，斯密说：我们期望的晚餐并非来自屠夫、酿酒师和面包师的恩惠，而是来自他们对自身利益的关切。我们不是向他们乞求仁慈，而是诉诸于他们的自利心；我们从来不向他们谈论自己的需要，而只是谈论对他们的好处。[1] 因此，在应用经济学研究问题时的一个最重要的前提是经济人假设，即认为经济主体所追求的唯一目标是自身经济利益最大化，经济主体所有的经济行为都是有意识的和理性的。[2]

一、阻止危险行为——醉驾入刑之必要

古典学派犯罪学家贝卡里亚指出，犯罪对社会的危害是犯罪的真正标尺，这是一条显而易见的真理，不需要借助象限仪和放大镜。[3] 因此，从犯罪学的角度分析，对某种行为能否进行刑法规制，取决于该行为对于社会的危害性。为何只能对社会危害大的行为才以刑法进行规制呢？与个人相对而言，国家不过是一个更大的经济主体，国家的一切活动也应遵从利益最大化的原理。国家通过法律制度保证社会的正常运行，不同的法律就如机器的不同配件一样各司其职，从而达到以尽可能小的成本实现利益的最大化。与民法、行政法等其他部门法相比较，刑法实施的成本最高，为了保证该法的实施，必须投入大量的人力、物力保证对犯罪分子提起诉讼和关押、改造，因此，刑法必须具备谦抑性，不能动辄用刑法进行评价，只有对社会造成严重危害的行为才可能运用刑法。例如，对一个从别人果园里偷了一个橘子的人处以刑罚，哪怕是对其判处最轻的刑罚并且确实能使其改造好，对其处以刑罚而耗费的成本远远超出了他不再偷桔子的收益。并且，任何资源都是有限的，我国当前的司法资源更加宝贵，将部分资源耗费在阻止他人偷几个橘子这样的事情上，投入到其他诸如抢劫、杀人等重大危害人们生命、财产安全案件上的资源就会降低，显然这种对司法资源的分配是不合理的。对于通过其他途径和部门法调节就能实现社会低成本顺利运行的行为，不能纳入刑法的视野，只有不能用其他手段解决的案件

① ［英］亚当·斯密：《国富论》，唐日松等译，华夏出版社 2005 年版，第 14 页。
② 参见厉以宁：《西方经济学》，高等教育出版社 2005 年版，第 3—4 页。
③ ［意］贝卡里亚：《论犯罪与刑罚》，黄风译，中国法制出版社 2003 年版，第 78 页。

才可处以刑罚。

（一）民法之无奈

民法是当之无愧的第一大部门法，不仅因为社会运行中的大部分纠纷都由民法调整，而且由于民法的实施成本较低。不过，民法的调整范围也是有限的。在民事法律关系中，至少应该有明确的被害人和侵权人，同时被害人具备控告侵权人的能力，如果缺少这两点，那么该纠纷就不能交由民法调整。不过，仅具备这两点也是不够的，例如买卖毒品的行为。众所周知毒品危害之大，社会上任何人都可以说是广义上的被害人，那么必定有人具备控告卖毒者的能力，因此，买卖毒品的行为具备了前述的民事法律调整必备的两个条件，但是为何仍不能由民法调整呢？这是因为公共产品的非排他性导致其他人缺乏控告卖毒者的动力。公共产品是指那些在消费上具有非抗争性和非排他性的产品，该产品并不排斥社会上其他人消费并从中获益。[①] 例如居民楼梯间的路灯，如果由某户安装并缴纳电费，那么从此楼梯间经过的其他人也免费享用了路灯提供的方便却无须承担成本，显然，大多数人是不会愿意为大家提供路灯的。

对于醉酒驾车行为，由于驾驶者缺乏正常的控制能力，在公路上高速行驶的车辆对于马路周围的其他人构成潜在的危险，就如一个不定时的炸弹，一旦发生事故，后果之严重有时会超出人们的意料。但是，醉驾行为的具体被害人却是不确定的，也就是说在事故前不能确定究竟谁会受到伤害。如果允许任何一个可能受到该醉驾者威胁的人可以作为原告提起民事诉讼，那么原告必须举证因此受到的损失和付出诉讼成本。由于任何诉讼都是有风险的，原告并不必然胜诉，所以原告可能要承担全部的诉讼成本。即使原告胜诉，民事赔偿通常也是补偿性的，原告难以从诉讼中获得额外的利益，并且原告的胜诉却让其他人从中获得利益，即减少了醉驾者伤害其他人的风险。显然，其他人搭了原告的便车。因此，在收益小于成本的情况下，作为一个理性的经济人，权衡利弊后是不会愿意对醉驾给他人带来的风险进行诉讼的。

（二）行政法之局限

每个人所拥有的资源是有限的，在日常生活中，我们常常会在不同的物品之间进行选择，例如对于同样价格的衣服，我为什么选择蓝色而不选择红色？在解释消费行为的过程中，经济学依赖于一个基本的前提假定，即人们倾向于选择在他们看来具有最高价值的那些物品和服务。[②] 在配置这些资源的时候，

---

① 参见厉以宁：《西方经济学》，高等教育出版社 2005 年版，第 218 页。

② ［美］保罗·萨缪尔森、威廉·诺德豪斯：《微观经济学》（第十六版），萧琛等译，华夏出版社 1999 年版，第 62 页。

我们自觉或者不自觉地运用了这样一个理论：效用理论。边际效用论的先驱和奠基者赫尔曼·海因里希·戈森认为，效用价值理论是以消费者的主观心理为基础的，消费者都是理性的，并且他们总是会尽力使自己的享受或者效用达到最大化。人类行为的目的就在于追求最大限度的享乐和避免痛苦，戈森第一定律和戈森第二定律①就是人类行为的准则，人的行为必定受它们的支配。②

犯罪分子在实施犯罪行为时也是如此，虽然其并非经过完整精确的计算再实施犯罪，但是其在实施行为前对是否值得犯罪在潜意识里进行了评估，假如他在盗窃一台价值三千元的电脑前知道必定会被抓获、定罪，并将会被处以四千元的罚款，在这台电脑不能为其带去其他收益的前提下，他肯定不会实施盗窃行为。《中华人民共和国道路交通安全法》第91条第1款规定：饮酒后驾驶机动车的，处暂扣一个月以上三个月以下机动车驾驶证，并处二百元以上五百元以下罚款；醉酒后驾驶机动车的，由公安机关交通管理部门约束至酒醒，处十五日以下拘留和暂扣三个月以上六个月以下机动车驾驶证，并处五百元以上二千元以下罚款。由此可见，对于醉酒后驾驶机动车的最为严厉的处罚是拘留十五日。也就是说，对于醉酒后驾驶机动车的预期最高成本是被拘留十五日和二千元罚款，那么一个驾车者在喝酒前必然会权衡醉驾的惩罚和被发现的概率决定其成本，并将收益和成本进行比较后决定是否值得喝酒。当然，对于成本和收益的核算是难以评估且因人而异的，并且效用是人们的一种主观心态，不过，我们判断一个人实施某个行为的效用是正还是负的根据不是凭个人的猜测或者数字的推算，我们得到相关的信息是通过观察行为、观察人们愿意以怎么样的代价来获得所需，并从这些观察中作出判断。③ 如果一个人醉酒后依然驾车，那么我们可以判断在当前的惩罚成本下他获得的是正效用，如果他获得的是负效用就不会端起酒杯和驾驶机动车。由此可见，通过观察醉驾者的数量就可以判断现有的行政法律对于醉驾者施加的成本是否足够可以阻止醉驾行为的发生。据权威部门调查显示，2009年中国查处酒后驾驶案件31.3万起，其

---

① 戈森第一定律是指一种商品对于个人的额外效用是随着该商品总消费量的增加而递减，即边际效用递减规律；戈森第二定律是指一个人花费一定量的收入希望得到最大总和的享受，就必须使消费的每一种商品所提供的享受、满足都相同，即边际效用相等规律。

② 参见王雪梅、谢实：《西方经济学简史》，云南人民出版社2005年版，第29—30页。

③ 参见［美］大卫·D.弗里德曼：《经济学语境下的法律规则》，杨欣欣译，法律出版社2004年版，第15页。

中，醉酒驾驶4.2万起。① 从这组已查处的数据可以看出，在2009年至少还有数万人认为醉酒驾驶带给他们的正效用，如果再考虑没有被查处的醉酒驾驶的案件，那么醉酒驾驶的数量将更大。显然，当前行政处罚的成本不足以阻止醉驾。不过，反对醉驾入刑者也许会考虑通过提高行政处罚的成本阻止醉驾行为。

当然，这可以作为解决问题的一条思路予以考虑，但仔细分析后可以发现，不断地提高行政处罚的力度不利于整体成本的节约。这是因为行政处罚要远轻于刑事处罚，比刑事处罚更加强调效率，对于行政处罚在证明事实的证据等方面的要求也远低于刑事处罚。为了保证更高的处罚尽可能不出现错误，因此对刑事诉讼程序设置得更加复杂。如果将行政处罚的标准提高至刑事处罚的程度，却以行政处罚的程序来运行，那么行政处罚的错误率必将大增，而法律的威严主要来源于公正的结果和稳定的预期，不断出错的处罚必然使人们难以形成对法律的合理预期，使法律的实施成本大幅上升。因此，行政处罚的力度必然是有限的。

（三）刑法之必要

虽然前面论述了对醉酒后驾车的行为仅由现有法律进行规制是不够的，但是并不能必然得出对该行为就应该用刑法规制。毕竟不是所有的醉酒后驾车的行为都会导致交通事故的发生，该行为并不必然导致他人身体和财物的损失，因此，这种行为不同于我国刑法所规定的交通肇事罪。那么为何我们对这种尚没有发生危害后果的行为也要进行刑事处罚呢？应有的解释是，这是一种通过惩罚那些增加不良后果的可能性的行为从而防止不良后果发生的手段。② 投入成本对这种危险行为进行阻止有利于减少损失，从而获得更大收益。假设该行为发生危害后果的概率是15%，造成的损失是2万元，那么只要阻止结果发生的预防成本不大于3千元，该预防成本就是有效益的。因此，只要阻止危险的投入成本是正效益，该投入就是必要的。就醉酒后驾驶而言，其可能造成的危害不仅是财物的损失，而且包括对不特定多数人的生命的威胁，综观近年发生的醉驾造成特别严重后果的案件，如成都孙伟铭醉驾肇事4死1伤，佛山黎景全醉驾撞死2人，南京张明宝醉驾肇事5死4伤，可见醉驾所导致的后果触

---

① 佚名：《酒后驾车五大危害，刑法拟定"醉驾入刑"引争议》，载中国日报网 http://www.chinadaily.com.cn/dfpd/lvyou/2010-08-28/content_776547.html，于2010年10月27日访问。

② 参见［美］大卫·D.弗里德曼：《经济学语境下的法律规则》，杨欣欣译，法律出版社2004年版，第85页。

目惊心。在生命面前，自由亦是廉价的，如果能以自由换取这些生命，显然是值得的，因此，以剥夺醉驾者的自由换取生命的安全是非常必要的。

不过，不是所有的可能增加不良后果可能性的行为都值得施加刑罚，例如一个司机在驾车过程中仍沉浸在与女朋友约会之幸福遐想中的行为是很危险的，将严重分散其驾车的注意力，又如司机在驾车过程中聊天的行为也会增加发生事故之风险。同样都是驾车过程中可能增加的风险，但是法律对于这二个例子中的行为却是相当宽容的。出现这种不一致的关键依然是阻止这种危险的成本和收益之间的权衡。要决定如何评价一种行为，必须确定该行为之存在再评估该行为可能导致的风险之大小，对于司机在驾车时的胡思乱想，除了司机本人，没有人能确切知道他正在思考的是与驾车无关的问题，也就是说判断该行为是否存在几乎是不可能的，即使可以通过某种途径判断，判断的成本也是非常高昂的。同样，对于司机与旁人聊天的行为，由于该可能增加的发生事故的概率小，危害后果不严重，如果动用高昂的刑罚成本阻止这种行为所获得的收益是负的，那么根本就没有必要用刑法对此进行评价。因此，对于可能增加不良后果的行为的阻止必须具备两个条件，一是该行为是易于识别和判断的，二是阻止该行为的收益为正。在前面的分析中已论述过阻止醉驾行为是正收益，同时醉驾行为通过简单的手持仪器就可以判断，醉驾行为的识别和判断成本也是很低的，因此，不仅值得用刑罚对此行为进行评价，而且具备评价的条件。

二、提高处罚效率——刑罚之最优配置

杰出的法律经济学家波斯纳指出，犯罪也是一种交易行为，这种交易行为不同于其他交易行为的是，此种交易行为是交易成本巨大的交易行为。[①] 刑罚的目的是阻止犯罪行为的发生，引导人们选择交易成本更低的自由交换的方式，而不是采取诸如抢劫、盗窃之类的强制交易方式。因此，对于刑罚的设置在犯罪造成的损失和阻止强制交易的成本之间进行平衡，只有以最小的成本阻止强制交易发生的刑罚才是最优的刑罚。因此，设置过低或者过高的刑罚都是不经济的，太低不能充分发挥阻止犯罪的作用，太高则不仅浪费了过多的惩罚成本，而且可能异化行为人的犯罪动机。

（一）是否需要设置有期徒刑

对于醉驾行为的刑罚设置，决定了醉驾的预期成本，也就是说，对于理性

---

① 转引自魏建、宋燕谐：《刑罚威慑理论：过去、现在和未来》，载《学习与探索》2006 年第 4 期，第 194 页。

的经济人，醉驾的刑罚设置越严厉，那么他实施该行为时的成本就越高，他在决定端起酒杯时就更可能作出不驾车的选择。因此，在理想的状态下，我们可以对醉驾设置尽可能高的刑罚。不过，在实践中是行不通的。一方面，刑罚是需要成本的，这种成本不仅包括诉讼、改造的成本，而且包括可能发生的错误定罪的成本。对于可能施加严厉刑罚的犯罪分子，无论哪个方面的成本都是更高昂的，例如同样是抓捕行动，在抓捕一个可能判处死刑的犯罪分子时，如果他能逃脱，可以更长时间的逍遥法外，他为反抗所付出的成本所带来的收益是可观的，他可能会更加强烈地反抗甚至威胁抓捕人员的生命安全。因此，如果对于醉驾者实施过于严厉的处罚，假如可能判处死刑，那么醉驾者在被发现醉驾行为后会不惜巨额的代价逃避抓捕和惩罚。同时，醉驾者不谨慎驾驶造成更严重的致人死亡的后果并不会增加或显著增加他的犯罪成本，他在驾车过程中会更少地控制自己的行为，更加放任后果的发生。另一方面，根据戈森第一定律，任何事物所带来的效用都是有限的，就如对于一个饥饿的人，当他吃第一个面包带来的效用是最大的，但在他吃了第十个面包后，再吃第十一个面包可能带给他的不是满足，而是负担。因此，对醉驾者的处罚也是如此，如果只要拘役一个月就足以阻止危险行为之发生，那么拘役二个月的处罚就是一种刑罚的浪费。另外，世界上不存在一种绝对能阻止任何犯罪的惩罚。只要威慑是有成本的，最优的犯罪数量就是正的，威慑的成本使得一个理性的社会不能完全消灭犯罪。① 因为任何惩罚都无法威慑获得正收益的犯罪，例如对于一个为暂时的享受而愿意牺牲自己生命的人，他可能会去抢劫银行的巨额财物而无惧被判处死刑的威慑，对他而言，强制从银行获取财物的交易行为是值得的，所以刑法需要阻止的是那些负收益的犯罪。

对于醉驾者的刑罚，既不能太高，也不能太低。其所处的刑罚必须对人们的行为予以正确的引导。对醉驾者的处罚不能太低的问题，现有的行政处罚给出了标准，即必须高于行政处罚的力度，可以对醉驾者施加拘役的惩罚，那么是否需要对醉驾者设置有期徒刑的刑罚？设置多高的有期徒刑可以给人们一个合理的预期呢？人们在形成预期时总是以过去的经验和客观的活动等信息进行整体评估，并根据相关条件的变化不断修正自己的预期。如果对醉驾者处罚的力度低于有期徒刑，那么可能导致有人借醉驾之名实施危害公共安全的行为。虽然醉驾对公共安全的危害未必等同《刑法》第114条所规定的放火、决水、投放危险物质或者以其他危险方法危害公共安全、尚未造成严重后果的行为，

---

① 罗伯特·D.考特、托马斯·S.尤伦：《法和经济学》，施少华、姜建强等译，上海财经大学出版社2002年版，第385页。

但是醉驾可能造成的严重后果甚至超过了该条的规定，那么在量刑上就会显失平衡，容易误导人们产生错误的预期。同样，如果对醉驾行为处以三年以上的有期徒刑，那么也会导致一样的后果。因为《刑法》第 133 条所规定的一般的交通肇事行为的最高处罚为三年，他在驾驶过程中的是否履行必要的谨慎义务都不影响对他的处罚，所以驾驶者会放任造成他人生命和财物的损害。同时，如果对醉驾行为的设置刑期等同于交通肇事，那么可能导致醉驾者为逃避抓捕而驾车疯狂逃逸，对社会造成更大的危险，因此，对醉驾行为的处罚必须低于对交通肇事行为的处罚，醉驾者才有合理的动机愿意接受处罚而不会躲避处罚并造成更大的危害，才能既不造成没有必要的刑罚浪费，又能让人们产生合理的预期，达到阻止更多的醉驾行为之目的。

（二）是否需要处罚金

从刑罚的执行成本考察，罚金可以增加国家的收入，监禁不仅不能给国家带去直接收益，而且还要投入大量的资源维持监禁系统的正常运行，因此对犯罪分子处以罚金要远远优于对其进行监禁。并且对于理性的经济人，只要施加足够的罚金刑，那么犯罪成本增加到足以使犯罪无利可图，国家完全可以通过罚金实现对犯罪的最佳预防。尤其是对于犯罪情节较轻的行为，应当尽可能以罚金刑进行处罚。因此，罚金刑是一种有效且经济的刑罚执行方式，对于醉驾行为的处罚也应当尽量降低执行成本，对该行为施加必要的罚金刑。不过，以罚金刑阻止醉驾行为的前提是醉驾者有能力履行罚金刑并且罚金的数额设置可能无限大。对于无能力履行者，罚金不过是一纸老虎，而对于富有者，几万元乃至几十万元的罚金不过是其资产的九牛一毛，并且在罚金设置不可能无限大的情况下，有限的罚金也同样无法阻止醉驾者将危险强加于他人。因此，罚金对贫穷得无力支付罚金和富有得不在乎罚金的的醉驾而言其惩罚作用是有限的，单纯的监禁或者罚金都难以实现刑罚之目的，应当以监禁和罚金二种刑罚相结合，通过这二种刑罚的组合，有效地降低刑罚的执行成本、预防犯罪。

（三）发生危害后果如何处罚

刑罚是一种手段，不同的刑罚配置是为了实现刑罚阻止犯罪、最大化社会福利之目的。在分析醉驾问题之前，让我们先看以下两个案例：1. 甲抢劫乙的财物后，为防止乙报案再故意杀害乙；2. 丙在抢劫财物时遭到丁的反抗，为了达到抢劫丁财物的目的，丙故意杀害丁。显然，根据我国刑法的规定，对例 1 中甲的行为应当以抢劫罪和故意杀人罪实施并罚，对例 2 中丙的行为却只以抢劫罪处罚。实施相同的行为，导致相同的后果，却有不同的处罚，但这恰是符合刑罚的要求。在例 1 中，对其以二个罪予以并罚是为了阻止甲实施故意杀人行为，而例 2 则不同，即使对丙定二个罪，为了实现其抢劫目的，丙仍会实施故意杀害丁的行为，对其定两个罪只能是刑罚的浪费。

醉驾行为发生实际危害后果后如何处罚，到底是将醉驾行为与危害后果并罚还是如部分代表建议的在醉驾条款中对不同的危害后果分别规定不同的量刑档次，取决何种处罚的设置符合刑罚阻止犯罪、最大化社会福利之目的。

醉驾者在主观上能够预见到危害后果，但是危害后果的实际发生是不确定的，只是一种可能的危险，醉驾者对于该后果只能是放任，并非过失或积极追求。因此，对醉驾行为进行处罚是为了消除这种威胁他人生命和财物安全的风险。如果因醉驾导致他人生命或者财产安全受到损害，这已超出醉驾之刑罚所能威慑的范围，那么这种实际损害的发生并不能包括在醉驾的评价之中，应当对这种危害结果另行评价。如果只以醉驾行为进行刑法评价，由于是否发生实际危害后果都不会影响对他的刑罚，那么醉驾者在实施醉驾行为开始就缺乏自我控制事故发生的动力。同时，由于醉驾者在驾驶过程中的不同行为表现决定其可能会具备不同的主观、客观方面的构成要件，从而可能与《刑法》第114条所规定的放火、决水、投放危险物质或者以其他危险方法危害公共安全的罪名在构成要件上存在不一致，因此，在没有其他罪名足以阻止醉驾之损害后果发生的情况下，对于醉驾行为和实际发生损害后果的行为应当分别予以评价，可以对醉驾中常见的致他人伤害、死亡的后果另行规定刑罚。

同样，对醉驾行为进行惩罚是为了增加犯罪成本并尽可能阻止危害后果之发生，督促驾驶者谨慎驾驶，降低社会运行成本，而驾驶者既然敢于在醉酒后驾车且发生实际危害后果，表明刑法对醉驾行为的评价已失去威慑作用，此时再对醉驾行为进行评价并不能有助于阻止发生危害后果之可能，并且对因醉驾引发的实际危害后果已进行了评价，该评价比对醉驾行为本身的评价更严厉，足以对醉驾行为形成威慑。因此，当醉驾者因醉驾而造成实际损害后果时，不需要将醉驾行为与造成的实际损害进行并罚，只需在惩罚造成损害的行为时将醉驾作为一个情节予以考虑，这样不仅可以阻止以后再次发生同样的后果，而且可以降低惩罚的成本。不过，如果醉驾者在醉驾过程中另行产生其他的犯意时则另当别论。

三、增加行为成本——草案修改建议

通过上述对醉驾行为的分析，笔者认为将醉驾行为纳入刑法的评价范围可以让人们产生正确的预期，阻止醉驾者威胁不特定的他人生命和财产安全。不过，在刑罚的设置上必须遵循最小化社会成本，最大化社会福利的原则，在促使人们产生谨慎驾驶动机的基础上，应当综合考虑刑罚的均衡及借鉴其他国家或地区的法律规定。因此，草案在刑罚的设置上偏轻，不利于督促驾驶者履行必要的谨慎义务。不过在刑罚上必须低于现有交通肇事罪，避免醉驾者为避免处罚而对社会造成更大的危害，让其知道醉驾后接受处罚而不逃逸是符合其个人利益的。同时，对于醉驾行为较常见的导致他人伤害、死亡的后果应另行进行规定，实践中，因醉驾导致他人重伤、死亡在主观恶性上显然要大于交通肇事等行为，但一般要小于故意伤害行为。因此，在刑罚的设置上，应当适当高于现有的交通肇事行为，但要稍轻于故意伤害行为。只有这样均衡地设置刑罚，才能既让醉驾者尽可能控制自己的行为，避免危害后果之发生，又不能让其他人借醉驾之名规避故意伤害等处罚。另外，鉴于在公路竞驶、情节恶劣的行为与醉驾在行为和危害程度等方面基本等同，故在此对此竞驶行为不进行重复分析，只是追逐竞驶在认定的标准上不如醉驾明确和易于判断，较妥当的做法是在刑法中只模糊规定"情节恶劣"，待司法实践中进一步明确和完善，过于刚性的规定反而不利于做到罪责适应，故建议对草案作如下修改："在刑法第一百三十三条后增加一条，作为第一百三十三条之一：在道路上醉酒驾驶机动车的，或者在道路上驾驶机动车追逐竞驶，情节恶劣的，处一年以下有期徒刑、拘役，并处罚金；造成他人轻伤的，处二年以下有期徒刑或者拘役；造成他人重伤的，处二年以上七年以下有期徒刑；造成他人死亡的处七年以上有期徒刑；情节严重的，处十五年有期徒刑、无期徒刑或者死刑。"

结　语

英国哲学家约翰·洛克在其著作《政府论》中指出，法律按真正的含义而言与其说是限制还不如说是指导一个自由而有智慧的人去追求他的正当利益，它并不在受这法律约束的人们的一般福利范围之外作出规定。① 刑罚虽然是最为严厉的一种惩罚，但是为了保障个人的正当利益和社会的整体福利，刑罚是一种合法且必要的恶。本文从如何提高整体的福利出发对醉驾问题进行了全面分析，这种以效率为中心的分析方法是否有违传统观念所强调的公平、正义之目标呢？波斯纳曾说过，正义的第二种含义——也许就是最普遍的含义——是效率。② 简言之，使利益正确地分配给应得之人，就是最大的正义。当然，以效率为中心的经济学分析方法也不是完美无缺的，它只能是研究醉驾问题的一个视角，不过它有助于对问题进行更加充分的论证，从而做到"兼听则明"。

---

① 转引自陈兴良：《刑法的启蒙》，法律出版社 2000 年版，第 10 页。
② ［美］理查德·A. 波斯纳：《法律的经济分析》，蒋兆康译，中国大百科全书出版社 1997 年版，第 31—32 页。

略论醉酒驾车行为入罪

——以刑法修正案（八）第二十二条为引

宁利昂

近年来，醉酒驾车肇事因媒体的频繁曝光而受到民众的广泛关注。随着"佛山黎景全醉驾案"、"成都孙伟铭醉驾案"等事件的出现，对醉酒驾车情形的民众声讨达到了一个阶段性高潮。作为立法回应，第十一届全国人大常委会于第十六次会议开始审议刑法修正案（八）草案，其中第二十二条规定，"在道路上醉酒驾驶机动车的……处拘役，并处罚金"。该草案历经三审，最终在第十九次会议上通过。至此，对醉酒驾车行为的规制已然抬升到了刑事立法层面。此举既不同于以往常态的行政规制，也非将其通过解释纳入现行刑事法律范畴，看似只言片语，实则关系重大。

一、醉酒驾车行为入罪的文本透析

（一）何谓醉驾

如何理解醉酒驾车行为？从字面来看其为组合词，可分拆为"醉酒"和"驾车"。关于后者即"驾车"属于常识，即指驾驶机动车，而非航空器、船舶等其他对象，因而理解的关键在于前者即"醉酒"。日常生活中，醉酒与饮酒并非泾渭分明，一般认为醉酒是过量的饮酒。医学上称为"急性酒精中毒"，指饮入过量的酒精或酒精饮料后所引起的中枢神经系统兴奋及随后的抑制状态。刑事意义上的"醉酒"，在作为强奸罪类型之一的推定型强奸中有所关涉——利用被害人醉酒状态进行奸淫的符合相关条文中"其他手段"的客

---

* 厦门大学刑法专业博士研究生。

观构成要件，可推定为强奸。① 如从体系上要求，醉酒驾车行为与推定型强奸中利用被害人醉酒状态的理论解释应当同一，也可以是同一的；但由于醉酒驾车行为以往归属行政规制范畴，在实践认定中可能出现相对后者的偏差。具体而言，我国现行《道路交通安全法》对醉酒驾车与饮酒驾车予以区分并设置不同处罚，其判断依据为国家质量监督检验检疫总局 2004 年发布的《车辆驾驶人员血液、呼气酒精含量阈值与检验》国家标准。该标准采用数值化方式来划定醉酒与饮酒的界限。② 比较而言，推定型强奸中被害人醉酒状态的认定则一般为多方证据综合运用与判断得出的结果。进言之，前者倾向形式判断而后者属于实质判断；醉酒驾车行为的判断如采用行政规制中的方法，可能导致刑事意义上醉酒认定的双重标准。③ 当然，撇开醉酒状态认定的相关争议来看，正常人在一般情况下驾驶机动车造成事故尚属多发常见，由部分或完全丧失意识或意志能力的醉酒人来驾驶机动车造成事故的可能性陡然增加便不难理解。醉酒驾车行为具有较大危险性，可能造成重大人员伤亡或财产损失，这是不言而喻的。

（二）立法初衷

醉酒驾车行为具有重大危险性是基点，而采用刑法修正案形式对之作出规制，必然还有其他动因。综观媒体报道、民众反响及专家论证，笔者以为主要有以下两点：

1. 社会效果之追求

社会经济整体向前发展，人们生活水平普遍提高。机动车大量出现，人们用车越发平常，加之受到传统酒文化的持续影响，民众生活的社会已经变迁得

---

① 我国现行刑法第二百三十六条规定了强奸罪，其实施方式除了暴力、胁迫外，还规定了"其他手段"。根据"两高一部"于 1984 年 4 月 26 日印发的《关于当前办理强奸案件中具体应用法律的若干问题的解答》，第二条就规定了"其他手段"包括以醉酒、药物麻醉等方法对妇女进行奸淫。

② 从用词来看，新旧道路交通安全法都使用了"醉酒"与"饮酒"字眼，但都未予以具体说明。而国家标准（GB 19522—2004）的出台关涉的正好是酒后驾车，为相关立法补充了未尽的说明，为具体操作提供了可行的方案，因而在行政规制的实践中得到肯定并沿袭下来。

③ 行政规制中依靠酒精测度的所谓客观判断，难以将个体差异考虑在内。喝酒可以导致人的辨识及控制能力下降乃至丧失，但由于人的生理结构与机能各异，有人小酌一杯即已晕头转向，有人开怀豪饮仍旧兴致盎然，因而不同的人对同等酒精含量的敏感性与抵抗力大相径庭的情况完全存在。因此，这种客观判断真实或接近真实与否尚存疑问，实际上是一种形式上的判断。

不同以往。在醉酒驾车行为大规模集中出现的状况下，刑法修正案（八）有关条款的规定可谓师出有名，似是顺应这一要求的自然结果。同时，当今资讯发达，醉酒驾车及其带来的危害深刻印入民众脑海，要求醉酒驾车行为入罪的呼声日益高涨，相关条款的出现当然不能排除安抚民愤之所图。由此，在醉酒驾车行为入罪的立法初衷中，社会效果成为最为重要的考量因素，这里面既有社会技术化进程中出现问题所催生的抗制要求，也有社会治理过程中应具备的体恤民生之精神理念。这样的立法回应，从其初衷来看无疑是积极主动的。当然，是否需要提升到刑事层面创制性立法的高度，尚存疑问。

2. 法律不足之弥补

在修正案通过以前，关涉醉酒驾车的法律规定兼及行政法和刑法，然则两者对醉酒驾车行为的规制都存有现实上的不足。一方面，行政处罚缺乏力度。我国《道路交通安全法》第二十二条规定了对饮酒驾驶的禁止性规定，第九十一条规定了对饮酒与醉酒后驾驶的处罚，区分了驾驶非营运和营运机动车的情形，设置了暂扣驾照、吊销驾照、罚款、约束至酒醒、行政拘留等措施。我国《治安管理处罚法》第十五条规定了醉酒的人违反治安管理的应当予以处罚。整体而言，相关行政处罚因罚款数额较少、剥夺驾驶资格及拘留时间不长而被认为缺乏震慑力，难以形成遏制。另一方面，刑法没有直接规定。醉酒驾车行为并非等同于醉酒驾车肇事。我国刑法中可适用于醉酒驾车肇事的罪名主要有交通肇事罪和以危险方法危害公共安全罪，两罪的区分主要在于主观方面的不同：前者为过失，后者为故意。司法实践中，对两罪的认识曾经处于较为模糊混乱的状况，进而导致诸多案件在定性量刑上的错误，为此有关部门专门制定颁布了相关司法解释。① 然而，以上所述无论刑事立法规定还是司法解释，针对的是醉酒驾车并肇事的情形，对醉酒驾车而未肇事的情况并未予以说明。

醉酒驾车行为的行政规制力度不够，而其刑法规制又徒留空白，为相关的刑事层面的创制性立法提供了借由。

（三）体系定位

基于上述动因，刑法修正案（八）规定醉酒驾车行为以犯罪论处，并在同一条文中规定了情节恶劣的追逐竞驶行为也以犯罪论处，与之匹配的刑罚设置是拘役并处罚金，采主刑并附加刑形式。通过分析犯罪性质与刑罚轻重，可

---

① 为统一法律适用标准，最高人民法院于 2009 年 9 月出台了《关于醉酒驾车犯罪法律适用问题的意见》，明确了行为人明知醉酒驾车会危害公共安全却无视之，特别是在肇事后继续驾车冲撞，造成重大伤亡的，应以以危险方法危害公共安全罪定罪。

以找到立法对其的体系定位。不论后果而将醉酒驾车行为单独定罪，应是将之定位为行为犯而非结果犯。由于定罪的出发点在于其可能导致重大的人员伤亡或财产损失，因而又可谓之危险犯而非实害犯，而且因为条款并未给出该行为带来危险程度的描述，因而又可细致到抽象危险犯而非具体危险犯。刑罚严厉性反映了犯罪严重性，将相关条款对醉酒驾车行为的刑罚设置放入刑法中各罪刑罚匹配的整体背景，可见拘役并处罚金并非重刑，醉酒驾车行为的定性应为轻罪。因此，立法对醉酒驾车行为的体系定位是既为行为犯又为抽象危险犯，同时是轻罪。从更为宽广的法律体系来看，醉酒驾车行为的入罪实际上是将原来由行政规制的那部分挪移到了刑事规制的范围。这样的体系变动是否属于合理的调整，仍待慎重思量。

二、醉酒驾车行为入罪的理论根据

醉酒驾车行为入罪要奠定其合理基础，应当获得其依赖的理论根据。当下有关醉酒驾车的刑法理论颇多，笔者以为要辨识清楚其中的区别，主要从以下三个方面来进行。

（一）原因自由行为不能自始适用

谈到醉酒驾车行为人担负刑事责任，不得不论及原因自由行为。该理论发轫于德国，主体内容为行为人在其具备责任能力之时决意的，或是其能够预见到的行为，到其丧失责任能力的情形下才予以实现。[①] 按照传统责任理论，行为人必须在行为时具备责任能力，方可对其行为归责。随着社会发展，开始出现行为人在醉酒、吸毒等之后实施危害行为的情形，但依照传统理论无法对之归责。原因自由行为理论的出现，将行为人的行为过程解构为原因设定行为与结果惹起行为，行为人的醉酒、吸毒等行为是前者，其后实施的危害行为是后者，因为前者对后者具有相当因果关系，故有理由对引起后者的前者予以归责。原因自由行为理论与传统责任理论的黏合固然存在缝隙，但为醉酒、吸毒等之后的肇事行为追究刑责提供了有力支持。

如前所述，醉酒驾车行为不等同于醉酒驾车肇事。前者可分为醉酒行为加之驾车行为，但不须计算后果而可以独立存在；后者则是可分为醉酒行为加之驾车行为，以及附加由此产生的后果。尽管两者都可界分为两个行为，但以原因自由行为理论观之，并不可相提并论。概因原因自由行为理论的出发点在于

---

① 参见马克昌：《比较刑法原理——外国刑法学总论》，武汉大学出版社 2002 年版，第 459—473 页；钟连福：《德国刑法中的原因自由行为理论》，载《德国研究》2005 年第 1 期。

对结果惹起行为导致的结果追溯到原因设定行为予以归责上的说明。结果没有惹起，自然也就无所谓原因的设定。由此，结果的出现是适用原因自由行为理论的基本前提，醉酒驾车行为与醉酒驾车肇事的区别即在于此。因而，原因自由行为理论尽管关涉醉酒驾车问题，但无法成为醉酒驾车行为入罪的理论根据。反过来，在醉酒驾车行为业已被法定为犯罪之后，则由于其通过外在立法而被赋予了结果的蕴含，在此前提下来看原因自由行为，反而能够寻觅弱意义的支持。概言之，原因自由理论与醉酒驾车行为入罪的逻辑关系存在一定扭曲，并非是线性自足的决定，而走过了"先定犯罪后找依据"的路径，没有提供自始强有力的说明。①

（二）风险刑法理论勉强解释

我国社会发展形态的迁越是世界面貌发生重大变革的一个缩影。普遍认为，随着技术革命向纵深发展，世界各国或快或慢地进入风险加剧的后工业社会，在某些领域开始甚至已经丧失部分掌控能力，以至于德国学者乌尔里希·贝克惊呼全球风险社会的到来。这一思潮席卷了人文社会学科，刑法学也不例外，开始出现所谓风险刑法理论。

风险刑法理论着眼于对人为风险的预防控制，力图论证刑法在控制过程中的正当性与有效性，以标榜自身为合理的社会存在。其大体进路为通过反思传统刑法理论的倾向个人、静态、事后的规制之不足，而采用立法拟制、推定、行为范畴的拓展、犯罪标准的前移、责任范围的扩张与责任形式的多样化、犯罪构成要素的增减、因果关系准则的创新、法定量刑情节的设置等制度技术，扩张了刑法统治疆土，实则将其偷换成高强度的社会管理技术。②

醉酒驾车行为入罪，前移了犯罪标准，将以往必须通过肇事结果回溯醉驾行为的基本思路予以颠覆。实际上，为了防范风险与减少可能的危害，刑法力量的介入已经大大提前了。相关立法取向似乎正在表明，醉酒驾车行为入罪具备当今风险社会下规制进路的正当基础，也是其理论适用的恰当范例。

在此，需要进行一个递进式的推演来论证之。首先需要考问醉酒驾车行为算不算人为的风险，这个问题毫无疑问；其次需要询问醉酒驾车行为算不算可

---

① 笔者在这里并未否认醉酒驾车行为在此次立法入罪后经过长期社会沉淀而可能具有真正"自然犯"意义上的属性，但本文讨论的是醉酒驾车行为入罪与否的应然问题，因此尽管存在上述从法定到自然的属性转变之可能，醉酒驾车行为入罪仍然不能得到原因自由行为理论初始意义上的支撑。

② 参见劳东燕：《公共政策与风险社会的刑法》，载《中国社会科学》2007 年第 3 期。

控制的风险，这个问题似乎也无疑义，否则不会出现多方献计；再次需要询问醉酒驾车行为的风险是否需要刑法来规制，这个问题同时也是全文的起点与归宿，暂且搁置；最后则是风险刑法理论本身所处的境地，实际上其在解决新问题的同时也使老问题得以复现。风险刑法理论侧重于社会保护而轻于人权保障，对其扩张趋向的适当限制仍处在摸索阶段，贸然或激进地全盘肯定并且无限制适用，只会破坏刑法几百年得之不易的成果，何况风险刑法本身就是具有风险的理论。由此，其本身尚处在一个摸着石头过河的境地中，以此为根据说明醉酒驾车行为入罪，显得有些勉为其难。

（三）刑罚预防机能尚待考证

罪刑均衡原则道出的不仅是罪与刑在质和量上的对应关系，更说明了一个简单道理，即定罪的主要目的是处刑。离开了刑罚，犯罪的确定便显得虚有其表。[①] 刑法修正案相关条款将醉酒驾车行为入罪，若不注重其刑罚应对，也失去了本来的意义。因而，醉酒驾车行为入罪的"醉翁之意"旨在发挥其后的刑罚预防机能，以防止类似事件少发乃至不发。从社会反响来看，刑罚的最为严厉性得到了广泛公认，才会出现之前谈到的大片呼声。笔者以为，刑罚预防机能的实现与否及其好坏，才最可能直接成为醉酒驾车行为入罪的理论根基。

早在二百多年前，功利主义学派的集大成者杰里米·边沁论及预防犯罪时曾指出三条途径，即剥夺犯罪行为能力、使之不愿犯罪、使之畏惧犯罪。[②] 从修正案相关条款来看，醉酒驾车行为的刑罚设置为拘役并处罚金。关于拘役，我国现行刑法第四十二条规定了其期限为一个月以上六个月以下，第四十四条规定了判决执行以前先行羁押的，羁押一日折抵刑期一日。而在司法实践中，从侦查、审查起诉到审判，历经调查取证、举证质证、定罪量刑等多个环节的衔接，如加上同类案件激增或不同类案件堆积所导致的积案可能，一个案件从调查初始到最终执行的耗时是颇多的，到了拘役的真正执行期间往往执行不长，甚至判完即放。另外，第四十三条规定，被判处拘役的犯罪人由公安机关就近执行；在执行期间，犯罪人每月可以回家一天到两天；参加劳动的，可以

---

① 需要说明的是，笔者在这里的论说是基于传统、主流且为支柱、难以推翻的罪刑关系及结构。近来出现了罪责刑结构的论述，通过责任的介入并吸收国外的非刑罚处遇，使得罪意味着刑的见解开始松动。但在我国非刑罚处遇立法、司法及执行都有待完善的现实情况下，罪刑结构仍占据实践的主体地位。从罪刑关系层面来看，关系的确认来源于实践但高于实践，同时其也并未否认除此之外存在其他关系。笔者以为，罪刑关系及结构仍然是并将长期是刑法理论的最基本命题。

② 参见 Jeremy Bentham，《The Rationale of Punishment》，edited by James T. McHugh，p. 61，Amherst, N. Y. : Prometheus Books, 2009。

酌量发给报酬。可见，即便在真正的执行期间，犯罪人仍可获得实质上的尽管极短的自由，同时其付出的劳动也可获得一定回报。因此，拘役在改造及威吓两方面都存有不足。关于罚金，引发的议论则更多。概括地说，驾车群体相对经济条件较好、社会地位较高，罚金刑的改造及威吓机能同样微弱，剥夺犯罪能力更是不能。倒是两者并处的立法技术有所亮点，相比单处拘役或罚金而言的确增加了刑罚的分量，但基于前面对罚金预防机能缺失的分析，整体上仍然以拘役预防机能的获取为主要欲求。因而，醉酒驾车行为入罪的预防期许遭遇到了相关刑罚效能不足的立法现实。从边沁提出的三条预防途径来看，剥夺犯罪行为能力有限，而使之不愿犯罪的改造或不敢犯罪的威吓都存有疑问。①

三、醉酒驾车行为入罪的立法商榷

通过前述分析可知，醉酒驾车行为入罪的立法尽管有其初衷，但理论根据尚显薄弱。即便从其初衷的内部来看，体恤民生、回应民意居首，法律不足的发现是以前者为引导来完成的。这里就出现一个悖论，醉酒驾车行为不可谓不危险，而且这个危险还不小，因而不能不防；然则将其予以刑事立法化，却又潜藏着冒险的可能，即预防机能尚待论证。进言之，如若实践证明还是有所收效，成本是不是过大，可否用更少的成本来达到之？站在更宽广的视野来看，如何处理与醉酒驾车行为危险性相似或类同的其他行为，是否也一定要通过刑事立法予以规制？醉酒驾车行为的规制除了采用法律手段外，关于社会经济技术发展的其他方面是否就绝然不能贡献其力量？对这些问题予以充分考虑，才能化解悖论、避免弊端，跟上社会发展的整体步伐。

（一）动用刑罚是否必要

行文至此，必须直面全文的中心议题了，即醉酒驾车行为是否值得通过刑事立法予以入罪。基于将之入罪主要是期望用刑罚来预防之，而实证的缺乏无以对之作出回答，故暂且退后一步，假设其能收到预防效果，问题就变成了动

---

① 当然，相关条款完全可以通过再次修改以增加刑罚的分量，如将其设置为有期徒刑并确定具体期限，但即便如此，其预防机能发挥的证立可能还得依靠实证研究，在此之前完全可以画上一个问号。另外，通过增加刑罚分量也需考虑其与其他犯罪——比如交通肇事罪等——的体系平衡，而避免破坏刑罚在序上的相应性要求也是一个难题。

用刑罚是否必要。①

将目光转回我国行政法律相关规定。对当前醉酒驾车行为的行政规制力度不够的批评，主要源于我国现行《道路交通安全法》第九十一条规定的处罚。依照该规定，除约束至酒醒、拘留顶格为十五天、罚款顶格为二千元及暂扣机动车驾驶证顶格为六个月外，吊销机动车驾驶证需要醉酒驾车行为被处罚两次以上，而禁止驾驶的前提也是如此，并且其期限定在五年，打击力度偏低的说法便足可理解。换个思路，与其采刑事创制性立法，不如采行政修改性立法，提升对醉酒驾车行为的行政规制力度，如通过考虑时间推移、物价变动适当加大罚款额度，提高暂扣机动车驾驶证的期限，甚至可以尝试规定发现醉酒驾车的一律吊销机动车驾驶证、长期或者终身禁止驾驶。与拘役或短期有期徒刑相比，吊销机动车驾驶证、长期或者终身禁止驾驶，其剥夺行为能力的效果无疑更大；而相较改造与威吓，剥夺行为能力的效果则更为直接。② 另外，从立法配置的刑罚来看，拘役的执行需要特定的场所，如果在治安拘留场所进行，将

---

① 边沁曾指出动用刑罚的错误情形，即无根据、无效果、无益处、无必要。在论及第二点即无效果时，特别提到未成年、精神错乱、醉酒的情形，认为即使刑罚条款能够传达到个人引起注意，但对其在这几种状态下的行为不能产生任何效果，因而动用刑罚就不合适了。但本文关注的醉酒驾车行为，其内容与第二点的说明并不契合，因此应从第四点即无必要中来找答案。参见 Jeremy Bentham，《The Rationale of Punishment》，edited by James T. McHugh，pp. 63 - 65，Amherst，N. Y.：Prometheus Books，2009。

② 目前我国刑法规定的资格刑为剥夺政治权利，仅适用于中国公民。在国外，禁止驾驶可作为一种资格刑，但我国目前尚未有这方面规定，且已将其作为行政处罚予以适用，故其性质暂不能上升到刑罚高度。这就导致在醉酒驾车行为的个案上，相关行政处罚反而比相关刑罚更具有针对性和有效性。就在本文定稿之际，第十一届全国人大常委会第二十次会议于 2011 年 4 月 22 日通过了修改《中华人民共和国道路交通安全法》的决定，其对第九十一条的修改除了匹配刑法修正案（八）的规定之外，将旧法中对醉酒驾车行为的行政处罚由暂扣机动车驾驶证更改为吊销机动车驾驶证，并依据驾驶对象（机动车和营运机动车）的不同分别规定了重新取得机动车驾驶证的最低年限（前者为五年；后者为十年，并不得再驾驶营运机动车），这是对驾驶资格的剥夺，实际上即长期禁止驾驶。联系业已通过的刑法修正案（八），这种"先刑事后行政"的立法模式，在效果上无疑能够涵括刑罚和行政处罚的双重影响，但难以辨识各自在其中所起作用的分量，意即不能确定到底是刑罚还是行政处罚在预防醉酒驾车行为中起了主要作用（甚至是决定性的作用）。相关条文可访问 http：//www. npc. gov. cn/npc/xinwen/2011 - 04/22/content_ 1653471. htm，访问时间 2011 年 4 月 23 日。此外，醉酒驾车的行政处罚中也出现了一些新思维，比如连坐在处罚醉酒驾车同乘人员上的适用，参见沈玉忠：《从连坐观念分析酒后驾驶行政处罚扩大化的正当性——兼评"与醉驾司机同乘一车的乘客也应进行处罚"》，载《江苏社会科学》2010 年第 4 期。

造成"刑行不分";如果在原来羁押的看守所或附近的监狱进行,则可能导致人满为患;而新兴建造专门针对醉酒驾车的执行拘役的场所,则投入成本过于巨大。因而动用刑罚的实际成本远非相关文本的简短用词所能体现。结合正反两面分析可知,提升行政打击力度的空间仍然存在,而解决刑罚执行问题的举措尚待找寻。因此,在未用尽行政规制之前就考虑刑事规制,不免浪费而无必要。

　　(二)类同行为如何处置

　　刑法修正案(八)第二十二条将醉酒驾车行为与情节恶劣的追逐竞驶行为一同规定为犯罪,并没有同时设置兜底性条款,可谓干净利落不拖泥带水。但是,却决然排除了对其他可能与这两种行为危险性类同的行为的规制。

　　具体而言,比如吸毒驾车行为。尽管我国对毒品的管制与酒类不同,对前者实行绝对禁止,其严格性远非后者所能比,但通过特殊渠道流通到市面的毒品却不少见,这也成为我国对毒品打击力度大、持续时间长的原因。吸毒驾车的出现亦非少见,只是尚未被民众所熟悉,但并不等于其危险性不大。我国对该行为的规制不仅刑法无规定,相关行政法律法规也过于粗略。① 在吸毒驾车行为暗地泛化的情况下,是否也应考虑将其入罪处理?又如无证驾车行为。机动车驾驶证代表了驾驶员的技术水平已经到达有权部门认定的标准,是对其行为能力的必要证明。尽管拥有驾照的行为人并非一定技术熟练,没有驾照的行为人也并非就不会开车,但一般认为,无驾照人员由于没有通过正规培训及相关考试,相对拿到驾照人员来说,其行为能力被低估是合理的;发生事故概率远超拥有驾照人员,其带来的危害可能也是巨大的。因而,无证驾车行为无疑具备抽象危险性。②

　　对类同行为的处置,从刑事立法技术角度来说并非难事。一种即先前提到的设置兜底性条款;另一种则通过举例方式在社会现态下予以穷尽。但即便如此,除了需要考量动用刑罚是否必要,还要揣测诸行为入罪对原有刑法体系所带来的冲击。如此一来,恐怕论证时间还得延长,而立法消耗也会成倍增长。

　　(三)多方联动如何贡献

　　社会现象出现的原因是复杂的,解决相关问题的方式也是多元的。对于醉

---

① 参见李文君、续磊:《论道路交通安全领域中的吸毒驾驶行为》,载《中国人民公安大学学报》(社会科学版)2010年第4期。

② 危险驾驶的形式多样,仅将醉酒驾车行为及情节恶劣的追逐竞驶行为入罪,而不考虑其他危险性类同行为,会导致"行为—处罚"在基数上的不对等问题,即类同的危险行为分别对应的是刑事处罚与行政处罚,破坏了整体处罚体系结构的合理性。

酒驾车行为的有效预防，法律人不应故步自封局限于法律视野之所及，还应跳出来看看其他力量贡献的可能。事实上，走出法律的城围，便可知预防醉酒驾车行为的措施不仅不少反而较多，比较理想的，则是这些力量结合起来形成联动，在源头上将醉酒驾车行为的危险予以消灭。

首先是科技研发进步。自20世纪至今，电子领域进步为信息革命铺平了道路，相关研发所取得的成就令人称道。针对醉酒驾车行为，可采用技术对其进行抗制，而关键着眼点则在车。这里试举一例，如可以研发以酒气测量酒精浓度的感应器，辅之以图像识别技术，对行为人醉酒状态进行初步的判断；在行为人发动机动车后驾驶的特定时间与距离内测定车速及摆动，从而作出较为确切的判断，如若符合醉酒模式则将机动车锁死。考虑成本降低需要时日，可制作简易控制系统先予普及。其次是产业布局合理。我国汽车产业发展迅猛，汽车产销居高不下，使得大量的车辆涌入马路。与此相应的是，作为基础设施的道路建设却跟进乏力，这里不仅指多修道路，还指修好道路，即道路配套设施的完备，如隔离带的设置、机动车道与非机动车道的严格分离等。各个产业的发展需要齐头并进。最后是文化氛围改良。我国酒文化历史悠久，"酒逢知己千杯少"便是民间习俗的真实写照。早在2003年，公安部率先颁布《公安部机关禁酒规定》，但针对的仅是执行公务的特定人员。对于作为驾驶主体的广大民众，基于喝酒纯属自由意志范畴，强制规范的难度太大而几乎不能。这就需要从文化的改良做起，或从幼龄教育方式，或采上行下效方式，或者其他。文化之变迁非一日之功，更需耐心。

通过上文分析，笔者以为，刑法修正案（八）将醉酒驾车行为入罪，从实然层面来看，无疑可以在短期内让民众拍手称快，使有权机关提高威信；但因其理论根基尚为薄弱，而动用刑罚的必要性不足，对现存刑法体系又存有干扰，况且还可通过多方联动予以抗制，因而在应然层面观之，醉酒驾车行为是不宜入罪的。

醉酒驾驶入罪研究

田健夫 *

由此，自 2009 年以来出现了几次社会影响恶劣的酒后驾车导致的交通肇事事件以后，① 民间、官方、学界热烈讨论多时的醉酒驾驶入罪问题，进入了正式立法议程。笔者检索部分此前学术期刊有关醉酒驾驶的学术论文，基本上都是主张醉酒驾驶入罪，并以不同方式提出醉酒驾驶定罪处刑的立法建议的。② 目前，全国人大对拟使用的刑法条文已经出炉，看来符合很多人的想法：重刑惩治醉驾，维护道路安全。即使如此，也还有人认为这个规定的处刑轻了，还应加重。③ 笔者并不否认对醉驾从重治罪，可能有助于减少醉驾的发生并由此降低交通事故发生率。然而，法律过度严厉，可能适得其反。④ 而且

---

* 法学硕士，湖南醒龙律师事务所律师。

① 2009 年 8 月 15 日，央视 - 新视 1 + 1："之所以这样从严从重的打击酒后驾车，是因为近期酒后驾车的事故频频发生。2009 年 6 月 30 日晚上，在南京市江宁区，肇事司机张明宝醉酒驾车撞人，造成五死四伤，其中包括一名孕妇。8 月 4 日晚上，杭州市民魏志刚酒后驾车，在市区繁华地段撞死一名过马路的 16 岁少女。8 月 5 日晚上，在黑龙江鸡西市，肇事司机张喜军醉酒无证驾驶，导致两人死亡，十多人受伤。频频出现的醉酒驾车惨剧让人触目惊心。公安部会议上，明确表示了对酒后驾车违法行为从严处罚的态度。与此同时，各地也纷纷同时开展严厉打击酒后驾驶的行动。"载 http://www.chinanews.com.cn/gn/news/2009/08 - 15/1819646.shtml。

② 笔者仅检索了近两年 30 篇有关"醉酒"、"驾车"关键词的期刊论文，均是入罪立法建议，只 1 篇是反对入罪。

③ 参见《醉驾飙车入罪标准遭质疑"情节恶劣"空间大》，搜狐新闻，"任茂东委员提出，司法实践中拘役最多是 6 个月，建议只要是醉酒驾驶，就应当处以重刑，至少是 3 年以下有期徒刑"、"列席会议的全国人大代表姜健认为，这样的规定处罚得太轻，她建议增加一些规定：造成轻伤的处 3 年以下有期徒刑；造成重伤的处 3 年以上 7 年以下有期徒刑；造成死亡的处 10 年以上有期徒刑、无期徒刑或者死刑，这样更有利于威慑醉酒驾驶"。载 http://news.sohu.com/20100827/n274505283.shtml。

④ 邱兴隆、许章润：《刑罚学》，第 123 页；"刑罚的适度性原则"，或者说有违罪刑均衡原则，参见陈兴良：《刑法适用总论》（上），第 50—73 页。

明显违反刑罚的谦抑性原则,① 入罪是否必要就成为需要讨论的问题。

一、修正案中醉驾罪是绝对意义上的行为犯，无须情节恶劣即构罪

在正式讨论利弊之前，我们还是应该遵循类似"法条释义"的研究路径，看看这个规定的本意是什么。草案条文在规定处罚之前有"情节恶劣的"要件性规定，这与我们熟悉的其他刑法条文中"情节严重"、"情节特别严重"、"其他特别恶劣情节"、"其他严重情节"等规定类似，其目的是要表明，某种行为被列入刑法，将以刑罚处罚时，应当是危害社会达到某种程度时，才会被施以刑罚。② 那么，在醉酒驾驶问题上，按此条文的规定，构成"醉驾罪"（为简便起见，本文以下姑且这样称呼此罪），是不是需要"情节恶劣"的构成要件？我的理解是否定的。以下分析，也将建立在这个基础上。

为什么说"醉驾罪"不需要"情节严重"呢？这应按汉语通常的语法来理解，根据上述条文的规定，如果"醉驾罪"构成中需要"情节恶劣"的要件，则上述"在道路上醉酒驾驶机动车的，"中的最后一个"的"应当去掉。变成类似"道路醉驾或者道路竞驶，情节恶劣的，处……"，此时才能理解为"情节恶劣"是针对前述醉驾、竞驶两种情况。正因为此处多了"的"字，则与后面的"或者"起头的，有"情节恶劣"的"竞驶罪"（也姑且如此称呼此罪）的情节表述成为并列关系，即"在道路上醉酒驾驶机动车的，"是一种情节/罪名，也即一种罪名；"在道路上驾驶机动车追逐竞驶，情节恶劣的，"是另一种情节/罪名。③ 简单地说，假如醉驾行为即 A 行为需要情节恶劣要件，则法条的表述应当是"A 行为或者 B 行为，情节恶劣的，处……"；而如规定的是"A 行为的，或者 B 行为，情节恶劣的，处……"，当然表明 A 行为是不包括"情节恶劣"要件而只有 B 行为是要求有"情节恶劣"要件的。

但是，也有些全国人大常委委员的理解是醉驾罪是有"情节恶劣"的构成要件的。这涉及的是对刑法条文的理解。为进一步说明本文的观点，我仔细考察《刑法》其他各罪的规定，如果《刑法》规定两种以上的行为，都需要

---

① 见陈兴良:《刑法哲学》，第 6 页，谦抑性原则"是指立法者应当力求以最小的支出—少用甚至不用刑罚（而用其他刑罚替代性措施），获取最大社会效益—有效地预防的抗制犯罪"。

② 刑法中还有一种情况是情节加重犯，即在原行为已构成犯罪的前提下，如有情节严重的，刑法规定了加重处罚，此罪显然不是这种情况。

③ 最终出台的罪名也许是两个，也许是一个，比如"危险驾驶罪"，但这不妨碍本文这一论点成立。

"情节严重"作为要件的,则在"或者"之前均是没有"的"字的存在的。符合同一条款规定两种以上行为,且都需要"情节严重"作为构成要件的条文只有以下四个罪名:分别是 1.《刑法》第二百五十六条"破坏选举罪"中"以暴力、威胁、欺骗、贿赂、伪造选举文件、虚报选举票数等手段破坏选举或者妨害选民和代表自由行使选举权和被选举权,情节严重的"; 2. 第二百九十一条"聚众扰乱公共场所秩序、交通秩序罪"中"聚众扰乱车站、码头、民用航空站、商场、公园、影剧院、展览会、运动场或者其他公共场所秩序,聚众堵塞交通或者破坏交通秩序,抗拒、阻碍国家治安管理工作人员依法执行职务,情节严重的"; 3. 第四百一十条"非法批准征用、占用土地罪以及非法低价出让国有土地使用权罪"中"国家机关工作人员徇私舞弊,违反土地管理法规,滥用职权,非法批准征用、占用土地,或者非法低价出让国有土地使用权,情节严重的"; 4. 第四百三十二条"故意泄露军事秘密罪以及过失泄露军事秘密罪"中"违反保守国家秘密法规,故意或者过失泄露军事秘密,情节严重的"。上述罪名描述均能理解为"或者"前、后的行为均需"情节严重"的构成要件,但均在行为描述中没有"的"来分隔。这反过来也足以证明,本文讨论的醉驾罪,是不需要"情节恶劣"这个要件的。当然,分析至此,如立法者说他的本意是要"情节恶劣"要件才构成醉驾犯罪,如果是我的理解错误,也许修订案的条文应该做出明确修订,删除这个"的"字,否则,在司法实践中极容易造成混乱,控辩双方会各执一词,只由最高司法机关不得不再作出解释。与其如此,不如在立法时表达清晰,与刑法其他条文规定前后一致,没有歧义,以便法律施行。

　　由此,"醉驾罪"成为单纯的行为犯。也就是说,只要查出任何人在驾驶机动车时,体内酒精含量达到"醉酒"的标准,即可以此罪定罪处罚。什么是"醉酒"?根据国家质量监督检验检疫总局 2004 年 5 月 31 日发布的《车辆驾驶人员血液、呼气酒精含量阈值与检验》国家标准(GB 19522—2004),当驾驶人血液中的酒精含量大于(等于)20 毫克/100 毫升、小于 80 毫克/100 毫升的行为属于饮酒驾车;含量大于(等于)80 毫克/100 毫升的行为属于醉酒驾车。这个数据比较抽象,形象地说,据专家估算:20 毫克/100 毫升大致相当于一杯啤酒;80 毫克/100 毫升则相当于 3 两低度白酒或者两瓶啤酒;而 100 毫克/100 毫升就大致相当于半斤低度白酒或者 3 瓶啤酒。① 根据现有的行

---

① 参见"春节前后聚会增多酒后驾车将遭严处",载 http://www. wuhunews. cn/whnews/200901/154747. html 及 http://www. 66law. cn/archive/laws/2010 - 08 - 12/1825167360. aspx。

政法规，达到醉驾标准最高处罚是 15 天拘留，① 这是同样不需要发生危害后果的情况下，但这个处罚大致是与行为的危害——饮酒驾驶可能导致交通事故危险性增加——是相适应的。那么，按前面分析，这次对草案中醉驾罪同样是不需要后果与情节的，只要检测出血液酒精达标，足以构成"醉驾罪"。由此，导致可能的结果就是，啤酒两瓶，坐牢半年。

二、醉驾行为的成本与收益

修正案（八）增加醉驾罪，本质上就是将凡是检出两瓶啤酒量的驾车人统统列入刑事侦查、起诉和审判程序，并实际关押可长达半年。以下要讨论的问题是，这样做利弊何在？是否有必要？现行的行政法规规定的最高 2000 元罚款、15 天拘留是否对醉驾形成了充分的威慑？这就需要在个体层面，分析醉驾所带来的利益与成本。其实，醉驾所带来的利益其实并不多，大致可以包括以下几方面：1. 便捷。也就是在某些特定的情况下，因为应酬、消遣等原因饮酒后，自己驾车回去是较便利的方式。而且，将车留在饮酒消费场所有被盗风险，或者影响第二天有驾车需要，可省去第二天取车时间成本和金钱成本。2. 酒瘾。即个别嗜好饮酒或者有某种酒精依赖的人，需要经常饮酒以满足自己，无论之后是否需要驾车；更重要的是，酒瘾较高者往往"酒量"较大，对他们来说，"少量"饮酒不"影响"他们驾驶，当然这里的少量也许已经达到了法定的饮酒或醉酒标准，但对他们来说饮酒后驾车不太困难。3. 刺激。饮酒有类似兴奋剂的效果，不排除极个别有意要处于饮酒后的兴奋状态并驾车，以获得不同体验。这类人应是极少数。除以上情况外，没有其他能够明显带来更多好处或利益。总之，饮酒驾车本身所提供好处或收益并不显著。

当然，法律对酒驾行为的处罚就构成了酒驾的主要成本，因而有必要比较酒驾的收益或者特定情况下不酒驾的成本与违法处罚成本相比，哪种更划算。就便捷性而言，有很多可替代的方法，比如打车回，请代驾，专留请一个朋友或同事不饮酒而备驾车，并且成本不高。第二天取车时间或花费，较之于罚款

---

① 参见《道路交通安全法》第九十一条 饮酒后驾驶机动车的，处暂扣一个月以上三个月以下机动车驾驶证，并处二百元以上五百元以下罚款；醉酒后驾驶机动车的，由公安机关交通管理部门约束至酒醒，处十五日以下拘留和暂扣三个月以上六个月以下机动车驾驶证，并处五百元以上二千元以下罚款。饮酒后驾驶营运机动车的，处暂扣三个月机动车驾驶证，并处五百元罚款；醉酒后驾驶营运机动车的，由公安机关交通管理部门约束至酒醒，处十五日以下拘留和暂扣六个月机动车驾驶证，并处二千元罚款。一年内有前两款规定醉酒后驾驶机动车的行为，被处罚两次以上的，吊销机动车驾驶证，五年内不得驾驶营运机动车。

与 15 天拘留的时间成本，简直微不足道。而对于酒瘾较重的人，完全可以挑选不必驾车时间饮酒，即满足酒瘾也不至于违法，而做到这点，也只需在生活中稍加安排，就可做到，同样这点麻烦，较之 15 天拘留这一处罚，也是微不足道的。而最后，那些专门以饮酒方式达到自陷兴奋状态来飙车，原本为极少数。因为饮酒虽带来兴奋，但饮酒后寻求刺激大可通过 K 歌、蹦迪等方式满足，大可不必非要在醉酒的状态下驾车来满足。

　　显然的结论是，对比醉驾带来的收益而言，现有的行政处罚已经是代价高昂，因而通常情况下足以让绝大多数理性人选择不醉驾而宁愿以替代方式解决在饮酒的情况下不便驾车的问题。然而早前一段的现实情况好像是酒驾、醉驾发生严重，导致了几起影响广泛的事故，从而重刑处罚的呼声高涨。为什么？众所周知的原因是：在交警部门专项行动严查之前，对酒驾执法不严。这就涉及我们常讨论的刑罚的必然性与严厉性相互替代的问题。

三、醉驾入罪的利弊和抑制酒驾的选择

　　当刑罚必然性不高时，也许有必要来加重刑罚的严厉性来达到同样的效果。在醉驾入罪的问题上，虽然酒驾或醉驾带来的收益微小，但正因为并非每个酒驾或醉驾的人都被交警部门查获，且在交警部门开展专项行动之前，被查获率确实不高，因而有很多人仍抱有侥幸心理，也许有过几次酒驾未出事，也未被抓，就会较多考虑车在酒吧、饭店外难以存放或不愿意停在停车场、一时找不到人代驾等麻烦，宁愿酒驾回去。而酒瘾较高者，往往少量饮酒对其驾驶行为影响并不非常大，往往是经常饮酒驾车而没有任何问题，如果实际查处率小，根本就不会考虑抑制自己酒瘾来避免损失，比如 15 天拘留的后果。所以，摆在我们面前出现了一种可相互替代的选择，即是加大处罚的严厉性，还是加大处罚的必然性？如前分析，因酒驾或醉驾的收益如此之低，较之现有的处罚是微不足道，如处罚的必然性高，减少乃至杜绝醉驾应是比较容易的。目前的情况看来，只要执法部门加大执法力度，足以达到相同的威慑效果。

　　几起重大酒驾事故以后，交警执法部门确实加强了对酒驾的打击力度、加大了查处频率，现在采取的有效措施是对酒驾经常发生地如"酒吧一条街"周边，进行抽查，而且专挑可能的酒驾车辆，如宝马、跑车等豪车抽查，或行使状态异常的车辆进行拦车检测，往往能查出很多违法者。① 现实情况表明，在未加重处罚的情况下，通过对特定高发酒驾区域的精准打击，已经对酒驾问

---

① 参见《上海警方全市查"酒驾"：豪车受"关照"》，载 http：//bbs. tiexue. net/post_ 3774158_ 1. html。

题形成明显的遏制作用。但是，如果还要简单地再加重处罚强度，直接将醉驾入罪，也会导致另一些可预测的不良后果。

首先，对于单纯的、没有造成任何后果的，仅达到醉驾标准的驾驶机动车的行为，一概列入刑事处罚，很多情况下，确实属于处罚太重，有违刑法的罪刑相适应原则。必须看到，一旦列入刑事处罚程序，按侦查、审查起诉、审判到判决程序上往往会超过 6 个月，行为人的实际关押日期将往往会达到最高刑期。这对仅仅只有饮酒而且达标、没有造成任何后果的驾车者来说，处罚效果是太重了。

其次，对于很多的普通醉驾者来说，大多数人并非罪大恶极分子，是普通市民，没有暴力倾向或习性。而被涉及刑事处罚程序以后，往往必须关押到看守所，与普通暴力犯罪的刑事罪犯关押在一起。而近年来因看守所干警力量少，看守所内往往以犯人管犯人，被关押人员受到牢头狱霸的欺凌、羞辱事件层出不穷，还发生多起轻罪被关押嫌疑人被殴打致死、被"躲猫猫"致死事件。① 将普通饮酒达标的醉驾者列入刑事处罚程序，关押入看守所，等待公安、检察、法院三司法部门按普通刑事程序侦查、审查起诉、审理终结过程，极可能遭受非人待遇，对其实际惩罚往往超过酒驾本身对社会危害性，因而也是极不公平的。

再次，本次修正案规定的是醉驾"机动车"即构成犯罪，而实际上，"机动车"范畴非常宽泛，除我们熟知的种类汽车外，电瓶车、两轮或三轮摩托车、手扶拖拉机均属于机动车。② 在广大的农村地区，落后偏远地区，因种种红白喜事聚会饮酒不在少数，酒后发生驾驶小型摩托、两轮三轮电瓶车、小手扶拖拉机回村很常见。由于广大农村及偏远地区，信息并不如城市发达，其文化知识水平也难以达到全面理解醉驾罪实质要件的层次，针对此醉驾罪的宣传也不能一时到达这些地区，即使有标语性的宣传，也难以让他们充分明白和理解，他们无意识的"犯罪"的可能性就更大。传统上，参加亲友宴请、喝了点酒，开了自家手扶拖拉机慢慢回家，并非他们理解的犯罪行为。并且，由于车辆性能、农村路况差，不适宜也不可以较快速度行驶，这些机动车辆实际行

---

① 事件起因于 2009 年 1 月 29 日，云南省 24 岁的青年李乔明因盗伐林木被刑拘并关押；11 天后，李乔明因重伤入院；2 月 13 日，医院称李重度颅脑损伤身亡；同日，警方称其因为在玩躲猫猫游戏时被狱友踢打，不小心撞墙而死。参见 http://news.sohu.com/s2009/duomaomao/，搜狐新闻综述。

② 载 http://zhidao.baidu.com/question/99083657.html? fr = qrl&cid = 157& index = 1&fr2 = query。

驶缓慢，难以造成实质性危险。对此类情况，按修正案规定，只要发现血液酒精含量达标，即可被关押，时间可达半年。这部分人群往往是社会底层人群，是弱势群体，没有能力在这个复杂司法体系中作出有力辩解，① 而农村的刑事辩护律师几乎难以见到，且多数情况下，被关押人家属也不可能请到律师，无法行使充分的辩护权。因而，最终结果是，这类在过去根本无害的或者实质上没有什么危害的行为，而一旦被检查，却会被以犯罪论，被投入大牢，受到刑罚处罚，关押数月。由于饮酒者一般为男人，那么，这个农村家庭在这长达数月时间，将失去主要劳动力，家里的庄稼可能就无人照料，而这对抗风险能力差的农村家庭来说，对整个家庭的打击也是极严重的，某种程度上也易造成农村社会的不稳定。

讨论到这里，好像醉驾罪只不幸打击了不该被入罪的农村小部分人群，这种分析不适用城市人群。并非如此，现实生活中城市中同样存在大量弱势群体。简单地规定醉驾罪，也可能打击到那些为生活而疲于奔命初入社会的白领——销售人员、公司下层职员、低层政府职员，他们或者为了销售业绩、或者为了保住工作，或者为了听命领导，而可能出现在饮酒后不得不再驾驶他的面包车送货、为了赶赴下一销售点而在应酬客户后继续驾车、为不耽误上班驾车等情况，均会成为这一新罪的严厉打击对象。而对他们的影响和后果，同样不亚于对那些农村家庭的影响。

最后，正因为这种不论后果的、仅仅检测达标即是犯罪的规定实质上对被检测到的人来说是处罚极重的，执法人员及被检测的酒驾者对此均是明知的。因而，对于某些社会特殊阶层而言，一旦面临被检查，则更可能动用一切社会资源、人脉关系，对交警执法人员施加影响，以确保自己难以达标醉驾标准，而以罚款、扣驾照等较低处罚方式结案了事。正因为仅仅单纯的醉驾行为本身并不如李启铭撞死女学生、② 不如早些年宝马车酒驾肇事般社会影响大，③ 有广泛的舆论关注（在这类情况下，其执法行为会面临更多的复查、监督、上级领导的质询，因而执法者本身会更为谨慎）。反之，基于仅仅酒精含量达标

---

① 比如，即使对于自己是否真正达到了醉酒的标准有所怀疑，他们也根本不知如何申请重新鉴定。

② 最近民众非常关注、影响极大的河北大学撞人案的肇事者，因其被学校保安扣留时"我爸是李刚"的声明，引起对"官二代"仇视心理在网上泛滥，成为最近热门公共事件。

③ 参见"台州醉驾宝马致4死6伤 肇事者涉嫌危害公共安全罪"：4月5日晚，台州三门城关发生了一起交通事故，犯罪嫌疑人杨曙忠醉酒驾驶宝马轿车，先后与多辆车辆相撞，共造成4人死亡，6人受伤，载 http：//news．163．com/10/0406/23/63KGB29B000146BB．html。

本身是唯一定罪依据，且该事件完全是孤立的、没有任何人关注和影响的，被检测者在面临可能关押进看守所的重大后果面前，只要有可能，则必然会在最早环节使自己的"醉驾"变成"酒驾"或"未饮酒"，避免受到太过严重的刑事处罚。而这类人员更可能是交警系统人员或其亲属或其他对交警系统有制约能力的特殊阶层人员。如醉驾入罪后，此类事件必会经常发生，虽然发生过程是隐秘的，基本难以被观测和统计的，但导致的后果是同罪不同罚，危害法律的公正性和政府的公信力。

因此，讨论醉驾入罪问题，主要讨论的应该是利弊权衡的问题。"严刑峻法"、"刑乱世用重典"之所以常常成为历史上统治者的首选手段，最主要原因恐怕在于这是对立法者而言最为简便、快速、并且看起来也是有效的手段。然而，虽然刑事案件都有一定的破案率，并非所有犯下刑事犯罪的人均被刑事制裁，总有一部分罪犯是逍遥法外，但是，国家刑法设置刑罚时，基本上是按行为造成的危害程度来决定处罚的，故意杀人罪或其他致人死亡的犯罪可能被判处死刑，伤害罪可能被判处若干年徒刑。因此，刑罚的设置首先是要与行为本身相适应的。虽然无法统计，但酒驾、醉驾行为本身发生率确实很高，实际上直接因醉驾而发生事故者比率确实非常低，如果按行为本身的危害性来看，鉴于其实际造成的损失发生率极小，目前行政处罚中罚款、拘留15天的处罚，已经足以与醉驾行为造成的危险性相适应。15天拘留对于绝大多数人，其成本已经远远大于醉驾时能带来的收益。仅仅提高处罚强度，但如果仍保持目前这种低抽查率，虽然能够起到一定的心理威慑作用，负面作用却很大，这种高强度的打击，对被弱势群体而言，却是非常不公平的。在一个正常的社会中，我们不能在醉驾这件事上，对侥幸没有被抽查到的说他是"有福"，不幸被抽查到而被判了相对重刑，是"活该"。毕竟简单地加大刑罚威慑并以"杀鸡儆猴"式方法管理社会，是一种懒惰、省事的管理方式，却也是对被管理的民众的一种漠视和藐视的管理方式。其实，离开刑罚这一"大棒"，为达到有效抑制酒驾、醉驾的发生，还有很多手段，刑罚只是其中一种手段而已。这些手段，在效果上是有相互可替代性的。

那么，除了入刑外，还有哪些其他替代性的手段？简单归纳起来，有如下几种：1. 加大目前行政处罚的执法力度，加大对酒驾高发地区、时段的抽查、检测的频度，提高违法处罚的必然性。这也是目前直接可行的，并且也达到一定效果的手段。2. 修订目前《道路交通安全法》有关酒驾的处罚规定，对达到"饮酒驾驶"标准的也处以拘留，比如10天拘留，并罚款、暂扣驾照，对于普通饮酒者驾驶也有明显威慑。3. 加大宣传力度，使酒后不驾车，驾车不饮酒深入人心，成为多数人基本的行为规范。4. 对酒驾者的同车人并处罚款等行政处罚，以加大同车人劝阻酒驾的力度。5. 配合其他经济处罚，如将酒驾经历列入信用记录，大幅提高商业险、交强险的征收额度，让酒驾和醉驾者面临长期经济压力，时刻不忘自己一次酒驾带来的后果和成本。6. 在车辆中安装监控酒驾的技术手段，驾驶人如酒精气息呼出或者经皮肤检测酒精含量过高，则不能发动汽车；① 或者直接通过激光透过挡风玻璃检测车内空气中酒精含量，② 这样一来，可更为精准地发现酒驾者，在某些关键路段设立这种检测方式，几乎每有酒驾必会被发现，这样可大范围提高检测效率，从而提高处罚的必然性，做到酒驾必罚，而以现有行政处罚的强度，足以大范围杜绝酒驾行为。7. 在各大酒吧、酒店树立禁止酒驾的标识牌，并提供代驾服务；如明确发现饮酒者有自行驾车企图，酒吧、酒店方面有报警义务；等等。上述方法已经被人在不同场合提出，均可以在现实中逐步实行，有效地达到减少抑制酒驾的目的。

四、立法建议

一如既往的，法律人的论文如果不提立法建议，就不像是完整的论文。因此，虽然本文的立意在于不宜将简单的醉驾行为入罪处罚，而应在现有规定的基础上，通过多种措施加大已有行政处罚的必然性。但是，鉴于我国目前民间对醉驾入罪呼声很高，因此退一步来说，我认为即使醉驾入罪，也应在现有的基础上做出调整，以尽可能避免本文所涉及的负面效果，且能满足将其处罚上升到刑罚程度带来的威慑效果，减少酒驾、醉驾的发生。

第一种方式是将条文中前述"在道路上醉酒驾驶机动车的"，最后的"的"字去掉，以使单纯的醉驾行为本身不足以成罪，还要配合"情节恶劣"要件才可能构成犯罪（这其实也是很多人的理解）。这样一来可以构成醉驾罪还需要考虑到其他危害社会的因素。但是，这种规定实际上仍会造成某种混乱：情节恶劣的标准是什么？恐怕又得最高人民法院出台司法解释。如果是造

---

① 前者如《沃尔沃 Alcoguard 防醉驾系统》，载 http://www.carboxing.com.cn/index.php? option = com_ content&view = article&id = 7644&Itemid = 63。后者系加拿大发明家贝利坎麦研发一项专利技术，名为 Transdermal Steering Wheel Alcohol Sensor 以阻止醉酒者驾车，他研制的技术是在汽车驾驶盘内置皮肤探测器，以识别驾车者血液内的酒精水平是否偏高，假如无法通过测检，司机将无法启动汽车。美联社。载 http://www. newstarweekly.com/phpcode/web/view_ detail.php? news_ art_ id =70476。

② 参见《九种高科技利器防醉驾》，载 http://www.jcfyzz.com/Article/sh/2010/06/22/348.html。

成人员伤亡、财产损失的，直接适用交通肇事罪即可。① 不会涉及适用醉驾罪，但如果只出现人员轻伤、财产损失较小，而不足以适用交通肇事罪，可能适用醉驾罪（即最高六个月拘役），这看上去似乎合理。但假如仅有轻伤、轻微损失，恐怕不符合法条中的"情节恶劣"的本义。法律条文应当首先按普通人惯常的理解来认识，如发生小碰撞，只造成车损而乘员轻伤，恐怕不是"情节恶劣"所描述的情形，所以，"情节恶劣"不能这样理解。如果是另一种情形，比如当场拒绝测试、拒绝下车配合查检、冲撞交警、现场撒酒疯，比较符合"情节恶劣"的本意，但这类行为可以妨害公务罪论处，而且，相应的司法机关必须作出明确司法解释，否则也不便于适用。更为重要的是，如此规定，实际上是赋予现场执法的交警极大的权力，实际可以根据被检测人员的态度，决定是对他们处罚款、仅拘留 15 天、还是移送检察院，让其面临最高半年拘押的刑罚（我相信，一旦被移送检察院审查，极少会被认为是没有"情节恶劣"的）。这种过于巨大的自由裁量权被赋予完全没有控辩程序保障的执法环节，有违法治社会法律制度的根本原则。

第二种，也是我赞同的，可规定为因饮酒、醉酒驾驶机动车被处罚，三年内再次醉酒驾驶机动车的，② 构成犯罪，列入刑罚处罚范围。这种规定的好处在于：首先是标准统一、明确，便于执法机关操作；其次是可避免直接将醉驾行为入罪带来的弊端，比如罪刑不相适应，因为受过行政处罚的，必然已经受到明确的警告，并明知第二次即是醉驾罪，如仍不悔改，则足以说明其主观恶性已经足够大，应动用刑罚处罚；再次是避免农村、偏远地区的普法工作落后造成的打击过宽的问题，因为有过一次处罚对当事人来说不存在"不知法"的问题；最后，也适当保留了刑罚的威慑力，正如前面分析的，原本对绝大多数人来说，拘留 15 天的行政处罚已经构成充分的违法成本，如加强抽查力度，执法到位，足以阻止人们为了微小的便利而犯法，再次醉驾，则一定会面临刑事制裁，对行为人来说，后续损失巨大，因而足以阻止他们的酒驾行为。

五、结　论

本文的结论是，虽然将醉驾行为入罪有一定威慑性，但按目前抽查率很低的执法方式，产生的威慑效果有限，且由于处罚与罪行不相适应，易造成一系列不良后果。相反，为达到有效抑制酒驾乃至醉驾的发生率的目的，已经有很

---

① 即出现刑法第一百三十三条第一款："致人重伤、死亡或者使公私财产遭受重大损失的"，是交通肇事罪，最高刑期是三年。

② 也有提出 5 年内第三次，即被行政处罚两次，又酒驾的，见张光君：《酒后驾车行为犯罪化论》，载《武汉理工大学学报》2009 年 10 月。

多潜在的技术手段能够充分提高酒驾、醉驾的发现率和处罚率，能使现有行政处罚对醉驾行为形成充分的威慑。而且，通过这种方式，可以避免重刑主义给社会带来很多不必要的副作用。立法者应全面考虑，避免因发生概率极小的事件，因民愤而对某些行为动辄入罪，处以重刑。必须考虑到我国地域辽阔、民族众多、城乡区域差别极大，执法难以统一，避免过多重刑主义带来对某些公民过重的处罚，尽量考虑以更适宜的方式，达成同样的效果。如果一定要将醉驾行为本身入罪处刑，则建议采取规定"因饮酒驾驶机动车被行政处罚过，三年内第二次醉酒驾驶机动车的，处……"的方式，规定醉驾罪，也可以较好地避免单纯醉驾行为入罪可能带来的不良后果。

苦口但非良药：欠薪入罪应当慎行

曾粤兴* 刘阳阳**

犯罪学认为，经济增长会带来犯罪的同步增长。当代中国的恶意欠薪行为就属于随着市场经济建设的蓬勃发展同步"生猛"起来的不轨行为。恶意欠薪究竟生猛到了何种程度，不仅有温家宝总理帮助农民熊德明讨薪的事件为例，另据国家统计局的调查：2009 年春节前我国返乡农民工为 7000 万人左右，5.8% 的人被拖欠了工资。以广东为例，2006 年发生企业欠薪逃匿事件 669 起，2007 年 786 起。2008 年受国际金融危机影响，大幅上升至 1985 起，涉及职工 20.6 万人，欠薪总额达 6 亿多元。① 受此影响，中国总工会副主席张鸣等代表在 2010 年的"两会"期间提出要在刑法中增设"恶意欠薪罪"："尽快在刑法中设立'拖欠工资罪'，从保障民生的高度、从立法的层面，更好地保障职工的劳动报酬权益，确定恶意欠薪、欠薪逃匿为危害社会的犯罪行为。对欠薪的严重违法责任人，不仅要追究经济责任，还要追究刑事责任。"② 笔者对欠薪入罪问题做些研究，一管之见，期待指正。

一、"恶意欠薪"的犯罪性问题

在犯罪实证主义者看来，犯罪性是指犯罪者实施犯罪行为的倾向（主要考察犯罪人格）。实际上，犯罪性还可用于越轨行为的严重性质。著名犯罪学家迈克尔·戈特弗里德森和特拉维斯·赫希在"犯罪性的其他理论"中指出："犯罪的严重性并不是一种理论上的标准。当然，理论家们喜欢将其兴趣限定

---

* 曾粤兴（1965— ），广东兴宁人，法学博士，昆明理工大学法学院教授、博士生导师。

** （刘阳阳（1986— ），女，山东济南人，昆明理工大学法学院硕士研究生。

① 黄镇东：《全国人民代表大会常务委员会执法检查组关于检查〈中华人民共和国工会法〉实施情况的报告》，载中国人大网 www. npc. gov. cn，访问时间 2010 年 5 月 4 日。

② 周斌：《用刑法严惩恶意欠薪》，载 http://www. legaldaily. com. cn，访问时间 2010 年 5 月 4 日。

在'严重的'事情上，这并不是偶然的。这反映了一种错误的信念，即现象的重要性在一定的程度上是可以说明理论的重要性。实际上，某种现象的重要性或者严重性往往很难进行评估。就个别情况而言，严重犯罪往往可能会产生很重的伤害或者损失，但是，就总体情况而言，严重犯罪造成的伤害或者损失可能要比不严重的犯罪轻得多。同样，像海洛因这样的烈性毒品在总体上产生的伤害要比烟草或者酒精这样的毒品轻。"① 不难看出，不仅行为的危害性或者说严重性很难界定，而且危害严重的行为未必入罪也是司空见惯的事情。

考虑到刑法（主要是刑罚）反应只是人类社会治理犯罪问题的部分反应，规范刑法的研究需要给予犯罪学成果应有的尊重。因此，一个行为是否需要入罪，不仅需要对有关行为的严重性进行评估对比，还要看刑法之外的法律是否有能力处理好该问题。当然，以上两点还只是启动刑法反应的基本条件，还不是充分条件。行为的犯罪性不是入罪的充分条件，刑法反映的谦抑性以及规范技术层面的要求也要得到充分的考虑。

根据规范刑法的研究，犯罪的概念有形式概念、实质概念和混合概念之分。我国刑法采用的是混合概念，即犯罪是触犯刑法，具有严重的社会危害性，应受刑罚处罚的行为。行为的严重社会危害性是刑事违法性的前提，社会危害性是第一性的，刑事违法性是第二性的，刑事违法性是由行为的严重危害性所决定的。② 关于行为的危害性，刑事古典学派的创始人贝卡里亚指出：衡量犯罪的真正标尺并不是犯罪的感觉，而是他对社会的危害性。③ 高铭暄教授也指出：犯罪是危害社会的行为，没有危害性就没有犯罪，社会危害性没有达到相应的程度也不构成犯罪，决定社会危害性轻重大小的因素有：（一）决定于行为侵害的客体。（二）决定于行为人的手段，后果及时间地点。（三）决定于行为人的情况及主观因素。④不难看出，规范刑法的研究也坚持刑法约束的应当是严重的危害行为。具体到恶意欠薪行为的社会危害性，亦如前文所言，恶意欠薪行为剥削底层劳动者的"血汗"，数额之大、涉及面之广、社会期待之显著都是相当突出的。从这个意义上讲，众多人大代表吁请刑法增设相关犯罪也有一定的道理。但是，行为的严重危害性还不是增设专门犯罪的全部

---

① ［美］迈克尔·哥特弗里德森、特拉维斯·赫希：《犯罪的一般理论》，吴宗宪、苏明月译，中国人民公安大学出版社 2009 年版，第 112 页。

② 赵秉志：《新刑法教程》，中国人民大学出版社 1997 年版，第 81—82 页。

③ ［意］贝卡里亚：《论犯罪与刑法》，中国大百科全书出版社 1993 年版，第 73—74 页。

④ 高铭暄、马克昌：《刑法学》，高等教育出版社、北京大学出版社 2000 年版，第 47—48 页。

条件。对此，日本刑法学者平野龙一认为："即使行为侵害或威胁了他人的生活利益，也不是必须直接动用刑法；可能的话，采取其他社会统治手段过于强烈，有代之以刑法的必要时，才可以动用刑法；这叫刑法的补充性或谦抑性。"①帕克也在《刑事制裁的界限》中提到，我们在将危害行为"犯罪化"时要遵循一定的规则，科处刑罚所需要的条件是：（一）该行为在大部分人看来给社会的危害是显著的，不能被社会的任何重要部分所认可；（二）对该行为科处刑罚能符合刑罚的目的；（三）抑制它不会禁止社会所希望的行为；（四）能够通过公平的，无差别的执行对它进行处理；（五）通过刑事程序取缔该行为，不会在程序上成为质的或者量的加重负担；（六）不存在取代刑罚而处理该行为的适当方法。②

综上所述，恶意欠薪行为的社会危害性足以引起刑法的关注。但是，社会危害性不是刑法增设相关罪名的充分条件。根据刑法反映的谦抑性和界限，是否增设专门的"恶意欠薪罪"还需要进行以下两个方面的考量：其一，充分运用刑法以外的其他法律是否足以应对相关的情形；其二，增设专门的罪名是否具有实践层面的可行性。

二、刑法之外是否存在可替代的方案

医学研究有句老话"不能头痛医头脚痛医脚"，刑法问题的解决往往需要从刑法之外进行系统的研究。恶意欠薪问题引起了广泛的关注，上至国家总理，下至黎民百姓，纷纷为问题的解决献计献策。2010 年 3 月 11 日，人民网发表著名民法学家梁慧星教授的观点：不要轻易采用刑法手段，应在法律理论和体系框架内设计出有效的解决方案"把老板判几年刑，工厂垮了，劳动者又会失去工作"。作为替代方案，梁教授建议将劳动者的工资债权作为特殊债权处理，优先国家税收受偿，把拖欠工资的诉讼时效延长至 10 年，同时将拖欠工资比照中国人民银行同期贷款利率实行法定强制利息。③ 同年 3 月 18 日，《法制日报》还发表了清华大学黎宏教授"欠薪行为入罪应当慎重"的观点：将欠薪行为入罪，并不能解决根本问题。事实上，现实生活中，除了少数从一

---

① 陈兴良：《刑法的价值构造》（第 2 版），中国政法大学出版社 2006 年版，第 300 页。

② ［日］大冢仁：《刑法概说》（总论），冯军译，中国人民大学出版社 2002 年版，第 24 页。

③ 侯宇、张子扬等：《多位人大代表称恶意欠薪不道德写入刑法有争议》，载 http://www.people.com.cn，访问时间 2010 年 5 月 5 日。

开始就不想给工人工资、可以合同诈骗罪加以处罚的恶意欠薪行为之外，绝大多数欠薪行为无非是两种原因：一是企业老板将拖欠工人工资作为约束工人行为的一种管理手段，平时只发部分报酬，到年底再补齐平常所克扣的部分薪水——这种情况下就难以确定企业的欠薪行为是否属于恶意。二是结构性欠薪。据有关资料介绍，欠薪现象多发生在建筑行业。造成这种现象的深层原因在于，建设单位常常将拖欠工程款作为"投资策略"。目前一个项目的工程款实际兑付率只有 50% 至 70%，这使得施工环节利润率一般只有 2% 左右，一些施工企业或包工头因此寻找借口压低、拖欠或逃避支付工人工资——这是建筑行业劳资矛盾最突出的源头因素。这种情况下，拖欠工人工资的行为，恐怕也难说是"恶意"。如果一定说存在"恶意"一方的话，就不应是在欠薪三角债关系当中处于弱势的施工企业或者包工头，而应是那些最容易拖欠工程款的建设方，而他们往往是某些强势的政府部门或各地的税收大户。但他们拖欠的是工程款，并非工人工资，即便设立"恶意欠薪罪"，也无法对他们适用。①

笔者认为，上述两位学者的观点大致代表法学界反对恶意欠薪入罪的基本态度。具体说来，不仅造成恶意欠薪行为泛滥的原因颇为复杂，而且远未达到用尽非刑罚反应方式的地步。

首先，欠薪行为的泛滥既是一个制度问题，也是一个道德问题，更是一个文化问题。客观地说，欠薪问题这么严重，调整薪资关系的法律制度肯定存在问题。从当代中国的情形来看，制度转型和经济发展带来了很多问题，社会保障的不足尤其突出。倒不是说制度转型抑或经济发展不好，而是说低水平的社会保障（包括严重的欠薪）与国家制度的欠缺脱离不了干系。制度之外影响欠薪行为的因素也很严重。其中，先富裕起来阶层为富不仁的现象相当严重，这是个严重的道德问题。还有，我们的儒家文化，"性本善"以及"以和为贵"的传统思维也在人性的防备方面存在不足。然而，制度转型的完成抑或社会保障水平的提高不是一朝一夕的事情，想要以某种激进的手段一劳永逸地解决恶意欠薪问题，既不符合制度规律，也不符合具体国情。

其次，造成恶意欠薪的直接原因不是无法可依，而是有法不依、执法不严。薪资的法律保障，除民法、刑法之外还有《劳动法》第 91 条、《就业促进法》第 68 条、《劳动合同法》第 85 条等行政法律规定。尤其《劳动合同法》第 85 条的规定，为劳动薪资提供了充分的经济保障（有惩罚性的薪资补偿规定）："用人单位有下列情形之一的，由劳动行政部门责令限期支付劳动报酬、加班费或者经济补偿；劳动报酬低于当地最低工资标准的，应当支付其

---

① 黎宏：《恶意欠薪行为入罪应当慎重》，载《法制日报》2010 年 3 月 18 日。

差额部分；逾期不支付的，责令用人单位按应付金额百分之五十以上百分之一百以下的标准向劳动者加付赔偿金：（一）未按照劳动合同的约定或者国家规定及时足额支付劳动者劳动报酬的；（二）低于当地最低工资标准支付劳动者工资的；（三）安排加班不支付加班费的；（四）解除或者终止劳动合同，未依照本法规定向劳动者支付经济补偿的。"根据上述行政法律法规，劳动行政部门本身就负有直接保障正当薪资关系的义务，欠薪入罪，其不容易卸除劳动行政部门的职责？从实际情形来看，保障薪资关系的法律以及实施相关法律的机关都不缺乏，为何欠薪问题就这么严重起来了？原因非常简单，有法不依是关键，相关机关、组织弱化，不能甚至不愿履行保障正当薪资关系的义务也很重要。徒法不能以自行，从这个意义上讲，若敢于视法于无物，立再多的法也没有意义。

综上所述，恶意欠薪问题，不仅具有浓厚的制度转型背景，而且处于相当无奈的情形。在现有薪资法律体系大量闲置或者说惩罚性的薪资补偿都无法实现的情形下，贸然增加一条"恶意欠薪构成犯罪"的规定，不仅违反刑法的谦抑性要求，而且未必能真正运行得起来。真要是那样，增设"恶意欠薪罪"只能为现行刑法增加一个具文，进一步恶化法律虚无的病症，靡费立法资源。

三、"恶意欠薪"行为入罪的可行性

至此，不难理解冒然增设"恶意欠薪罪"有违刑法的谦抑性要求。于是，前文提到的两个方面的考量还剩下一个：现行刑法体系是否具有增设恶意欠薪罪的可行性？

（一）域外存在恶意欠薪入罪的先例

考察域外的情形，德国、俄国、泰国、日本、韩国以及我国的香港地区率先将恶意欠薪行为犯罪化。《德国刑法典》第 266A 条规定：雇主截留或侵占雇员劳动报酬的，判处 5 年以下自由刑并处罚金。《俄罗斯联邦刑法典》第 145.1 条规定：任何所有制形式的企业领导，拒绝支付员工工资、退休金等应付款项，处 7 年以下自由刑并剥夺其担任一定职务的权利。《泰国刑法典》第 344 条规定：意图不付工资或者报酬，或者低于约定工资或报酬，而以诈欺方法非法诱使十人以上为自己或第三人工作的，处三年以下有期徒刑，并处或者单处六千铢以下罚金。韩国《劳动标准法》第 109 条规定，任何人拖欠工人工资，应判处 3 年以下监禁并处 2000 万元以下罚款。其他如日本以及我国香港地区的刑法都有类似规定。此外，《瑞士刑法典》第 159 条的"滥扣工资罪"和《西班牙刑法典》第七章的"不履行债务罪"也能对恶意欠薪行为进行规制。部分学者主张将此类立法经验移植到我国刑法典中，但我国刑法并非

对工人的权利视而不见，刑法分则规定了强迫劳动罪，于此看出我国刑法更注重保护工人的人身权利。有些学者只要我国刑法没有而在国外刑法中有规定的，就想拿来为我所用；这些学者忽视了制度的生成需要政治、经济、文化、价值观念、伦理道德等多种因素的支撑，制度的移植需要一个比较长期的适应过程。① 但是，我们也应该考虑到这样的实情：这几个国家和地区的公民的受教育程度比较高，雇主的诚信意识比较强，工会机构健全且作用巨大、市场准入和管理制度比较健全等，出现相关犯罪的概率很低；由此导致法律文化与中国大陆不可同日而语。所以，我们在进行法律移植时要以审慎而非大胆的态度，要充分考虑中国的国情、民情、传统还有当前的经济发展阶段。

（二）恶意抑或无奈：入罪的前提

法不强人所难，是立法正当的基本要求。然而，当代中国的绝大部分欠薪行为具有相当无奈的社会背景。恶意欠薪行为的主要存在于建筑行业和餐饮行业。以建筑行业为例，导致欠薪行为的因素有很多：劳动力市场供大于求，执法部门监督不力，工会依靠于企业无法独立维护工人的权利，工人的法律意识淡薄，金融危机，等等。正如前文所言，当代中国，尽管恶意欠薪的情形相当严重，但导致欠薪情形的因素也相当复杂。考虑到建筑业的实际情况，建筑企业抑或包工队的负责人的最大难题就是如何讨要工程款。因此，就当前而言，发生于该领域的绝大部分欠薪行为具有相当无奈的因素。如果恶意欠薪构成犯罪，那么犯罪主体就是那些相当无奈的包工头或者建筑企业的负责人。这样一来，法律不仅惩罚了无辜，而且违背了不强人所难的正当要求。刑事制裁是解决纠纷的最后手段，应该与其他纠纷解决机制保持相当距离，在其他手段有效的情况下，不要动用；司法上不可行，动用刑罚难以达到遏制和预防的目的，还会产生新的社会问题。

（三）司法认定可能存在诸多问题

拖欠劳动报酬所涉及的是劳动关系和民事法律关系，应当由劳动法和民法调整；用刑事手段解决拖欠工资行为不仅有"越位"之嫌，而且可能存在诸多问题：

1. 主观方面，"恶意"界定困难。提案者主张追究"恶意"拖欠工资者的刑事责任。但笔者认为，拖欠劳动报酬原因复杂，难以界定"恶意"② 行为人有太多的理由将恶意掩饰成不得已的情形，例如行业的激烈竞争、企业的发

---

① 曾粤兴：《刑法学方法的一般理论》，人民出版社 2005 年版，第 330 页。
② 曾粤兴、张勇：《刑罚权发动的合理性》，载《中国人民公安大学学报》2005 年第 4 期。

展、管理的不善、债务问题（如三角债）等；善与恶，原本就是主观色彩浓重的价值判断词汇，善意与恶意的区分，在私法领域犹有困难，在公法领域争论持续了上千年。如举报不失，究竟是恶意还是善意？即使举报属实，也难以作出判断。犹如行使亲权的行为中，用棍棒责打教育子女致伤，究竟是恶意还是善意？谁能作出明断？

2. 客观方面，行为模式设计困难。提案者主张将转移财产和逃匿行为入罪，那么，是否这两种行为都足以表明行为人出于"恶意"？恐怕不见得。企业以及个体工商户的财务管理都有会计科目，业主转移不属于工资部分的财产，是否违法尚待确定，遑论犯罪！比如跨地域投资、投资移民、迁徙等，势必发生财产转移，这是合法行为，岂能入罪！现在讨薪者时常有不理智行为，甚至暴力威胁，业主暂时躲避，是否逃匿？而一旦行为人真正逃匿到境外去了，启动刑事诉讼程序还有意义吗？

3. 主体方面，设立本罪矛头所向究竟何指？欠薪行为，不仅私营企业有，混合所有制企业、国有企业都有，甚至国有事业单位也不罕见。打击国有单位，国有单位是否还能正常运转？仅仅打击私营企业，又是否公平？当企业欠薪是因为政府或者其他国有单位拖欠工程款、货款而造成支付困难时，仅仅打击企业，是否合理？

当然，问题还远不止这些。上述问题尚未得到充分论证的情况下贸然增设"恶意欠薪罪"很可能出现两种结果：要么欠薪罪形同虚设；要么牺牲罪刑法定原则强硬认定有关行为人的罪过。笔者认为，上述两种情形都对刑事法治极为不利。因此，恶意欠薪真要入罪，需要对有关的认定难题进行论证。

（四）刑事政策的考虑

恶意欠薪入罪还涉及一个重大的政策问题：恶意欠薪入罪是否有利于改善劳动者的薪资状况？由于劳动者的薪资涉及社会稳定和报酬公平的问题，因此恶意欠薪入罪论得到了来自国家、社会等相当多层面的支持。但是，从法益衡量的角度来说，恶意欠薪入罪的法益抑或基本考虑还是要维护劳动者的利益，相关的制度设计都要服从于这个根本的政策问题。

由于恶意欠薪的根本法益是劳动者的薪资利益，因此有关的考虑还得从薪资利益谈起。当然，我们也知道，欠薪问题之所以愈演愈烈，关键还在于前述法律规定很难得到真正的执行。话说回来，如果我们启动并完善现有保障薪资关系的行政法律规定，让惩罚性的薪资保护规定落到实处，不但劳动者能获得相当可观的补偿，而且欠薪还使相关的责任人得不偿失。这样一来，不仅避免了犯罪的制造，而且真正实现维护抑或促进劳动者利益的根本目的。

刑法介入民生领域，比较容易发生以刑罚代替民事制裁、经济处罚和行政处罚的结果，发生相关国家机关职能的错位。欠薪行为一旦入罪，劳动者很容易产生依赖警察解决纠纷的心理，也有权利随时拨打110电话，其后果容易预见：一方面，劳动人事部门、工会组织完全有理由退避三舍，怠于履行职责；另一方面，警察机构疲于奔命，检察机关也不得不腾出司法资源进行侦查监督，不得不将大量人力、物力、时间用来解决原本属于劳动纠纷、民事纠纷的欠薪犯罪，国家将为此付出高昂的机会成本，其他更严重的犯罪能否及时得到应对和查处将成疑问。

概而言之，由于域外存在恶意欠薪入罪的现实情形，从理论上说，刑法完全可以将域外的相关规定搬进我们的刑法典。但是，立法是一种理性的活动，增设一个罪名，绝不是刑法典是否有空插入一个条文的问题，立法的正当性和可行性都要得到切实的考虑。亦如前文所言，即使我们需要增设"恶意欠薪罪"，相当的可行性问题也应该得到充分的论证。就目前的情况来看，恶意欠薪行为还不具备入罪的可行性。

四、结　语

整体考虑恶意欠薪行为的入罪问题，不得不进行两个方面的补充：一个是，不修改刑法是否可以动用刑罚惩处某些严重的恶意欠薪行为？另一个是，从刑事一体化的角度来看，恶意欠薪入罪会不会破坏相关的法律关系，是否能够运行良好？

首先，不修改刑法也可以动用刑罚惩处某些严重的恶意欠薪行为。尽管没有设立专门的"恶意欠薪罪"，但是，根据具体情况，有些严重的恶意欠薪行为可以构成合同诈骗抑或诈骗类的犯罪。笔者从黎宏教授提出的部分恶意欠薪行为可以构成合同诈骗罪的观点中得到启发，认为合同诈骗罪的构成要件要比诈骗罪的构成要件严格得多，以诈骗罪来惩处某些恶意欠薪行为也是有可能的。当然，以诈骗罪抑或合同诈骗罪惩处某些恶意欠薪行为，可能需要对有关的构成要件进行扩大解释。笔者认为，考虑到有关行为的社会危害性以及保护劳工权益的重大政策需求，即便适当扩大了某些要件的理解，也不至于违反罪刑法定原则。

其次，建立社会诚信体系，通过商法、经济法规制企业欠薪行为，积极引导企业避免发生欠薪现象，效果应当优于动用刑罚，比如，排除欠薪企业参与本地市场竞争机会（市场准入）；对欠薪企业不予年检注册并予以公告等。这些措施势必敦促企业主考虑企业的生存问题，从而主动解决欠薪问题，又可以避免劳动人事部门、工商行政管理部门怠行职责、完全依赖公安机关解决劳动报酬纠纷之虞，比动用刑罚更为经济、有效。

最后，刑法作为调整社会的有效手段，有必要对界限清楚的严重危害社会的行为作出反应。但在罪与非罪的边界难以做出清晰判断的情况下，贸然张开法网，可能效果适得其反。因此，笔者认为"苦口"的刑法对约束恶意欠薪行为并非是一剂"良药"，故欠薪入罪应当慎行。

"恶意欠薪"入罪解构

——社会文化、规制维度与理性反思

宁利昂

2011 年 2 月 25 日，第十一届全国人大常委会第十九次会议正式通过了刑法修正案（八）。其中，第四十一条规定对恶意欠薪作犯罪处理。[①] 该条款的设置，显然基于恶意欠薪现象普遍、问题严重的考量，其出发点在于切实保护当下民生。然而，是否需要通过将其入罪来规制之，蕴藏在欠薪现象背后的社会景观及在制度层面展开的多维规制到底如何，还需要全面、深入思考与衡量。

一、作为一种社会文化的欠薪

任何社会现象的产生都离不开社会文化这个母体。[②] 欠薪，简单来说，即拖欠或未足额支付劳动者应得的劳动报酬，在当下作为一种典型现象予以显现，折射出母体机能存在的紊乱与失调。因而，从分析社会文化的内在构造与机能入手，可能达至对该现象的深刻体认。

（一）欠薪社会文化的生成

众所周知，社会发展与变革是政治与经济、法律与道德、风俗与习惯等诸多因素合力推动的结果。一般而言，这种发展与变革会因受到某方或多方力量拉扯而或多或少偏离原有理想路径，中国社会也不例外。我国社会正处在攻坚

---

① 在本文定稿之际，《最高人民法院、最高人民检察院关于执行〈中华人民共和国刑法〉确定罪名的补充规定（五）》中，已将恶意欠薪行为的罪名确定为拒不支付劳动报酬罪。

② 文化可以说也是一种现象。在本文中，文化趋于指称持续时间较为长久、形成因素较为复杂的环境氛围，而现象则倾向指称较短时间内出现的数量较多、规模庞大的事件或情形集合。本文也认为，社会文化与社会现象存在度的区分而非质的差别，两者在满足特定条件的情况下可以相互转化。

转型期，利益诉求复杂，分配尚待合理。在市场经济活动中的等价交换与诚实信用，已然得到人们的初步体认，但存在不同主体之间认识的差异，也存在其理想型与实践型之间某种程度的断裂。作为一种强调节的规范，法律在其诸多部门对等价交换与诚实信用予以肯定，如民法上合同制度与诚实信用原则等的确立、行政法上赋予劳动行政部门相关处罚权力等；而作为一种弱调节的规范，道德驯化在价值取向多元的今天往往心有余而力不足，主流道德观遭遇边缘化的危机，欠薪不还的人早已摆脱道德枷锁的束缚。民间社会日趋陌生人化，但熟人社会影子依然可见，借助生活中较为亲密关系而形成的欠着先干活情形在很大范围内仍将长期存在。诸多方面因素塑造了特定文化形成的场域，脱胎于此的社会文化存有因各方面衔接与匹配的不足而带来的结构性缺陷就不难理解，其机能正常发挥的不能也自始注定。

（二）危害及其衍生的文化

作为欠薪现象生成母体的社会文化，或者说一种欠薪社会文化，在物质层面得到支撑，在行为层面衍生开来，进而深入到心理层面，催生了当今社会大规模、多领域的欠薪现象。可想而知，其带来的危害后果是十分巨大的。作为沉疴积弊的集中爆发，欠薪有其自身之害，最为直接的是破坏了劳动雇佣关系。市场经济秩序中，劳动雇佣关系作为一种最基本的关系，确立了劳方与资方的相应权利与义务，其奠基于以劳动与报酬为媒介的双向给付。欠薪的出现，破坏了这种对应的平衡，形成了偏向资方的倾斜，而作为凝结在各类商品与服务中的人类劳动的提供者，劳方的付出没有得到回报或者及时的回报，劳动积极性受挫，对资方信任度降低，势必对后续生产的劳动供给造成不利影响。遭受欠薪危害的劳动者，在选择应对方式上各异。采用暴力、威胁等违法犯罪行为讨薪者有之，讨薪无望而精神崩溃、自寻短路者有之，拉扯横幅、拦路上访者有之，转移矛头冲击国家机关者有之，以及其他种种，都是社会文化催生的欠薪现象带来的衍生之害。① 从现象与文化之互动来看，发轫于欠薪现象的讨薪行为，经过实践的反复生成以及媒体的捕捉报道，开始酝酿并发酵成为"中国式讨薪"文化。

由上可见，中国式欠薪已经不单纯为简单的社会现象，更作为一种社会文

---

① 边沁曾在谈及有害行为的后果时区分了主害与次害，前者可细分为原本的或派生的，后者则可细分为惊恐或危险。笔者借用了边沁的说辞，但本文提及的自身之害与衍生之害的实施主体并不同一，前者为资方，后者为劳方，因而与边沁的单一实施主体界定存在差异。相关论说可参见［英］边沁：《道德与立法原理导论》，时殷弘译，商务印书馆2000年版，第200—202页。

化而影响甚广。中国社会发展与转型的特定历史背景决定了欠薪作为一种常态出现，而解决该问题的各方看法及举措不一，因此形成了与之相对的讨薪乱象，由其带来的间接危害自不必多言。欠薪的社会文化催生了更多的欠薪现象，也关联催生了讨薪现象，从而衍生了讨薪的社会文化。从这个意义上说，作为一种社会文化的欠薪，衍生出了讨薪的亚文化。以社会全局观之，无论是欠薪还是讨薪，都破坏了我国经济的健康发展与社会的长治久安。对社会文化的改良非一日之功，因而更多的是对社会现象的具体应对。

二、规制恶意欠薪的法制维度

我国当今社会出现的欠薪现象，从其内部诸多个案来看，在实施主体、侵犯对象、持续时间、涉及数额、出现原因、覆盖领域等方面存在较大差异。刑法修正案（八）提出的是恶意欠薪入罪，即必须达到相当严重的程度，而并非要求所有欠薪一律入罪。下文首先对恶意欠薪的入罪构成予以说明，然后对以往形成的对恶意欠薪的多部门法规制予以回顾。

（一）恶意欠薪的入罪构成

那么，被抬升至刑事立法层面予以讨论的"恶意欠薪"究竟如何理解？从通过的刑法修正案（八）第四十一条来看，是指"以转移财产、逃匿等方法逃避支付劳动者的劳动报酬或者有能力支付而不支付劳动者的劳动报酬"的情形，后加限定词为"数额较大，经政府有关部门责令支付仍不支付的"及"造成严重后果的"，并依据限定词的不同分别设置了相应的刑罚。① 从字面分析，"以转移财产、逃匿等方法逃避支付劳动者的劳动报酬"概括了现实生活中经常出现的人为制造资金不足假象或卷铺盖走人而企图逃避支付劳动报酬的情形，"有能力支付而不支付"则规定了更为一般情形，排除了主观上并无恶意而因客观上资金不足从而欠薪的行为；两个限定词的功能不一，前者标示了基本情形，是恶意欠薪入罪与否在量上的要求，后者标示了加重情形，是恶意欠薪罪行轻重在量上的判定。

---

① 修八草案中对恶意欠薪入罪基本情形的限定词为"情节恶劣的"，通过后的正式文本将其改为"数额较大，经政府有关部门责令支付仍不支付的"，实际上是在司法程序之前设置了行政程序。从节约刑罚成本与用尽其他救济的角度来看，这一前置性规定暗含了除罪的可能，具有一定的积极意义。但如何理解"政府有关部门责令支付"，涉及解释上的若干问题。有观点认为该构成要件应当涵括劳动仲裁裁决、法院生效判决等，但此系实质上不利被告的扩大解释，同时也不符合法治国对用词严谨的当然要求。退一步，即便进行了如此解释，也无法对恶意欠薪入罪在应然层面予以证立，这涉及后文谈及的司法进步、体系完善等问题。

同时，修八第四十一条在第二款规定了单位犯罪及双罚制，在第三款规定了减轻或免除处罚的相关条件。关于后者，具体而言有三：一为尚未造成严重后果，二为在提起公诉前支付劳动者的劳动报酬，三为依法承担相应赔偿责任。在支付时间点的规定上，条款以公诉划界，颇为耐人寻味。综观刑法及以往修正案，相仿规定较少。① 笔者以为，该条款之所以如此规定，主要出于对还薪行为的鼓励，尽最大可能促成劳动者获得应有的劳动报酬，以期实现双赢的局面。然而，这样的规定是否合适还值得商榷。②

（二）恶意欠薪的多维法制

实际上，在恶意欠薪入罪讨论之前，对其的规制就已被纳入多维法制视野中，从劳动法部门、民法及民诉、刑事法领域中都可以找到对应关切。③

1. 劳动法部门的规制

20 世纪 90 年代中期，我国颁布实施了《中华人民共和国劳动法》，其总则第三条开宗明义地指出，劳动者享有取得劳动报酬的权利。该法除了提及劳动行政部门的相关权能外，更在第七十七条至第八十四条规定了劳动争议相关救济机制，如可以依法申请调解、仲裁、提起诉讼等。历经十年有余，劳动领域出现并累积了许多新问题。为完善相关制度，我国于 2007 年相继颁布了《中华人民共和国劳动合同法》和《中华人民共和国劳动争议调解仲裁法》，并于 2008 年起相继施行。劳动合同法细化并补充了劳动法中的相关规定，其中第三十条第二款就规定，"用人单位拖欠或者未足额支付劳动报酬的，劳动者可以依法向当地人民法院申请支付令，人民法院应当依法发出支付令"，可见劳动合同法新增了劳动报酬的申请支付令权利。劳动争议调解仲裁法同样对劳动法中过于原则和抽象的部分予以了阐明，除总则部分提及劳动报酬的支付外，在调解一章有支付令规定，在仲裁一章有时效期间、先予执行、终局裁决

---

① 我国现行刑法第一百六十四条对非国家工作人员行贿罪中规定，行贿人在被追诉前主动交代行贿行为的，可以减轻处罚或者免除处罚；第三百九十条关于行贿罪的处罚中第二款、第三百九十二条介绍贿赂罪中的第二款均有如前类似规定。

② 比较而言，修八草案第三十九第三款规定的是"……可以不追究刑事责任"，而非正式文本第四十一条第三款规定的"……可以减轻或者免除处罚"。这就意味着，还薪行为由草案中的阻却责任事由变为了正式文本中的减免刑罚事由。如此定位还薪行为，综合激励效应难以估量。进言之，阻却责任事由的定位可能增加还薪行为本身的正向激励，但提升了前面恶意欠薪的侥幸或轻视心理；减免刑罚事由的定位可能减少前面恶意欠薪的正向激励，但降低了还薪行为的积极或重视心理。孰优孰劣，确难比较。

③ 当然，以往多部门法对欠薪的规制并没有强调"恶意"，但这些规定将恶意欠薪概括在内也是显而易见的。

等规定。应该说，劳动法、劳动合同法及劳动争议调解仲裁法已经形成处理劳动关系之三驾马车的格局，恶意欠薪的劳动法部门规制不可谓之缺少。

2. 民法与民诉的规制

在我国，劳动合同由专门法律规范予以调整，区别于一般民事合同。这种情况决定于劳动诸法所具有的部分公法性质。从制度起源看，劳动诸法的出现，概因经济社会大发展进程中由于技术、资本的高度集中所形成的用人单位与劳动者之间力量对比的不均衡。为了维护劳动者的合法权益，需要国家力量介入及干预，来尽量达到合理平衡。[①] 劳动合同作为一种特殊性质的合同，尽管携带了公权力干预的基因，却仍未丧失契约自由之本性。对于劳动者付出劳动后，用人单位不予支付劳动报酬的，可视为不履行合同义务，因而劳动者享有对劳动报酬的请求权是确凿无疑的。具体而言，相关劳动报酬争议可以按合同之债提起给付之诉。我国劳动领域诸法对相关诉讼都予以了肯定，如劳动法第七十七条、第七十九条、第八十三条、第八十四条，劳动合同法第五十六条、第七十七条、第七十八条，劳动争议调解仲裁法第五条、第七条、第二十九条、第四十三条、第四十八条、第四十九条、第五十一条等。因而，在处理劳动关系中出现的问题时，民事范畴相关法律可以给予支撑，当然这里存在一个衔接。那么，与劳动关系相区别的雇佣关系中出现劳动报酬争议，该如何处理？理论上一般认为，雇佣关系属私法上的关系，强调当事人双方的意思自治，除违反法律的强行性规定或公序良俗外，国家一般不予干预。[②] 因而，依照我国民法通则、合同法及民事诉讼法等相关法律规定来保障劳动者的相关合法权益，可谓"治老病用旧方"。

3. 刑事法领域的规制

除了从劳动法部门及民事实体与程序法相关规定中可以找到针对恶意欠薪的规制举措外，在刑事法领域也能寻觅其踪。当然，刑事规制并非将恶意欠薪直接予以入罪，而是配合劳动与民事相关规制来进行，从而真正体现了"最后一道防线"的意蕴。具体而言，依据不同情况可以走两条路径。如果雇主或用人单位在签订、履行合同过程中以非法占有为目的，采取虚构事实或隐瞒真相等欺骗手段，拒不支付劳方工资数额达到较大程度的，可认定为合同诈骗罪；类似情况下，但缺乏合同诈骗罪所需时间、条件等特定构成要素的，可考

---

① 劳动法制度起源与演进的分析及其与民法的关系，可参见冯彦君：《民法与劳动法：制度的发展与变迁》，载《社会科学战线》2001 年第 3 期。

② 雇佣关系的定位及其与劳动关系的差别也存在不同看法。参见许建宇：《雇佣关系的定位及其法律调整模式》，载《浙江大学学报》（人文社会科学版）2002 年第 2 期。

虑以诈骗罪来定罪处罚。如果双方当事人历经了调解、仲裁、诉讼及支付令等程序，人民法院进行了与之相关的裁定或判决，被执行人及相关人员或单位有能力执行而拒不执行，情节严重的，可以现行刑法第三百一十三条拒不执行判决、裁定罪定罪处罚。①

可见，我国对于恶意欠薪的规制不是缺乏相反甚多，多部门法对该问题予以了协同规制。故恶意欠薪经久不绝，愈演愈烈，可能更要从法的动态运行而非法的静态文本上找原因。

三、恶意欠薪入罪的理性反思

中国式欠薪存续时间长久、影响范围广阔、潜入民心深远，已然形成一种特色文化并衍生出讨薪的亚文化。对于由这种欠薪的社会文化催生的诸多现象，为何我国努力构建的严密法网不能有效禁止之，恶意欠薪入罪的存在理性是否就不能予以批判，还需说清道明。

（一）意旨：刑法快刀斩欠薪乱麻

恶意欠薪有其主体和客体，分别为资方与劳方。现代经济社会发展中，资方基于技术、资本优势对劳方的较大甚或压倒性优势已是司空见惯；依据人们通常的扶弱惩强思维，在制度设计上向作为弱势群体的劳方倾斜便足以理解。劳动诸法架构的搭建就迎合了这种指导思想，而民事相关法律法规充溢着自由契约之可贵精神，在这方面也因没做负功而未被诟病。如就此止步，制度的基本理性还是尚存的，尽管需要通过偏向从而达致正义。恶意欠薪入罪的出现，则有将偏向正义矫枉过正之嫌。梳理其借由，主要可归纳为：调解、仲裁加诉讼的模式看上去完备，却增加了劳方的时间与金钱成本，还可能毫无效果可言；执行起来具有极大困难，被执行人难找、执行财产难寻、协助执行机关难求、应执行财产难动等问题长期存在；行政处罚力度不大，相对刑事处罚过于轻缓，不足以威慑相关方继续赖账；刑事法的间接规制过于靠后，大多数情况下没有直接应对，故前述问题在这里也存在。总结起来就是，现行法网规制恶意欠薪的不足太多，不如将其予以单独治罪来得干脆。这就打开了刑法强力介

① 2002 年 8 月 29 日第九届全国人大常委会第二十九次会议通过了我国刑法第三百一十三条的立法解释，明确规定人民法院为依法执行支付令、生效的调解书、仲裁裁决、公证债权文书等所作的裁定属于该条规定的裁定，并对"有能力执行而拒不执行，情节严重"的情形予以了较为详细的类型说明，涉及被执行人、担保人、协助执行义务人、国家机关工作人员等多方主体。载 http：//www. npc. gov. cn/wxzl/wxzl/2002 – 10/22/content_301038. htm，最后访问 2011 年 2 月 26 日。

入劳资博弈的大门，同时也发出了一个危险的信号：解决社会问题可以绕过多重布防而直接跳入刑事范畴。那么，用刑法这把快刀斩断恶意欠薪这团乱麻的初衷是否能够得以实现，可以维持多长时间，现在恐怕还不能妄下断言。①

（二）隐忧：越界错位的立法担当

法域作为一个整体而存在，其表现作用的好坏端赖内部各个子法域机能发挥是否充分与相互衔接是否通畅。恶意欠薪在进入法域受其调整时，应当依规律历经各子法域的检视与洗礼。只有在前子法域充分发挥机能仍不能有效规制的前提下，方可考虑将其纳入后子法域的疆土。前文已经展示我国对恶意欠薪问题的多维法制概貌，以劳动法部门、民法与民诉为主体和以刑法为补充的建构业已形成，并且其积极面得到了相当肯定。在现实应对中出现了问题，说明这种建构并非完美而需改进，诸如调解、仲裁及诉讼周期长的问题，举证责任分配的问题，法律援助乏力的问题等，都可以进行专门领域的具体分析。因为眼前困境而对付出诸多努力引进改良的制度予以轻视，而简单以入刑思维统领之，实属一种朝向原始的回归，而这种回归首先在方向上便值得慎思。

另外，这样的立法担当是否扰乱了立法、司法、执法的互动关系，还应再三推敲。立法作为司法与执法的前提，事关重大自不必多言。以恶意欠薪为例，其入罪与否所导致的司法、执法的思维与实践是完全不同的。可想而知，恶意欠薪入罪，司法与执法工作力量的相应偏倾在所难免，在局部地区还可能呈现出压倒情形。但须注意，我们前述所谈的是一种理想的决定论。实际上，司法与执法并非是完全被决定的，其具有一定的独立性。如若司法与执法不对立法作出应有的回应，仍然惯性运动，甚至做反向运动，则立法的努力极有可能付诸东流。进言之，现有症结在于当今法网虽然较为严密却难以形成对恶意欠薪的有效规制，这里是否不仅是立法不能的问题而更应是司法与执法不足的

---

① 刑法的有效性主要在于刑罚的有效性，但在此即便假设对恶意欠薪处以刑罚可以实现威慑的预防效果，然则不考虑现行法网经过检讨后实现的效果及其与刑罚效果的比较，无以证明刑罚是否必要，因而在刑罚正当性的功利证明上是不完满的。关于作为刑罚一般预防重要规诫之一的必要性论说，是古典功利论与多元遏制论区别于重刑威吓论的明显标志，我国学者邱兴隆教授对此作了深入梳理、分析与阐释。参见邱兴隆：《关于惩罚的哲学——刑罚根据论》，法律出版社 2000 年版，第 118—123 页。

问题？这样的立法担当是否取代了司法与执法理应履行的职责？应当予以反思。① 因而，直接从刑事立法入手意图规制恶意欠薪，既可视为对其他子法域边界的逾越，也可能存在立法与司法、执法之间的错位。

（三）体系：仍未用尽的综合防控

对于社会现象问题的解决，老生常谈的一个话题就是综合防控。之所以经久耐用，除了其举措全面、手段多样而具有实效外，更取决于问题本身的成因是复杂的，在发展的过程中受到内外因素侵扰，其趋向又可能是不明的，因而对其的应对必然需要多管齐下。就治理恶意欠薪而言，理应遵循综合防控的指导思想，尽可能在其火苗闪现及火势蔓延的初期将其扑灭。实践中，我国已有省市开始建立用人单位欠薪预警机制，由劳动行政部门对拖欠劳动报酬数额较大、涉及人数较多且持续一定时间的企业发出警告，并根据拖欠的金额、人数、时间等的变动而相应调整预警级别，配套通报与督促机制，便于用人单位自纠与劳动者投诉。② 此外，各地关于欠薪保障金制度的建设也在进一步摸索中，相关管理主体的权利义务有待明确，垫付条件也需审慎拟定并予以细致化。保险金融品种的创新可以围绕处于弱势的农民工来设计，给予被欠薪后的劳动者以保险金，又可顺带实现自身绩效。劳动者维权意识要得到合理加强，真正做到有理、有力、有节；工会组织应当履行其应有职责，积极为成员维权，而不形同虚设；企业家的社会责任应当予以培育并受到全社会的赞赏与认同。需要强调的是，综合防控机制不应置身法外而独善其身。结合前文提到的多维法制，只要促成法制向法治的真正转变，并激励以法治为主导的综合防控机制不断改进与修缮自身，对恶意欠薪的规制取得比以往更佳的效果便成为极

---

① 　根据最高人民法院的统一部署，湖南省高级人民法院在今年开展的全省反规避执行专项活动中，明确重点惩治执行主体隐匿等六大类规避执行行为，具体采取强制报告财产等十项举措。笔者认为，相关部门进行专项活动的内容较为充实、考虑较为周全，关键在于将其落到实处；另外，如何将这些专项活动予以常态化（当然，是否应当常态化首先需要考证），也亟待相关部门进行思考。总的来说，司法与执法工作的创新与落实，既能够在提升自身中回应质疑，也有助于摆脱人们对立法的依赖惯性；立足于此，方能真正找到破解我国当前问题的良策，走出从立法到司法执法再加重立法的怪圈。关于湖南省高级人民法院反规避执行专项活动的报道，载 http：//rmfyb. chinacourt. org/paper/html/2011 - 04/15/content_ 25808. htm，最后访问 2011 年 4 月 16 日。

② 　比如，杭州市劳动监察机构于 2008 年建立的企业欠薪预警机制，对拖欠工资总额达 5 万元以上，或拖欠工资在 1 个月、涉及职工 30 人以上的用人单位展开预警，并依据情势的变化设置了蓝、黄、橙、红四个等级，载 http：//www. zjhz. lss. gov. cn/html/zwzx/twsp/spxw/30377. html，最后访问 2010 年 11 月 15 日。

大可能。这里存在一个长效与短效的比较，同时也需要一个耐心与急躁的选择。由此，笔者认为，以法治为主导的综合防控机制仍未用尽，其巨大潜能值得深入发掘，而直接刑事立法的脚步则可以放缓。

透过我国在治理恶意欠薪中的相关举措及规制历程，可以看到整体上凸显出来的焦虑与不自信。刑法修正案（八）将其入罪，可谓将这种情愫推演至了一个顶峰。对于恶意欠薪问题严重的焦虑固然可以理解，然而令人担忧的是，如果这种不自信蔓延至刑事领域，则在刑法之后我们能有何作为？刑法的特别有效性在于其特别严厉性，也在于其最后使用性。恶意欠薪是否真的达到了最后非得刑法直接规制不可的地步？其他法领域及法外规制的立场及价值何在？整体性规制的分配与平衡机制是否已经良好建构并生成？因而，在恶意欠薪入罪斟酌之外，可能更为紧迫地是需要对我国现行社会管理机制的应有定位及体系效能进行全盘反思。

刑法的修改：轨迹、应然与实然

——兼评刑法修正案（八）

邢馨宇[*]　邱兴隆[**]

　　刑法修正案（八）[①] 自以草案的方式抛出，即如石击水般地引发了远非限于法律人的关注。尽管出现在媒体的诸多反应中，也不乏个别例外的略显理性的思考，[②] 但是，主流的反响仍是多年一贯制的例行公事式的"造势"：貌似草案就是必须通过的定案。经全国人大常委会三读通过的定案与最初抛出的草案之间的高度一致，又无疑可视为立法者对这种主流反响的回应。由此引发出的一个带根本性的问题是，刑法的修改是应该根据某种不可或者不便言状的意志预设一个必须通过的方案，借用媒体"造势"，形成一种影响民意的定向，回过头来再假借民意使之得以通过施行，从而使那种意志如期实现，还是应该立足于刑法所应有的理性，提出一个与之相符的草案，进而借助理性的考量、评价、修订后再予颁行，从而使刑法所应有的理性得到应有的实现？换言之，刑法的立、废、改，是否应有一定的先验的根据，或者说刑法的修改，是否应受制于某种恒定的规则？笔者无意对刑法的修改背后的非理性运作这一看似无形实则有形的手做出任何褒贬，只想以 79 刑法至今的历次刑法修改为蓝本，对这一本源性的问题予以再认识。

一、刑法修改的轨迹

　　截至现已通过的修正案（八），79 刑法颁行至今，刑法以年均 1 次的频率

---

　　[*] 法学博士，湖南警察学院教师。

　　[**] 法学博士，湖南大学刑事法律科学研究中心主任、湖南大学法学院教授、刑法学与律师学博士研究生导师。

　　① 以下简称修正案（八）。

　　② 参见游伟：《减少死刑，还可以做更多的努力》，载 http://comment. chinanews. com. cn/comments/comments. php? newsid = 2492019。

在修改着，大修小改多达 32 次！如此频繁的刑法修改，不但在古今中国刑法立法史上绝无仅有，而且，在有据可查的世界刑法立法史上，恐也无出其右。

回溯 32 年来刑法修改的轨迹，如下规律清晰可辨：

（一）增设入罪条款，扩大刑法的调控范围

自 1983 年《关于严惩严重危害社会治安的犯罪分子的决定》首开先例增设传授犯罪方法罪之后，历次刑法的补充、修正，大都以增加入罪条款、新设罪名为鲜明特点，以致截至 97 刑法颁行，刑法所规制的罪名由 79 刑法中的100 余种迅速扩张至 400 余种。而且，在 97 刑法颁行后，这种增设罪名的势头仍显强劲，以致危险驾驶、恶意欠薪、非法买卖人体器官等的入罪被视为修正案（八）的亮点之一。①

通观刑法修订中的新增入罪条款及其发生的背景，可以发现如下特点：

1. 新增罪名以经济犯罪与泛经济犯罪为主体

在 79 刑法至 97 刑法之间的 22 次修改中，有 9 次是专门针对经济领域的犯罪而启动的，还有 6 次虽非针对狭义的经济犯罪，但剑锋直指具有贪利动机的犯罪，即泛经济犯罪。加之 97 刑法的大修改又以经济领域的犯罪作为重点之一，相应地，通过刑法的修改增设的罪名中，经济犯罪以及贪利型的犯罪首当其冲，以致在 97 刑法中，仅破坏经济秩序类罪中的罪名即膨胀到占所有罪名的近 1/5，如果加上贪利型犯罪，经济犯罪与泛经济犯罪所占的罪名的比例超过了 2/5。97 刑法中的经济犯罪与泛经济犯罪的罪名数量相对 79 刑法呈几何数增长。及至修正案（八），所新增设的罪名中仍有经济犯罪与泛经济犯罪的一席之地。②

2. 以新增罪名凸显本属同一罪名的行为的区别

与以修改刑法的方式增设的罪名相对应的行为，并非均是根据修改前的刑法无法规制的。相反，被冠之以新罪名的行为，不少是本属旧罪名所规制的行为的一部分。换言之，修改刑法所增加的新罪名，有相当一部分是由原有罪名中分流而来。例如：97 刑法中的所有金融诈骗罪与合同诈骗罪，均系 79 刑法中不存在的新罪名，但是，这并不意味着相关行为不在 79 刑法的规制之列。因为 79 刑法中的诈骗罪本已囊括形形色色的诈骗行为，新增的诈骗罪名，只是将发生在特定领域或者以特殊方式发生的诈骗行为独立成罪而已。再如：97刑法虽然新增了走私武器、弹药等犯罪，但是，实际上，这些新增罪名所针对的走私行为，也本在 79 刑法中的走私罪的调整之列。97 刑法只不过是将以武

---

① 参见庄永廉等：《刑法修正案（八）草案八大亮点引人关注》，载 http：//news.
xinhuanet. com/politics/2010 – 08/24/c_ 12477402_ 2. htm.

② 例如：恶意欠薪与非法买卖人体器官罪。

器、弹药等特殊物品为对象的走私行为分离成为单独的罪名。

3. 新增罪名大都是对新生危害行为的应对

79 刑法诞生于改革开放之初的特定的政治、社会、经济背景下。改革开放的深入带来了政治、社会、经济形势的前所未有的巨变，作为政治、社会、经济转型期的必然伴生物的新型的危害行为，不但在表现形式上复杂多样，而且在数量上与日俱增，以致许多严重危害社会的行为未在刑法调控范围之内，刑法呈现出明显的滞后状态。为了改变这种被动格局，通过修改刑法而将诸种严重危害行为规定为犯罪，便似乎成了唯一的选择。相应地，以新增罪名应对新生危害行为，构成扩大刑法调控范围的一大规律性的特点。1992 年颁行的《关于惩治劫持航空器犯罪分子的决定》新增劫持航空器罪以及 97 刑法中新增其他危害航空安全的犯罪，便是这一应对的适例。实际上，前文所列的通过刑法修改新增的经济犯罪或者泛经济犯罪，也大都是刑法对新生危害行为的应对的产物。修正案（八）所增设的危险驾驶罪、恶意欠薪罪与非法买卖人体器官罪，仍不失为刑法对这三种新生危害行为的回应。

（二）提高法定刑度，加重刑法调控力度

自作为 79 刑法之后的首次刑法修改的《关于处理逃跑或者重新犯罪的劳改犯和劳教人员的决定》加重服刑人员脱逃或者刑满释放后重新犯罪的刑罚始，涉及刑罚变动的刑法修改条款，几乎都以加重刑罚即提高法定刑幅度为特点，以致除个别例外情况外，涉及既有罪名的法定刑的调整，均以加重为内容。即使在去重刑化的呼声日高的今天，修正案（八）也仍以加重多个罪名的刑罚来坚守这一中国式的刑法修改特色。

稍加归纳，便不难发现，加重法定刑的刑法修改，如下特点相当明显：

1. 扩大死刑适用面

97 刑法颁行前的 22 次刑法修改，有 10 次单纯地表现为对既有罪名的刑罚的加重。而其中无一不涉及将原有的非死刑罪名变更为死刑罪名。1981 年出台的《关于处理逃跑或者重新犯罪的劳改犯和劳教人员的决定》，表面上似乎没有增设任何死刑条款，但因其规定"劳改犯逃跑后又犯罪的"，可以"加重处罚"，这意味着服刑人员脱逃后即使再犯的只是法定最高刑为无期徒刑之罪，也可因加重处罚而处以死刑。1982 年出台的《关于严惩严重破坏经济的罪犯的决定》，明文将 79 刑法中既已存在的走私罪、套汇罪、投机倒把罪、盗窃罪、贩毒罪、盗运珍贵文物出口罪与受贿罪由原来的非死刑罪名升格为死刑罪名。1983 年出台的《关于严惩严重危害社会治安的犯罪分子的决定》更是将作为 79 刑法中的非死刑罪名的流氓罪、故意伤害罪、拐卖人口罪、非法制造、买卖、运输、盗窃、抢夺枪支、弹药、爆炸物罪、组织反动会道门、利用封建迷信进行反革命活动罪、引诱、容留、强迫妇女卖淫罪修改为可处死刑之罪。这种对既有罪名增设死刑的趋势，虽因 97 刑法的颁行而终结，但是，其也导致了 97 刑法前死刑罪名的恶性膨胀。

2. 提高法定刑

对既有的非死刑犯罪增设死刑，随之而来的当然是该等犯罪法定刑幅度的攀升。然而，刑法修改加重既存犯罪刑罚的趋向，并非简单的表现于此，也还表现在对一些既存犯罪虽未增设死刑，但加重其法定刑幅度，即在原有法定刑的基础上刑加一格。这一趋向，不但在 97 刑法颁行前的多次刑法修改中多有体现，而且，成为 97 刑法后历次刑法修改的明显标志。例如：根据 79 刑法的规定，偷税罪与抗税罪的最高法定刑为 3 年有期徒刑。而 1992 年的《关于惩治偷税、抗税犯罪的补充规定》将该二罪的法定刑上升了一格，即 3 年以上 7 年以下有期徒刑，法定刑与最高刑的分量加重了一倍有余。又如：根据 97 刑法的规定，巨额财产来源不明罪，法定刑本只一格，即 5 年以下有期徒刑或拘役。而 2009 年颁行的刑法修正案（七）在此之上增加了一格，即 5 年以上 10 年以下有期徒刑，同样使该罪的法定刑与最高刑的分量加重了一倍。修正案（八）对强迫交易、敲诈勒索与寻衅滋事等犯罪的法定刑的升格，不能不说是加重法定刑的这一刑法修改轨迹的延伸。

3. 增设附加刑

与增加死刑与提高法定刑同步，增设附加刑也是刑法修改中不容忽视的特点。几成规律的是，每遇经济犯罪或泛经济犯罪的法条修改，必然伴之以增设或者加重罚金刑或没收财产刑。例如：在 79 刑法中，受贿罪与行贿罪均无附加刑规范，但是，1986 年的《关于惩治贪污罪贿赂罪的补充规定》，对此二罪均引入了作为附加刑的没收财产。同样，根据 79 刑法的规定，偷税罪与抗税罪不得处以罚金。1992 年的《关于惩治偷税、抗税犯罪的补充规定》就此二罪增加了并处偷、抗税数额五倍以下罚金的规定，使作为附加刑的罚金被首次引入涉税犯罪。基于这一规律，截至 97 刑法中，几乎所有经济犯罪与泛经济犯罪，均配置了附加财产刑。

（三）限制有利于犯罪人的刑罚制度的适用

刑法在以往的修改，不但表现出扩张刑网与加大刑量的趋向，而且，还以限制有利于犯罪人的刑罚制度的适用的方式，从另一侧面彰显刑罚的严厉性。这一倾向，尽管不是十分明显，但标示着刑法对犯罪人的宽容的紧缩，而且，对修正案（八）形成了明显的惯性影响，因而值得关注。

通过刑法修改限制有利于犯罪人的刑罚制度的适用，最先体现在 1982 年《关于严惩严重破坏经济的罪犯的决定》（以下简称《决定》）对有利犯罪人的从旧兼从轻的溯及力原则的突破上。根据《决定》，"凡在本决定施行之日以前犯罪，而在一九八二年五月一日以前投案自首，或者已被逮捕而如实地坦白承认全部罪行，并如实地检举其他犯罪人员的犯罪事实的，一律按本决定施行以前的有关法律规定处理。凡在一九八二年五月一日以前对所犯的罪行继续隐瞒拒不投案自首，或者拒不坦白承认本人的全部罪行，亦不检举其他犯罪人员的犯罪事实的，作为继续犯罪，一律按本决定处理"。这意味着作为新法与重法的《决定》，可以附条件地溯及既往，以致从旧兼从轻原则对《决定》所涉犯罪的适用受到限制。

上列限制有利于犯罪人的制度的适用的倾向，最明显不过的是 97 刑法新增的对假释对象的紧缩。在 97 刑法之前，假释作为一项刑罚执行制度，适用于所有符合条件的犯罪人。但是，97 刑法第 87 条相对于 79 刑法第 73 条，增加了一个例外性的限制条款，即明文规定，"对累犯以及因杀人、爆炸、抢劫、强奸、绑架等暴力性犯罪被判处十年以上有期徒刑、无期徒刑的犯罪分子，不得假释"。这在很大程度上紧缩了假释这一有利于犯罪人的刑罚执行制度的适用范围，将相当一部分犯罪人排除在假释的适用范围之外。

值得特别关注的是，修正案（八）中，限制有利于犯罪人的刑罚制度的适用的趋向有增无减，因而也被媒体视为本次修改刑法的重大特色之一。① 将死刑缓期二年执行的减刑幅度由现行刑法中的无期徒刑或者十五年以上二十年以下有期徒刑限制为无期徒刑或者二十年有期徒刑，以及增设"对累犯以及因故意杀人、强奸、抢劫、绑架、放火、爆炸、投放危险物质或者有组织的暴力性犯罪被判处死缓的犯罪分子，人民法院根据犯罪情节等情况可以同时决定在依法减为无期徒刑或者二十年有期徒刑后，不得再减刑"的规定，从缩减死缓减刑幅度与控制死缓减刑对象两个方面，反映了刑法修改继续朝限制有利于犯罪人的刑罚制度的适用发展的走向。同样，修正案（八）在现行刑法相关规定的基础上，将累犯与犯罪集团的首要分子加列为不得缓刑的对象，也是限制缓刑这一有利于犯罪人的刑罚制度的适用范围的具体表现。这传递出一个信号，即对有利犯罪人的刑罚制度的适用的限制，有开始全面开花的趋向。

新增罪名的结果是使刑网更为严密，从刑法的调控面上突出了刑法之严；加重法定刑则是使具体犯罪的处刑结果更为严厉，从刑法的调控力度上显现出刑法之严；至于限制有利犯罪人的刑罚制度的适用范围，究极说来，所限制的是对犯罪从宽处理，因而从另一个层面，即严格的角度张扬了刑法之严。因此，前文对刑法修改轨迹的回溯，展示了一个不言自明的结论，即严刑始终是支配我国刑法修改的指导思想。

---

① 参见庄永廉等：《刑法修正案（八）草案八大亮点引人关注》，载 http://news. xinhuanet. com/politics/2010 – 08/24/c_ 12477402_ 2. htm。

二、刑法修改的应然性思考

将严刑作为修改刑法的指导思想，彰显的是对刑法控制犯罪的效果的追求。而控制犯罪不言而喻地构成刑法的天然正当目的。因为使刑法更为符合控制犯罪的需要而对刑法规范的立、废、改，基于手段所应有的合目的性，理所当然地是正当的。问题在于，一方面，控制犯罪是否刑法唯一的价值追求，换言之，是否只要满足了控制犯罪的需要的刑法修改就是正当的？另一方面，严刑是否控制犯罪的唯一选择？易言之，单纯的严刑是否控制犯罪的必然的与必要的选择？这才是修改刑法所要解决的首要问题。因为只有回答了刑法应该如何修改的问题，刑法的修改是否正当才有先验的根据可循。而这一问题的解决，还得从刑法本身所应有的价值追求说起。

关于刑法所应有的价值追求有哪些或者应该有哪些，学界并无定论。① 但是，通观中外相关著述，在当代"一体化"刑罚根据论统制下，效益、公正与人道构成刑法的三大基本价值追求，应该成为不争的共识。② 与此相适应，该三大价值的内在规定对刑法修改所产生的要求，构成刑法修改的应然规定，

---

① 参见陈兴良：《刑法的价值构造》，中国人民大学出版社 1998 年版；谢望原：《刑罚价值论》，中国检察出版社 1999 年版。

② 陈兴良教授认为，刑法应当具有谦抑、公正与人道三大价值。对后两者作为刑法的价值，笔者无意提出异议。因为正是基于对公正的不懈追求，报应论才构成千百年来活力旺盛的一种刑罚根据论。也正是如此，笔者之一才指出，"报应观念体现了社会公正观念，报应的本质就是公正"，"如果刑罚的公正性应该得到尊重，立足于因果报应的罪刑关系来考察刑罚之所以应该存在的根据，便合理而正当"。邱兴隆：《刑罚理性导论——刑罚的正当性原论》，中国政法大学出版社 1998 年版，第 7 页。也正因为受人道理念的引领，把犯罪人当人、杜绝酷刑、保障犯罪人的最低生活待遇等才成为近现代刑法改革的方向。至于所谓谦抑，按陈兴良教授等的表述，当指刑罚应该尽量少用。然而，刑法是为维护社会秩序而存在，基于手段的合目的性的要求，刑罚当用即用，不当用即不用，是必然的选择。既然如此，一味强调少用刑罚，又何以实现维护社会秩序的目的？因此，在笔者看来，与其将以尽量少用刑罚的所谓谦抑观念视为刑法的价值追求，倒不如以效益观念即以最少的刑法成本实现最大的控制犯罪的效果取而代之作为刑法的基本价值之一。事实上，功利论之所以能成为一种与报应论鼎足而立的刑罚根据论，也正在于其牢牢植根于社会效益观念之上。正是如此，笔者之一才指出，"功利观念实际上是一种效益观念"，"承认效益观念是一种正常的价值观念，便应承认功利及其评价刑罚的正当性的合理性，否认功利作为刑罚根据的正当性，也就是否认刑罚的效益"，邱兴隆：《刑罚理性导论——刑罚的正当性原论》，中国政法大学出版社 1998 年版，第 29 页。也正是如此，笔者之一才旗帜鲜明地主张，效益是与公正、人道并存的刑法的基本价值之一。参见邱兴隆：《死刑的效益之维》，载《法学家》2003 年第 2 期。

也应该是不争的共识。

（一）刑法的效益价值的内在规定及其对刑法修改的要求

刑法的效益，固然以刑法对犯罪的控制效果的追求为核心内容，但是，正如效益概念与效果概念的区别所昭示的一样，刑法的效益又不是对刑法控制犯罪的效果的简单追求。而是有着其不同于对控制犯罪的效果的单纯追求的机理，即其内在规定。具体说来，刑法的效益价值应该包括至少以下四方面的内在规定：

（1）有效性。即是说，刑法的设置与运行，应该起到控制犯罪的作用。具体说来，就是应该能通过刑法的颁行而发挥刑罚的立法鉴别与立法威吓作用，通过刑罚的宣告而起到刑罚的司法鉴别与司法威吓作用以及通过刑罚的执行而起到剥夺犯罪人的再犯罪能力、改造作用与行刑威吓作用，最终达到预防与减少犯罪的目的。[①]

（2）有利性。所谓利，当指代价与效果之间的投入产出比。而刑法的有利性，也就是指刑法的运行所耗费的社会资源与其所取得的效果之间，应有尽可能大的余额。即以最小的社会资源的耗费换取最大的控制犯罪的效果，当是刑法的效益法则的题中之义。

刑法的代价，至少包含如下三方面的内容：[②]

其一，刑法所剥夺的犯罪人的权益。刑法以刑罚为规制手段，刑罚又以剥夺犯罪人的权益为内容。而犯罪人是作为社会成员而存在，犯罪人的权益构成社会福祉的一部分。在这个意义上说，对犯罪人的权益的剥夺，也就意味着社会福祉的损失。[③] 相应地，刑法所剥夺的犯罪人的权益的轻重与多少，构成刑法的首要代价。

其二，刑法的运行所可能带来的消极效果。[④] 德国刑法学家李斯特曾一语

---

① 参见邱兴隆：《刑罚功能论》，载《法学研究》1998年第6期。

② 边沁指出，刑罚的代价包括"强制之恶"、"刑罚所产生的痛苦"、"恐惧之恶"、"错误控告之恶"与"衍化之恶"。参见［英］边沁：《立法理论》，中国人民公安大学出版社2004年版，第374页。

③ 边沁警告我们，"不应忘记——尽管过于经常被忘记，罪犯与任何其他个人，与受害人本身一样，是社会的一员，并且，有与关心任何其他人的利益同样多的理由关心他的利益。他的福利相应的是社会的福利，他的痛苦则相应地是社会的痛苦"。邱兴隆主编：《比较刑法》（第2卷），中国检察出版社2004年版，第322页。

④ 关于刑罚的副作用或者说消极效果，可参见邱兴隆：《刑罚功能论》，载《法学研究》1998年第6期。

中的地指出，"刑罚是把'双刃剑'，它通过损害法益来保护法益"。① 这是因为，刑法不但可以产生控制犯罪的效果，而且可能给犯罪人以及社会造成不利影响。因此，如果说控制犯罪是刑法的积极效果所在，那么，刑法所可能给犯罪人与社会带来的不利影响，便是刑法的消极效果所在。鉴于刑法的消极效果意味着对社会的不利影响，不同程度地妨碍着社会的生存与发展，因而也构成刑法的重要代价。

其三，刑法的运行所需的经济成本。刑法对犯罪的控制，主要是通过司法来实现。而司法的运作，不可避免地需要人力、物力与财力的支撑，因而需要相当的经济上的付出。这样的付出，构成刑法的经济代价，因而也属于刑法的代价。

基于对刑法的代价的以上认识，刑法的有利性，作为刑法的效益性的内在规定之一，所要求的是以尽量少的剥夺犯罪人的权益、尽量少的造成消极效果并尽量降低经济成本的刑法规范与制度，最大限度地追求控制犯罪的效果。

（3）必要性。刑法因其规制手段是作为最严厉的法律措施的刑罚而构成一种代价最大的法律规范，这就决定了只有其他社会控制措施与其他法律规范不足以控制的行为始可成为刑法规制的对象。因此，只有不得不动用刑法才可以动用刑法，亦即不到万不得已不应以刑法来规制人的行为。相应地，必要性构成刑法的效益价值的必然规定。

（4）节俭性。② 刑法所规制的行为对刑罚的需要不同，而作为规制犯罪的手段的刑罚的运行的代价也不同，这就产生了代价不同的刑罚所可能产生的控制犯罪的效果相同的问题。相应地，在同样的控制犯罪的效果可以由代价不同的刑罚实现的情况下，相对而言，代价小的刑罚便构成唯一合适的选择。正是如此，节俭性也是刑罚的效益价值的必然规定。

既然有效性、必要性、有利性与节俭性是刑法的效益价值的内在规定，那么，其便必然对刑法的修改产生制约作用。

1. 有效性对刑法修改的要求

基于刑法的效益价值的有效性的要求，无效的刑法规范与制度显然是不可取的。而无效的刑法规范与制度，当指不能发挥控制犯罪的效果的规范与制

① ［德］李斯特：《德国刑法教科书》，徐久生译，法律出版社 2000 年版，第 20 页。
② 边沁认为，节俭性是刑罚所应有的基本特性之一，并指出："如果任何惩罚方式比另一种更易于产生多余的与不必要的痛苦，它可以称为不节俭的。如果它不易于产生这样的痛苦，它可以被称为节俭的"。邱兴隆主编：《比较刑法》（第 2 卷），中国检察出版社 2004 年版，第 335 页。

度。具体包括如下几种情况：①

（1）基于行为人的原因而无效。刑法所规制的对象是人的行为，刑法对行为的控制必然通过刑法对人的作用来实现。然而，有的人因不具有正确判断行为性质的正常认识与意志能力，刑法的禁忌对其不起作用。相应地，以其为作用对象的刑法规范或制度，必然是无效的。②

（2）基于行为的流行性而无效。有的行为，或基于传统或习惯的原因，或有其生存的社会环境，具有相当的流行性，在其生存基础没有得到改变前，刑法对其的调控难以收效。因为促成该等行为流行的原因或环境具有强烈的惯性，足以抵消刑法对其的禁忌。③

（3）基于行为的不可控性而无效。有的行为虽然表面上看来，是人的行为，但是，实际上，它是出于人无法预见或者无法逆转的原因而发生的，因此，是不受人所控制的结果，因而也是刑法所无法控制的。换言之，其不是因刑法不禁止而发生，也不会因刑法禁止而不发生。在这种情况下，刑法对其的调控，显然是徒劳。④

基于有效性的要求，一旦既存刑法中存在以上三方面的无效的规范或者制度，以修改刑法的方式予以取消，便是唯一的选择。

2. 有利性对刑法修改的要求

基于刑法的效益价值之有利性的要求，无益的刑法规范与制度同样是不可取的。所谓无益的刑法规范或制度，当指代价大于效果的规范或制度。常见的情况有如下几种：

（1）刑法所剥夺的权益的价值不低于犯罪所侵犯的权益的价值。犯罪所侵犯的权益即刑法所保护的权益，刑法对犯罪的控制，归根结底也就是要使刑

---

① 边沁指出："无效之刑"是指"那些对意志毫无效用，因而无法预防相似行为之刑"。参见［英］边沁：《立法理论》，中国人民公安大学出版社 2004 年版，第 373 页。

② 边沁指出，"儿童、弱智者、白痴等人虽然在某种程度上能被奖赏和威胁所影响，但他们缺乏足够的受刑罚禁止的未来意识。在他们的案件中，刑罚也是无效的"。［英］边沁：《立法理论》，中国人民公安大学出版社 2004 年版，第 373 页。

③ 边沁指出，"反对宗教信仰的法律一般也是无效的"。邱兴隆主编：《比较刑法》（第 2 卷），中国检察出版社 2004 年版，第 374 页。这是因为，宗教既然已被信仰，其流行性自不待言。除非反对宗教信仰的法律所得到的信仰超过了对宗教的信仰，这样的法律难以得到尊重。

④ 边沁指出，"对不知法者、非故意行为者、因错误判断或不可抗力而无辜干坏事者所适用之刑，都是无效的"。［英］边沁：《立法理论》，中国人民公安大学出版社 2004 年版，第 373 页。

法所保护的权益免遭犯罪侵犯。然而，刑法对有关权益的保护又是通过剥夺犯罪人权益的刑罚来实现的。这样，一旦刑法所剥夺的权益的价值不低于其所保护的权益的价值，刑法的效益要么是等于零（在剥夺的权益的价值与保护的权益的价值对等的情况下），要么是负数（在剥夺的权益的价值高于所保护的权益的价值的情况下）。

（2）刑法的消极效果大于积极效果。正由于刑法在追求控制犯罪的效果的同时不可避免地会产生不利于社会的消极效果，一旦刑法的消极效果大于积极效果，那么，刑法不但无效益可言，而且得不偿失。

（3）刑法的运行经济成本过高。尽管在理论上说，为了刑法的运行，国家应该不惜成本，但是，一旦刑法的运行所需的经济成本过于昂贵，那么，其便会成为一种超出社会承受力的活动，以致其对有关权益的保护效果因其高昂的经济代价而大打折扣。

在以上三种情况下，刑法的效益性必然要求刑法予以修改。在第一种情况下，其要求以所剥夺的权益的价值低于所保护的权益的价值的刑法制度取代既存的刑法制度；在第二种情况下，其要求以积极效果大于消极效果的刑法制度取代既存的刑法制度；在第三种情况下，其要求以经济代价可以为社会所能承受的刑法制度取代既存的刑法制度。

3. 必要性对刑法修改的要求

基于刑法效益价值之必要性的要求，不必要的刑法是应该避免的。所谓不必要的刑法，当指在不需要动用刑法遏制的情况下，动用了刑法，即把不需以刑法规制的行为纳入了刑法规制的范畴。而无须刑法规制的行为大致包括如下几种情况：

（1）无害甚至有益的行为。[①] 无害甚至有益于社会的行为，因其本身无害而是应该放任的行为，而有益的行为则是需要鼓励的行为。动用刑法对此等行为予以遏制，刑法所起的必然是副作用，毫无效益可言。

（2）道德禁忌强的行为。[②] 虽然有害，但因为道德禁忌强烈，发生频率极低的行为，不需动用刑法规制也不至于蔓延，因而也属于不必要动用刑法规制的行为。

[①] 边沁认为，对无害或者有益行为的惩罚，属于没有根据的惩罚。邱兴隆主编：《比较刑法》（第 2 卷），中国检察出版社 2004 年版，第 320 页。

[②] 例如：自愿的血亲相奸，也许是最悖人伦的行为。但是，道德禁忌与传统足以将其控制在罕见的范围内。将其纳入刑法规制的范畴，便显属没有必要。

（3）只需民事、经济或行政制裁即足以调整的行为。① 民法、经济法与行政法均具有相应的制裁手段。这样，在民事、经济或行政制裁足以规制的范围内，将其纳入刑法的规制，便显属没有必要。

（4）发生频率极低的行为。特定的行为，虽然具有相当的危害性，但是，其发生频率极低，甚至只有作为异例才出现。而需要动用刑罚予以遏制的应该是带规律性地频繁发生的行为。因此，发生频率极低的行为，一般也没有必要轻易被纳入刑法规制的范围。②

以上四种以及与之相类似的行为，一旦被作为刑法的规制对象，作为刑法的效益价值的必要性规定，势必提出修改刑法的要求，将这些行为逐出刑法圈。

4. 节俭性对刑法修改的要求

基于作为刑法效益价值之节俭性规定的要求，"浪费"之刑应予避免。所谓"浪费"之刑，当指本可以代价低的刑罚方法或制度取得同样效果时，所适用的是代价高的刑罚方法或制度。主要表现在如下两个方面：

（1）刑罚分量的"浪费"。不同的刑罚方法与制度代表着刑罚的不同严厉性程度即刑罚的量的不同，而不同分量的刑罚方法与制度因所剥夺的犯罪人的权益的性质与程度不同而显示出刑罚的代价不同。这样，当同样的控制犯罪的效果可以由不同分量的刑罚方法或制度来实现时，分量重的刑罚方法或制度便构成对刑罚分量的"浪费"。

（2）经济成本的"浪费"。同样的刑罚方法以不同的方式执行，其效果可能完全相同，但是，经济成本可能截然不同。在这种情况下，经济成本高的执行方式便构成"浪费"。

基于节俭性的要求，为避免浪费，在刑罚分量过重的情况下，有必要通过修改刑法，以分量轻的刑罚取而代之；在刑罚执行经济成本过高的情况下，有必要以经济成本低的执行方式予以替代。

（二）刑法的公正价值的内在规定及其对刑法修改的要求

尽管公正是一个难以言传而只可意会的概念，但是，其始终构成法律尤其

---

① 边沁指出，"在将一个目标付诸实践的目的可以通过一种更为便宜的代价（如：通过教育与通过威吓，通过启发理解以及通过对意志发挥一种直接影响）同样有效地实现的场合，一种惩罚便是不必要的"。邱兴隆主编：《比较刑法》（第 2 卷），中国检察出版社2004 年版，第 322 页。

② 非自愿的同性相奸的行为，如强制鸡奸的行为，在现行刑法中未被作为犯罪。鉴于近年来，这种现象有所发生，个别全国人大代表或政协委员通过提案要求修改刑法将其入罪，但未得到采纳。其原因也许正在于此乃发生频率极低的行为。

是刑法所固有的价值追求，以致英文中，公正与司法可以同用"Justice"一词来指代。同时，尽管不同的论者基于考察的视角不同，对公正有着不同的界定，但是，对于作为刑法的基本价值之一的公正的内在规定，至少在如下方面达成共识：

（1）等价性。① 刑法以危害他人与社会的行为作为惩罚的对象，以给犯罪人以损害的刑罚作为惩罚的手段，因此，在作为惩罚手段的刑罚与作为惩罚对象的犯罪之间，存在一种害或恶的对应关系。鉴于不同的犯罪的害恶性②有程度之别，而不同的刑罚给犯罪人所造成的损害也有程度之差，自公正的角度而言，作为对犯罪的否定评价的刑罚与作为否定评价的对象的犯罪之间，应该具有一种对等关系。这种评价的对等性，不以刑与罪在损害形态上的相同为前提，但以轻重对应为必要，因此，等价性，即对刑与罪的轻重评价的对等性，构成刑法公正价值的首要追求。

（2）平等性。乍一看来，自等价性必然派生出平等性，因为同罪同刑意味着犯罪相同的人，所受到的惩罚应该相同，这本身就是平等性的体现。但是，等价性与平等性只是交叉关系，而非包容关系。因为等价注重的是刑法对刑与罪的轻重评价的对等，而平等注重的是刑法对人以及人的价值的同等看待，即突出人与人之间在刑法面前的待遇同等。因此，等价性虽然能派生出平等性的部分要求，但不能派生出人作为主体在法律上不得蒙受差别待遇这一规诫。正因为此，平等性具有独立于等价性之外而作为刑法的公正性的内在规定之一的必要性。

（3）宽容性。严格说来，公正与宽容不是包容关系，而是并行不悖的两

---

①　罪刑等价，是黑格尔提出的一个重要的刑法哲学原理，源于其在《法哲学原理》一书中的如下表述："犯罪的扬弃是报复，因为从概念上说，报复是对侵害的侵害，又按定在说，犯罪具有在质与量上的一定范围，从而犯罪的否定，作为定在，也是同样具有在质与量上的一定范围。但是，这种基于概念的等同，不是侵害行为特种性状的等同，而是侵害行为自在地存在的等同，即价值的等同。"［德］黑格尔：《法哲学原理》，范扬、张企泰译，商务印书馆1996年版，第104页。显然，黑格尔所谓的罪刑等价与贝卡里亚、边沁等所提出的通常所谓的罪刑均衡有着本质的区别。因为前者所谓的罪是指既已发生的犯罪，而后者所谓的罪则是可能发生的犯罪。罪刑等价要求的是刑罚的严厉性与既已发生的犯罪的严重性相对称，罪行均衡所要求的则是用与犯罪相对称的刑罚遏制犯罪。参见［美］安德鲁·冯·赫希：《已然之罪还是未然之罪》，邱兴隆、胡云腾译，中国检察出版社2001年版，第33—66页。

②　害恶性是笔者之一提出的一个刑法哲学范畴，其涵括犯罪的客观危害与主观恶性两个方面，构成衡量犯罪的严重性程度的基准。参见邱兴隆：《刑罚理性导论——刑罚的正当性原论》，中国政法大学出版社1998年版，第228页。

种社会价值观念。然而，具体到刑法领域，作为与严厉相对应的范畴，宽容缓和着对犯罪的评价，因此，在现代，对犯罪的宽容往往被理解为公正，对犯罪的不宽容则往往被视为不公正。① 在这一意义上说，把宽容当做刑法的公正价值的一个规定，也未尝不可。

（4）奖赏性。奖赏性，是与犯罪本身无关的一个范畴，但在刑法中扮演着重要角色。它基于犯罪人在犯罪后所为之有益于社会之事而缓解犯罪人本应承受的惩罚。如果说犯罪因危害社会而构成一种恶，那么，犯罪人在犯罪后所为之有益于社会之事则构成一种善。而恶有恶报、善有善报是公正观念的朴素体现，基于犯罪人所为之善事而予以善的回报即缓和其本应受的惩罚，便不能不说是刑法公正性的必然要求。因此，奖赏性也构成刑法公正价值的内在规定之一。

作为刑法的公正价值之内在规定的等价性、平等性、宽容性与奖赏性同样对刑法的修改有着各方面的要求。具体表现如下：

1. 等价性对刑法修改的要求

等价性要求避免不等价的刑罚，而不等价的刑罚可分为绝对的不等价与相对的不等价。

绝对的不等价，即把某种犯罪孤立起来看待，作为对其评价基准的客观危害与主观恶性均不严重，亦即所谓害恶性不大，但是，对其所分配的刑罚却严厉。反之亦反。过失致死是害恶性不大的犯罪，但是，死刑是绝对严厉的刑罚，将死刑分配于过失致死罪，不需相对于其他犯罪及其所分配的刑罚，便可以得出不等价的结论。而罚金刑是绝对轻微的刑罚，故意杀人是害恶性大的犯罪，对故意杀人罪单处罚金，同样不需相对于其他犯罪及其所分配的刑罚，也可以得出不等价的结论。

相对的不等价，是就不同的犯罪的严重性根据其害恶性予以排序，得出孰轻孰重的结论，但是，所分配的与之对应的刑罚，却与其严重性排序不对等，具体表现为轻罪重刑、重罪轻刑与同罪异刑。

（1）重罪轻刑。当犯罪所侵犯的权益在社会生活中意义重大，所造成的损害程度严重，并且犯罪人的主观恶性深，即总体上所表现出的害恶性大，但是，刑法上与之相对应的刑罚轻微，这样的刑法规范便表现为重罪轻刑。

（2）轻罪重刑。当犯罪所侵犯的权益在社会生活中意义较小，所造成的

---

① 怜悯当是宽容的题中之义。而正如英国学者菲利普·本所指出的一样，"怜悯不是正义的对立面，也不是正义的一种替代品：它是缓和正义的一种方式"。邱兴隆主编：《比较刑法》（第 2 卷），中国检察出版社 2004 年版，第 75 页。

损害程度较轻，而且，犯罪人的主观恶性较浅，即犯罪的害恶性在总体上较小，但是，刑法上与之对应的刑罚反而较重，相应的刑法规范便表现为轻罪重刑。

（3）同罪异刑。当两种以上的犯罪的害恶性大致相当，但是，刑法上与之各自对应的刑罚相较之下，存在轻重之别，相应的刑法规范便表现为同罪异刑。这样，不是重罪轻刑就是轻罪重刑，甚至于两种情况同时存在，因而同样存在有悖等价性要求的问题。

当既存刑法中出现不等价的罪刑关系，无论其是绝对的还是相对的不等价，等价性都必然产生通过修改刑法调整刑罚结构的要求，即上调或者下调法定刑幅度。

2. 平等性对刑法修改的要求

平等性要求避免不平等的刑法规范，即对不同的犯罪人基于犯罪的差异之外的差别待遇。

除前述同罪异刑在违反等价性的要求的同时也明显地表现为违反平等性的要求之外，违反平等性的显著表现在于刑罚因人而异，即因为犯罪人与犯罪本身无关的身份而予以不同的惩罚。因为既然影响刑罚差异的身份与犯罪本身无关，基于这样的身份的不同而对之予以较之不具有同样身份的人更重的惩罚，意味着身份歧视，是对平等的直接背离。相应地，基于平等性的要求，遇有此等表现为身份歧视的规范，应该通过修改刑法而予以校正。

3. 宽容性对刑法修改的要求

宽容性要求避免不宽容的刑法。所谓不宽容就是指对本可对犯罪人宽恕性处理时不做这样的处理。

鉴于刑法的宽容是在本可重科刑罚的前提下，对刑罚作有利于犯罪人的调整，因此，宽容的缺失主要表现为应确认为从宽情节的情况未予确认。这就决定了基于宽容性的要求，在这种情况下，需要通过修改刑法来将有关情况加设为从宽情节。

4. 奖赏性对刑法修改的要求

奖赏性要求通过减轻刑罚而体现对犯罪人的善行的奖励。因此，不对善行予以奖励的刑法有违奖赏性的要求。

与宽容性一样，刑法的奖赏性也是在本应科处更重的刑罚的情况下，对刑罚做出有利于犯罪人的调整，因此，违反奖赏性的要求的刑法表现为未将犯罪人的善行作为从宽情节予以确认。既然如此，基于奖赏性的要求，修改刑法将本应确认但没有确认为从宽情节的善行加设为从宽情节，构成一种必然的选择。

（三）刑法的人道价值的内在规定及其对修改刑法的要求

人道作为刑法的价值追求之一，总的要求是，把犯罪人当人对待。尽管究竟如何把犯罪人当人尚难以定论，但是，如下两方面应该构成人道价值的基本规定：

（1）不得剥夺人的基本权利。尽管作为刑法调整手段的刑罚总是以剥夺犯罪人的一定权利为内容，但是，现代人道理念与人权的普适性决定了，任何人都有不应被剥夺的权利，即所谓基本权利。相应地，刑法不得剥夺犯罪人作为人的基本权利构成刑法人道性的首要规定。

（2）保障人的最低待遇。犯罪人虽因犯罪而应受到惩罚，但是，既然其是作为人而存在，那么，其作为人生存的最低待遇便应该得到保障。相应地，保障犯罪人的最低待遇也构成刑法人道性的重要规定。

不得剥夺基本权利与保障最低待遇，作为刑法人道价值的基本规定，对刑法的修改的要求也是十分明显的。鉴于保障最低待遇主要属于程序刑法与监狱法的范畴，而本文所指向的是实体刑法的修改，因此，这里以揭示不得剥夺基本权利对刑法的修改的要求为限。

尽管在国际人权界，关于什么是基本人权尚无定论，但是，可以肯定的是，生命权、免受肉体痛苦权与免受精神折磨权构成犯罪人不得被剥夺的基本权利，是国际人权界的共识。[①] 相应地，如下三方面的刑法规范或制度，因系剥夺基本权利的规范或制度而有违刑法人道价值的规定：

（1）剥夺生命权的刑法。生命权属于主权利，任何其他权利都是附属于生命权而存在，生命权的丧失意味着人的一切权利不复存在。因此，剥夺生命权的刑法应该被视为不人道的刑法。正因如此，只要有死刑存在，刑法的人道性就不会保持沉默。

（2）造成肉体痛苦的刑法。对罪犯生命权的肯定，意味着只有活着的才是人。而人一旦活着，基于人的自然属性，其便拥有无痛苦地活着的权利。因此，剥夺免受肉体痛苦权的刑法，构成不人道的刑法。肢体刑与肉刑之从刑法中的消失，酷刑之在当代的被禁，都是人道性对刑法不得剥夺犯罪人的基本权利的要求的产物。

---

① 正因如此，"百度百科"之"人权"条才宣称，"尽管对人权的具体认识与实践互不相同，但是对于一些人权的最基本的内容还是取得了一定的共识"，并将生命权、尊严权等列为基本人权。载 http：//baike.baidu.com/view/1916.htm#3。而免受肉体痛苦权是生命权的延伸，免受精神折磨权则是尊严权的题中之义。既然如此，侵犯该三种权利的刑法自然有悖将犯罪人作为人的基本命题，因而也是不人道的刑法。

（3）施加精神折磨的刑法。如果说无痛苦地活着是人基于自然属性而拥有的基本权利，那么，免受精神折磨则是人基于社会属性而享有的基本权利。因为人之所以成为社会的人，精神快乐是其基本需求。刑罚之于犯罪人的施加，虽然必然派生出对其精神快乐需求的妨碍，但是，在这种自然派生之外，人为地另加精神折磨于犯罪人，则只能视为是不把犯罪人当人。正因如此，以给犯罪人造成精神折磨为主旨而侵犯其人格、名誉或尊严的羞辱刑、名誉刑，均随刑法人道的要求而退出了历史的舞台。

既然剥夺生命权、造成肉体痛苦或精神折磨的刑法均是不人道的刑法，那么，遇有此等刑法规范或制度，人道性势必提出通过修改刑法而废止此等规范或制度或者以符合人道的规范或制度取而代之的要求。

三、刑法修改的实然性评价

既然刑法的三大价值对刑法的修改都各自固有着其要求，那么，我们便不得不说，符合这些要求的刑法修改便是理性的，而有违此等要求的刑法修改则是不理性的。以此为基准，反观我国刑法修改的轨迹，也许可以为正在审议的修正案（八）是否合乎理性提供某些参照。

（一）效益价值对刑法修改的要求与刑法修改的实然

一以贯之的扩大刑法调控范围、加重刑罚调控力度与限制有利于犯罪人的制度的适用，必须经受效益价值对刑法修改的要求的检验。否则，刑法修改的轨迹所反映的严刑是否符合刑法的效益价值的规定，便无从判断。

应该承认的是，以往的刑法修改，有其符合效益价值的要求的一面。就生产、销售有毒有害食品之类的新型危害经济管理秩序行为、职务侵占之类的新型妨碍公司管理秩序行为、绑架之类的新型侵犯人身权利行为等的相继入罪；97 刑法将原属流氓罪名下的诸种行为分立罪名，降低其法定刑度以及将 1982 年打击经济犯罪的决定就普通盗窃罪所加设的死刑予以削废等，即是符合作为效益性之规定的有效性、有利性、必要性与节俭性对刑法修改的要求的合理选择。然而，也不得不着力指出的是，以严刑为指导思想的刑法修改轨迹，在诸多方面有违效益价值的要求。扼其要者，可以分列如下：

（1）就刑法的调控范围的扩大而言，刑法在以往的修改虽有诸多合乎效益价值要求之处，但是，这不等于说，刑法的修改就调控范围的任何扩大都是合乎效益性的要求的。相反，扩大调控范围的修法，或此或彼地违反效益性要求之处也十分明显。

首先，基于行为的流行性，相当一部分行为，即使是有害的，其也未必是刑法所能控制的。相应地，此等行为不应通过修改刑法而纳入调控范围。修正案（八）将危险驾驶行为纳入刑法调控范围，便是一种不符合有效性的要求的非理性选择。因为"醉酒"与饮酒、"追逐竞驶"与超速驾车的界限很难确定。而酒后驾车与超速驾车是日常生活中发生频率很高的行为，有其基于饮食文化与生活节奏紧张、道路建设跟不上汽车消费的形势等原因而高发的必然性。这就决定了刑法将此等行为纳入调整范围，犹如抽刀断水，难以收到遏制或者减少其发生的效果。

其次，基于有利性的要求，代价过高的刑法应当避免。如果说以往的刑法修改中，有违有利性的情形尚不明显的话，那么，修正案（八）关于危险驾驶入罪的规定，则明显有违这一规定。第一，单纯的醉酒驾车或者追逐竞驶行为，一旦入罪，需处以拘役，这意味着尚未造成任何损害的行为就要付出自由的代价，显属代价过高；第二，鉴于前文所述，危险驾驶具有流行性，一旦入罪，大量的有车族将陷入"一脚踩油门，一脚踩牢门"的境地，不但对其本人而且对于其家庭乃至社会均将造成很大的消极影响，因此，该等行为入罪的积极效果较之消极效果是否值得追求，也是一个有待考证的问题；第三，也是最重要的是，同样基于流行性，危险驾驶一旦入罪，将有大量人员因判罪而被监管，危险驾驶入罪而给刑法的运行所带来的经济成本必然骤然增加，因此，危险驾驶入罪的经济成本之大也使得这一规范的运行必将成为一种过分昂贵的活动。① 正因如此，就有利性而言，危险驾驶入罪也是本次刑法修改的一大败笔。

再次，基于必要性的要求，可由代价低于刑法调控的其他手段调控的行为，没有必要纳入刑法的调控范围。以往的刑法修改中，通过增设新罪名而入罪的行为，有相当一部分其实是只需刑法之外的手段即可调整的。例如：97刑法新增的侵占罪，以"拒不归还"为必要要件。然而，在行为人拒不归还的情况下，只需提起返还之诉，即可用民事调整手段达到保护相对人权益的目的。将拒不返还的行为入罪，予以刑事制裁，是否有必要，便是一个值得商榷的问题。同样，单纯的危险驾驶行为，本有道路交通法规予以规制，不但可以吊销驾照，而且还有治安拘留等行政处罚予以制裁，而一旦其造成了严重后

---

① 在我国，并未设立作为执行拘役的专门场所的拘役所。被判拘役的犯罪人，除被宣告缓刑者外，均系在看守所执行。而就现状而言，看守所的羁押能力本已有限。危险驾驶的入罪所可能引发的看守所羁押能力超限，很可能是不得不予以正视的一个问题。而来自公安部交通管理局的数据显示，自 2009 年 8 月至 12 月，全国共查处酒后驾驶违法行为 30.4 万起，其中醉酒驾驶 4.1 万起。2010 年，全国公安交管部门共处罚酒后驾驶 63.1 万起，其中醉酒后驾驶 8.7 万起。参见《"醉驾入刑"引热议 车主多赞成》，载 http://dalian. runsky. com/2011 - 03/06/content_ 3838898. htm。

果，刑法本有交通肇事罪可以适用。修正案（八）将单纯的危险驾驶行为入罪，实际上是对本已由行政法规调整的行为予以刑法规制，完全没有必要。无独有偶，修正案（八）将恶意欠薪入罪的条款，是否必要，也是一个值得推敲的问题。一方面，拖欠薪金，如果符合诈骗罪的构成要件，可以直接按诈骗罪定罪科刑；另一方面，如果不符合诈骗罪的构成要件，其便只是单纯的违反劳动合同的行为，受害人通过提起违约之诉即可找到适当的救济途径。换言之，这种不构成诈骗的恶意欠薪行为，通过民事制裁即足以规制，将其予以刑法规制，显属没有必要。

最后，同样是基于必要性的要求，发生频率极低的行为，不必入罪。而在以往的刑法修改中，新入罪的行为，有的恰恰是发生频率不高的行为。例如：侮辱尸体的行为，主要表现为奸污尸体与挖墓抛尸。然而，前者作为一种性变态行为，如同同性相奸一样，是极其罕见的；后者则随着火化之取代土葬而必将越来越罕见。97 刑法将如此行为入罪，不但显然有违必要性的要求，而且，导致了如下悖论：一方面，强迫奸污作为活人的同性尚不为罪，奸污作为死人的异性却反被定罪；另一方面，国家在推行火化的同时，却以刑法保护被土葬的尸体，从而间接确认土葬的正当性。

（2）尽管既往刑法修改就部分犯罪的法定刑的加重，自效益价值的要求观之，虽然并非一无是处，但是，总的说来，是不合要求者远多于合乎要求者。

首先，以往刑法的修改，无论是对原本存在但没有死刑的犯罪还是对新增加的罪名，都大量增设了死刑。然而，这些犯罪，除极少数如绑架罪具有剥夺他人生命的可能性之外，均是单纯的侵犯经济秩序、财产所有权或者社会管理秩序的犯罪，不涉及对人的生命的剥夺，动用死刑来保护这些犯罪所可能侵犯的法益，撇开其他不说，仅就作为刑法的投入的剥夺生命的代价与所保护的法益的价值低于生命权而言，即使是有效的，也是天然无益的。因为刑法所剥夺的权益的价值远在其所保护的权益的价值之上，刑法因代价大于效果而明显地不符合作为效益价值之规定的有利性对刑法修改的要求。同样，修正案（八）虽削减了部分不涉及人身安全的犯罪的死刑，表面上看来符合有利性对刑法修订的要求，但是，除已提上议事日程的 13 种犯罪外，与其同样不具有侵犯人身安全的可能性的诸如集资诈骗之类的破坏金融秩序罪、组织妇女卖淫、涉毒等妨碍社会管理秩序罪、受贿、贪污等职务犯罪，也本应根据有利性的要求废止死刑。然而，修正案（八）却未将该等死刑罪名同样提上废止死刑的议程，因而显然没有将有利性对刑法修改的要求贯彻到底，以致刑法中的死刑罪名未能众望所归地大幅度削减，这不能不说是修正案（八）留下的莫大遗憾！

其次，以往刑法的修改，在因为增设死刑而附带着提高了相应犯罪的法定刑幅度之外，还就某些未增加死刑的犯罪提高了其法定刑幅度。这些大都是在刑法做出相应的修改之时发案率较高的犯罪。表面上看来，是因为原有的法定刑不足以控制相应犯罪的发生，对控制犯罪的效果的追求导致了提高法定刑的需要，因而似乎符合作为效益性的规定的必要性之要求。然而，事实上，提高法定刑后长期的实践表明，诸如偷税、抗税之类被提高法定刑的犯罪，仍然有增无减。这足以说明，提高法定刑后与提高前，刑法对于此类犯罪的控制效果并无殊异，因而表明法定刑的提高实际上是多余的。这再明显不过地揭示了法定刑的提高在很大程度上违反节俭性的要求。修正案（八）就绑架罪降低法定刑度，虽然符合节俭性的要求，但是，其就强迫交易、敲诈勒索与寻衅滋事等所谓涉黑犯罪提高法定刑度，则不能不说是刑法修改不符合节俭性要求的惯性延续。

最后，附加刑的功能有二：当其单独适用时，所起的是在法定主刑之下轻化刑罚的作用，因而不生违反效益性的要求的问题。但是，当其被规定与主刑并处时，其所起的无疑是在总体上加重法定刑分量的作用，因而存在是否违反效益性的要求的问题。作为以往刑法修改的轨迹之一，附加刑的加设，大都是以与主刑并处的方式出现。尽管在部分情况下，诸如在偷税、抗税犯罪中加设并处罚金之类附加刑，符合必要性的要求，但是，在相当一部分情况下，并处附加刑的加设，虽然不直接违反必要性与节俭性的要求，却可能对违反该二要求与否产生间接影响。因为在诸如偷税、抗税之类的犯罪中，鉴于原本没有附加刑的规定，单加罚金这一附加刑的并处，也许即足以满足必要性的要求，而在加设附加刑的同时提高主刑的幅度，使所增加的主刑幅度显得多余，便更显违反节俭性的要求。

（3）自效益价值的角度观之，有利于犯罪人的刑法制度或规范的存在，主要是为了避免刑罚的不必要的浪费，使刑法符合节俭性的要求。由此反推，只有当既存的这样的制度或规范妨碍刑法的控制犯罪的效果的实现之时，始需通过刑法的修改对其适用予以限制。然而，以往刑法修改所显示的限制有利于犯罪人的刑法制度或者规范的轨迹，在很大程度上并非符合作为效益性之规定的节俭性的要求。

就以往刑法的修改而言，最不符合节俭性要求的是，97 刑法关于对累犯或者因杀人等罪被判处十年以上有期徒刑或者无期徒刑的犯罪分子不得适用假释的规定。假释制度的设置，旨在避免对刑期内人身危险性消失的人继续予以关押，以避免，一方面，犯罪人因无须继续关押却被继续关押而造成不必要的权益被剥夺；另一方面，社会也因此而造成不必要的人力、财力与物力等资源的耗费。97刑法的限制假释适用范围的规定，人为地将所有因杀人等罪被判处十年以上有期徒刑或者无期徒刑的犯罪分子排除在假释的范围之外。实际上等于说，即使该等罪犯中有不需继续关押者，也应予关押，以致过剩的刑罚无法避免，与作为效益价值之规定的节俭性的要求背道而驰。基于同样理由，修正案（八）增加的关于被判处死缓的罪犯在减为无期徒刑或者20年有期徒刑后，法院可决定不得继续减刑的规定，也显然不符合节俭性的要求。

（二）公正价值对刑法修改的要求与刑法修改之实然

既往刑法修改的轨迹所反映的刑法修改的严刑思想，是否合乎理性，也应承受刑法公正价值的要求的检验。

不可否认的是，以往刑法的修改，也有其合乎公正价值的要求的一面。诸如劫持航空器之类的危害公共安全的行为、生产、销售有毒有害食品之类的破坏经济秩序的行为、绑架之类的侵犯人身权利的行为以及非法种植毒品原植物的行为等的入罪，无疑义地符合刑法公正价值对刑法修改的要求，因为无论是从绝对的角度还是从相对的角度来看，这些行为都是害恶性严重的行为；97刑法废除流氓罪而将原属该罪的各种行为分立成罪并废止死刑、降低其法定刑幅度，刑法修正案（七）以及修正案（八）再次降低绑架罪的法定刑下限等下调某些犯罪的刑罚分量等修法举措，同样与刑法公正价值的要求相吻合。

然而，以往刑法的修改的严刑轨迹，尤其是在增加法定刑分量与限制有利于犯罪人的制度的适用方面，所存在的不合刑法公正价值要求之处，也极为明显。

（1）虽然总体说来，修改刑法对刑法调控范围的扩大，大都符合公正价值的要求，但是，毋庸讳言的是，无论是刑法在以往的修改还是修正案（八），所增设的入罪条款中也在公正性上存在值得推敲的余地。

97刑法所新增的侵占罪，以行为人合法占有财物为前提，这与非法占有他人财物有别，因此，行为人的主观恶性小。同时，如前所述，在拒不返还的情况下，受害人可以通过民事救济挽回自身的财产损失，侵占行为所具有的客观危害也不大。这就决定了侵占行为的害恶性不大，将其作为犯罪纳入刑法的调控范围，有违公正价值关于只有害恶性严重的行为才应入罪的要求。

同样，修正案（八）所增设的关于危险驾驶与恶意欠薪入罪条款，也有违公正价值的此等要求。就危险驾驶而言，鉴于其规制的是危险驾驶行为本身，而非结果犯，行为的客观危害性表现为危险而非实害，严格说来，并无实际的损害可言。而在主观上，行为人虽然对危险驾驶行为本身持故意态度，但谈不上对危害结果发生的故意或者过失心理，因此，其主观恶性不深。因此，危险驾驶的入罪，是否符合公正价值关于害恶性不严重的行为不应入罪的要求，显然是值得研究的一个问题。就恶意欠薪而言，鉴于表现为欺骗的欠薪本可在诈骗罪名下规制，所余的仅仅是将故意拖欠薪金的行为纳入了刑法规制之中。然而，单纯的拖欠薪金不等于拒不支付，其在性质上与欠债不还并无二致，行为人只有民事违约的恶意而无拒付的主观恶性，而且，在这种情况下，受害人可以通过民事救济避免损失，欠薪行为的客观危害不大，因此，所谓恶意欠薪行为的害恶性也极其有限，将其纳入刑法的规制，也明显不符只有害恶性严重的行为才应入罪的要求。

（2）也许，刑法修改之最不合公正价值的要求者，莫过于对刑罚分量的加重。无论是死刑适用面的扩大还是法定刑上限的提高抑或是附加刑的增设，莫不如此。

首先，死刑之广泛增设于所侵犯的权益的价值低于人的生命的价值的犯罪，同时违反绝对意义上的等价性与相对意义上的等价性要求。黑格尔是近代刑法等价论的首倡者，也是死刑的顽固辩护士。而他为死刑辩护的理由仅在于，生命只有与生命才是等价的，所以，对于谋杀，死刑是必不可少的。至于对其他犯罪，他并不主张保留死刑。① 因此，在有死刑存在的情况下，死刑不得分配于所侵犯的权益的价值低于生命的价值的犯罪，是等价性的绝对要求。正是在这一意义上，以往刑法修改之将死刑大量扩大至适用于经济犯罪、财产犯罪、非致人死亡的人身犯罪、危害社会管理秩序罪与职务犯罪，均因违反了等价性的这一绝对要求而不符合公正价值对刑法修改的要求。修正案（八）之所以废止 13 个罪名的死刑，在很大程度上应该是基于对公正价值的这一要求的意识。② 但是，97 刑法所存在的 68 种死刑罪名中，侵犯的权益的价值低于生命的价值的犯罪，远非这 13 种，除此之外，诸如集资诈骗、拐卖人口、组织卖淫、贪污、受贿之类的犯罪，与废除死刑的该 13 种犯罪，同属不具有侵犯他人生命的可能性的犯罪，基于等价性的要求，本应废止其死刑。修正案（八）在废止该 13 种犯罪的死刑的同时，没有同时废止此等犯罪的死刑，不

---

① ［德］黑格尔：《法哲学原理》，范扬、张企泰译，商务印书馆 1996 年版，第 104 页。

② 值得注意的是，修正案（八）取消死刑的 13 个罪名，要么是在 79 刑法中本无死刑但经刑法修改而增加死刑的犯罪，要么是修改刑法直接规定死刑的新增罪名。这构成对当时通过修法增设死罪的否定与讽刺。同时，与修正案（八）废止 13 种犯罪的死刑的同时不废止严重性与之相当的其他犯罪的死刑形成鲜明对比的是，以往刑法的修改总是批量性地将严重性相当的行为同时增设为新的死刑罪名或者增加死刑作为法定刑。在刑法修改中就废除死刑与增加死刑所适用的这种双重标准，是重易轻难的修法惯性的延伸，从而在很大程度上表明严刑仍然构成修改刑法的指导思想。

能不说同时有悖等价性的绝对与相对要求。①

其次，法定刑的提高，违反相对意义上的等价性的要求。随着死刑被大量增设于犯罪，虽然没有增设死刑但提高了法定刑的犯罪自然难免刑重于罪。这样，在刑法被修改后，同罪异刑的现象相当普遍。例如：生产、销售伪劣产品罪虽然与生产、销售不合卫生标准的食品罪可能在生产、销售的金额上无异，但是，后者可能危及人身健康与安全，而两者的法定刑完全相同，以致异罪同刑。作为相对轻罪的生产销售伪劣产品罪的刑罚显然失重，轻罪重刑之嫌尤为明显。同样，修正案（八）既然废止了 13 种犯罪的死刑，该 13 种犯罪的法定刑也随之降低。然而，该修正案并未同时降低严重性相对低于这 13 种犯罪的其他相关犯罪的法定刑，因而必然导致新的轻罪重刑。例如：修正案（八）废止了票据诈骗罪、金融凭证诈骗罪与信用证诈骗罪的死刑，一旦通过，该三种犯罪的最高法定刑即为无期徒刑。而被 97 刑法视为严重性轻于该三种犯罪的信用卡诈骗罪、有价证券诈骗罪与保险诈骗罪的最高法定刑因未作相应下调，仍然保持为无期徒刑，以致其法定刑与废止死刑后的该三种犯罪完全相同，同样表现出异罪同刑。

最后，死刑的执行方式的修改，违反平等性的要求。79 刑法第 45 条规定，"死刑用枪决的方式执行"。这一规定因为平等地适用于所有被处以死刑的人而不生不平等的问题。1996 年修订后的刑事诉讼法第 212 条第 2 款将死刑的执行方式修改为："死刑采用枪决或者注射等方法执行。"79 刑法第 45 条随之被废止。尽管注射致死比枪决更少给人痛苦，但是，随着注射死亡被作为死刑执行方式的引入，枪决与注射致死的并存，导致了同被处以死刑的人所承受的痛苦不同，从而使本不违反刑法之平等性要求的死刑执行方式因为 79 刑法的修改而违反了这一要求。②

---

① 早在 97 刑法施行后的第二年，笔者之一即提出，在不废除死刑的前提下，死刑应该只被分配于所侵犯的权益的价值不低于人的生命的价值的犯罪。参见胡云腾等：《在生与死的天平上——死刑效益谈》，载《中国律师》1998 年第 10 期。继而，对 97 刑法分则的法定刑结构做了逐一评价，提出 97 刑法中的 68 个死刑罪名至少应该削减为 20 余个。参见邱兴隆：《刑罚理性评论——刑罚的正当性反思》，中国政法大学出版社 1999 年版，第 353—428 页。

② 在死刑未被完全废除的情况下，以较小痛苦的注射致死的方式取代较大痛苦的枪决作为死刑的执行方法，无疑可以相对缓解死刑的不人道性。但问题在于，死刑执行方法不应采取双重标准，以致同样受死的人所承受的痛苦不同。因此，基于平等性的要求，在不能废除死刑的情况下，通过修改刑法而将死刑的执行方法统一为注射致死，应该是当务之急。

（3）对有利于犯罪人的制度的限制适用，无论从哪一角度来看，均有违宽容性或奖赏性的要求。

从旧兼从轻的时效制度的确认，无疑体现的是作为公正价值的规定的宽容性的要求。1982年严厉打击经济犯罪的《决定》对这一制度的突破，自然是对这一要求的明显的违背。相应地，随着该《决定》被97刑法废止，这一破坏宽容性要求的规定也同时被摈弃。这意味着对宽容性要求的复归。至于97刑法对因为故意杀人等暴力犯罪而被判处十年以上有期徒刑或者无期徒刑的犯罪分子不得假释的规定，在很大程度上限制了该部分犯罪人的自新之路，窒息了刑法所应有的鼓励犯罪人积极改造、立功赎罪的机会，明显违反作为公正价值之要求的奖赏性的规定。修正案（八）虽然因增设了未成年人不构成累犯、老年人犯罪可以从宽和不得判处死刑的规定以及对坦白作为从宽处罚情节的确认而更显宽容，但是，其关于被判处死刑缓期二年执行的犯罪分子在被减刑为无期徒刑或者二十年有期徒刑后法院可以决定不得再减刑等规定，则构成对奖赏性要求的违背。其理与97刑法对被判处十年以上有期徒刑或者无期徒刑的累犯与杀人等暴力犯罪分子不得假释相同，无须赘述。

（三）刑法的人道价值对刑法修改的要求与刑法修改之实然

在刑法中不存在给人造成肉体痛苦与侮辱人格等刑罚的情况下，刑法的人道价值关于不得给人以肉体痛苦与精神折磨的要求对实体刑法的修改不产生明显的影响，所余的仅在于不得剥夺人的基本权利的要求势必提出废止作为剥夺人生命权的刑罚的死刑的问题。正因如此，废止死刑将是修改刑法不懈努力的目标。

截至97刑法的修订才却步的扩大死刑的适用面的修法轨迹，显然与刑法人道价值的要求背道而驰。97刑法对死刑罪名的削减，因为遏制与部分矫正了这一轨迹而构成对人道价值的要求的尊重。修正案（八）关于老年人免除死刑以及对13种犯罪的死刑的废止，更是进一步吻合了刑法人道性的要求。

然而，即使在废止该13种犯罪的死刑的条款获得通过后，刑法中仍然存在55个死刑罪名，而且，所废止死刑的13种罪名本就是现今很少实际适用死刑的罪名，实际适用死刑的数量未必会随修正案（八）的通过而有明显的降低，因此，不得不遗憾地说，迄今为止，刑法的修改距人道价值的要求相去甚远。

四、结语：忧多于喜的修正案（八）

对刑法修改的实然评价表明，修正案（八）关于未成年人与老年人犯罪宽大处理等条款的新增、13个死刑罪名的死刑的废止、坦白作为法定从宽情节的确认、绑架罪的法定刑的下调等等规定，都体现了刑法的效益、公正与人道的要求。这也许就是从法律人到非法律人在修正案八（草案）抛出后均为之欢呼与欣喜的主要原因所在。

然而，以往刑法的修改的严刑轨迹，除死刑的扩大适用得到遏制与进一步矫正外，几乎均在修正案（八）中得到了延伸。以增设危险驾驶罪与恶意欠薪罪为内容的新增入罪条款，延伸着扩大刑法调控范围之"严密"的轨迹；以加重诸如寻衅滋事之类所谓涉黑犯罪的法定刑、提高数罪并罚情况下的合并执行刑期等为内容的修正或增补条款，延伸着加重刑罚分量的"严厉"的轨迹；以限制缓刑对象、提高死刑缓期二年执行的减刑上限并授权法官对被减为无期徒刑或者二十年有期徒刑后可以决定不得再减刑等为内容的修正条款，延伸着限制有利于犯罪人的制度的适用的"严格"的轨迹。

其实，修正案（八）对以往修改刑法的严刑思想的承续，不只是表现为在以上各方面延续了以往修改刑法的轨迹，而且，更重要与直接的是表现为，在做完所谓"加减法"之后，① 就其对刑法的调整所得出的总体结论仍然是严刑。撇开其在增加入罪条款的同时没有削减原有罪名不说，仅就刑罚结构的调整而言，这一结论也极其明显。其只减轻了绑架罪这一个罪名的法定刑，但却加重了强迫交易罪、敲诈勒索罪、寻衅滋事罪与强迫劳动罪等多种犯罪的法定刑并对黑社会性质组织犯罪增设了没收财产刑，因此，就分则法定刑结构调整而言，刑之加重多于减轻，不言而喻。其虽然减少了 13 个死刑罪名并增加了对老年人犯罪不得判处死刑的规定，但是，一方面，这本是很少判处死刑的罪名与对象，这样的修改并不会实际导致死刑的适用量的明显降低；另一方面，其提高了数罪并罚的情况下有期徒刑的最高合并执行刑期、减少了死刑缓期二年执行的减刑幅度、授予法院对死缓减刑后不得再减轻的自由裁量权，而对刑罚的这样的加重或者变相加重，是现实的，即可以导致大量的重刑判决，因此，所谓减少死刑加重生刑的结果，只能是总体上对刑罚的加重。其虽然增加了老年人犯罪与坦白从宽的情节并将未成年人排除在累犯之外，但是，其不但将恐怖组织犯罪与黑社会性质组织犯罪者一律纳入了特殊累犯而予从重，而且增加了对累犯和犯罪集团的首要分子不得适用缓刑的规定，同时还对管制、缓刑、假释的执行等加以了较前为严的限制，因而同样反映出严甚于宽。

---

① 媒体普遍认为，修正案（八）对刑罚结构的调整是在做"加减法"，即既加重了部分刑罚也减轻了部分刑罚，以加重生刑、减少死刑为主要表征。例见《刑法第八修正案草案的加减法》，载 http://fangtan.cntv.cn/20100830/101558.shtml。但是，媒体很少关注这种加减法的结果是加多于减还是减多于加。

　　由上可见，修正案（八）从宏观到微观，都在一如既往地沿着严刑的路径延伸，我们因而没有理由不认为其承续了以往刑法修改的一切非理性因素。看来，修正案（八）是一个忧多于喜的话题，应该说是一个真正理性的法律人所不得不接受的现实。鉴于此，我们不禁要问：中国的刑法修改，何时才能摆脱非理性的手的牵引而踏上理性的路程？

社会认同、集体情感与刑法修订

——对刑法修正案（八）的一个复眼化解读

肖世杰 [*]

一条在思辨中可能看来对社会最有利的规则，在实践中可能发现是完全有害的和毁灭性的。

——［英］休谟

法律和道德不仅随着社会类型的变化而变化，而且就是在同一个社会类型里，如果集体生存的条件发生了变化，法律和道德也要发生变化。但要是这种变化能够实现，作为道德基础的集体感情就不抵制这种变化，从而只能克制自己。

——［法］迪尔凯姆

时间使共识得以拓展。

——［美］理查德·A. 波斯纳

引　言

作为我国法律体系中非常重要的一部法律，刑法的修改可谓万众瞩目，亿人关注，因为它不仅与每一位普通公民的日常生活密切相关，而且还在很大程度上承载了一个国度的法治进步与科学文明的期待。经过立法机关三次极其慎重的酝酿、审查与修订，刑法修正案（八）（以下简称修正案）终于在今年二月由全国人大常委会通过公布并将于五月一日正式实施。这是我国于 1997 年全面修订刑法以来对刑法的又一次规模较大的修改。整体上看，修正案一方面在削减和限制死刑、规范罪刑结构、调整刑罚体系等多方面有较大动作，使刑法体系和罪刑规范在形式上表现得更为合理，一定程度上顺应了刑罚轻缓化和

---

* 法学博士，中国社科院法学研究所博士后，副教授，教育部人权教育与研究重点基地广州大学人权研究中心主任助理。

法治进步的世界潮流和总体方向。另一方面，修正案对社会转型时期复杂的国情民意在敏锐洞察基础上进行很大程度回应的同时，也体现了官方和主流民意对刑法的功能期待，承载了社会基本的集体道德情感，从而使得修正案无论是在内在的思想特质还是外在的表现形式上显现出吊诡的多重面向。也许正由于此，修正案甫一出台，便受到了来自理论界完全不同的正反两方面的评价。正面的评价认为修正案较好地体现了当今刑法文明人道的变革趋向，突出了对民生问题的保护，显现了宽严相济的刑事政策的指导作用，特别在死刑的削减上具有里程碑的意义。① 负面的评论则认为，此次刑法修订仍是始终支配我国刑法修改指导思想的严刑峻法的体现，过于迁就庸俗的民粹主义，甚至假借民意之名来体现立法者的意志，以致不能立足于刑法所应有的理性，因而是一个"忧多于喜"的修正案。② 诚然，现代社会的高度复杂性使得许多看似法律方面的问题往往不再仅仅是一个法律问题，即便有的法律问题也会有许多因素纠结其中，因而相应地，作为一种重要的社会生活调节器的法律，就难免要综合和权衡各方面的因素。此次刑法修正案，在某种意义上也可以被认为是各种不同刑法价值观指导与妥协下的产物。因此，只是立足于法学和逻辑等视角，恐怕难以提供具有足够说服力的解释，更谈不上对其予以同情的理解或有效的解读。例如，上述持负面评价的学者便立足于法律与逻辑的视角对修正案进行了较为全面的规范分析，继而得出结论认为此次刑法修正案仍是承续了以往刑法修改的一切非理性因素。③ 首先，不管这种判断的理论张力如何，但至少其问题意识是颇有价值的，这种判断不禁令我们反思：对某些行为予以入罪或对部分犯罪行为科处较高的刑罚是否便是不理性的体现？刑法（刑罚）的理性与否是否完全可由逻辑方法证成？如果此次刑法修正案真是遵循了不理性的路径，到底是立法者迁就甚或是假借了不理性的民意？或是立法者本身的不理性使然，还是立法者与民众彼此均不理性下的"默示性共谋"？同时，我们是否可以立足于其他视角做出相反的判断：此次刑法修正案某种程度上也是一种理

---

① 代表性的观点参见高铭暄、苏惠渔、于志刚：《从此踏上废止死刑的征途——〈刑法修正案（八）草案〉死刑问题三人谈》，载《法学》2010 年第 9 期；卢建平：《加强对民生的刑法保护——民生刑法之提倡》，载《法学杂志》2010 年第 12 期；刘艳红：《〈刑法修正案（八）〉的三大特点——与前七部刑法修正案相比较》，载《法学论坛》2011 年第 3 期，等等。

② 代表性的观点请详参邢馨宇、邱兴隆：《刑法的修改：轨迹、应然与实然——兼及对刑法修正案（八）的评价》，载《法学研究》2011 年第 2 期。

③ 参见邢馨宇、邱兴隆：《刑法的修改：轨迹、应然与实然——兼及对刑法修正案（八）的评价》，载《法学研究》2011 年第 2 期。

性精神的体现？鉴于此，除了规范的法学与逻辑学等视角，本文主要导入了法律社会学、社会心理学和法律经济学等多维度的复眼化视角，以求对此次刑法修正案乃至我国刑法的指导思想提供某些其他向度的解释框架。

一、刑法理念与民众认同

可能由于此次刑法修正案无论在规模还是力度上均超过以往，这次修正案的出台与审议，立法机关显得更为审慎。据有关部门报道，从 2009 年下半年开始，全国人大常委会法制工作委员会即着手对我国当前刑事犯罪中出现的新情况和新问题进行深入的调查研究，反复与最高人民法院、最高人民检察院、国务院法制办、公安部、国家安全部、司法部等部门进行研究，多次听取一些全国人大代表、地方人大代表、地方人大常委会以及专家学者的意见。在充分论证并取得基本共识的基础上，首先形成刑法修正案（八）（草案）。草案出台之后，立即在全国范围公开并征求社会公众意见。这种一改以往偏重专家理性的立法模式，① 其意义当然不在于形式主义的作秀或走过场，而是确确实实彰显了立法部门的审慎稳健及其对民意的尊重。

法律必须反映民意，亦必须经过人民同意，这是人民主权理论的当然之义。此次刑法修正案，整体来说，可谓较为充分地考虑了民生要求和较好地汇集了民众意见。诸如"危险驾驶"、"恶意欠薪"、"组织买卖人体器官"等行为，即是近年来广大民众所关注的焦点话题，这次将之悉数予以入罪，不能不说是立法机关对中央近年来有关重要精神的正确贯彻和对民生问题的高度重视，因为这些问题都在很大程度上关涉弱势群体权利与利益的保护。

与刑事诉讼法的再修改类似，尽管此次刑法修正案的出台亦面临重重困难，种种阻力，但毕竟经由千呼万唤，最终出台。因为到底不像前者，其修改的着重点在于如何保障犯罪嫌疑人的权利而至少难以让公众从情感上予以接受。刑法的指导思想当然不尽于此，其目的在于通过打击和惩治犯罪来保护国民的生命、自由与财产等权益。从此意义上说，刑法当然不仅仅是或主要不是犯罪人的"大宪章"，可能更是广大国民的"大宪章"。本来，就刑法的最终

---

① 简单地说，我国以往立法惯于遵循专家理性模式，即在专业系统内部充分酝酿后，将法案直接提交立法机关审议，而很少把相关草案向社会公布以及征求意见，甚至很少交全国人大代表在人大会上讨论审议，而直接在人大常委会上通过。

目的来说，保护"犯罪人"与保护"国民"之间不存在必然矛盾。① 毋宁唯是，此二者之间应是高度统一的，在某种意义上说，保护"犯罪人"就是保护"国民"，因为这里的"犯罪人"在很大程度上可以理解为"潜在的犯罪人"。在理论上，由于每一个人都可能是潜在的犯罪人，因而"保护犯罪人"的命题就可以被置换为"保护潜在的犯罪人"，而保护潜在的犯罪人就是保护我们每一个人。不过，需注意的是，这只是理论上的逻辑，实践中的逻辑可能并不如此。从社会心理学上来说，一般人很少会将自己假设为一名罪犯，以致设想自己在落入法网时可能会遭到何种惩罚，因而总会认为刑法更多的是为他人而设。② 明乎此理，我们对于近代著名刑法思想家贝卡里亚的下列论断也就不难理解了。贝氏告诉我们，即便完全沉湎于最基本情感的人却仍然爱好严酷的法律，因为他们担心侵犯的心情比实施侵犯的愿望更为强烈。③

　　于是，我们就能逐渐明白，为什么许多刑法改革者关于废除死刑或大幅度削减死刑以及非犯罪化、轻刑化的主张难以得到民众的认同，尽管他们的论证在理论上是那么的有力、逻辑上那么的雄辩。因为，按照社会学家迪尔凯姆④的判断，这仅仅可能纯属逻辑上的必然性，与真正的自然规律的必然性毫无共同之处。真正的自然规律所表现的是真正使事实联系起来的关系，而不是按照人们的希望使事实联系起来的关系。⑤ 实际上，人类行为的最终目的都绝不能

---

　　① 德国著名法学家拉德布鲁赫尝言：刑法不仅要面对犯罪人保护国家，也要面对国家保护犯罪人。参见［德］拉德布鲁赫：《法学导论》，中国大百科全书出版社 1997 年版，第 96 页。

　　② 所以正是在此意义上，康德认为，一个臣民，即便他作为立法者之一制定了刑法，他也不认为他自己就是根据这项法律而受到惩罚的那个人，他忍受刑罚不是由于他愿意受刑罚，而毋宁是他肯定了一种应受刑法惩罚的行为。参见［德］康德：《法的形而上学原理——权利的科学》，商务印书馆 1991 年版，第 169 页。

　　③ 参见［意］贝卡里亚：《论犯罪与刑罚》，黄风译，中国大百科全书出版社 1993 年版，第 82 页。

　　④ E. 迪尔凯姆（Emile Durkheim, 1858—1917），法国著名民族学家、社会学家、哲学家，法国社会学年刊学派创始人。主要著作有：《社会分工论》（1893）、《社会学方法的规则》（1895）、《自杀论》（1897）、《宗教生活的基本形式》（1912），等等，他主编的《社会学年刊》，在西方社会学与民族学界形成了有名的法国社会学派。关于其名字的中译版本有"迪尔凯姆"、"涂尔干"、"杜尔干"等多种，本文按照文中引用文本的中译进行引述，请读者诸君留意。

　　⑤ ［法］E. 迪尔凯姆：《社会学方法的准则》，商务印书馆 1995 年版，第 46 页。

通过理性来说明，而完全诉诸人类的情感和感情。① 当前我国正处于经济社会转型时期，利益主体日益多元，各种矛盾纷纭复杂，社会治安形势严峻，犯罪率居高不下。因此，普通民众当然会对刑法充满着厚望与期待，而这种情感的自然流露便是通过严刑峻法来达到所谓的"辟以止辟、刑期无刑"的目的，而鲜有人去思考"法律的宽和化对于每个受到严酷法律制约的人都是有益的"② 这一命题所蕴含的刑法哲理。面对如此的社会治安态势，人们甚至宁愿牺牲一部分自由，也不愿意为自由支付一种无限高的代价，甚至不愿意支付非常高的价格。③ 其实，这一心理不但符合大众心理学的原理，也与以下朴实的经济学命题暗合，即眼前的利益（而不是更为长远的利益）才是最大的利益！因为，与眼前的、时刻可能遭受的刑事侵害相比，罹患刑事法网的可能性毕竟离普通公民相距太远。

当然，尽管如此，此次修正案还是对刑法分则多个个罪的死刑进行了削减（对我国现有刑法中的 68 个死刑罪名削减了 13 项，比率高达 19.1%！），如对票据诈骗罪、信用证诈骗罪、传授犯罪方法罪以及对盗窃罪（盗窃金融机构和珍贵文物）等犯罪，均取消了死刑。这些罪名的死刑的取消，尽管有刑法修正案（八）（草案）之"说明"所陈方面的考量，如一是有些罪名较少适用或基本未适用过，可以适当减少；二是根据我国现阶段经济社会发展实际，适当取消一些经济性非暴力犯罪的死刑，不会给我国社会稳定大局和治安形势带来负面影响，等等。④ 但在笔者看来，这些修订不见得便是上述精致的精英意识的体现，其积极意义恐怕更重要的还体现在它们能较好地契合了广大民众的价值认同，以至于人们对于这些罪名的死刑配置之取消并无太多反感。细心人可能会发现，在刑法第三章第五节的"金融诈骗罪"中，唯一保留了死刑的是集资诈骗罪。与其他金融犯罪相比，集资诈骗罪的最大不同在于其侵害对

---

① 参见［英］休谟：《道德原则研究》，曾晓平译，商务印书馆 2001 年版，第 145 页。

② ［意］贝卡里亚：《论犯罪与刑罚》，黄风译，中国大百科全书出版社 1993 年版，第 82 页。

③ ［美］理查德·A. 波斯纳：《法理学问题》，苏力译，中国政法大学出版社 2002 年版，第 473 页。情况似乎倒是相反：人们甚至愿意为糟糕的社会治安状况付出高昂的代价，哪怕是冤假错案！这也暗合了威廉·帕里的隐喻："谁要为错误的刑罚而倒下了，便可视为对祖国的牺牲"。参见 "Moral and Political Philosophy", in *the Works of William Paley*, London, Vol. 3, new ed., 1838, p. 315.

④ 参见《关于〈中华人民共和国刑法修正案（八）（草案）〉的说明》，2010 年 8 月 29 日。

象的不同。前者更可能是金融机构，后者一般则是广大民众。法律对集资诈骗罪规设死刑，不仅仅意味着集资诈骗罪的社会危害性比其他金融犯罪更为严重，而且还在于以下功利方面的考虑，一是着重保护风险防范意识与防范能力远远不如金融机构的广大民众；二是向社会宣告，公民个人的财产所有权和国家、集体的财产所有权具有同等的甚至更加重要的法律地位。在以上两个方面中，第二个方面的意义是极为重要的。相信前几年发生在广东的许霆案在社会上引起的轩然大波还没有在人们的记忆中淡忘。为什么一向对犯罪人恨之入骨的国人竟然对许霆起了怜悯之心？为什么人们对作为被害人的银行反而表达出异常的反感情绪？为什么此时的社会正义感与法律正义发生了背离？这恐怕与民众对我国现行法律在产权保护上的不平等所存的反感有很大关系。令人欣慰的是，在这次修正案中，我们也看到了盗窃金融机构和盗窃珍贵文物犯罪行为的死刑的取消，这里边实际上包含着同样的逻辑：既然公民个人的财产所有权受宪法保护，则理当具有与集体和国家财产所有权在法律上的平等地位。因此，对于盗窃普通民众的财产没有配置死刑，又凭什么对盗窃金融机构（的财产）和盗窃珍贵文物配置死刑呢？凭什么国有财产和集体财产应当得到比公民个人财产更为严格和特别的保护呢？凭什么说明盗窃金融机构（的财产）和盗窃珍贵文物行为在社会危害性方面要比其他方面的盗窃行为更为严重呢？

与以上罪名的死刑配置之取消相比，贪污贿赂犯罪方面是否可以取消死刑的讨论可谓相映成趣。尽管近年来许多学者从"等价报应论"、"死刑功能有限论"、"非必要性论"或结合国际人权公约标准对我国的死刑制度存废进行了充分的论证，并极力主张对经济犯罪应当废除死刑。但是此次修正案却没有将这些意见予以纳入，在某种意义上亦是对民意的尊重与认同，这当然不能让一些刑法改革者满意。不过，笔者认为，除了法律学视角，此处恐怕还需导入社会心理学的分析方法，注意个人与整体、理论与实践、理想与现实之间的张力与互动关系，然后方可对现行规范进行评判。在当今我国社会转型时期，确实存在不少社会问题，如贪渎横行，官商勾结，腐败成风，强者恒强，弱者越弱，分配制度很不合理，贫富分化十分严重。在这种社会结构中，民众逐渐形成了"仇富"、"仇官"的畸形心理。自然地，人们对于落马的贪官污吏，不但不存在任何同情怜悯心理，反而觉得大快人心、拍手称快。因此，对于拟将贪污贿赂犯罪取消死刑的主张，民众自然持强烈的排斥心理。相反，人们认为对贪官判处死刑是当然之理。近年来，基于有的地方对于贪污贿赂数额特别巨大的案件的犯罪人没有适用死刑的情况，民间便盛传着"窃钩者诛，窃国者侯"、"贪官的命越来越值钱"、"州官可以点火，百姓不能点灯"的黑色讽刺表达出极大的抱怨情绪。从过去人们对盗窃犯判处死刑所表达的快感与现今对盗窃罪废除死刑的接受，再到人们对罪刑严重的贪官不被判处死刑时对政府所表达出的埋怨与不解，都可反映出现时人们对贪官的憎恨胜过了过去对窃盗的反感。因此，对其适用死刑，缘由倒不一定如有的论者所说的"除了有侵犯财产的性质外，贪污贿赂罪还有损害国家公职人员职务行为廉洁性、公正性的成分，动摇公众对国家工作人员的信赖，甚至动摇我们的执政根基，因此，和市场交易中出现的经济犯罪相比，危害要大一些"等诸如此类似是而非的所谓报应论意义上的理由，而正是通过极刑——来宣泄人们的这种嫉贪如仇的强烈情感。德国学者布鲁诺·赖德尔曾立足于死刑沿革的角度深刻地指出，要求死刑的呼声不是来自追求正义的欲望，而是来自要求发泄压抑的冲动的深层心理。① 其实，社会公众的这种社会心理现象不是精确的理性推导和周密的逻辑论证能够说明，毕竟法学不是数学！在此，人们也许更愿意相信"法自上而犯之"的朴素道理，或者愿意将法律视为社会需要的仆从。② 因而其道理也并不令人费解：只要贪官们有理由利用人民赋予他们的职权腐化堕落、鱼肉百姓或为非作歹，人民就有理由运用刑法作为武器予以防卫，直至剥夺腐化者的生命。

也许正缘乎此，才使得许多刑法改革者对此次修正案仍不甚满意，认为立法机关过多地迁就了不甚理智的民意，或者说民众的呼声过多地影响了立法者的理性分析与冷静判断。也有学者认为，藏纳在民众内心中的刑罚报应观念之所以是如此的根深蒂固，实际上是政治领导人在科学文明的法治理念的引导和倡扬上做得不够。诚然，我们当然必须正视，作为以民愤、民意、舆论、正义感等表现出来的公共意旨，往往是交织着理智与情感、意识与潜意识、理性与非理性、正义与非正义的矛盾统一体，具有相当的情绪性、不可捉摸性，甚至可能陷入歇斯底里和集体无意识的状态。③ 而且，一味地迁就情绪性的或不理性的民意，难免会在社会上形成一种极不正常的重刑文化，纵容社会怠于反思深层结构中导致犯罪的基本矛盾与犯罪生成的各种原因与机理，为政治领导人开脱应予进行社会改革的责任，以致反过来误导公众以为对罪犯施加重刑即等于正义的实现，从而陷入恶恶相报万劫不复的恶性循环。也许，正是在这个意义上说，对民意和舆论的正确引导与适当去魅是相当必要的。对此，贝卡里亚

---

① ［德］布鲁诺·赖德尔：《死刑的文化史》，郭二民译，生活·读书·新知三联书店 1992 年版，第 182 页。

② 波斯纳语。See Richard A. Posner, *The Problematics of Moral and Legal*, Cambridge, Mass. : Belknap Press of Harvard University Press, 1999, p. 159.

③ 梁根林：《公众认同、政治抉择与死刑控制》，载《法学研究》2004 年第 4 期。

早给世人警醒，人们只有在亲身体验到关系着生活和自由的最重要事物中已充满谬误之后，并在极度的灾难把他们折磨得筋疲力尽之后，才会下决心去纠正压迫他们的混乱状况，并承认最显而易见的真理。① 此次修正案在正式通过之前，立法机关将草案连同关于草案的"说明"公之于众，让民众充分畅所欲言，各抒己见，使来自社会各个方面的各种不同观点得到充分表达并能够相互激荡、彼此博弈，不能不说是对民众刑法观念的一次良好的检测、疏解、引导与冶铸，以更好地重建社会转型时期比刑法修订本身甚至更为重要的基本共识。

二、功能期许与刑法修订

美国联邦法院大法官霍姆斯在其名著《普通法》中提出了一个精辟的论断认为，当复仇不再流行时，法律的其他目的（诸如震慑和赔偿）就会凸显出来。②

经过启蒙浸淫之后的近现代刑法，尽管逐渐褪掉了远古时代报应刑法的复仇特色，但却披上了功利主义的外衣。

总的说来，这次刑法修正案对功利主义（工具主义）价值取向的体现也是较为明显的。③

与往常类似，修正案寄予了刑法较强的功能期待——期待通过刑罚手段来降低犯罪率、改善社会治安状况。贝卡里亚认为，刑罚的目的仅仅在于，阻止罪犯再重新侵害公民，并规诫其他人不要重蹈覆辙。④ 贝氏之论断往往为后人所误读和扭曲，以为运用重刑即可收到一般预防之效。⑤ 当然，这种重刑威吓论无论从我国的历史传统还是国民心理相联系，确实亦有其存在理由。从历史

---

① 参见［意］贝卡里亚：《论犯罪与刑罚》，黄风译，中国大百科全书出版社 1993 年版，第 5 页。

② 参见［美］理查德·A. 波斯纳：《法理学问题》，苏力译，中国政法大学出版社 2002 年版，第 21 页。

③ 实际上许多罪名的死刑不过是因为实践中较少适用或基本未适用才予以取消的，参见《关于〈中华人民共和国刑法修正案（八）（草案）〉的说明》，2010 年 8 月 29 日，这正是一种典型的工具主义倾向。

④ 参见［意］贝卡里亚：《论犯罪与刑罚》，黄风译，中国大百科全书出版社 1993 年版，第 42 页。

⑤ 请别忘记贝卡里亚氏理论的重心应在关于刑罚的限度上——刑罚不应超过保护集体利益之限度。参见［意］贝卡里亚：《论犯罪与刑罚》，黄风译，中国大百科全书出版社 1993 年版，第 9 页。

中，我们可以找到许多相关的文化理据；从心理学意义上说，对新风险比旧风险更加害怕是符合理性的。因为改革现有重刑结构（而取轻刑）至少会涉及新的风险（如减轻刑罚或废除死刑或许真有可能导致犯罪率上升），而当这一风险是新型的时候，其意义与变化均难以估计。① 因此，我们也不难理解立法机关在修订刑法时所抱持的稳健与审慎，这种态度在刑法修正案（八）（草案）的"说明"中即有清晰的体现："根据我国现阶段经济社会发展实际，适当取消一些经济性非暴力犯罪的死刑，不会给我国社会稳定大局和治安形势带来负面影响。"很显然，这种理由完全契合以上思路：因为"不会给我国社会稳定大局和治安形势带来负面影响"（对新风险有较准确的估计），所以才可考虑"适当取消一些经济性非暴力犯罪的死刑"。

此外，最能体现对本次修正案所被赋予功能期许的也许是修正案对黑社会性质组织犯罪所持的立场与态度。在修正案（八）（草案）的"说明"中，即有如下的明确说明："近年来，随着经济社会的发展，黑社会性质组织犯罪出现了一些新的情况，为维护社会治安秩序，保障人民利益，有必要进一步加大对黑社会性质组织犯罪的惩处力度，经与有关部门共同研究，建议对刑法作以下修改……"此外，在对敲诈勒索罪、强迫交易罪、寻衅滋事罪等与黑社会性质组织犯罪的关联罪名的罪刑规范进行调整时，修正案（八）（草案）均分别有如下的理由说明，如认为敲诈勒索是黑社会性质组织经常采取的犯罪形式。对于强迫交易罪，由于以暴力或者暴力威胁等手段非法攫取经济利益，是当前黑社会性质组织犯罪的一种重要犯罪形式，严重侵害公民合法权益，破坏经济社会秩序，因此建议对其作出修改：一是将以暴力、威胁手段强迫他人参与或者退出投标、拍卖，强迫他人转让或者收购公司、企业的股份、债券或者其他资产，强迫他人进入、退出特定的经营领域行为具体列举增加规定为犯罪；二是将法定最高刑由三年有期徒刑提高到七年有期徒刑。由于寻衅滋事这类滋扰群众行为的个案难以构成重罪，即使被追究刑事责任，也关不了多长时间，抓了放，放了抓，社会不得安宁，群众没有安全感，因此建议调整其处罚力度；等等。在具体的罪刑配置方面，修正案基本全部沿袭了修正案（八）（草案）"说明"的思路：

第一，明确黑社会性质组织犯罪的特征，加大惩处力度。例如，对于组织、领导黑社会性质的组织的，将法定刑从三年以上十年以下有期徒刑提高至七年以上有期徒刑，且增设了并处没收财产；对于积极参加的，则处三年以上

---

① 关于人们对新旧风险的评估与态度的进一步的分析，请详见 Richard A. Posner, *Frontiers of Legal Theory*, Cambridge, Mass.: Harvard University Press, 2001, p. 127。

七年以下有期徒刑，且可以并处罚金或者没收财产（参见修正案第四十三条）。

第二，调整敲诈勒索罪的入罪门槛，完善法定刑。敲诈勒索罪的构成条件由"数额较大"修改为"数额较大或者多次敲诈勒索"；将敲诈勒索罪的法定最高刑由十年有期徒刑提高到十五年有期徒刑，并增加罚金刑（参见修正案第四十条）。①

第三，修改强迫交易罪的规定，加大惩处力度。修正案对于"强买强卖商品的"、"强迫他人提供或者接受服务的"等五种情况加大了处罚力度（参见修正案第三十六条）。

第四，调整寻衅滋事罪的规定，从严惩处首要分子。修正案增加规定，对于纠集他人多次实施寻衅滋事行为，严重破坏社会秩序的，处五年以上十年以下有期徒刑，可以并处罚金（参见修正案第四十二条）。

第五，扩大了特殊累犯的范围，加大对恐怖活动犯罪、黑社会性质组织犯罪的惩处力度（参见修正案第七条）。

由此看来，无论在立法者还是在国人眼中，刑法的威慑功能仍具有重要地位。人们总认为刑罚具有无穷的威慑力，可以震慑所有潜在犯罪人不敢跨越雷池。尽管国内外许多实证研究表明，刑罚投入量与犯罪率的升降没有必然的正相关关系，国人仍是对重刑威慑论深信不疑。当然，话又说回来，由于在分析刑罚成本与犯罪率之间关系时，其中所涉变量颇多，如社会发展、经济水平、就业状况等，因而要在刑罚量与犯罪预防效果之间做出精确的量化分析和相关分析是很难的，特别是对于死刑案件，更是如此。② 也许正源乎此，人们才更愿意相信自己的直觉——重刑总是有利于预防犯罪。

其实，也不仅仅是基于直觉，重刑思想也符合一定的经济学理性。对发案率高的、最经常发生的案件配备较为严重的刑罚量，至少与贝卡里亚、布莱克斯东和边沁以来的法律经济学原理基本相符。根据这一理论，（潜在犯罪人）预期的惩罚成本应等于惩罚概率与惩罚严厉性之乘积。③ 由于发案率高的犯罪一般不大容易被发现或被查处（惩罚概率低），因而必须配置较为严厉的刑罚

---

① 修正案（八）（草案）在"说明"中指出，敲诈勒索是黑社会性质组织经常采取的犯罪形式，因此建议加大其处罚力度。

② 如邱兴隆教授曾言，欲在死刑和某类犯罪发案率之间进行量化实证分析，基本成为不靠谱的虚妄。参见《传奇刑法学者见证：中国死刑变迁》，载《新世纪周刊》2010 年9 月1 日。

③ See Richard A. Posner, *The Economics of Justice*, Cambridge, Mass. : Harvard University Press, 2001, p. 27.

来增加潜在犯罪分子的预期惩罚成本，以实现预防犯罪的功能。然而，这里边又包含一个巨大的悖论，即如果对某一犯罪配置过重的刑罚，犯罪分子就会反过来利用刑法来对自己的罪行进行规避，如通过多次犯罪（特别是犯重罪）来逃脱法律对其行为的制裁！① 因为对于犯罪行为，刑罚手段总是具有局限性的。于是，贝卡里亚完全有理由担心，严峻的刑罚可能造成更为糟糕的局面，即罪犯所面临的恶果越大，也就越敢于规避刑罚。为了摆脱对一次罪行的刑罚，人们会犯下更多的罪行。② 因此，重刑威慑论不但起不到预防犯罪的效果，反而可能导致犯罪率的上升。毋宁唯是，如果一味依赖重刑，国家不愿意看到的更严重的情况甚至也可能发生：刑罚最残酷的国家和年代，往往就是行为最血腥、最不人道的国家和年代。因为支配立法者双手的残暴精神，恰恰也操纵着杀人者和刺客们的双手。③

从某种意义上说，重刑威慑论者所极力推崇的死刑也面临一个巨大的悖论。若要发挥重刑威慑论的功能，除了需要发挥立法方面的威慑外，司法阶段的威慑也是必不可少甚至更为重要的。对于死刑，道理不二。因此，若想发挥死刑的司法威慑功能，国家必须经常适用死刑，因而也就要求经常有罪该处死的重大犯罪的出现。但如果情况真是如此，死刑的威慑作用也就大打折扣了！也就是说，如果要想死刑有用，就应当是同时无用的！④

这里暂时剔开重刑对犯罪率到底是何种因果影响不说，也不探讨人道主义者坚决反对重刑时所持的一些渲染性的论断，仅从上述重刑（或死刑）所具有的悖论角度来说，一味强调重刑威慑的观念当然并不值得推崇。因为对法律威慑进行评价不但要看其对行为的威慑效果，更要看政策的威慑效率。⑤ 在农耕社会，古人便早有"民不畏死，奈何以死惧之"的告诫。况且随着社会情势的变化，政治经济的巨大转型，仅仅凭靠严刑峻法的举措当然未必能真正根

---

① 如不法分子犯多个可处无期徒刑的罪行，数罪并罚之后其结果最多也只是无期徒刑。于是，不法分子至少有几个罪行似乎便逃脱了刑法的制裁。

② ［意］贝卡里亚：《论犯罪与刑罚》，黄风译，中国大百科全书出版社 1993 年版，第 43 页。

③ ［意］贝卡里亚：《论犯罪与刑罚》，黄风译，中国大百科全书出版社 1993 年版，第 43 页。

④ 参见［意］贝卡里亚：《论犯罪与刑罚》，黄风译，中国大百科全书出版社 1993 年版，第 48 页。

⑤ 戴昕：《威慑补充与"赔偿减刑"》，载《中国社会科学》2010 年第 3 期，第 129 页。

除那种类似冒险资本主义的癌症。① 前面论及，刑罚手段总是有限的，而犯罪的原因、方式和类型却日新月异。因此，以有限的刑罚手段对付无限的犯罪，总会有捉襟见肘之虞。② 实际上，法律是调整社会关系的一种重要手段，但它不能调整所有的社会关系，更不能期望由刑法来解决所有社会问题，况且刑法又只是众多法律中的一个分支。对此，我们应深刻理解，刑法与其他法律的重要区别在于其补充性与最后性。谓之补充性，就是说在违法行为发生后，如果能够由其他法律予以解决时，就没有必要运用刑法来进行调整；所谓最后性，也即是刑法所应具有的谦抑性或节俭性。如果说犯罪是各种具有社会危害性行为中的一种最为极端的表现形式，那么，刑法治理不过是社会为了自身生存而进行防卫所采取的最后手段。最后的手段只有在万不得已的情况下才使用，因为既然是"最后的手段"，它往往是一把"双刃剑"，如使用不当，国家与个人将两受其害。其实，我们先剔开迪尔凯姆关于犯罪是社会的一种正常现象从而应在某种意义上予以宽容的论断不论，即便从经济学的意义上讲，作为"最后的手段"的刑罚也只能在"最后的关头"才使用，否则不但起不到预期的效果，而且可能陷入计穷智竭之境地。古老的孟德斯鸠君早就告诫人们，"如果在一个国家里，有什么不便的事情发生的话，一个暴戾的政府便想立即加以消弭……但是因为政府的动力被用尽了，人们对严刑峻法在思想上也习惯了，正如对宽法轻刑也会习惯一样；当人们对轻刑的畏惧减少了，政府不久便不得不事事都用严刑"。③ 实际上，我国历史上的这种教训我们经历得不少。例如，从 1979 年刑法颁行后，面对社会治安形势之恶化与犯罪率的激增，国家采取了一波又一波的"严打"运动。然而，正如有的学者指出，在如是高成本的代价下换来的却不是人民所热望的路不拾遗、夜不闭户的太平盛世，而是犯罪量与刑罚量螺旋式的交替上升、刑罚投入几近极限而刑罚功能却急剧下降的罪刑结构性矛盾和刑法的基础性危机。④

三、集体情感与道德承载

社会学家涂尔干从社会学的角度对犯罪进行了界定。他认为，社会成员平均具有的信仰和感情的总和，构成了他们自身明确的生活体系，这种生活体系

---

① 参见季卫东：《法制的转轨》，浙江大学出版社 2009 年版，第 138 页。

② 因此德国著名刑法学家李斯特尝言：最好的社会政策是最好的刑事政策。

③ ［法］孟德斯鸠：《论法的精神》（上），商务印书馆 1961 年版，第 85 页。

④ 参见梁根林：《公众认同、政治抉择与死刑控制》，载《法学研究》2004 年第 4 期。

便是集体意识或共同意识，而当一种行为触犯了强烈而又明确的集体意识时，这种行为就是犯罪了。① 自然，根据涂尔干的理论，只要一种行为侵犯的集体意识或集体情感越是强烈，这种犯罪行为就表现得越为严重。特别在对于一个道德同质性程度较高的共同体或社会中，这种犯罪的严重性就更为明显。相应地，人们对这种行为的谴责就愈加强烈。于是，正是在此意义上说，涂尔干得出结论认为，明确而又强烈的共同意识才是刑法的真正基础所在。②

也许，从涂尔干所谓的社会学意义上说，亦使得此次修正案难以令很多人特别是令许多刑法改革者满意，认为这次修订过于迁就庸俗的民粹主义，仍然体现了较为强烈的重刑主义倾向，乃至未能体现和发挥政治领袖在引领道德方面的作用以致使修正案落后于我国现时的道德水准。但是，上述学者也许没有注意到笔者在上文曾经述及的一种社会文化现象，尽管随着我国社会的急速转型而在价值理念上越来越呈现出明显的多元化趋势，但在对其基本情感构成严重侵犯的犯罪这一问题上，人们还是具有较强的道德同质性的，也就是说，对于犯罪特别是严重的犯罪行为，人们基本具有同样的价值判断和心理反应。特别是我国目前尚处于劳动分工程度还不高的传统社会，由于人们具有更多的共同经验和共享信念，社会对违法犯罪的谴责程度肯定会比一个道德多元化的自由社会更为严厉。如果要使人们对其深恶痛绝的犯罪能够在心理上予以一定程度的容忍或完全能够容忍，③ "就得让被损害的感情毫无例外的在所有人的意识中得到恢复，并有必要的力量来遏制相反的感情"。④ 而且，值得注意的是，这种观点同样也得到了许多道德哲学家的首肯。如美国学者伯恩斯认为，对罪犯愤怒并公开地、正式地以适当方式表达何种愤怒，在道德上是正当的，而且同样出于这种愤怒，人们完全可以要求对严重的犯罪处以死刑。此外，他甚至认为，愤怒乃是唯有人类才具有的道德能力，人类之尊严亦由此而彰显；如果人类对诸如抢劫、谋杀等之类的犯罪行为甚至没有愤怒的表示，则意味着道德

---

① 参见［法］埃米尔·涂尔干：《社会分工论》，渠东译，生活·读书·新知三联书店 2000 年版，第 42—43 页。

② 参见［法］埃米尔·涂尔干：《社会分工论》，渠东译，生活·读书·新知三联书店 2000 年版，第 113 页。

③ 这里所说的"完全能够容忍"，即指涂尔干所说的"犯罪行为不再发生"，因为这时这些所谓的犯罪行为根本就不被视为犯罪。按照他对犯罪的界定，一种行为不是因为是犯罪才触犯了集体意识，而是因为它触犯了集体意识才是犯罪。也就是说，不是因为某种行为是犯罪才去谴责它，而是因为应受谴责时它才是犯罪。参见［法］埃米尔·涂尔干：《社会分工论》，渠东译，生活·读书·新知三联书店 2000 年版，第 44 页。

④ ［法］E. 迪尔凯姆：《社会学方法的准则》，商务印书馆 1995 年版，第 85 页。

共同体不复存在，因此愤怒甚至是和人类的正义感相联系的。①

　　此外，值得我们注意的是，即便从伦理学的角度出发，我们也不能把刑罚的德性（或道德性）与去死刑化和轻刑化简单画等号。著名道德哲学家休谟认为，国内法的目标是规定一切关于正义的问题，所有法学家的辩论、政治家的反思、历史和档案记载中的先例，全都会指向这一目的。② 尽管人们对于正义的内涵、标准与正义的实现方式有着不同理解，但是，无论如何，正义的德性基础均离不开其对于维护社会的必需性。③ 于是，公共的效用因素自然便成为了道德性的所有规定中最为重要的因素。④ 在这个意义上说，只要人们认为死刑或重刑对于维护社会稳定和减少预防犯罪是有效的，⑤ 只要社会的共识认为严刑峻法有利于社会正义的实现，就很难说它不是一种德性或道德的体现。当然，这种道德的真实性与美感到底如何，也许不能由我们当代人遽下结论，而最好按照波斯纳的说法，即由竞争性的斗争和时间的考验去决定。⑥

　　其实，从历史来考察，刑罚的强度实际上与道德之进化没有必然联系。而且，甚至恰恰相反，道德之进化往往可能带来刑罚的强度的增加。因为，如果说随着人类文明的进步，人们对惩罚所带来的痛苦日渐感到厌恶，但是，同样的情感也可能支配着人们，那就是，野蛮的犯罪行为给人类带来的侵害也同样会激起人们的愤恨。而且，人们对罪犯的同情必然会少于对受害者的同情。因此，民德的完善必然会转化为刑罚的加重，至少对那些伤害他人的罪刑如此。所以，我们也不难看到，公共意识昨天还漠不关心的欺诈行为和非法行为，今

---

　　① See Walter Burns, the Morality of Anger, *Punishment and Death Penalty*, ed. by Robert M. Baird , 1995, p. 151.

　　② 参见［英］休谟：《道德原则研究》，曾晓平译，商务印书馆 2001 年版，第 138 页。

　　③ 参见［英］休谟：《道德原则研究》，曾晓平译，商务印书馆 2001 年版，第 55 页。

　　④ 参见［英］休谟：《道德原则研究》，曾晓平译，商务印书馆 2001 年版，第 32 页。

　　⑤ 刑罚的有效性也是刑法改革者反复强调的的观点，请详参邢馨宇、邱兴隆：《刑法的修改：轨迹、应然与实然——兼及对刑法修正案（八）的评价》，载《法学研究》2011年第 2 期。但是，某一种刑罚手段对某些社会行为是否有效或其有效性到底如何，却不是一件容易测定的事，我国法学界对于这方面的实证研究较少，即便在西方许多学者的相关研究中，其结论往往并不一致，甚至常常得出相反的结果。因此，刑罚的有效性往往容易蜕变为一项主观测度的指标。

　　⑥ 参见 Richard A. Posner, *Frontiers of Legal Theory*, Cambridge, Mass. : Harvard University Press, 2001, p. 87.

天却激起了公众意识的极大震惊和厌恶。① 实际上，真正能够让刑罚缓和的因素是对犯罪憎恨与愤慨和与之相反的对受惩罚的人在人们心中所唤起的怜悯感之间能够相容，使前者不再消解后者的力量，即一方面是对犯罪的愤恨与恼怒，另一方面是对罪犯的怜悯与同情。而且，在这对悖反变化中，罪犯甚至比受害者获得更多的好处。② 也许，道德进步与刑罚进化的真正标志正是对犯罪的严厉谴责与对罪犯的深表同情这对悖反的并行不悖。

明乎以上关于法律与道德情感或德行伦理之关系后，我们就不难理解我国当下之集体意识在此次修正案中的体现了。在此次修正案中，既有令许多刑法改革家很不满意的工具主义体现，又有让许多其他学者大加赞赏的道德原则之表征。如修正案中"怜老恤幼"之传统道德原则的体现，实际上说到底无非是社会公众对于老人和未成年人犯罪，能够从情感予以一定程度的接受和理解，对其予以从宽处罚不至于从情感上采取抵制态度。

死刑存废与限缩问题一直是近年来我国刑法学界的热点和难点。尽管均有各自的充分的理由，但无论是死刑保留论者还是死刑限制或死刑废除论者，均未能从论理上彻底说服对方。自 97 刑法以来，我国死刑方面立法基本未有过松动。此次刑法修正案，被社会各界喻为第一大亮点的是死刑的较大削减。除了在分论个罪方面做了大量削减之外（达到 19.1%！），修正案还将年满 75 周岁的老年人与未成年人以及怀孕的妇女并论，做出了有条件免死的规定，③ 这基本与目前的国际公约精神相契合。不过，这些规定与其说是与国际公约的接轨，倒不如说是社会集体意识向我国道德传统的复归；④ 与其说是现代道德的体现，不如说是传统伦理的遗迹。因为在我国古代刑法中就不乏关于老年人犯罪从宽处罚和不适用死刑的规定。这次修改中，刑法照顾到了对老年人的特殊保护，从而继承和发扬了我国尊老爱幼的优良传统和儒家"仁义"的法律道德观。

对于怜幼方面的道德性规定，修正案在刑法原有规定基础上做了进一步规定，如规定对于犯罪的时候不满十八周岁，被判处五年有期徒刑以下刑罚的，免除入伍、就业前的前科报告义务。此外，修正案还规定，对犯罪时不满十八

---

① 参见［法］E. 涂尔干：《刑罚演化的两个规律》，载《乱伦禁忌及其起源》，汲喆等译，上海人民出版社 2003 年版，第 444 页。

② 参见［法］E. 涂尔干：《犯罪与社会健康》，载《乱伦禁忌及其起源》，汲喆等译，上海人民出版社 2003 年版，第 462 页。

③ 除了使用特别残忍的手段致人死亡的除外。

④ 其实中国法制国际化之最大困难可能就在于国际公约中许多规定与中国现时之道德观念与思维模式不大契合。

周岁的人不作为累犯处理；对于不满十八周岁的人，只要符合缓刑条件的，应当予以缓刑，等等。

综观社会各界对此次修正案的看法，尽管赞誉甚多，但来自各方面的质疑也不少。许多刑法改革家批判认为，这次修正案过于迁就庸俗的民粹主义以致走群众尾巴路线，也有学者指责修正案的出台过程甚至是借民意之名而行重刑主义之实，以致没有充分发挥政治领袖的道德引领作用。对于这些理据，在某种意义上当然是可以理解的，因为此次修正案毕竟存在有待完善之处。对于民意，我们在上文论及，它具有较强的非理性、不稳定性和不可捉摸性，因此一味迁就这种意义上的民意当然难以称为理性或睿智；同样，对于社会的平均道德水准，也难以准确把握和揣摩，对于一定社会时期所表现出来的各种现象，不能说它即是该时期社会道德的体现。因为，一种行为表面上与道德相适应，并不意味着它已经就是道德的了。只有当它也内在地与道德相适应，当它出于对道德法则的尊重，即由于良知的缘故而出于义务感，它才是道德的。① 不过，刑法改革论者也需要明白以下道理，法律和道德当然会随着社会类型的变化而变化，而且即便是在同一个社会类型里，如果集体生存的条件发生了变化，法律和道德也可能发生变化。不过，这种变化只是一种可能性，而并不是必然的。社会学家迪尔凯姆告诉我们，要使这种变化能够实现，作为道德基础的集体感情就不能抵制这种变化，从而只能克制自己。② 因此，这里似乎又陷入了一个逻辑上的循环：欲使道德观念进化，需要集体情感的不抵制；而要使集体感情不抵制法律与道德的进化，实际上依赖于整个社会的道德意识的发展与进化。按照迪尔凯姆的理论，欲使道德意识能够向前发展，就必须使个人的独创精神能够实现，而欲使这种精神得到实现，不但要让意欲超越自己时代的理性主义者的独创精神表现出来，而且得让落后于自己时代的犯罪的独创精神能够实现。这两者相互依存，缺一不可。③ 于是，我们可以得出结论说，只有对社会中的犯罪现象予

---

① ［德］拉德布鲁赫：《法学导论》，中国大百科全书出版社1997年版，第5页。所以，正是在此意义上说，康德认为，只有当一种行为与伦理的法则一致时才是它的道德性。参见［德］康德：《法的形而上学原理——权利的科学》，商务印书馆1991年版，第14页。

② ［法］E. 迪尔凯姆：《社会学方法的准则》，商务印书馆1995年版，第88页。

③ 参见［法］E. 迪尔凯姆：《社会学方法的准则》，商务印书馆1995年版，第88页。

以一定的理解与宽容时，方有可能引起整个社会的道德之进化。① 在一个对于违法与犯罪现象不甚宽容的社会，政治领导人的任务便是如何进行正确的引导以及在引导不能时如何从法律外寻找原因，对社会基本结构和基质进行某种合理的改革或改造，而不是一味倚仗手中的权力或过分倚赖刑罚手段。② 然而，刑法改革者也许更需要耐心，因为这个过程注定将是一个"艰难困苦，玉汝于成"的漫长的蜕变过程。而且，这个过程中所发生的一些变化，当然也不仅仅是通过某些简单的规范分析便可以得到充分的解释的。正是在此意义上，笔者才有理由对此次修正案乐观其成，因为此次修正案毕竟在一定程度上体现了"宽严相济"这一基本的政策导向和价值取向，在刑罚配置原则的选择上，在注重"重其重者"的同时，也没有忽视"轻其轻者"的积极意义，特别是在部分犯罪的削减死刑和轻刑化方面，迈出了重要的和历史性的步伐，这完全可能影响到今后我国刑事立法对以往旧有的惯性思维和陈腐的指导思想的纠偏，在某种程度上消解严刑峻法的重刑主义观念和一味只是遵循做"加法"（犯罪化和重刑化）而不做"减法"（非犯罪化和轻刑化）的传统思路，即便在根据所谓的形势需要而增设新罪时，也不会动不动就对之配置死刑或其他重刑。因此，正是从这个意义上说，立法机关在修订刑法时亦兼及在引领我们现时代的新道德上颇下了功夫。

结　语

人们常说，政治是一门平衡的艺术。如果把立法过程视为政治过程的话，则立法过程也是一门需要讲求平衡的艺术。此次刑法修正案中所蕴涵的多重刑法理念，莫不体现出这种平衡术的重要性：它既要照顾到学界各种刑法改革的呼声以及刑罚轻缓化与人道化的国际潮流，又要兼顾现时的道德观念与公众集体情感，更要尊重民众的价值认同，并契合人们对刑法的功能期待。因此，这就要求立法者具有灵巧的建筑师一般的智识与灵性，他的责任就在于纠正有害

---

① 如果说犯罪是对现行道德的背离，则只有对之予以必要的理解与容忍时，方可导致道德的进步。涂尔干问道，"人们怎么能够偏离道德而改变道德呢？"，参见［法］E. 涂尔干：《犯罪与社会健康》，载《乱伦禁忌及其起源》，汲喆等译，上海人民出版社2003年版，第464页。

② 在权力集中的地方，刑罚也是更为严厉的。迪尔凯姆考察认为，刑罚的强度与权力的集中成正比关系。参见 Steven Lukes, *Emile Durkheim: His Wife and Work*, London: Allen Lane, the Penguin Press, 1973, p. 258。

的偏重方向，使形成建筑物强度的那些方向完全协调一致。① 然而，艺术是一门实践理性，只有经过实践中不断地操练、试错和磨砺方可逐渐完美最后臻于至美。在这次刑法修正案中，立法者对于这门平衡术掌握如何，其美感到底怎样，看来仍是有待于修正案在实践中的进一步检验。

---

① 参见［意］贝卡里亚：《论犯罪与刑罚》，黄风译，中国大百科全书出版社 1993 年版，第 66 页。

法定刑结构调整的实然路径与应然取向

——从刑法修正案（八）分则规定谈起

宁利昂

　　自九七刑法颁布以来的七个修正案关涉的都是刑法分则规定。刑法修正案（八）突破了以往传统，不仅对分则规定有所调整，同时对总则规定也有所更改。这一新的立法动向曾引发了专家学者对其调整规模是否过大、立法技术是否恰当的一些争议。尽管如此，从修正案（八）的五十个条文来看，前十九条属总则，后三十条属分则，最后一条为时间规定，因而以数量观之，其对分则的调整仍占据了整个文本的大部分。

　　以往修正案对分则的调整，或从犯罪构成，或从刑罚种度，或兼采两者。修正案（八）沿袭了这些基本方法，同时又呈现出自身一些新的特点，其对十三个罪名死刑的废除，被普遍认为具有积极的面向而备受赞誉。因此，修正案（八）的面向并非单一，调整广度与力度堪称迄今历次修正案之最。如何来评价这些调整，从中可以获得怎样的启示？本文试图对此给予一个合理的剖析。

一、死刑向右：十三个罪名死刑的削减

　　刑法修正案（八）最引人关注的地方莫过于十三个罪名死刑的削减，依次分布在第二十六条、第二十七条、第三十条、第三十二条、第三十四条、第三十九条、第四十四条、第四十五条。从涉及罪名的属种关系来看，刑法第三章破坏社会主义市场经济秩序罪占九个罪名，其中走私罪占四个，金融诈骗罪占三个，危害税收征管罪占两个；第五章侵犯财产罪占一个罪名；第六章妨害社会管理秩序罪占三个罪名。详见下表：

破坏社会主义市场经济秩序罪（走私罪）	破坏社会主义市场经济秩序罪（金融诈骗罪）	破坏社会主义市场经济秩序罪（危害税收征管）	侵犯财产罪	妨害社会管理秩序罪
走私文物罪	票据诈骗罪	虚开增值税专用发票、用于骗取出口税、抵扣税款发票罪		传授犯罪方法罪
走私贵重金属罪	金融凭证诈骗罪		盗窃罪	盗掘古文化遗址、古墓葬罪
走私珍贵动物、珍贵动物制品罪	信用证诈骗罪	伪造、出售伪造的增值税专用发票罪		盗掘古人类化石、古脊椎动物化石罪
走私普通货物、物品罪				

这十三个罪名死刑的削减，在新中国刑事立法史上尚属首次，可谓我国在废止死刑道路上取得的重大进展，给予高度评价并不为过。实际上，作为刑罚的死刑，尽管身披合法的外衣，但其本质终究为人对人生命的剥夺，因而在正当性上一直遭受考问，以致形成了死刑废止论与保留论的对垒及死刑限制论的折衷。① 从死刑批判的历史脉络来看，西方基督教义中的生命神圣理念在对待生命的最为尊重性上，与东方佛教教旨的切忌杀生理念不谋而合，暗含了对死刑不正当的朴素质疑；启蒙运动的兴起，使得死刑被精神先驱推上批判的台面予以鞭挞，留存的经典文本便是这一革命历程的见证；而社会演进至今，人权观念勃兴、运动倡行，死刑因关涉作为人权核心的生命权，而在世界范围内得

---

① 在绝大多数基本议题上，死刑废止论者与保留论者得到的是截然不同的答案，可参见胡云腾：《存与废——死刑基本理论研究》，中国检察出版社 2000 年版。同样，中国的死刑研究已然形成了废止论与保留论的交锋，而限制论则作为两者博弈的产物受到广泛认同，相关整理参见邱兴隆：《中国的死刑研究现状》，载赵秉志主编：《中韩刑法基本问题研讨——"首届中韩刑法学术研讨会"学术文集》，中国人民公安大学出版社 2005 年版，第 147—159 页。

到抗制，可谓世界潮流，浩浩荡荡。① 在我国，由于历史原因，新中国法制建设步履蹒跚；改革开放以来，西学东渐与本土改良，赢得了一个法制建设的初创时期；近年来，理论与实务都举起从法制到法治转型的大旗。死刑作为以往阶级斗争与敌人刑法的遗存，在当今法治进程中被保留下来，但其内在固有的野蛮基因与原始朝向，与当今文明开化的趋势大相抵触。历史的脚步已迈入21世纪，死刑在当下中国的续存已经点燃诸多学者心中的焦虑，疾呼立即废除死刑者有之，力倡分阶段废止死刑者有之。② 在改良思维的引领下，经过多方角力，死刑限制的折中共识已在理论界与实务界达成。2007年，最高人民法院收回死刑复核权，在死刑的司法控制上迈出坚实的一步。如今，刑法修正案将死刑的废除纳入立法层面，既可谓立法对司法的接力，也可谓立法自身意识的觉醒，可视为死刑向右的信号。

从关涉的十三个罪名来看，主要集中在经济领域，即破坏社会主义市场经济秩序罪占了九个；另外四个，除传授犯罪方法罪外，盗窃罪，盗掘古文化遗址、古墓葬罪以及盗掘古人类化石、古脊椎动物化石罪都与金钱利益关系较为紧密，要么对象为财物，要么动机为获利；从整体观之，十三个罪名都未涉及对人身的危害，更遑论生命。早在两百多年前，德国哲学家康德就曾以"以牙还牙"来说明刑罚是基于犯罪人所造成伤害而反过来对犯罪人相类似的伤害，确立了等害报应观；而同为德国哲学大家的黑格尔则通过说明犯罪的否定不是侵害行为特种性状的等同而是价值的等同，确立了等价报应观。③ 无论是等害报应还是等价报应，上述十三个罪名的死刑规定都自始存疑，无怪乎有学者发出"刑法疯了"的惊呼！④ 于是，在当初相关罪名刑罚的立法配置时，最

---

① 关于死刑废止论起源的详尽阐述及死刑的国际人权关照，可参见邱兴隆：《刑罚的哲理与法理》，法律出版社2003年版，第453—501页。

② 邱兴隆教授于2000年首次公开提出无条件立即废除死刑的主张，可访问：http://news. sina. com. cn/c/2007 – 01 – 18/160712073828. shtml，最后访问2010年11月22日。赵秉志教授则提出了分阶段逐步废止死刑的论纲，并设计了一个参考时间表，参见赵秉志：《死刑改革探索》，法律出版社2006年版，第132—146页。

③ 等害报应观在康德哲学思想中的体现，参见［德］康德：《法的形而上学原理——权利的科学》，沈叔平译，商务印书馆1991年版，第165—167页；等价报应观在黑格尔哲学思想中的蕴含，参见［德］黑格尔：《法哲学原理》，范扬、张企泰译，商务印书馆1961年版，第104—107页。

④ 邱兴隆教授曾在北京大学作"死刑的德性"的演讲，提出了生动形象而引人深思的发问：人命值多少钱一条；人头和石头哪个更重要；人皮和猫皮哪个更值钱。参见邱兴隆：《死刑的德性》，载邱兴隆主编：《比较刑法》（第一卷·死刑专号），中国检察出版社2001年版，第1—52页。

为可能的考量——对死刑预防犯罪的盲目迷信与过分追求。这当中蕴藏着一种对死刑的依赖习惯，换言之，即在立法者眼中，死刑效能的全方位足以覆盖各方受体，其对犯罪人生命的剥夺使其不能犯，对旁观者的威慑使其不敢犯，这是理所应当不需证明的。然而，这种预防是否节俭与必要，即符合真正意义上的功利欲求，在更高层次上，是否符合人道性的要求，已然被忽视或干脆视而不见。现在刑法修正案（八）的相关规定，重拾了这种长久的遗忘，开始朝向合理的回归，总算是令人欣慰的。但乱花渐欲迷人眼，这种回归是否意味着立法上已经确立了符合刑罚报应与功利要求的配刑思想，还不能盖棺定论。从舆论昭示的死刑削减借由析之，这些罪名死刑的削减，长期以来的较少适用或基本未适用成为最主要理由。应该说，以实际适用与否来决定死刑的削减，尽管从当下来看确实减少了数量，却在根本上隐匿了一种危险。如果说存在即合理能够在实然上勉强予以接受，但在应然上存有无法逾越的"鸿沟"——因其命题的本身就是一种假定。换言之，存在的合理与否应当符合一定的判断依据与路径。在死刑削减这个问题上，遵循长期较少适用或基本未适用的简单思维，将会把刑罚配置的根基转向司法实践的或然性决定，而非凝聚理性思考精华的报应功利一体性衡量。因此，相关罪名死刑削减的借由似又隐约预言了我国将来在死刑废止道路上的坎坷。

二、生刑向左：若干犯罪及法定刑相关①

法定刑结构的调整意指原有刑罚在种类及幅度上的变化，即刑种增减或替换与否及其程度，刑度升降或位移与否及其程度。死刑的废除固然可谓法定刑结构调整中浓墨重彩的一笔，而除此之外的刑种及其刑度的变化也意义非凡。

除了削减十三个罪名的死刑外，修正案（八）修改了部分犯罪的构成及其法定刑，增设了部分新的犯罪及其法定刑。就前者而言，原来配置的刑罚种度并未发生变更，似难将之纳入法定刑结构调整的范畴；但由于犯罪构成要件变化所导致的刑罚适用范围变化，反映了整体刑罚结构的向外扩张或向内限缩，也不可不谓是一个不典型的调整，况且修正案中有条文同时调整犯罪与刑罚的情况，因而在此也一并予以说明。至于因新罪建言而导致的刑罚配置，因

---

① 刑法修正案（八）一审稿说明中提到了"死刑偏重、生刑偏轻"的问题，意指死缓、无期徒刑及较长的有期徒刑往往因为执行期间减刑或假释而使实际刑罚与死刑立即执行、原来宣告刑相去甚远。笔者借用了"生刑"一词，而并非与一审稿说明中的意味同语，而仅指死刑之外的刑罚而非作为死刑别名的生命刑，不仅自由刑归属其中，罚金刑、资格刑等也包含在内，特此说明，不再赘述。

作为前提的入罪尚待商榷，故暂且不将其纳入下文讨论的范畴。①

（一）犯罪与刑罚规定同时调整②

修八第二十三条，将刑法第一百四十一条第一种情形中"足以严重危害人体健康的"予以删除，将危险犯改为行为犯；第二种情形中增加"有其他严重情节的"；第三种情形中将"对人体健康造成特别严重危害的"改为"有其他特别严重情节的"，降低了生产、销售假药罪的入罪门槛，扩大了成立范围。在刑罚配置上，第一种情形取消了罚金的单处而一律并处，并且三种情形的罚金在数额上都取消了"销售金额百分之五十以上二倍以下"的限定。

修八第二十四条，在刑法第一百四十三条第二种情形中增加"有其他严重情节的"，即情节犯，扩大了原来生产、销售不符合卫生标准的食品罪成立范围。③ 在刑罚配置上，第一种情形取消了罚金的单处而一律并处，并且三种情形的罚金在数额上都取消了"销售金额百分之五十以上二倍以下"的限定。

修八第二十五条，将刑法第一百四十四条第二种情形中"造成严重食物中毒事故或其他严重食源性疾患"予以删除，增加"有其他严重情节的"，将第三种情形中"对人体健康造成特别严重危害的"改为"有其他特别严重情节的"，即增加了情节犯，扩大了生产、销售有毒、有害食品罪成立范围。在刑罚配置上，第一种情形取消了拘役，取消了罚金的单处而一律并处，并且三种情形的罚金在数额上取消了"销售金额百分之五十以上二倍以下"的限定。

修八第三十六条，将刑法第二百二十六条中原来的两种情形扩充至五种情形，扩大了强迫交易罪的成立范围；并增加了"情节特别严重的，处三年以上七年以下有期徒刑，并处罚金"的规定，即新设了相对较高刑格。

修八第三十八条，继刑法修正案（四）第四条对刑法第二百四十四条进行增补后，对该条文进行了再次修改，将强迫职工劳动罪与雇用童工从事危重劳动罪合为一罪；④ 删除了"违反劳动管理法规"的前提限定；增加了暴力或

---

① 刑法修正案（八）正式文本中涉及新罪的条文有第二十二条、第三十三条、第三十五条、第三十七条、第四十一条和第四十九条。

② 如无特别提示，本文第二部分中的"刑罚"限指死刑之外的其他刑罚，即前文界定的生刑。

③ 罪名更改为生产、销售不符合安全标准的食品罪。

④ 罪名为强迫劳动罪。

威胁的方式；将犯罪主体扩大到明知犯罪的招募、运送人员及其他协助强迫劳动的人员。在刑罚配置上，以一般情况与情节严重两分划界：前者处三年以下有期徒刑或拘役，并处罚金；后者处三年以上十年以下有期徒刑，并处罚金。相对原来强迫职工劳动罪设置了升格刑，相对原来两罪都向上位移了刑罚区间；增加了对单位的罚金刑和对直接负责的主管人员及其他直接责任人员的刑罚；取消了雇用童工从事危重劳动罪的数罪并罚。

修八第四十条，在刑法第二百七十四条中增加"多次敲诈勒索"为一般情形，增加"数额特别巨大或者有其他特别严重情节"为第三种情形；对第一种情形新增"并处或单处罚金"，对第二种、第三种情形新增"并处罚金"。该修改扩大了敲诈勒索罪的成立范围，增加了罚金刑的适用。

修八第四十二条，在刑法第二百九十三条中增加"纠集他人多次实施前款行为，严重破坏社会秩序的"情形作为第二款，扩大了寻衅滋事罪的成立范围。在刑罚配置上，处五年以上十年以下有期徒刑，可以并处罚金；相比原来刑罚，提高了一个档次，采用并科罚金模式。

修八第四十三条，将"黑社会性质的组织"的立法解释纳入正式文本，进一步明确了其构成范围。对组织、领导黑社会性质组织的，将"三年以上十年以下有期徒刑"变更为"七年以上有期徒刑"，并增加了"并处没收财产"；对积极参加的，将"三年以上十年有期徒刑"变更为"三年以上七年以下有期徒刑"，并增加了"可以并处罚金或者没收财产"；对其他参加的，增加了"可以并处罚金"；对国家机关工作人员包庇、纵容黑社会性质组织的，取消原来的拘役或者剥夺政治权利，将一般情况下自由刑的上限由三年提升到五年，情节严重的，将自由刑的下限由三年提升到五年，取消原来十年的上限规定；整体纳入了数罪并罚范畴。

（二）犯罪调整而刑罚未予调整

修八第二十条，删除了刑法第一百零七条中"资助"之后的"境内组织或者个人"，扩大了资助危害国家安全犯罪活动罪的成立范围。

修八第二十一条，将刑法第一百零九条第一款中"危害中华人民共和国安全的"予以删除，将第二款中"犯前款罪的"改为"叛逃境外或者在境外叛逃的"，降低了叛逃罪的入罪门槛。

修八第二十七条，将刑法第一百五十三条第一款中走私普通货物、物品罪中三种情形的具体数额依次更改为"较大"、"巨大"及"特别巨大"，增加"一年内被给予二次行政处罚后又走私的"与应缴税额较大情形并置，增加"有其他严重情节的"与应缴税额巨大情形并置，将"有其他特别严重情节的"与应缴税额特别巨大情形并置，扩大了成立范围。

修八第二十九条，继修正案（六）第八条将刑法第一百六十四条对公司、企业人员行贿罪扩大为对非国家工作人员行贿罪之后，新增了对外国公职人员或国际公共组织官员的商业行贿作为第二款，扩大了成立范围。

修八第三十九条，增加了入户盗窃、携带凶器盗窃及扒窃三种情形，扩大了盗窃罪的成立范围。

修八第四十六条，将刑法第三百三十八条中"向土地、水体、大气"的限定予以删除，并将后果性要件由"造成重大环境污染事故，致使公私财产遭受重大损失或者人身伤亡的严重后果"改为"严重污染环境的"，扩大了原来重大环境污染事故罪的成立范围。①

修八第四十七条，将"经责令停止开采后拒不停止开采，造成矿产资源破坏的"与"造成矿产资源严重破坏的"分别改为"情节严重的"与"情节特别严重的"，即将后果性要件改为情节性要件，扩大了非法采矿罪的成立范围。

修八第四十八条，增加了"为组织卖淫的人招募、运送人员"的情形，扩大了协助组织卖淫罪的成立范围。

（三）刑罚调整而犯罪未予调整

修八第二十六条，因刑法第一百五十一条废除了走私文物罪、走私贵重金属罪及走私珍贵动物、珍贵动物制品罪的死刑，故将原来一般情况"处五年以上有期徒刑"改为"处五年以上十年以下有期徒刑"，降低了刑罚的上限；情节特别严重的"处无期徒刑"改为"处十年以上有期徒刑或者无期徒刑"，降低了刑罚的下限。

修八第三十一条，在对单位犯集资诈骗罪、票据诈骗罪、金融凭证诈骗罪和信用证诈骗罪的刑事处罚中，增加了对直接负责主管人员和其他直接责任人员的罚金刑，依情形得并科或必并科。

修八第四十四条，因传授犯罪方法罪死刑的废除，对"情节严重的"设定了十年有期徒刑的上限，压缩了原来的刑罚幅度；对"情节特别严重的"增加了十年以上有期徒刑的规定，避免了废除死刑后的只有无期徒刑的单一选择。

结合上述三种归类，可总结如下：

"犯罪与刑罚规定同时调整"的，或调整了自由刑的上限，降低、提高或取消；或调整了自由刑的下限，降低或提高；或新设了升格刑；或位移了刑罚区间；或增加了对单位和直接负责的主管人员及其他直接责任人员的处罚；或

---

① 罪名更改为污染环境罪。

增加了数罪并罚；或增加了罚金刑；或增加了没收财产刑；或取消了拘役或剥夺政治权利；或采用了主附刑并罚模式；个别情况取消了数罪并罚。整体而言，提高了刑罚强度，扩大了适用范围。

"犯罪调整而刑罚未予调整"的，由于入罪门槛降低，成立范围扩大，实质上扩大了相关犯罪原来配置刑罚的适用领域。

"刑罚调整而犯罪未予调整"的，既有增加罚金刑，采并罚模式的，也有因个罪废除死刑而对自由刑进行内部重新分配的，可谓增减参半。

可以看到，在废除十三个不常适用或基本未用死刑的背后，却是关涉个罪生刑结构的整体向上及向外扩张。

三、法定刑结构调整的实然与应然

死刑的废除与生刑的扩张，昭示了刑法修正案（八）对法定刑结构调整的二分处置，但在用心与气力上并不均衡：死刑向右极为有限且无明显的持续趋势；生刑向左却手段多样且全面开花。从适用的实际情况而言，这一对比就显得更为起眼：十三个死刑罪名本来就较少适用或基本不用，而相应生刑的其他罪名却是经常见到，两者存在一个频率上的差异。因而，对作为重心的生刑结构的变化，尤其应当予以关注；简言之，对法定刑结构调整的整体取向，应当透过表面看其本质。

（一）接力扩张：法定刑结构调整的实然路径

九七刑法被认为是对七九刑法的重大变革，其确立了罪刑法定等系列现代刑法原则，废改了刑法分则中诸多个罪及法定刑，被视为是我国刑事法治历程中的一座丰碑。九七刑法以后相继出台的修正案，在浸润现代刑法精神理念的前提假设下，其对法定刑结构的调整是否有章可循？为此，笔者翻开九七刑法及以往七个修正案的文本，对相关条文予以了逐一比较，根据修改内容及方式的不同，简要总结归纳如下。[①]

首先是刑罚相关，制表如下：

---

① 通过归纳，笔者制定了两个表格以说明七个修正案中相关条文的变化。一个条文的修改往往是从多方位进行的——比如修正案（四）第一条对刑法第一百四十五条进行了修改，增加了"足以严重危害人体健康的"入罪，并将"对人体健康造成严重危害的"自由刑由原来的"五年以下有期徒刑"改为"三年以上十年以下有期徒刑"，将"后果特别严重的"自由刑由原来的"五年以上十年以下有期徒刑"改为"十年以上有期徒刑或者无期徒刑"，取消了原来对"情节恶劣的"规定。为展示法定刑的调整，笔者采取了降序方法，即首先观察修正案条文的对个罪的刑罚设置调整，然后再考虑对其的犯罪构成调整；同时说明完一个条文的一个方面后，在其他方面便不复列举。特此说明。

增加拘役刑	修（七）第一条
增加罚金刑	修（六）第十七条
增加剥夺政治权利的资格刑	修（三）第三条
规定从重处罚	修（五）第一条，修（六）第十三条
规定数罪并罚	修（四）第四条
规定单位犯罪的双罚制	修（一）第一条，修（三）第四条，修（六）第九条、第十二条，修（七）第七条、第十条
向上位移自由刑幅度	修（四）第一条，修（六）第一条
新设相对高格刑	修（一）第二条，修（三）第七条，修（六）第十一条、第十八条、第十九条，修（七）第十二条、第十四条
新设相对低格刑	修（七）第六条

其次是犯罪相关，制表如下：

增加犯罪地	修（四）第三条
增加危险犯	修（七）第十一条
增加过失犯	修（五）第三条
增加数额犯	修（六）第十四条
增加情节犯	修（六）第四条，修（七）第九条
结果犯改情节犯	修（六）第十五条
扩大犯罪主体	修（一）第四条、第五条、第七条，修（六）第七条，修（七）第二条
扩大犯罪对象	修（一）第三条，修（二），修（四）第二条、第五条
修改犯罪行为	修（一）第六条、第八条，修（三）第一条、第二条、第五条、第六条，修（四）第六条、第七条、第八条，修（五）第二条，修（六）第二条、第五条、第八条、第十六条，修（七）第三条、第五条
新增行为入罪	修（三）第八条，修（六）第三条、第六条、第十条、第二十条，修（七）第四条、第八条、第十三条

从上归纳可以看出，修正案（一）到（七）采用的修改方式及内容是多元的。在刑罚方面，既有刑罚幅度的提升与位移，也有刑种的增加与并用，同

时在个人从重与单位双罚上有所规定；在犯罪方面，则通过新增行为入罪、修改犯罪构成等方式降低了入罪门槛，使得原来配置的刑罚得以扩张适用。值得注意的是，修正案（七）第一条为走私珍稀植物、珍稀植物制品罪设定了作为轻刑的拘役，第六条为绑架罪设定了"情节较轻"的低格刑，但此类规定的数量、强度和其他趋重的刑罚调整相比，远非处在同一个量级。

结合上文对修正案（八）的分析，将以往刑法修正案对个罪刑罚结构的调整与之对照，可以看到两者在向上提升刑罚打击力度、向外扩大刑罚适用范围上是趋同的，由此得出的合理结论便是：我国九七刑法以来的系列修正案特别注重刑罚预防机能的发挥，综合运用了多种刑罚手段，逐渐形成一条"逢修必加"的基本路径；而在通过刑罚下调与限缩方式来改善个罪刑罚结构上未有所努力。因此，生刑的调整在历经系列修正案后已然处于一个接力扩张的态势，并且这种态势很可能得到继续延续。

（二）关联统筹：法定刑结构调整的应然取向

那么，这种由修正案（八）所体现的"加减模式"是否可被奉为我国今后修改刑法的范本？进一步发问，其合理性何在，是否有其限度？要回答这些问题，必须考察两个前提。

1. 基本要求——重提刑罚分配中的相应性

构建一个均衡的法定刑体系，存在一个基、序、等的相应性要求。[①] 刑法修正案（八）对分则规定法定刑的调整，是否满足了这一要求呢？

修八第三十条废除了票据诈骗罪、金融凭证诈骗罪、信用证诈骗罪的死刑，而规定在刑法第一百九十二条中的集资诈骗罪却依旧保留了死刑；这种原有同一性刑罚发生的相异性变更——根据基的相应性——必然要求对应犯罪的严重性也发生了变化，换言之，即前三种犯罪的严重性相对下降导致了修八不得不废除其死刑。而依据的理由何在，仅仅因为死刑较少适用或基本不用吗？退一步讲，假设前三种犯罪的严重性确实相对下降了，因此对应的最高刑罚必须降格为无期徒刑，而使其刑罚结构等同于原来同处金融诈骗罪中的信用卡诈骗罪、有价证券诈骗罪的相关设置，从而根据基的相应性必然得出前三种犯罪与后两种犯罪的严重性等同，那么以前存有的严重性差异——根据序的相应

[①]　参见邱兴隆：《基、序、等——刑罚的相应性的蕴涵》，载《罪与罚讲演录》（第一卷·2000），中国检察出版社 2000 年版，第 163—188 页。

性——是如何消除的？死刑较少适用或基本不用依然没有给出答案。①

　　修八第三十八条将原有的强迫职工劳动罪与雇用童工从事危重劳动罪合为一罪，在刑罚设置上统一划分为两个档次，即一般情形和情节严重。回顾可知，当时未予变更的强迫职工劳动罪的刑罚设置为：情节严重的，三年以下有期徒刑或者拘役，并处或单处罚金。修正案（四）第四条增设雇用童工从事危重劳动入罪后的刑罚设置分为两档：情节严重的，三年以下有期徒刑或者拘役，并处罚金；情节特别严重的，三年以上七年以下有期徒刑，并处罚金。比较而言，后者的严重性远高于前者的严重性；八年过后，是否两者之间已经在严重性上趋于同一，或者说两者之间已经在界限上接近模糊，没有详尽证据予以支撑。修正案（四）突出对未成年人权利保护，修正案（八）则等同视之，这种矛盾表明在刑罚分配的相应性上存有疑问。

　　值得提及的是，修八一审稿曾在第四十一条调整了对国家机关工作人员包庇、纵容黑社会性质组织罪的刑罚设置，引发了较大争议。从原来刑法规定来

_____

　　① 刑法修正案（八）一审稿说明中提到，取消一些经济性非暴力犯罪的死刑"不会给我国社会稳定大局和治安形势带来负面影响"。相比死刑罪名较少适用或基本未适用的借由而言，这个解释或许更为集资诈骗罪的死刑保留提供一定的依据，意即集资诈骗罪从对象、范围与社会影响来看都非其他三种取消死刑的金融诈骗犯罪所能比拟，亦是前者的犯罪严重性远大于后者。从犯罪严重性的大小来匹配刑罚严厉性的大小，无疑属于刑罚相应性的题中之义。但即便如此，笔者仍对集资诈骗罪与取消死刑的其他三种金融诈骗罪的犯罪严重性比较能否达到足够合理存有疑虑。最高人民法院曾在 1996 年出台了《关于审理诈骗案件具体应用法律的若干问题的解释》，其中对集资诈骗罪、票据诈骗罪、金融凭证诈骗罪（当时以票据诈骗罪定罪处罚）、信用证诈骗罪的数额标准予以了规定；最高人民法院在 2001 年印发的《全国法院审理金融犯罪案件工作座谈会纪要》中对新司法解释出来之前金融诈骗犯罪的数额标准沿用 96 司法解释的相关规定予以了确认；最高人民检察院与公安部在 2001 年联合颁布了《关于经济犯罪案件追诉标准的规定》，对包括上述金融诈骗犯罪在内的诸种犯罪的追诉标准（涉及具体数额）进行了设定；最高人民法院在 2010 年通过了《关于审理非法集资刑事案件具体应用法律若干问题的解释》，对集资诈骗罪的数额标准有了更新（确切地说是部分标准提高而未有标准降低）。通过比较这些权威文本可知，同档次刑罚所对应的数额标准，集资诈骗罪要高于其他三种金融诈骗罪；换言之，同一数额对集资诈骗罪的影响要小而对其他三种金融诈骗罪的影响要大，亦即对于犯罪严重性的影响并不同一。这里，如假设其他三种金融诈骗罪涉及数额远远超过集资诈骗罪（达到修八之前数额特别巨大的程度，并且给国家和人民利益造成了特别重大损失），联系前面分析可知单从数额上考量前者严重性无疑要大于后者，但问题在于后者可否因对象、范围与社会影响的考量反转其在数额上的劣势从而使得严重性大于前者，实现对此次修正案（八）在个罪刑罚分配上的合理性的辩护？这就需要更为明确的判定标尺和更具说服力的论证。

看，组织、领导和积极参加黑社会性质组织的，直接处三年以上十年以下有期徒刑，而国家机关工作人员包庇、纵容的，区分不同情况处罚，只有达到情节严重的才处三年以上十年以下有期徒刑。修八一审稿的调整，不仅将包庇、纵容黑社会性质组织罪的两档刑罚幅度向上位移，而且取消了其高格刑中"十年"的上限；反观组织、领导和积极参加的黑社会性质组织的，却仍然存在这个上限；加上数罪并罚的规定，导致对包庇、纵容的刑罚可能大于对组织、领导和积极参加的刑罚，形成主次不分、轻重颠倒的情形。所幸的是，立法机关注意到了相关调整在刑罚相应性上的缺陷，故在二审稿中提高了对组织、领导者的刑罚，降低了对积极参加者的刑罚，并最终在三审后得以通过，从而形成了与其他参加者和包庇、纵容的国家机关工作人员的刑罚阶梯。①

刑罚基、序、等的相应要求是实现罪刑均衡原则的内在要求。从正式文本与立法过程来看，修正案（八）分则规定对法定刑结构的调整在一定程度上还不能完满地实现这个基本要求。

2. 整体要求——上位运行与下位运行同步

从宏观层面来看法定刑结构的调整，则涉及对"死刑偏重、生刑偏轻"的整体性考量。② 反映到分则规定，则涉及对各罪刑罚结构调整的趋向性省察，这当中既包括相关犯罪死刑的废除，也包括相关犯罪生刑的变更。③ 从前文分析可知，解决"死刑偏重"的问题，修八采取的是废除部分较少适用或基本不用的罪名；解决"生刑偏轻"的问题，修八采取的则是接力向上、向外扩张个罪的刑罚结构。这种表面加减中和、实际整体扩张的模式抬升了作为整体的分则规定刑罚结构，而背离了原来双向调节使作为整体的分则规定刑罚结构趋于稳定、平衡的初衷。

---

① 修八一审稿可访问：http：//www.npc.gov.cn/huiyi/cwh/1116/2010 – 08/28/content _ 1593165. htm，修八二审稿对一审稿中关于黑社会性质组织犯罪的条款进行了修改，可访问：http：//www.npc.gov.cn/huiyi/cwh/1118/2010 – 12/21/content_ 1610190. htm，最后访问 2011 年 2 月 26 日。

② 前文脚注中提到的"死刑偏重、生刑偏轻"问题来源于司法实践中的执行，主要通过对刑法总则规定的调整来解决。笔者在此处谈及的"死刑偏重、生刑偏轻"是对现行刑法分则规定所确立的法定刑结构的整体陈述，其依据有二：一、修八通过以前死刑罪名达 68 个确属过多，直接反映出死刑的偏重；二、历次修正案几乎都是提升与扩张刑罚，间接反映出生刑的偏轻（这里预设了基本要求即相应性的满足，实际上个别生刑轻重与否尚存疑问，对其调整合理与否也尚待考证）。特此说明，不再赘述。

③ 将一次分则修订中的刑罚结构调整的个罪看作一个集合，再将诸次分则修订中所形成的集合排成一个序列，可以对整体刑罚结构调整的趋向作出比较明确的判断。

具体而言，如不考虑司法、执法，在立法上对"死刑偏重、生刑偏轻"问题的恰当解决方案应为一下一上，且存在三个方面的要求：第一，方向上的要求，即死刑往下调、生刑往上调，而不能死刑往上调、生刑往下调，否则会使刑度之间差异太大而发生断裂；第二，位置上的要求，即以处于死刑与生刑之间的理想衡平状态划界，尽管死刑处在其上位运行、生刑处在其下位运行，但死刑的上位运行与生刑的下位运行都应以此为标准，依据时间进程要求而逐步偏向该衡平状态，换言之，应当在相对距离上减少而不是增加；第三，衡平状态的稳定性要求，即既然作为参照物，本身应当处于一个相对稳定的状态，当然，这里并未否认动态衡平而单指静态衡平，不管静态还是动态，整体稳定的状态是必须确定的。只有满足方向、位置与衡平状态稳定性的三重规定，"死刑偏重、生刑偏轻"的问题才可能得到合理解决。而从现有模式来看，因为死刑废除的有名无实，使得生刑扩张对整体刑罚结构的影响显著放大，尽管在方向上有所努力，在位置上也有所拉近，但因为使得理想衡平状态的标线向上偏移，而不能满足第三条规定。从这个意义上说，修正案采取的法定刑结构调整模式是存有疑问的。①

总的来说，现行刑法修正案所采用的"加减模式"在基本要求上存有刑罚相应性的若干不足，在整体要求上没有实现上位运行与下位运行的实质同步，值得我们认真反思。在今后刑法修正中，应当对这两个前提性要求予以特别关注，这也有助于更好地维护相关立法的权威性与合理性。

结　语

回顾我国刑法修正走过的历程，汇聚了众多智慧为其作为与贡献，无论从

---

① 正文中提到的理想衡平状态，确难有相当精准的描述，但并不能因此就否定其的真实存在。实际上，从"死刑偏重、生刑偏轻"问题提出的那一刻起，就预设了这么一个处于死刑与生刑之间的衡平状态的存在（尽管不同时空背景下的衡平状态具有不同程度的差异）。进言之，正文中展现的数理推演，不能武断地认为是纯粹推测或臆想之物，即不能简单地当我国法定刑结构达到理想状态的绝对超验（排斥经验）的独立性命令，而必须置身于当下本土情境中（尤其是死刑废除的近期目标与远景规划）来理解，因而更确切地说是相对经验（包容超验）的整体性指导。伯尔曼曾谈道，"一个社会对于终极之超验目的的信仰，当然会在它的社会秩序化过程中显现出来，而这种社会秩序化的过程也同样会在它的终极目的的意识里看到"。参见［美］伯尔曼：《法律与宗教》，梁治平译，中国政法大学出版社 2003 年版，第 12 页。正如伯尔曼对信仰与秩序互涉的论述，我国法定刑结构的宏观调整（特别应在死刑废除上体现出对人的生命彻底而毫无保留的终极意义上的尊重），理应依循这种承载了信仰的秩序化进路来予以完成。

立法成本消耗来看还是从民众期望承载来看都是十分厚重的。作为文本与运作之间连结点的法定刑，其结构无疑可被视为刑法的骨架，对其的调整必将对今后的司法实践产生深远的影响。如何回归刑法原本应有的理性，将法治理想图景转变为看得见的现实，不仅需要法律人的深思，或许更亟待法律人的当为。

略论如何实现刑阶由立法向司法、静态到动态的顺接

——兼评《刑法第八修正案（草案）》关于刑罚结构内容的调整

杨学成*

刑罚功能的有效发挥和刑罚体系的高效运转要求有一个合理的刑罚结构，不仅需要轻重刑种之间的恰当的比例配置，需要各个刑种之间排列有序，相互衔接。并且要贴近司法实践，确保充分实现刑罚功能，体现立法原意。从我国现行刑法对刑罚的规定来看，我国当前的刑罚结构属于惩罚趋重的刑罚结构，即制度构造上的原因，我国刑法体系存在结构性的缺陷，即死刑过重，生刑过轻，轻重失调。① 这样的刑罚结构表现在司法实践中，导致轻重刑之间的衔接不够合理，刑罚之间的位阶与层序（以下简称刑阶）配置失当，从而影响罪刑均衡和刑罚功能的实现。笔者结合刑事司法实践，着重对我国刑罚配置中"死刑"与"生刑"的衔接，及由此衍生的无期徒刑与有期徒刑的配置问题试做探讨，以求教于方家。

一、我国刑罚体系中生命刑与自由刑之间的衔接问题分析

不同严厉程度的刑罚之间的理想衔接状态应该是，各刑种或刑罚执行方式依据各自严厉性的层次不同各自承担其应有的效用，同时在幅度上彼此衔接，而不发生刑阶断裂的后果。从刑罚对生命剥夺限制与否的角度来看，我国刑法明文规定，刑罚体系由重到轻分为死刑与生刑，前者包括死刑立即执行和死刑缓期二年执行；后者包括无期徒刑、有期徒刑、拘役、管制乃至罚金、没收财

---

* 湖南省高级人民法院刑事审判第三庭庭长。

① 陈兴良：《刑罚结构亟待调整：限制死刑 加重生刑》，载《人民检察》2007 年第 19 期。

产、剥夺政治权利三种非监禁刑。从立法上看，我国的刑罚体系中轻刑到重刑依次递进、层次清晰，而且刑罚种类多样，能够适应惩罚各种不同犯罪的需要。但是立法是一回事，司法又是另一回事，正如理想与现实存有一定差距，有时反差还甚大。在具体实施过程中，刑罚的衔接状态则不像在立法中体现的那样合理有序，尤其是死刑与自由刑以及自由刑内部在刑罚实施的幅度上出现了很多"断裂"的情况，主要表现在以下两方面：

（一）死刑立即执行与无期徒刑、有期徒刑在刑阶上的"断裂"

死刑立即执行与无期徒刑、有期徒刑的实际执行结果迥然不同。死刑立即执行的结果是剥夺犯罪分子的生命，无期徒刑与有期徒刑则是以剥夺犯罪人自由的方式来实施对罪犯的惩戒。从刑阶衔接的角度来看，只有对犯罪人的自由进行足够长时间的剥夺才能够与死刑形成自然、合理的过渡。而事实上，据统计，一般情况下，无期徒刑在实际执行中相当于有期徒刑 12 年以上 22 年以下（不包括判决前羁押的时间），一般实际关押的期限往往在 15 年左右；法律规定有期徒刑的最高刑为 15 年，由于我国存在减刑、假释制度，15 年有期徒刑最低关押 7.5 年，一般实际关押 12 年左右；20 年有期徒刑最低关押 10 年，一般实际关押 15 年左右。① 从这一统计数据可以清楚地看到，一边是剥夺个人生命的极刑，另一边是实际剥夺犯罪分子个人自由 15 年、12 年不等的刑罚处置，二者差别不可谓不大。

与刑罚的惩罚性功能最大异其趣的是对于数罪并罚不得超过 20 年的规定。审判实践中，一人犯数罪的占了被判处刑罚的被告人数的 20% 以上，特别是涉黑、涉恶以及聚众性犯罪，一人犯数罪在全案中比例甚至高达被告人数的 50% 以上，此类犯罪本来是严厉打击的重点，此类被告人则是严厉打击的对象，但因为存在上述规定，有的被告人即使身犯几个甚至数十个罪名，各罪量刑总和刑期远超过 20 年，因其没有犯处以无期徒刑以上刑罚之罪，按数罪并罚的规定处理只能对其判处不超过 20 年的有期徒刑。这一规定极易导致量刑的不公与不平衡，不仅对于犯数罪的被告人的量刑不平衡（因为只要总和刑期超过 20 年的，最终判处的刑罚均限制在 20 年处罚以内，所以所犯数罪刑期之和在 20 年以上、30 年以上乃至更高的被告人的最终的处罚结果极为接近），同时，犯数罪的被告人刑罚累积再多，也可能轻于对犯一重罪的被告人的处罚，如轻于对判处无期徒刑的被告人的量刑。故该规定必然衍生司法的不公，招致诟病。

---

① 　陈兴良：《刑罚改革论纲》，载《法学家》2006 年第 1 期，第 17—19 页。

（二）死刑立即执行与死缓在刑阶上的"断裂"

同属于死刑这一刑种的死刑的另一种执行方式死缓与死刑立即执行在实施效果中也存在本质的差别：两者虽然同为死刑的执行方法，但死刑立即执行是最严厉的刑罚惩罚方式，是直接对犯罪人生命的剥夺；而死缓在实际实施过程中却一般都意味着犯罪人可以保留生命，仅仅是较长期地失去自由。根据法律规定，死缓考验期两年后再无故意犯罪的情况下，其自动转为无期徒刑，在确有重大立功表现的情况下更可直接减为 15 年以上 20 年以下的有期徒刑。从实际情况来看，死缓在实际执行中相当于有期徒刑 14 年以上 24 年以下（不包括判决前羁押的时间）的刑罚，一般实际关押时间在 18 年左右。

从刑阶衔接的角度来看，为与剥夺犯罪人生命的死刑立即执行相衔接，自然应当尽可能长地配置死缓剥夺犯罪人自由的时间。但从实际执行效果上看，两种执行方式对犯罪人惩罚的严厉程度却相去甚远，尽管同为死刑执行方法，判处死刑立即执行与判处死缓的结果却截然不同。

二、刑阶之间衔接"断裂"的成因分析与后果

（一）刑阶"断裂"之成因

1. 作为独立刑阶的死缓和无期徒刑"有期徒刑化"

一是死缓虚化为有期徒刑的变种。死缓作为死刑的一种执行方式，其严厉性应与无期徒刑保持着质的层次性的区别，更应有别于有期徒刑的处置。但是，由于我国设置的死缓考验期过短，仅有两年的考验期，而判处死缓后，除非在缓刑考验期内又出现故意犯罪或是发现漏罪①的情况，否则不会改判死刑立即执行。而司法实践中，这种情况出现的极少，因而大部分死缓刑在两年后都直接转为无期徒刑。这样，死缓实际上就等同于只是无期徒刑再加上两年，并没有起到立法原意欲使其成为死刑立即执行与无期徒刑之间的一级独立刑阶的效果。

二是无期徒刑虚置，亦称为有期徒刑的另类执行方式。

一方面，无期徒刑有名无实。无期徒刑本应是对犯有严重罪行的犯罪分子实行终身监禁的刑罚，而在司法实践中，出于对鼓励犯罪分子积极改造，给真诚悔罪、认真改造的犯罪人一条出路的考虑，最高人民法院、最高人民检察院、公安部《关于死缓犯和无期徒刑犯减刑假释的联合通知》规定："对无期

---

① 需要说明的是，判处死缓的罪犯因漏罪又被判处死刑立即执行的只有一种情况，即该漏罪须被判处死刑立即执行，与已决之罪并无关系，因此，判处死缓改判立即执行的方式其实只有一种情况，亦即在死缓考验期内故意犯新罪。

徒刑犯，凡遵守法律、监规，老实劳动改造，确有悔改或者立功表现的，服刑满二年以后，均应酌情予以减刑。"同时，我国刑法第 73 条也规定："被判处无期徒刑的犯罪分子，实际执行十年以上，如果确有悔改表现，不致再危害社会，可以假释。"因此，无期徒刑名为无期，实为有期，无期徒刑实际上成为一种可以在短时期内改变监禁时间的暂时现象。

另一方面，对死缓的减刑直接越过无期徒刑而减为有期徒刑。我国刑法第 50 条规定，死缓执行期间，如果确有重大立功表现，两年期满以后，可以直接减为 15 年以上 20 年以下有期徒刑。这样，死刑在这种特定情形下越过无期徒刑而直接与有期徒刑产生了衔接。同时，1997 年最高人民法院《关于管理减刑、假释案件具体应用法律若干问题的规定》（以下简称《减刑、假释规定》）第二条对有重大立功表现的减刑幅度作了规定："有重大立功表现的，一次减刑不得超过三年有期徒刑"，这就意味着在死缓到有期徒刑之间，实际上只有三年左右有期徒刑的差别。可见，在死刑立即执行与有期徒刑之间的死缓与无期徒刑并没有很好地起到承上启下的独立刑阶的作用，更使得"死刑"与"生刑"的严厉性差距越显巨大。

2. 减刑制度设置的合理性欠缺，弱化了刑罚内在的惩罚功能

从理论上说，不同刑阶的刑罚即使在减刑的情况下，其实际严厉性也不应发生过大变化，否则就实际违背了罪当其罚的刑法基本原则。但由于我国减刑制度设置的不科学，破坏了刑阶本应有的刚性。

首先，在适用范围上，减刑制度本为刑罚执行的奖励制度，但发展至今，在司法实践中，其已逐渐演变为犯人的一项应然权利，无差别地适用减刑，难免导致"重重轻轻"的刑事立法意图的难以实现。

其次，在减刑幅度上规定不科学。一方面，罪行严重的犯罪分子反而容易获得大幅度的减刑，如：无期徒刑最多可减至十年以上有期徒刑；被判处十年以上有期徒刑的罪犯，如果悔改表现突出的，可以减二年；而被判处十年以下有期徒刑的罪犯，最多只能减一年。而原判刑罚较重的犯罪分子一般主观恶性和人身危险性较大，对其给予更大的减刑幅度，是否会造成减刑适用的不平衡与不公正？另一方面，减刑幅度的上限规定得也过大，每次减刑最高幅度可达三年。在保留死刑的情况下，在刑罚执行过程中如此大幅度地降低自由刑实际执行期限严重削弱了自由刑的严厉性。

3. 减刑、假释制度实际操作失范与监督失衡

第一，相关规定欠缺。现行的有关减刑、假释的规定散见于刑法、刑事诉讼法、监狱法等法律以及司法解释，司法部的部门规章中，比较分散，适用起来有诸多不便，也不利于统一和规范，容易出现矛盾，影响了减刑假释制度的

执行。在司法实践中，减刑假释的权力在很大程度上受执行机关的主导。而执行机关普遍采用的是百分考核制，即根据司法部 1990 年颁布的《关于积分考核奖励罪犯的规定》考察罪犯的劳动考核成绩。由于服刑人认罪服法、认真接受教育改造等思想改造状况难以量化，实际上在考核制度中参加劳动完成生产任务的分值所占的比例最大，所以这一考核制度并不能真正反映罪犯的思想改造状况。因此，由此形成的监狱呈报减刑的标准与法院审理减刑案件的标准难以衔接。同时，只要罪犯的积分达到一定标准，便需集中成批呈报，造成减刑、假释案件呈报数量很大，而人民法院在减刑、假释案件的审理中，多采用书面审理，实行成批裁定，在很大程度上成了例行公事，使实际获得减刑、假释的罪犯的数量也相当大，而这些罪犯却并不一定都真正符合减刑、假释所要求达到的思想改造状况，必然有损刑罚的严肃性。

第二，执行监督失衡。减刑、假释制度在实际执行过程中也缺乏监督机制的制约。根据《减刑、假释规定》，确有悔改表现或立功是减刑的选择性要件，但由于该规定只对"悔改"进行了抽象的描述，给执行机关留下的认定空间过大，从而为减刑种出现的权钱交易、权力寻租的司法腐败提供了前提。另外，由于"报审分离"，法院只能对监狱呈报的减刑建议进行书面审查，难以了解罪犯的真实情况，这样导致立法设计对减刑制度的法院监督只能是流于形式。监狱作为主管部门享有了过大的自由裁量权，而人民检察院对减刑裁定结果的监督权作为一种事后监督，其监督力度与广度都明显不足。假释制度除具有以上减刑制度类似的缺陷外，在考察监督环节也存在很大问题，在我国假释犯则直接由当地公安机关予以监督，而由于监督考察细则不健全，这种考察监督往往流于形式，在实践中缺乏可操作性，并可能导致一旦假释回归社会后，就无人问津、放任自流的局面发生。[①]

（二）刑阶"断裂"之后果

死刑和自由刑在执行效果上的巨大差异对刑罚的实施效果产生了明显的负面影响表现在：

第一，背离立法原意。立法机关最初设立无期徒刑的原意是限制死刑的适用，通过用足够长的刑期来剥夺犯罪人的犯罪能力，消除其人身危险性，与有期徒刑、死刑相区别，从而体现罪责刑相适应的原则。对于不是必须立即执行死刑的犯罪分子，也应通过两年的考验期并予终身服刑，只是保留其生命。但出于保护人权及实现改造罪犯使之重返社会的目的，立法机关针对无期徒刑分

---

① 蔡一军：《刑罚配置视域中的刑阶动态衔接问题研析》，载《兰州学刊》2010 年第 5 期，第 118 页。

别设置了减刑、假释制度，以增强促使犯罪人改造的积极性，促使其回归社会，在实现一般预防与特殊预防的基础上实行宽刑政策。但现在的实施状况却差强人意，被判处无期徒刑的犯罪分子只要10—22年即可重新回归社会，死缓和无期徒刑在广大人民心中信赖感与认同感大大降低，社会效果与法律效果较差，这也使群众更加认同和依赖死刑，成为我国绝大部分人心目中都存在"死刑情结"的原因之一。①

第二，削弱了刑罚的惩罚、教育功能。由于死缓、无期在司法实践中实际效果有时偏轻，易使罪犯产生侥幸心理，也不能震慑社会上的不稳定分子，起不到预防犯罪的效果，势必削弱刑罚的惩罚教育功能。

三、完善刑罚结构，增强刑种之间的衔接性

我国现阶段刑罚结构中轻重刑种之间缺乏合理的衔接，影响了刑罚的实施效果，不利于刑罚惩罚、教育功能的实现，背离了罪责刑相适应原则。因此，有必要对我国的刑罚结构进行进一步的完善。正因如此，前不久《刑法修正案（八）（草案）》从刑罚结构的角度增强了刑罚的衔接性，笔者将《刑法修正案（八）（草案）》所作的调整对增强刑种之间的衔接性提出几点建议。

（一）限制对判处死刑缓期执行犯罪分子的减刑幅度

我国刑法第五十条规定，判处死刑缓期执行的，在死刑缓期执行期间，如果没有故意犯罪，两年期满以后，减为无期徒刑；如果确有重大立功表现，两年期满以后，减为十五年以上二十年以下有期徒刑。在司法实践中，死缓的两年考验期内再故意犯罪的情况极少，绝大多数被判处死缓的被告人都在两年后直接转为无期徒刑，转为无期徒刑服刑二年后，根据个人表现情况又可以减为有期徒刑；对被判处死缓又确有重大立功表现的更可以直接转为十五年以上二十年以下的有期徒刑。我国死缓犯最终的实际关押时间一般只在18年左右。从最严厉的死刑到丧失18年自由的刑罚，其间的落差过大，难以衔接，而被判处死缓的都是罪行极其严重的犯罪分子，在目前的刑罚体制下，最终的执行效果不符合罪刑相适应的原则。因此，应当严格限制对某些判处死缓的罪行严重的犯罪分子的减刑，延长其实际服刑的刑期。

《刑法修正案（八）（草案）》注意到了这一问题，草案的第四条建议对现行刑法第五十条进行修改，将其中"十五年以上二十年以下有期徒刑"的减刑幅度修改限定为"二十年有期徒刑"。对其中累犯以及因故意杀人、强奸、抢劫、绑架、放火、爆炸、投放危险物质或者有组织的暴力性犯罪被判处

---

① 曾亚杰：《我国无期徒刑制度改革探析》，载《时代法学》2008年4月，第68页。

死刑缓期执行的犯罪分子，人民法院根据犯罪情节等情况，可以同时决定在依法减为无期徒刑或者二十年有期徒刑后，不得再减刑。

草案中对死刑缓期执行犯罪分子的减刑幅度进行了限制，在促进死缓与无期、有期徒刑的衔接，确保死缓犯的实际服刑期限，体现罚当其罪方面无疑是一个很大的进步。但值得注意的是，草案将决定累犯和部分严重暴力犯罪的犯罪分子"不得再减刑"的决定权作为一种自由裁量权由法院处断，从积极的方面看，有助于保证法官在处理这类犯罪人时根据实际情况进行恰当的裁量。但由于对何种情形下不得再减刑并未作出具体的规定，仅仅规定人民法院"根据犯罪情节等情况"来决定，故该条件比较模糊和抽象，没有具体的指导性规定，在实际操作中要特别注意防止对该条规定出现相反的两种情形：要么虚置，要么滥用。如果虚置，草案中对这一问题进行的修正就无从发挥实际效用；如果被滥用，对这类犯罪人的惩罚又会过于严厉，使其丧失通过改造实现自新的机会，效果也不会好。

因此建议：对从司法实践中总结出一些常见的具体情况，在该条规定中不得再减刑的犯罪情节进行补充，使法院在操作上有法可依，从而减少这一规定在实施过程中的随意性，使修正刑法第五十条的意义得到充分的体现。

（二）规范对死缓、无期徒刑犯罪分子的减刑、假释

我国刑法规定了减刑及假释的三个条件，即遵守监规、积极改造，一般立功或重大立功，但仅有这三个条件的规定还过于粗略，目前减刑、假释制度在实际执行过程中主要的依据是司法部的相关规定，首先由监狱以百分考核制对罪犯进行狱政考核，由于对罪犯的奖励、考核标准是由监狱掌握，在法院审理减刑、假释案件的过程中，在把狱政考核作为罪犯减刑、假释的重要依据的同时，一定要避免把它作为唯一的依据，也要避免机械地以狱政考核为依据，以百分考核的分折刑或纯粹按表扬减刑、假释的情况。否则，法院很难对监狱报送的减刑假释起到制约作用，难以保证减刑、假释的正确适用。

建议对减刑、假释的条件、操作规程通过法律的方式作出更加细致的规定，在对判处死缓、无期徒刑的犯罪分子的减刑、假释的条件上应更加具体化，从而有利于更科学地确定具体个案的减刑幅度，保证其最低的服刑年限。在减刑条件上应充分考虑犯罪分子的全面情况，特别是结合犯罪分子所犯罪行全面予以考量，鉴于从案件性质和犯罪情节可以判断罪犯的主观恶性大小，故在对具体的犯罪人适用减刑假释时应分析案件性质、犯罪情节、犯罪危害程度、罪犯年龄、身体健康状况、主观恶性大小等方面。

（三）强化对减刑、假释程序的监督

由于减刑、假释制度在实际执行过程中，程序上缺乏公开透明，也缺乏监

督机制的制约，导致刑罚的严肃性和严厉性受到很大制约，不同刑罚之间的衔接受到冲击。因此，建议在减刑与假释的监督程序上亦应予以完善。

对于减刑的案件审理应当适当引入听证程序，结合实践情况，特别是对以罪犯有重大立功表现提请减刑的、检察机关对事实有异议的以及提请假释的案件等应举行听证；听证参与人应当包括犯罪人、同在一处服刑的其他犯罪人、监狱主管人员、被害人或其家属，以及检察监督员等。在经过公开的听证程序后，法院才能作出减刑的判决结果。

同时，应加强检察院的监督力度。要充分发挥派驻检察室掌握第一手情况的优势，赋予检察机关对执行机关就罪犯减刑、假释呈报工作的审查监督权。执行机关在向法院呈报减刑、假释前，应事先接受检察机关的审查，由检察机关提出是否同意呈报的书面意见，作为必备材料由执行机关随案卷一并移送。① 应当赋予检察院对于减刑结果的抗诉权。

对于假释的犯罪人员，也应有针对性地建立假释前考察机制，在假释决定做出之前的 1 个月到 3 个月内，应当由专人对犯罪人的假释资格、人身危险性进行实地的调研考察，确定犯罪人为无再犯危险者方可批准假释。②

（四）提高有期徒刑的最高刑和数罪并罚总和刑期的上限

根据前文的分析，死缓和无期徒刑在实践中实际上已被"有期徒刑化"；同时，死缓与无期徒刑二者的最低执行期限差别偏小，且二者减刑后实际执行的最低期限均低于有期徒刑的上限 15 年。可见三种严厉程度理应明显不同的刑罚在实际执行效果上过分接近，凸显出刑罚阶梯的不合理性。同时，刑罚的报应性及功利性也必将受到削弱，且可能同民众对惩罚严重犯罪的期待产生错位，也将不利于死刑的限制与废除。要解决现在的死缓与无期徒刑的相对短期徒刑化，笔者认为，关键是提高有期徒刑的上限，同时也要将数罪并罚总和刑期的上限提高。只有提高有期徒刑的上限，才能够抬高死缓与无期徒刑二者减刑后的实际执行期限，凸显二者的严厉性，从而在限制死刑的大背景下，满足民众对惩罚严重犯罪的期待，弥补两者的断裂缝隙，实现刑罚的顺当衔接，顺利地减少生命刑的适用，保障社会的安定与和谐。

《刑法修正案（八）（草案）》在适当延长有期徒刑数罪并罚的刑期上已作出了尝试。现行刑法第六十九条规定的并罚后的有期徒刑最高不能超过二十

---

① 高君贵、王勇、方文军：《减刑假释制度的若干问题与完善对策》，载《庭审研究》，第 65 页。

② 蔡一军：《刑罚配置视域中的刑阶动态衔接问题研析》，载《兰州学刊》2010 年第 5 期，第 118 页。

年，考虑到在实践中一些犯罪分子一人犯有较多罪行时，被判处有期徒刑的总和刑期较高，如果只判处最高二十年有期徒刑，难以体现罪刑相适应的刑法原则，因此，修正案草案第十条建议对因犯数罪被判处有期徒刑，总和刑期在三十五年以上的，将其有期徒刑的上限由二十年提高到二十五年。草案将有期徒刑数罪并罚的上限提高至 25 年，在一定程度上弥补了数罪并罚时总和刑期超长而上限偏低的缺陷，在执行数罪并罚时有相对较大的伸缩余地，对促进我国刑罚结构的优化有着积极意义。

　　但是，提高有期徒刑数罪并罚的刑期的上限只是一个方面，对有期徒刑的上限也作适当调整。有期徒刑上限的设置本身是一种制刑行为，是对法定刑的一种配置。法定刑配置所根据的理论应当是"既与犯罪的社会危害性大体相当又恰当考虑行为人的主观恶性和人身危险性，准确把握由罪行和罪犯各方面因素综合体现的社会危害性程度"。[1] 从有期徒刑上限设置应适应死刑限制需要的角度来讲，有期徒刑上限的设置首先应当符合刑法的报应主义和功利主义的原则，既要兼顾报应又要考虑功利；其次要能够与死缓、无期徒刑二者充分合理衔接，以便通过适当扩大死缓、无期徒刑和长期徒刑的适用而逐步减少死刑立即执行的适用；最后需要实现刑罚本身所需要的恢复社会公正和预防犯罪的目的。同时还应结合我国在经济、政治、传统文化等方面的特点。[2]

　　笔者同意我国一些学者的观点，将有期徒刑的上限提高至 20 年，在此基础上，将有期徒刑数罪并罚的上限提高为 30 年。适当提高有期徒刑的上限和有期徒刑数罪并罚的上限是非常有必要的。首先，现行刑法中有期徒刑的上限与无期徒刑、死缓之间相差悬殊。两个刑种之间的衔接出现较大空当，不利于做到罪刑相称。若将有期徒刑的上限提高至 20 年，则可在一定程度上弥补这一缺陷。其次，我国有期徒刑的并罚采用限制加重原则，是符合我国国情的。但我国刑法所规定的有期徒刑数罪并罚不超过 20 年，数罪并罚仅仅比单罪有期徒刑的上限多出 5 年，其差距实在太小。实践中，经常有一人犯数罪的情况发生，数罪并罚空间太小将导致罪责刑不相适应的情况发生，这意味着我国数罪并罚所打的折扣更大，其犯罪预期刑罚成本变小，犯罪收益更大，从某种意义上看，这起到了鼓励犯罪人多犯罪、犯重罪的作用。因此，在适用数罪并罚时，为体现相对的公正，数罪并罚的有期徒刑上限也应当相应提高。另外，数罪并罚时有期徒刑的上限也不能过高，否则会模糊与无期徒刑的界限，背离了

---

[1]　高铭暄主编：《新编中国刑法学》，中国人民大学出版社 1999 年版，第 25 页。

[2]　马长生、许文辉：《死刑限制视角下的有期徒刑上限提高论——兼论我国重刑体系的冲突及衔接》，载《法学杂志》2010 年第 1 期。

设置不同刑种的意义。因此，建议提高数罪并罚情况下有期徒刑的最高限为30年，这样才能与无期徒刑形成均衡、合理的刑罚档次，确保罪责刑相适应。

只有良好的刑罚结构才能保障刑法目的实现，而良好刑罚结构的一个重要表现就是刑种之间以及刑种与刑罚制度之间的协调与合理衔接。因此，我们有必要对当前刑罚结构进行反思，通过改革刑罚结构，保证不同位阶的刑罚充分发挥作用，体现各自的价值，真正实现刑罚的惩戒、教育和警示功能。

死刑削减：减少适用比直接废除更为紧迫与现实

游　伟[*]

近年来，关于刑法典的修改因为列入了全国人大常委会的立法议程而再次受到瞩目。《刑法修正案（八）（草案）》在提请本届全国人大常委会第 16 次会议初审之后，做了为期一个月的向社会征询意见工作。对此，法学界、司法界与普通民众通过各种途径反映自己对刑法修改的意见，在有关刑法修改的权限和范围、死刑的存废及削减、新罪名的增设和处刑标准、刑罚适用制度的修改及调整等方面，各方观点颇不一致，已经出现了"百家争鸣"的局面。尤其是关于死刑的削减问题，从一开始就引起了人们极大的关注和广泛争议。[①]在当前形势下，刑法是不是需要大规模地削减死刑，究竟在多大的范围内削减死刑，刑法削减死刑的标准究竟如何，刑法削减死刑的方式怎么把握，以及削减死刑中立法与司法关系的具体处理等，似乎都值得在理论与实践的结合中进行很好的研究和讨论。

一、拟议中的死刑修改具有全局性意义

我国在 1997 年对 1979 年颁布的刑法典进行了一次全面修订，此后至今的十三年间，针对 1997 年修订后的刑法典，全国人大常委会又陆续出台了一个《补充规定》和七个《刑法修正案》，加之此前制定的若干个立法解释，刑法典的修改频率差不多接近每年都要进行一次。笔者近期连续参加了几个涉及"草案"修改的研讨会，并有机会以学者身份就刑法究竟应当如何修改等问题与市民进行对话和交流。通过这些活动，我发现，无论是理论工作者、司法界人士还是普通民众，大家对一部经全面修订的法典在短短十余年间又做如此频

---

* 上海市文史研究馆（室）高级研究员、《世纪杂志》主编、华东政法大学司法研究中心主任、犯罪与刑事政策研究所所长。

① 兰方：《削减死刑迈步》，载《新世纪周刊》2010 年第 35 期。

繁的修正，颇多议论，也对法律稳定性和司法的平衡适用等表现出诸多的忧虑。不少业内人士建议，应当再多花些时间，对我国的刑法尤其是刑罚体系和罪刑设置进行一次整体审视，在新的宽严相济刑事政策思想的指导下，再系统地重修一次法典，并进一步加强其条款内容和内部结构的整合与协调，避免不间断的局部修订可能带来的规范冲突和结构失衡现象。① 这些建议无疑是具有建设性的，而且也是积极、合理的。

我认为，刑法典的补充、修改，要避免重蹈类似 1979 年刑法典生效后持续不断修订所出现的种种弊病，尤其要防止全国人大常委会先后颁布的多项"局部修改"规范对刑法典整体可能构成的隐形"肢解"和破坏。同时，也需要警惕过多的《刑法修正案》所导致的法律修改内容的"综合肥大症"，给公民、司法机构在了解、适用法律规范的便利性和准确性等方面所带来的困难和障碍。

应该看到，我国自 1997 年以来的历次刑法补充和修正法案，无一例外的是对刑法分则具体罪行和刑罚内容所进行的修改和调整。因而，当全国人大常委会委员长会议在今年 7 月首次将刑法典的第八次修正列入常委会立法规划时，人们对此后提交审议的《刑法修正案（八）草案》的预期，依然习惯性地停留在前一个时期社会所热议的诸如恶意欠薪、醉酒驾驶、买卖人体器官和出卖自己子女等行为是否需要入罪，以及怎样设置刑罚处罚具体标准等问题的讨论之中。不过，后来正式提交初审的《刑法修正案（八）草案》却与人们的预期完全不同，反差巨大。尽管该份"草案"内容也多有涉及对现行刑法分则具体罪刑条款内容的补充和修改，但它更涉及延长数罪并罚最高刑期加重、死刑适用对象限制、管制刑执行内容和死缓减刑、缓刑执行、减轻处罚、累犯、坦白等多项总则规范的调整，以及对多种犯罪死刑刑种的废除。据笔者统计，《刑法修正案（八）草案》的文本篇幅也大大增加，达到六千五百余字，已经远远超出一般人观念中的"部分"、"局部"修改的概念，十分明显地带有刑法修改的全局性质。

我们认为，刑法典总则内容的修改，与我国基本刑事政策的变动与定型化，以及定罪量刑基本原则的调整、刑罚体系的改变等有着直接的关联，需要整体布局，通盘考虑。而死刑的"批量"废止，更是一件大事，需要花更多的时间去全面、审慎地加以研究，确实应该有更为广泛、充分和深入的讨论，

① 参见《上海"完善我国现行刑法研讨会"综述》，载华东司法研究网（www.sfyj.org），2010 年 9 月。

而不能仅在专业人士的"小范围内"征求意见。①

死刑的削减，从形式上看似乎只是针对着具体个罪，但它却涉及这一刑种设置的国家立场、刑事政策和罪刑平衡，因此，具有全局意义。所以，当此次《刑法修正案（八）草案》进入初审立法程序后，有关死刑的问题就在全国人大常委会审议会议以及社会上引起了激烈讨论和争论，甚至出现了较为明显的观点对立。会议最终决定将这一"草案"公开发布，广泛征询各界人士的意见，我认为这一举措当属明智之举，也是与科学立法、民主立法的理念相切合的。

二、废止死刑需要给出更多充足理由

这次提交全国人大常委会审议的《刑法修正案（八）草案》，拟废止十三个犯罪最高刑为死刑的设置，代之以无期徒刑的法定最高刑。就选择的具体罪名而言，它们占到了我国目前刑法规定的死刑总量的 19.1%，也就是将近有五分之一的比例。其改革力度之大，涉及面之广，可谓前所未有。从以往刑法修改、补充的情况看，总体上都是在不断增加新的罪行或者增加法定刑罚的强度。而且，近年来，社会治安状况和公共安全形势、恶性经济犯罪案件依然呈现上升的态势，中央也不断强调我国所面临的"三期"（刑事案件高发期、社会矛盾凸显期、对敌斗争复杂期）严峻形势没有出现根本性改变，必须依然坚持"严打"的方针。在这种政策导向、社会情势下，加之此前的法律草案的起草及具体内容又都被"严格保密"着，没有给社会释放更多的信息。因此，当人们从媒体上获悉可能通过刑法修正案大幅度削减死刑的消息后，似乎大都缺少应有的心理准备，甚至感到十分意外，社会上对刑法修改的"背景"也出现了颇多猜疑，更难听到权威部门对此做出有理有据的分析和说明。

仔细分析"草案"中拟废止死刑所涉及的 13 个罪名，主要可以分成两类：一类是非暴力型的经济性犯罪，诸如金融凭证诈骗罪、信用证诈骗罪等；另一类是非暴力型的财产性犯罪，比如盗窃罪等。当然还有个别属于非暴力型的治安性犯罪，例如传授犯罪方法罪等。由于我国暂无死刑判决数据的公告制度，普通民众（包括法学研究者和绝大多数司法界人士）确实无从知晓拟废止死刑的上述犯罪在实践中的实际处刑情况及其历年出现的变化，也无法从纵向发展的角度对其未来的走势做出正确的分析和判断。

但从业已公布的《刑法修正案（八）草案的起草说明》以及长期以来的

---

① 游伟：《刑法修改需要更多的民意参与》，载《法制日报》2010 年 9 月 1 日第 3 版。

司法经验上分析，此次提出拟废死刑的犯罪，确实大多是在以往的司法实践中已极少适用死刑，有的甚至从来就没有判决过一例死刑的犯罪。比如"传授犯罪方法"这个罪名，是在 1982 年 9 月声势浩大的全国第一轮"严打"活动中由全国人大常委会在《关于严惩严重破坏社会治安的犯罪分子的决定》中创设并规定了最高刑为死刑的。这个罪名由于较易与刑法总则规定的"教唆犯"相混淆，所以本身就较少适用，也从来未曾有过死刑的判决。可以说，这个罪的死刑立法其实是形同虚设，根本就没有继续存在的必要；又比如盗窃罪，曾经规定"数额特别巨大、情节特别严重的"就可以适用死刑，但在1997 年刑法修订时，各方在讨论过程中，大多认为尚不宜即刻废止死刑。因此，修订后刑法在保留其死刑的同时，对其死刑适用的条件做出了十分严格的限定，规定盗窃罪死刑只适用于"盗窃金融机构、情节严重"和"盗窃珍贵文物、后果严重"两种情形，甚至不少学者在分析研究中还提出只有上述行为达到了犯罪"既遂状态"时，方可适用死刑。但在司法实践中，由此适用死刑的盗窃罪判例同样一例都没有。而全国及各省、市、自治区的犯罪统计资料分析，也未显示盗窃犯罪率由此攀升的迹象。这也从实证的角度，说明了对这些非暴力型犯罪逐步取消死刑的条件已经基本成熟。

我们可以看到，一种在法律上设置了死刑的犯罪，如果在实践中长期没有被适用或者其实际的适用数量极少，而犯罪率又多年没有出现明显波动或者攀升，就应该可以得出废除这些犯罪的死刑甚至已经具备了现实条件。但现在的问题是，我们尚没有公开、充分的数据分析去向公众充分地论证或者说明这一点，人们依然对死刑的威慑作用充满了其实并不符合实际状态的期待。所以，在废止死刑的问题上，引导民意正确认识的最好方式，其实就是司法得全面公开和透明。不然的话，在现在这种信息依然相对封闭和不对称的状况下，取消哪些罪名的死刑，以及为什么要继续保留另外一些犯罪的死刑等，可能仍然会显示出某些随意性，缺乏应有的说服力。

比如我国刑法长期以来对诈骗罪都没有死刑的规定，后来在刑法典的单行修订时，考虑到某些利用票据、金融凭证和信用证等进行诈骗的犯罪牵涉面广，造成的损失巨大，对整个金融秩序的危害也重，所以就补充规定了最高刑可以判处死刑的内容。这些犯罪的死刑设置至今也仅十多年时间，为什么此次匆忙进行修改，要废除死刑，是不是与传授犯罪方法罪、盗窃罪同理，还是这些金融诈骗罪的社会危害量或者犯罪状况发生了变化？法律草案的起草部门似乎也没有给出公开、明确的理由。这就难免使人心中生疑，也缺乏了更有针对性的理性讨论。

同时，废止某些犯罪的死刑设置，还必须考虑刑罚设计的系统性、协调性，必须回答人们关于另一些危害性相当、构成要件相似的罪名为什么不废止死刑的追问。因此，就必须对相关犯罪的社会危害量进行"类比"、"对照"研究，比如是否可以进一步考虑对有伤社会风气的诸如组织卖淫等罪也同步取消死刑，建立较为科学、合理的保留死刑设置的统一立法标准，使我国刑法中的死刑罪名获得较为平衡的削减。这些，恐怕都需要有一个整体的分析和论证。

三、限制死刑适用立法应当更有作为

在废止部分犯罪的死刑设置，依然继续保留严重犯罪死刑条款的同时，更严格地限制死刑的适用，切实减少死刑的实际判决，应该成为我国死刑的基本政策和努力方向，也符合世界刑罚发展总体趋于轻缓的发展方向。由此而言，仅仅在立法层面上取消已经在司法上极少适用，甚至长期没有死刑判决的一些"死罪"，已经远远不够，更应当通过立法对死刑适用的对象及情节等做出明确的限定，以达到从司法上严格限制死刑适用的目的。而立法上缩减死刑、司法上限制适用，正是我国刑法学界在控制死刑问题上达成的"两种路径"的共识。① 笔者认为，限制死刑适用的立法努力应当更具针对性、科学性和平衡性，要以切实降低死刑实际判决数量和减少死刑执行人数为目标。

关于立法上取消死刑的讨论，学界曾普遍赞同要取消非暴力型经济犯罪、财产犯罪甚至职务犯罪的死刑。从发展趋势上讲，笔者同样主张应当将死刑的设立与适用，严格控制在已经产生了人员死亡等严重后果的"实害性"犯罪的范围。但是，这里又存在一个民众逐步理解和接受的过程。我们的立法并非"精英立法"，必须走民主的道路；而我们的立法同样也不是孤立的立法，必须听取民意、集中民智，不能脱离现实国情和司法实际。因此，民众的死刑观念和对犯罪、刑罚的态度，又会直接影响到我们的刑事立法和司法。由此，我想，如果我们对死刑的讨论再开放一些，让司法的统计数据再具体、透明一些，让更多理性讨论的声音得以通畅地传播并为公众所知，那么人们对于包括死刑在内的刑罚功能的认识，一定会变得更加深入和科学，对逐步转变乃至消除长积久存的"重刑化"观念，一定会起到积极的作用。

在我看来，就目前公众刑罚观念和民意状态下，要在我国刑法上即刻较大幅度地削减死刑的罪名可能性不大，也不可能"一步到位"。我设想如果将立法草案交付全国人民代表大会全会进行讨论，甚至都难以实现目前《刑法修

---

① 参见李占州主编：《刑法深思——武汉大学刑法博士生论文集》，中国人民公安大学出版社 2010 年版，第 157 页。

正案（八）（草案）》中拟订的减少死刑罪名范围的目标。因此，死刑得立法削减，就必须充分顾及我国社会的发展阶段，以及现阶段我国犯罪的发展形势和民众的感受与呼声，逐步、分量地进行削减。例如对于国家公职人员贪污受贿之类的犯罪，它们也是"非暴力型"的犯罪类型，同样没有直接涉及或者损害他人的人身利益，再犯率也近乎于零。那是不是就能够马上取消最高刑为死刑的设置呢？我看条件就未必成熟。对这样一类职务犯罪，公众深恶痛绝，目前也依然处于常见多发状态，国家亦本着从严治吏的思想，以严厉处罚来表达坚定的反腐败立场。因此，对于这类社会严惩呼声极高的犯罪，就暂时不能考虑死刑的废除，以免向社会释放错误的信号。而在保留死刑的情况下，又应该严格限定其适用的条件、情节，建立高标准的证据证明标准，严格限制其在司法实践中的死刑适用数量。这就如同上述 1997 年刑法修改草案讨论时针对盗窃罪的问题那样，当时完全取消盗窃罪死刑规定的条件也不成熟，各方意见分歧较大，立法者就通过法律的修改为其死刑的适用设置了非常苛刻的条件，从而为如今进一步取消死刑做了很好的铺垫和实践积累。

我认为，刑法在死刑问题上的修改应当更加富有智慧、策略和现实针对性，应当重点选择在目前司法实践中使用频率较高、适用条件较宽的犯罪开始入手，而其立法完善的努力方向，应该始终放在严格限定死刑的具体适用条件上。[①] 比如根据我国有关刑事科研机构的研究报告，在我国司法实践中，判处死刑的罪名主要集中在故意杀人罪、故意伤害罪、强奸罪和走私、贩卖、运输、制造毒品罪五种常见多发的严重犯罪，而因犯这五种罪行被实际执行死刑的亦占相当的比例。[②] 那立法机关就应当针对这些犯罪进行实证调研，从中总结它们在死刑适用中存在的问题，分析其适用死刑的条件是否确定和科学。比如对于故意伤害他人身体的，我国现行刑法第 234 条规定；"处三年以下有期徒刑、拘役或者管制"，"致人重伤的，处三年以上十年以下有期徒刑"，"致人死亡或者以特别残忍的手段致人重伤造成严重残疾的，处十年以上有期徒刑、无期徒刑或者死刑"。而根据刑法学理论和司法实践判例分析，在故意伤害致人死亡的场合，绝大多数被告人都是基于伤害的故意而过失导致了他人死

---

① 笔者并不完全赞同"司法先行、立法缓行"的观点。因为如果在死刑立法上没有相应的动作和改变，就目前的司法体制和执法环境而言，要做到所谓"司法先行"，恐怕极其困难。因此，还是更主张立法与司法同步并进。相关观点，参见阮齐林：《中国控制死刑方略》，陈泽宪等主编：《刑法理论与实务热点聚焦》（上卷），中国人民公安大学出版社 2010 年版，第 747—749 页。

② 参见《五种常见多发犯罪之立法完善研究——以死刑适用的立法为重点》，赵秉志主编：《死刑改革研究报告》，法律出版社 2007 年版，第 121 页。

亡结果的发生，在这种情况下，如果没有手段特别残忍等特别恶劣的情节的，就不应当适用死刑，实践中以此判处的案件也甚为少见。因此，刑法理应做出修改，从立法上明确做出限定，排除死刑适用的可能性。又如，现行刑法对抢劫罪的死刑适用条件也存在失之过宽，没有做出更为严格限制的问题，与慎重适用并严格限制死刑的要求不尽符合。例如我国现行刑法第263条规定了抢劫罪可能判处死刑的八种情节，其中"入户抢劫"、"在公共交通工具上抢劫"、"抢劫数额巨大"、"抢劫致人重伤"、"冒充军警人员抢劫"等都被单独列入了其中。事实上，由于对抢劫罪的实际处刑选择需要综合多种情节进行判断，尤其是在考虑适用死刑时，更需重点考察抢劫行为对被害人造成的损害结果及其严重程度、抢劫财物的具体损失数额、抢劫犯罪发生的场合（比如是否在银行、其他金融机构）及具体对象（比如是否属于军用物资），等等。仅仅依据法条列举的上述某一个单一情节，都是无法做出死刑裁决的。因此，刑法同样需要对它们做出相应的修改，以明确死刑适用严格条件。

由此，我认为，刑法的修改必须着眼于长远，不能太过"功利"和"应急"，应当真正从我国社情民意的实际出发，在适当废止部分罪名死刑的同时，更应当侧重于通过立法上的切实努力去增设死刑适用的严格限定条件。而只有通过对刑法典的整体性修改，实施循序渐进式的"两条腿"走路方式，①才能真正达到全面控制死刑判决数量和减少死刑执行人数的目标，也才能真正获得民众更为广泛的认同和支持。

死刑的存废及其削减，在我国刑事立法、社会观念和法律技术的层面上，都不应该被当作一件简单和局部之事，对其推进也不可操之过急，需要广泛的刑事政策宣扬、现代法治理念的引领和社会治理水平的提高，以及司法判例中控制死刑实践的积累和民众人权意识的提升。从这个意义上讲，死刑罪名大幅度削减并最终取消虽然是一个"方向"，我们也依然坚信。但就目前的刑事立法的现实修改而言，严格死刑适用条件，减少实际适用数量，似乎比大规模废除死罪要更加紧迫和来得切实可行，其受到的阻力也减少许多，可以成为我们立法的着力点和努力的方向。

---

① 当然，就死刑的司法控制而言，还应当包括进一步提高死刑适用的证据标准和建立更为科学的死刑裁决表决机制。目前在审判实践中普遍采用的"简单多数决定制"，也是造成死刑判决难以受到有效限制的重要技术原因。

论特殊群体从宽制度的完善

——以《刑法修正案（八）（草案）》为视角

赵秉志*　袁　彬**

一、前　言

刑法中的特殊群体，主要是指未成年人和老年人群体（俗称"一小一老"）。同时，孕妇、新生儿母亲、精神障碍人等也应属于刑法中特殊群体的范围。受生理、心理因素的影响，特殊群体犯罪的社会危害性和人身危险性通常在一定程度上有别于一般的犯罪。为此，世界上许多国家都有关于特殊群体（尤其是未成年人、老年人）犯罪的从宽制度。一些国际条约也强调了对未成年人、老年人等特殊群体的权益保障包括犯罪处罚从宽的要求。与此相比，我国未成年人、老年人等特殊群体犯罪的从宽制度还相当不完备。正因为如此，我国 2010 年 8 月 23 日提交第十一届全国人大常委会第十六次会议初次审议的《刑法修正案（八）（草案）》（以下简称《草案》）对未成年人犯罪的从宽制度增补了新的规定并创设了对老年人犯罪的从宽制度，从而显著地完善了我国特殊群体的从宽制度。不过，与我国未成年人、老年人等特殊群体犯罪从宽的现实需要和国际标准相比，《草案》的规定还存在一定的差距，需要进一步完善。

二、我国特殊群体从宽制度的现状及缺憾

当前，我国特殊群体从宽制度主要是针对未成年人犯罪的从宽制度，对老年人犯罪的从宽制度刚刚在建立之中，整个从宽制度的对象比较单一，从宽制度在立法模式、从宽力度等方面都存在一定的缺憾，有待于进一步完善。

---

　*　法学博士，北京师范大学法学院暨刑事法律科学研究院院长、教授、博士研究生导师。

　**　法学博士，北京师范大学刑事法律科学研究院副教授。

（一）我国特殊群体从宽制度的现状

刑法意义上的特殊群体目前在我国主要是指未成年人和老年人。针对这两类特殊群体，我国有着不同的立法和司法安排。其中，对未成年人犯罪的从宽既有立法规定也有司法体现，对老年人犯罪的从宽则只有司法体现而尚无立法规定。

1. 针对未成年人的从宽制度

针对未成年人，我国1997年刑法典规定了三个方面的从宽。这主要包括：一是关于未成年人无刑事责任年龄和相对负刑事责任年龄的规定，即只有年满16周岁的人才一概地对所有犯罪负刑事责任，已满14周岁不满16周岁的人只对故意杀人、故意伤害致人重伤或者死亡、强奸、抢劫、贩卖毒品、放火、爆炸、投放危险物质八种严重犯罪承担刑事责任，不满14周岁的人不承担刑事责任；二是关于未成年人犯罪一般从宽处罚的规定，即已满14周岁不满18周岁的人犯罪的，应当从轻或者减轻处罚；三是关于不满18周岁的未成年人一概不适用死刑的规定。以此为基础，我国刑事司法实践中进一步明确了对未成年人犯罪从宽的具体做法，并有所拓展。其内容不仅包括对未成年人实施强奸、抢劫、寻衅滋事、盗窃等行为的定罪从宽，而且还包括对未成年人犯罪适用无期徒刑、剥夺政治权利、罚金、没收财产、缓刑、免予刑事处罚、减刑、假释等刑种和刑罚制度的适用从宽。①

2. 针对老年人的从宽制度

与未成年人犯罪从宽制度有明确的立法规定不同，目前我国刑法中尚无关于老年人犯罪从宽的规定。不过，考虑到老年人刑事责任能力的特点，同时也为了贯彻宽严相济刑事政策的要求，我国刑事司法实践中对老年人犯罪也普遍采取了从宽的做法。对老年犯罪人尤其是对高龄老年犯罪人在刑种和刑罚制度的适用上可以适度从宽。对此，2010年2月8日最高人民法院出台的《关于贯彻宽严相济刑事政策的若干意见》第21条明确规定："对老年人犯罪要酌情予以从宽处罚。"虽然这只是一个原则性的规定，但它反映和确认了我国刑事司法实践中对老年人犯罪的长期做法，是有关老年人犯罪从宽的实践经验总结，具有积极意义。而在此之前，2006年12月28日最高人民检察院通过的《关于在检察工作中贯彻宽严相济刑事司法政策的若干意见》关于逮捕和不起诉的规定，也在一定程度上体现了对老年人的从宽精神。

---

①　参见2005年12月12日最高人民法院通过的《关于审理未成年人刑事案件具体应用法律若干问题的解释》的相关规定。

（二）我国特殊群体从宽制度的缺憾

总体而言，我国未成年人、老年人等特殊群体从宽的立法和司法还存在一定的缺憾，有待于进一步完善。具体来看，我国特殊群体从宽制度的缺憾主要体现在：

1. 立法对象单一，没有涵盖老年人等特殊群体

如前所述，虽然我国司法实践中也有关于老年人等特殊群体犯罪从宽的做法，但是在立法上，我国现行刑法仅规定了一类特殊群体即未成年人，而没有规定老年人等其他特殊群体犯罪的从宽制度。这种立法对象的单一，会导致以下两个方面的缺憾：

第一，对其他特殊群体不公平。从根据上看，老年人等其他特殊群体也具备未成年人犯罪从宽处罚的几乎所有理由，如刑事责任能力的降低、人道主义的要求、不违背刑罚目的等。在这种情况下，刑法典仅对未成年人而不对老年人等其他特殊群体犯罪从宽处理，有失公平。

第二，不利于我国对相关国际公约的贯彻。这在死刑问题上更为明显。如联合国经济与社会理事会《关于保障面临死刑的人的权利的措施》第 3 条规定，对孕妇或新生婴儿的母亲不得执行死刑。联合国经济与社会理事会 1989/64 号决议通过的《对保障措施的补充规定》第 3 条规定："在量刑或执行阶段停止对弱智人与精神严重不健全者适用死刑。"此外，联合国经济与社会理事会在 1989 年 5 月 24 日及 1996 年 7 月 23 日通过的决议中，均倡导和要求成员国应在刑法中规定可判处和执行死刑的最高年龄，超过这一年龄便不得判处和执行死刑，并将之作为限制死刑的措施之一。[①] 在此背景下，我国现行刑法没有规定对老年人、新生儿母亲等特殊群体的从宽制度（包括免死），显然不利于相关国际公约在我国的贯彻。

2. 立法内容分散，从宽制度不成体系

就我国刑法典规定的未成年人从宽制度而言，受多种因素的影响，我国在立法模式上采取的是分散式立法。虽然这种立法具有操作简便的优点，但是从实现未成年人犯罪刑事立法目的的角度审视，它也存在一些明显不足：第一，受一般刑法条文的约束，一些未成年人犯罪的规定在分散式立法中往往无处安置，如关于未成年人犯罪的立法宗旨、政策等规定在分散式立法模式中难以得到合理的体现。第二，立法过于分散、不成体系，不仅难以有效地发挥未成年人犯罪刑事立法的功能，而且容易造成内容的缺失和法条设计的不协调，进而

---

① 参见赵秉志：《关注老年人犯罪应否免死问题》，载《法制日报》2010 年 10 月 27 日。

容易影响未成年人犯罪从宽制度的完备性和科学性。①

正因为如此，有学者认为，我国分散式的未成年人犯罪刑事立法"仅靠几个条文很难把少年刑法制度的众多内容规定详细、系统，于是，不得不借助司法解释或者判例等，对相关刑法条文进行细化或补充。这种立法模式弊病很多，是比较原始的立法模式"。②"我国刑法对未成年人犯罪刑事责任的规定不仅与未成年人司法发展的国际潮流不相符合，而且也不利于我国未成年人犯罪刑事政策的贯彻落实。"③ 因此，为了有效地保护未成年人的最大利益、充分发挥刑事立法的功能，应当改变我国未成年人犯罪的分散式刑事立法模式。

3. 从宽力度有限而有待加强

由于我国刑法并没有明确规定老年人犯罪的从宽制度，老年人仅仅是我国刑事司法实践中的一个酌定从轻情节，在构成犯罪的前提下对其只能在相应的法定刑幅度内从轻判处刑罚，其从宽的力度显然非常有限。不过，即便是对于已经在我国刑法典中明确规定了的未成年人犯罪从宽制度，其从宽的力度仍显不足。这主要体现在：

第一，对未成年犯罪人仍然可以适用无期徒刑。未成年犯罪人毕竟尚未成年，可塑性大，较易改造。对未成年犯罪人适用无期徒刑，即便在执行中对其减刑、假释，也至少要执行 10 年以上。这对未成年犯罪人的教育改造是极为不利的。④

第二，针对未成年人的非刑罚处置措施太少。非刑罚处置措施的恰当适用不仅可以实现对未成年人的教育，而且还可以提高刑罚的教育改造效果。但是我国刑法典关于未成年人的非刑罚处置措施规定得太少，一些适用于成年人的非刑罚处置措施又不具有针对性，不利于对未成年人的保护。

第三，未成年犯罪人依法可以构成累犯。累犯是我国刑法典的一项从严制度。未成年犯罪人由于其身心发育不成熟，反复实施犯罪的可能性大，而一旦成立累犯，按照我国 1997 年刑法典的规定，将要承担非常不利的法律后果。

第四，没有放宽未成年犯罪人适用缓刑、减刑、假释的条件。虽然我国司法实践中有对未成年人适用缓刑、减刑、假释的从宽规定，但是从立法上看，

---

① 参见赵秉志、袁彬：《我国未成年人犯罪刑事立法的发展与完善》，载《中国刑事法杂志》2010 年第 3 期。

② 参见牛忠志、姚桂芳：《中外少年刑法若干问题比较研究》，载《政法论丛》2004 年第 12 期。

③ 赵秉志：《未成年人犯罪的刑事责任问题研究》（三），载《山东公安专科学校学报》2001 年第 4 期。

④ 参见赵秉志主编：《刑法总论》，中国人民大学出版社 2007 年版，第 167 页。

我国未成年犯罪人只能和一般成年犯罪人一样适用缓刑、减刑和假释制度。刑事立法没有在刑罚从宽制度上体现出对未成年犯罪人的从宽与保护。

第五，没有专门规定未成年人犯罪的刑罚消灭制度。我国存在赦免和追诉时效两种刑罚消灭制度，但是这两种刑罚消灭制度都是针对所有人的，并没有从保护未成年犯罪人的角度对刑罚消灭制度进行专门设计，如没有在追诉时效上规定未成年人犯罪的追诉时效短于成年人犯罪的追诉时效，也没有规定未成年人犯罪后经过一定时间后可以消除其犯罪记录的前科消灭制度等。①

三、《草案》关于特殊群体从宽的规定及争议评析

《草案》是当前我国正在进行的重要刑事立法，其中有多项关于未成年人、老年人犯罪从宽的规定。这对于进一步完善我国特殊群体从宽制度具有重要意义。

（一）《草案》关于特殊群体从宽的规定

从内容上看，《草案》关于特殊群体从宽的规定主要体现在以下两个方面：

1. 针对未成年人的进一步从宽规定

针对我国 1997 年刑法典关于未成年人犯罪从宽规定方面存在的不足，《草案》从三个方面作了进一步完善：

一是规定犯罪时不满 18 周岁的人不成立累犯。《草案》第 6 条在刑法典第 65 条第 1 款规定的累犯基础上，将"不满十八周岁的人犯罪"增加规定为不成立累犯的范围。

二是规定不满 18 周岁的人犯罪，只要符合缓刑条件的，应当强化缓刑的适用。《草案》第 11 条第 1 款前半段规定："对于被判处拘役、三年以下有期徒刑的犯罪分子，根据犯罪分子的犯罪情节和悔罪表现，人民法院认为其没有再犯罪的危险的，可以宣告缓刑，对其中不满十八周岁和已满七十五周岁的，应当宣告缓刑。"这意味着，对不满 18 周岁的人犯罪，只要符合缓刑的条件就必须适用缓刑，而不是"可以"适用。

三是对未满 18 周岁的人犯罪被判处 5 年有期徒刑以下刑罚的，免除其前科报告义务。《草案》第 19 条规定："犯罪的时候不满十八周岁，被判处五年有期徒刑以下刑罚的，免除前款规定的报告义务。"这实际上是免除了未满 18 周岁的人犯罪的部分前科报告义务。

---

① 参见赵秉志、袁彬：《我国未成年人犯罪刑事立法的发展与完善》，载《中国刑事法杂志》2010 年第 3 期。

2. 针对老年人的从宽规定

为了弥补我国刑法关于老年人犯罪从宽制度的欠缺，《草案》从三个方面首次创建了新中国刑法中老年人犯罪的从宽制度：第一，规定了老年人犯罪的一般从宽原则。《草案》第 1 条规定："已满七十五周岁的人故意犯罪的，可以从轻或者减轻处罚；过失犯罪的，应当从轻或者减轻处罚。"第二，规定老年人免死。《草案》第 3 条规定："已满七十五周岁的人，不适用死刑。"第三，规定老年人犯罪适用缓刑从宽。对此，《草案》第 11 条第 1 款对老年人犯罪适用缓刑作了和未成年人犯罪适用缓刑相同的规定，即只要符合缓刑的条件，对已满七十五周岁的老年人就应当宣告缓刑，而非"可以"宣告缓刑。

《草案》关于未成年人和老年人犯罪从宽的上述规定，是对我国特殊群体从宽制度的进一步完善，这不仅有利于更好地贯彻宽严相济基本刑事政策的从宽一面，完善刑法中从宽处理的法律规定，而且有利于更好地体现我国刑法的文明和人道主义，对促进社会和谐，具有重要意义。①

（二）《草案》关于特殊群体从宽规定的争议及评析

《草案》关于未成年人和老年人犯罪从宽的规定，在立法审议和征求意见过程中也存在一些争议，其中争议的焦点是对老年人从宽暨免死的规定。这具体体现在：

1. 关于对老年人犯罪应否从宽或者免死问题

对此，有观点提出，对老年犯罪人从宽处罚或者免死违背了适用刑法人人平等原则。刑法的规定对所有的人都应该一样，对老年人犯罪不应从宽或者免死。我们认为，这一理由显然不能成立。一方面，适用刑法人人平等指的是司法上的平等，不包括刑法立法上的平等。事实上，立法上要做到完全平等是不可能的，也是不必要的。另一方面，由于生理的衰退和心理能力的降低，老年人的刑事责任能力与一般成年人相比，会有所减弱，有的还会严重减弱。在这种情况下，对老年犯罪人从宽或者免死本身符合老年人生理和心理的实际状况，具有合理性。虽然实践中也可能出现个别老年人犯罪能力很强的情况，但是"立法机关主要针对那些具有普遍性、共性的、非常严重的现象来立法，

---

① 参见李适时：《关于〈中华人民共和国刑法修正案（八）（草案）〉的说明——2010 年 8 月 23 日在第十一届全国人民代表大会常务委员会第十六次会议上》，载全国人民代表大会网站（http://www.npc.gov.cn/huiyi/cwh/1116/node_ 13942.htm），访问日期 2010 年 10 月 28 日。

而不能根据罕见的情况来立法，所以这种担心是不必要的"。① 此外，矜老恤幼是我国自古至今刑事法律中的传统。自西周至民国，我国就一直有关于老年人犯罪从宽的规定。现行刑法规定了犯罪时不满 18 周岁的未成年人不适用死刑，相应地，对于达到一定年龄的老年人，也应该排除死刑的适用。②

2. 关于老年人犯罪从宽或者免死的年龄标准问题

《草案》将老年人犯罪从宽或者免死的年龄设定为 75 周岁。对此，有观点认为，目前中国公民的平均寿命是 72 岁，将老年人从宽或免死的年龄定 75 岁，将使得老年人的受益面过小，不合适。我们赞同这种见解。从当前我国老年人的平均寿命（据统计，中国公民的平均寿命是 72 周岁③）、中国人的退休年龄（目前我国男性为 60 周岁、女干部为 55 周岁、女工人为 50 周岁）、老年人的心理能力变化（国内外均有调查显示，70 岁以上老年人的认识能力会随着年龄的增长迅速下降④）、《老年人权益保护法》（该法将老年人的年龄设定为年满 60 周岁）和《治安管理处罚法》（该法规定的老年人年龄是年满 70 周岁）的相关规定以及国际上关于老年人从宽处罚的年龄标准⑤等方面看，我国应当将老年人犯罪从宽处罚的年龄标准规定为"已满 70 周岁"。而且从实践的角度看，"多年来，年满 70 周岁的人，法院也不执行死刑"⑥，将老年人犯罪从宽或者免死的年龄设定为年满 70 周岁也符合我国司法实践的普遍做法，具有实践根据。

---

① 参见庄永康：《一名记者对刑法修改的 14 个追问——全国人大法律委委员周光权详尽作答》，载《检察日报》2010 年 8 月 30 日第 5 版。

② 参见《刑法酝酿第八次大修 高龄老人可能不适用死刑》，载《南方周末》2010 年 7 月 23 日。

③ 根据世界卫生组织发布的《2008 年世界卫生报告》，中国男性的平均寿命是 70 周岁，中国女性的平均寿命是 74 周岁，整个中国人的平均寿命是 72 周岁。

④ 国内外均有不少研究表明，70 岁以后人的心理能力下降很快。日本学者长蝇等 1970 年对 767 名 60—93 岁的老年被试者进行非言语性智能测验，其结果是：以 60—64 岁为基准，70—74 岁下降 25.6%，50—54 岁下降 40.7%。这表明 70 岁以后智能是以加速度急剧衰退。参见李长岷：《对老年智能衰退的心理学分析》，载《西南师范大学学报》（哲学社会科学版）1991 年第 2 期。

⑤ 在国际上，关于老年人免死的年龄标准，各国差别比较大，有的规定为 60 岁（如蒙古），有的规定为 65 岁（如俄罗斯），也有的规定为 70 岁（如菲律宾），还有的规定为 80 岁（如我国台湾地区）。但总体上看，多数国家和地区都将老年人的年龄规定在 70 周岁以下。

⑥ 参见陈丽平：《赋予老年罪犯"免死金牌"争议大》，载《法制日报》2010 年 8 月 26 日第 7 版。

3. 关于老年人免死的立法模式问题

关于老年人免死的立法模式争论主要体现为对老年人免死是否应当有例外。对此，有观点认为，在年满 75 周岁的老年人中，有相当多的老年人有犯罪能力。对这些人一概免死，后果不堪设想。因此，应对老年人犯罪作一些例外规定，即在一般情况下，对老年人可以免死，但老年人实施故意杀人罪的除外。① 不过，我们认为，从世界上对老年人犯罪不适用死刑的国家和地区的立法例来看，对犯罪的老年人都是一概免死而无例外之规定。而从联合国有关文件的倡导和《美洲人权公约》的相关规定看，也是要求达到一定年龄的老年犯罪人不得判处死刑，并无例外。借鉴上述国际立法经验，并考虑到老年人犯罪的刑事责任特点及刑法立法应面向普遍与一般情况之特性，在未来出台的《刑法修正案（八）》中，对老年人犯罪应设置为一概免死，而不设置例外不免死刑之规定。此乃方案之一。当然，鉴于立法审议和社会讨论中一些人对老年人免死制度设立后万一发生重大罪案无法予以严惩的担忧，以及他们提出的可在老年人一般免死制度下设置例外规定之建议不无道理，为了堵塞他们所说的法律漏洞，同时又有助于老年人犯罪免死制度的顺利建立，也可以考虑采取第二种方案，即规定"已满 70 周岁的老年人犯罪，一般不适用死刑，但是造成多人死亡的极其严重的犯罪除外。"当然，如果作此例外的规定，则更应将老年人免死的年龄标准降为 70 周岁。②

四、我国特殊群体从宽制度的进一步完善

尽管《草案》关于我国特殊群体从宽制度有了新的充实性的规定，不过，从构筑一个科学、完善的特殊群体从宽制度的角度来看，我国还应对特殊群体从宽制度作以下几个方面的完善：

（一）关于特殊群体从宽制度立法模式的完善

当前，关于特殊群体从宽制度，我国刑法典和《草案》采取的是一种分散的立法模式，只有一些分散的立法规定。这显然不利于构建一个科学、完善的特殊群体从宽制度。为了进一步完善我国特殊群体从宽制度，我们认为，在立法模式上，我国应当考虑在刑法典总则中设立"特殊群体的刑事责任"专

① 　如林强委员建议，对已满 75 周岁的老年人原则上不适用死刑，但是故意杀人罪的除外。参见陈丽平：《赋予老年罪犯"免死金牌"争议大》，载《法制日报》2010 年 8 月 26 日第 7 版。

② 　参见赵秉志：《关注老年人犯罪应否免死问题》，载《法制日报》2010 年 10 月 27 日。

章。这是因为，第一，设立"特殊群体的刑事责任"专章可以将我国刑法中关于未成年人、老年人犯罪从宽的分散规定集中在专门的一章中，有利于保证我国刑法结构的完整。第二，设立"特殊群体的刑事责任"专章，有助于通过刑法典的地位保证特殊群体从宽制度的权威性，并有利于相关刑法规范的宣传。第三，设立"特殊群体的刑事责任"专章，通过集中规定未成年人、老年人、新生儿母亲、孕妇等群体的从宽，便于刑法相关条文之间的对照、比较，从而有利于我国特殊群体从宽制度的进一步完善。

当然，由于设立"特殊群体的刑事责任"专章涉及刑法结构的重大调整，不仅要增加、移动或者修改相关的刑法条文，而且还要调整刑法典总则的篇章结构，因此宜在全面修订刑法典时进行。不过，在全面修订刑法典之前，采取在修正案中增加或者修改相关条文的方式建立和完善特殊群体的从宽制度，也不失为一种不错的折中方案。

（二）关于特殊群体从宽制度适用范围的完善

关于特殊群体的范围，虽然《草案》将其扩展到了老年人，但总体上看，我国特殊群体从宽制度目前仍然只涵盖了未成年人和老年人，范围比较狭窄。从国际上其他国家和地区关于特殊群体从宽的普遍做法和相关国际条约的规定看，我们认为，我国应当逐步适当扩大特殊群体从宽制度的适用对象范围，进一步将孕妇、新生儿母亲、精神障碍人等特殊群体纳入其中。事实上，将这些特殊群体纳入我国刑法关于特殊群体的从宽制度范围，既符合这些群体自身的生理和心理状况，也有利于体现刑法的人道主义精神和贯彻宽严相济的基本刑事政策要求，促进社会和谐。为此，我国应当加强对孕妇、新生儿母亲、精神障碍人等特殊群体从宽的研究，积极推动相关立法的逐步完善。

（三）关于未成年人从宽制度的进一步完善

关于未成年人从宽制度，在现行刑法典和《草案》规定的基础上，我们认为，我国还应当从以下几个方面加以完善：第一，完善未成年人有关刑种限制适用的规定。具体包括：限定对未成年人适用有期徒刑的最高刑期；禁止或原则上禁止对未成年犯罪人适用罚金刑和没收财产刑；禁止对未成年犯罪人单独适用剥夺政治权利，并限制附加剥夺政治权利的适用；禁止或者严格限制对未成年犯罪人适用无期徒刑等。① 第二，完善对未成年人犯罪的非刑罚处置措施，重点采取教育措施或者其他对未成年人有特定矫正作用的替代性制裁措施，减少刑罚对未成年人造成不良的心理烙印，保护未成年人的身心健康。第

---

① 赵秉志：《未成年人犯罪的刑事责任问题研究》（三），载《山东公安专科学校学报》2001 年第 4 期。

三，适当放宽未成年犯罪人减刑、假释的条件，积极促进未成年犯罪人的社会化，帮助使其迅速融入社会。

（四）关于老年人从宽制度的进一步完善

关于老年人的从宽制度，在《草案》规定的基础上，我们认为，我国还应当从以下几个方面加以进一步完善：第一，增加规定老年人犯罪不成立累犯。《草案》只规定不满 18 周岁的未成年人犯罪不成立累犯，而没有规定老年人犯罪不成立累犯。为了进一步体现对老年人犯罪的从宽处罚，我国应当增加规定老年人犯罪不成立累犯。第二，限制对老年人犯罪的无期徒刑适用。作为一种非常严厉的刑罚，被判处无期徒刑的老年人至少要被关押十几年的时间，很多人将可能老死在狱中，有违刑法的人道主义精神，因此我国应当限制对老年人的无期徒刑适用。第三，适当放宽对老年人犯罪适用减刑、假释的条件。《草案》强化对老年人犯罪的缓刑适用，但没有针对老年人的专门的减刑、假释规定。为了积极促进老年犯罪人早日回归家庭、回归社会，我国应当适当放宽对老年人犯罪的减刑、假释条件。第四，增加规定专门针对老年人犯罪的非刑罚处置措施，在减少对老年人犯罪刑罚适用的同时，积极提高对老年人犯罪的非刑罚处置措施的效果，实现对老年犯罪人的人道处遇，促进老年人的身心健康和晚年幸福。

五、结　语

由于生理和心理的特殊性，特殊群体犯罪的社会危害性和人身危险性有别于一般的成年人，应当在刑法上予以从宽。但值得指出的是，特殊群体从宽制度的建立和完善并不完全是一个刑法问题。这是因为，作为特殊群体从宽制度基础的刑法人道主义、刑罚目的观念等都与我国社会、文化和观念等方面的发展、变化息息相关。只有当全社会都树立了一种以人为本、尊重人权、注重人道的良好风尚和对刑罚目的、刑罚功能的理性认识时，我国才能以此为基础真正建立起一整套科学、合理的特殊群体从宽的刑法制度，并进而积极推动我国刑事法治的现代化、人道化和国际化发展。

对老年人犯罪从宽处罚立法的思考

——兼论《刑法修正案(八)(草案)》相关规定的完善

彭辅顺*

对行为人实施的犯罪行为予以从宽处罚包括从轻、减轻和免除处罚、对特殊群体不适用死刑等多方面内容。《刑法修正案(八)(草案)》(以下简称《草案》)第1条、第3条和第11条规定了对老年人犯罪从轻或者减轻处罚和不适用死刑等从宽处罚内容。基于老年人犯罪从宽处罚具有正当性根据,笔者赞同在刑法中设置老年人犯罪从宽处罚制度,但认为《草案》规定的相关内容还需要进一步修改完善。

一、老年人犯罪从宽处罚的正当性根据

(一)对老年人犯罪从宽处罚具有减轻刑事责任的正当性根据

对老年人犯罪从宽处罚属于减轻刑事责任的范畴,因而应当具备减轻刑事责任的正当性根据。减轻刑事责任的正当性根据需要从行为人的意志自由、刑事责任能力或辨认控制能力方面进行思考。刑法理论上一般认为,行为人具有相对的意志自由是行为人承担刑事责任或者国家对其追究刑事责任的哲学根据。[1] 人只有在具有相对意志自由的前提下实施行为,才可能成立犯罪,才能对其追究刑事责任。但相对的意志自由以具有辨认控制能力为前提;没有辨认控制能力的人,不可能有相对的意志自由。[2] 而辨认控制能力取决于行为人的智力和社会知识的发展程度。人的智力和社会知识的发展程度又主要受制于人

---

* 法学博士,湖南大学刑事法律科学研究中心研究员、湖南大学法学院副教授。

① 高铭暄、马克昌主编:《刑法学》,高等教育出版社、北京大学出版社2007年版,第228页。

② 张明楷:《刑法学》,法律出版社2003年版,第193页。

生过程的年龄因素。① 进一步说，人处在不同的年龄阶段，其辨认控制能力的有无和强弱是有所不同的。于是，年龄与刑事责任便具有这样一种逻辑关系：年龄→辨认控制能力→意志自由→刑事责任。也就是说，年龄的大小影响辨认控制能力的有无及强弱，辨认控制能力的有无及强弱决定意志自由的有无及程度，而意志自由的有无及程度又决定刑事责任的有无及大小。这种年龄与刑事责任之间的内在逻辑关系，正是许多国家的刑法根据人的不同年龄段将人的刑事责任能力区分为无刑事责任能力、有刑事责任能力、减轻刑事责任能力等不同种类的根据。

基于上述逻辑关系，很明显，对犯罪人减轻刑事责任的主要根据在于犯罪人的刑事责任能力的不完备或减弱，而犯罪人的刑事责任能力的不完备或减弱又主要是受到年龄因素的制约，或者说人的年龄影响刑事责任能力的程度。但值得注意的是，人的刑事责任能力并非总是与年龄的增长成正比；人的年龄越大，并非其刑事责任能力就越强。人的生理和心理规律表明，当一个人达到高年龄段后，其神经系统、循环系统、呼吸系统、消化系统、骨髓系统的功能都开始衰退，大脑逐渐萎缩退化，大脑皮层神经活动过程的灵活性减弱，神经调节能力较差，对外界刺激的反应因潜伏期延长而迟钝，因此其记忆力、注意力、反应能力、行为控制能力以及分析综合、推理判断等能力都有所减弱。这种生理、心理的变化必将导致老年人认识能力和控制能力下降，刑事责任能力不断下降。如同人处于幼年阶段欠缺刑事责任能力一样，影响其意志自由，使得其缺乏理性选择自己行为的自由。总之，人进入了老年阶段，其刑事责任能力与年龄的增长呈现一种反比关系：人的年龄越大，其刑事责任能力就越弱。既然老年人的刑事责任能力逐渐衰弱，就应当减轻其刑事责任，对其所实施的犯罪就应当从宽处罚。

（二）对老年人犯罪从宽处罚符合我国"矜老"的法律文化传统

矜老、尊老是中华民族的传统美德。中国古代就有"尊老、爱老、扶老"的道德观念。这种道德观延伸到刑法领域，便构成了特殊的恤刑制度，且几乎贯穿于中国刑法史的始终。早在西周时，我国就有涉及老年人犯罪的刑罚规定。《礼记·曲礼》记载："七年曰悼，八十、九十曰耄，悼与耄，虽有罪不加刑焉。"②《周礼·秋官·司刺》中有"三宥三赦"的规定，其中之"一赦"

---

① 高铭暄、马克昌主编：《刑法学》，高等教育出版社、北京大学出版社 2007 年版，第 96 页。

② 《五经四书今译》，中州古籍出版社 2000 年版，第 1140 页。

为：赦老耄（老为七十、耄为八十）。① 春秋战国时期重要的法典《法经》对老年人适用刑罚作了特别的从宽规定，即罪人"年六十以上，小罪情减，大罪理减"②。至汉代，犯罪人年满八十以上者，法律上对他们实行优待，犯罪应拘押者，"颂系之"，即宽容拘系，其犯罪当关押者不戴械具。③ 唐朝对老年人犯罪的"恤刑"规定比汉代更有进步，其主要表现为更加具体。根据唐朝《名例律》第 30 条规定，九十岁以上的老年人犯罪，不予追究，即使是犯有应当判处死刑的罪行，也不受刑罚处罚。八十岁（含八十岁）至九十岁的老年人，一般犯罪不予处罚；犯盗及伤人之罪，允许收赎；即使是谋反、谋大逆、杀人应处死刑这样的重罪，也适用"上请"的特别程序，由皇帝决断。七十岁（含七十岁）至八十岁的老年人，原则上对所有犯罪均承担刑事责任，但是可以从轻发落。④ 明代对老年人犯罪的处理实行宽刑。根据明律规定，凡诬告人罪，年八十以上笃疾者犯应永戍者，以子孙发遣；应充军以下者，免之。又规定，凡年八十九，犯死罪，九十事发，得勿论，不在收赎之例。九十以上虽有死罪，亦不加刑。⑤

近代以来的刑法，虽然在相关的制度及构造上已经与封建刑法有很大的区别，但对于老年人犯罪从宽处罚这一原则仍然没有改变。例如，1911 年颁布的《大清新刑律》第 50 条规定，满八十岁人犯罪者，得减本刑一等或二等。国民党政府 1928 年颁行、1935 年修正的《中华民国刑法》第 18 条规定，满八十岁人之行为，得减轻其刑。该法第 63 条规定："满八十岁人犯罪者，不得处死刑或无期徒刑。本刑为死刑或无期徒刑者，减轻其刑。"民主革命时期革命根据地政权所颁行的一些刑事法规中，也规定了老年人犯罪从宽处罚的内容，如第二次国内革命战争时期的《赣东北特区苏维埃暂行刑律》第 29 条规定："满八十岁人犯罪者，得减本刑一等或二等。"抗日战争时期，1939 年《陕甘宁边区抗战时期惩治汉奸条例》第 9 条规定："犯第二条各款之罪，年龄在八十岁以上者得减刑。"

从上述有关老年人犯罪的刑法史可以看出，历朝各代对老年人犯罪的处罚都实行了不同程度的宽宥政策。这既是我国自古以来就有的矜老尊老的传统美

---

① 林尹：《周礼今注今译》，书目文献出版社 1985 年版，第 380—381 页。

② 赵秉志：《犯罪主体论》，中国人民大学出版社 1989 年版，第 66 页。

③ 王春林：《论中国古代法律中的矜老恤幼原则》，载《广西青年干部学院学报》2006 年第 4 期，第 69 页。

④ （唐）长孙无忌等：《唐律疏议·名例律》，法律出版社 1999 年版，第 89—92 页。

⑤ 上海古籍出版社、上海书店编：《二十五史（卷10）·明史（卷93）·刑法志》，上海古籍出版社 1996 年版，第 254 页。

德的反映，也是因为老年人自身的生理、智力等状况而使人们对其实施犯罪的宽容程度要比对其他成年人犯罪的宽容程度更高所形成的。这充分说明我国具有较强的恤刑传统，并已经成为一种民族文化传统植根于人们的心里。正如张晋藩教授所言："我国对老年人等社会弱势群体体恤的法律规定是一贯的、相互传承的。它反映了扶助老幼妇残的民族精神，蕴含着鲜明的人文关怀，体现了国家的仁政和刑法中的人道主义精神。"①

（三）对老年人犯罪从宽处罚符合现代刑法的价值理念

第一，对老年人犯罪从宽处罚符合刑法的宽容性。宽容是指容许别人有行动和判断的自由，对不同于自己或传统观点或见解的耐心公正的容忍。② 现代宽容的内核是权力的自我节制，是对多元权利的容忍，是对自由价值的尊重。所谓刑法的宽容性，是指刑法给人以人文关怀，尊重人的自由与尊严，能不干涉的尽量不去干涉个人自由，能用较宽和的刑罚手段就尽量用较宽和的手段去对待犯罪，节制刑罚权的运用。陈兴良教授认为："刑法的宽容性，不仅仅是一个刑罚轻重的问题，更是一个刑法在调整社会与个人关系的时候应当把握的准则。"③ 自古至今，人类法制经过几千年的发展，早已超越了野蛮、残酷、报复阶段而进入了理性发展阶段。"人类刑法的精神是日趋宽容的"④。现代社会是多元价值观并存的社会，更需要宽容精神，也是日益宽容的。这就要求调整社会关系的刑法必须持有宽容精神，并且通过刑法规定和司法活动体现出来。因此，"如果犯罪人具有某种足以令人同情与怜悯的情形，客观存在的社会宽容观念势必影响人们对犯罪人的道德评价，促使人们例外地作出有利于他的评判，即削弱对他的报复与谴责欲望"，⑤ 这时就有必要对其宽容。老年人由于其年龄、心理、体力、智力等方面的特殊因素，即使其犯罪，也容易博得人们的同情和怜悯，如果对其适用严苛的刑罚，不但有违社会的宽容观念，而且会产生不良的社会反应；⑥ 反之，如果对老年人犯罪从宽处罚，意味着刑法对老年人犯罪的宽容，就能与社会的宽容观念相契合，更能实现刑法的社会效果。因此，对老年人犯罪从宽处罚是刑法宽容性的必然要求。

---

① 张晋藩：《中国法律的传统与现代转型》，法律出版社 2005 年版，第 37 页。

② 参见［美］房龙：《宽容》，三联书店 1985 年版，第 13 页。

③ 陈兴良：《刑法理念导读》，法律出版社 2003 年版，第 222 页。

④ 王明星：《论刑法的宽容性》，载《中州学刊》2010 年第 4 期，第 93 页。

⑤ 邱兴隆：《刑罚理性导论》，中国政法大学出版社 1998 年版，第 18 页。

⑥ 例如，2003 年，88 岁老人韦有德因故意杀人罪被湖南衡阳市中级法院判处死刑，引起了社会的强烈反响。此事一度引发对老年人犯罪该不该适用死刑的讨论。多数人认为，对老年人犯罪适用死刑缺乏人道。

第二，对老年人犯罪从宽处罚符合刑法的人道性。刑法的人道性是现代刑法的重要理念。所谓刑法的人道性，是指刑法的制定与适用都要符合一定的道义要求，以此限制与匡正刑法，使刑法与人性相一致。① 刑法的人道性立足于人性。而人性的基本要求乃是指人类出于良知而在其行为中表现出的善良与仁爱的态度与做法，即把任何一个人都作为人来看待。②其实质命题在于将犯罪人作为伦理主体对待，而不是作为物体处理。这意味着对于人的自主性的承认，其中心思想是：犯罪人是人，因而必须将其作为人，而不是作为手段对待。③ "作为人，犯罪人也有其人格尊严，对于犯罪人的任何非人对待都是不人道的或者反人道的"。④ 随着时代的发展，刑法的人道化已经成为历史发展的必然趋势，并且成为国际社会的共识。老年人作为一个弱势群体，是人们在伦理道德观念上应予尊重的对象，如果因其犯罪而对之施加重刑，将会极大地伤害人类的道德情感，客观上造成刑法的非人道的表象。而刑法基于犯罪人是老年人这一特殊主体而对其予以从宽处罚，意味着刑法给予老年人不同于其他成年人的人道性待遇，体现社会对老年人的人道关怀，因此符合刑法的人道性。

第三，对老年人犯罪从宽处罚符合刑法的经济性。刑法的经济性是指以最少的刑法资源投入，获取最大的刑法效益。⑤ 刑法是通过对犯罪追究刑事责任、适用刑罚来实现其保护法益的目的的。而刑罚的适用是有一定成本的。刑罚作为对犯罪的惩治手段，需要一定的物质支撑：刑事体制的运行需要投入大量的人力、物力，而刑事设施的维持更离不开一定的物质条件。因此，刑罚抑制犯罪虽然可以产生积极的社会效益，但这种社会效益的取得又不是无本万利的，需要一定的社会成本的支出。⑥ 简而言之，刑法经济性的实现取决于刑罚成本的降低和刑罚效益的提高两个方面。而对老年人犯罪从宽处罚，能降低老年人犯罪的刑罚成本，也能提高其刑罚效益。之所以如此，是因为老年人因年老体弱而逐渐丧失或已经丧失劳动能力，不能像其他成年罪犯那样参加劳动，进行劳动改造，在监管场所不但不能创造劳动价值，反而需要国家供养，需要大量的人力、财力对其照料，甚至有些老年罪犯因身体健康不佳而需要治疗和

---

① 陈兴良：《刑法理念导读》，法律出版社 2003 年版，第 247 页。
② 赵秉志等：《中国刑法的运用与完善》，法律出版社 1989 年版，第 334 页。
③ 曲新久：《刑法的精神与范畴》，中国政法大学出版社 2003 年版，第 578 页。
④ 陈兴良：《刑法哲学》，中国政法大学出版社 1997 年版，第 9—10 页。
⑤ 陈兴良：《刑法理念导读》，法律出版社 2003 年版，第 212 页。
⑥ 陈兴良：《刑法理念导读》，法律出版社 2003 年版，第 218 页。

护理，因而老年人犯罪的刑罚成本是高于其他成年人的。但是，刑法如果对老年人犯罪采取从宽处罚措施，就会缩短老年罪犯的监管期，监管场所应有的支出就会减少，就会降低老年罪犯的刑罚成本，随之也就能提高其刑罚效益。因此，对老年人犯罪从宽处罚，有利于节省刑罚资源，提高刑罚效益，减轻国家的财政负担，是符合刑法的经济性的。

（四）对老年人犯罪从宽处罚契合当下宽严相济的刑事政策

当下，"宽严相济刑事政策是我国的基本刑事政策，贯穿于刑事立法、刑事司法和刑罚执行的全过程。"① 其基本内涵是对刑事犯罪的处理要当宽则宽，该严则严，宽严有度，宽严相济，罚当其罪。其中，宽严相济之"宽"，是指对刑事犯罪的处理在定罪上、量刑上和行刑上予以从宽。根据最高人民法院《关于贯彻宽严相济刑事政策的若干意见》规定，宽严相济刑事政策中的从"宽"，主要是指对于情节较轻、社会危害性较小的犯罪，或者罪行虽然严重，但具有法定、酌定从宽处罚情节，以及主观恶性相对较小、人身危险性不大的被告人，可以依法从轻、减轻或者免除处罚；对于具有一定社会危害性，但情节显著轻微危害不大的行为，不作为犯罪处理；对于依法可不监禁的，尽量适用缓刑或者判处管制、单处罚金等非监禁刑。笔者认为，基于老年人犯罪主体的特殊性、老年人刑事责任能力减弱、老年人的再犯能力降低、老年人的人身危险性较小等可以宽恕的事由而予以以从宽处罚，契合了宽严相济之"宽"的刑事政策理念，是宽严相济刑事政策的具体表现。

二、老年人犯罪从宽处罚的年龄起点

虽然老年人犯罪具有从宽处罚的正当性根据，但并不意味着达到较高年龄的人犯罪就要对之从宽处罚，而是只有确定恰当的从宽处罚的年龄起点，才能使其真正具有正当性、合理性。关于老年人犯罪从宽处罚的年龄起点，社会各界有不同看法。有的认为，以六十周岁比较合适，其根据是《中华人民共和国老年人权益保障法》第 2 条规定，即"老年人是指六十周岁以上的公民"，以及我国法定退休年龄规定男性为六十周岁。② 有的认为，以七十周岁比较合适，其根据是我国目前的男性平均寿命为七十岁、女性平均寿命为七十四岁，

---

① 参见 2010 年 2 月最高人民法院发布的《关于贯彻宽严相济刑事政策的若干意见》。
② 殷萍：《老年人犯罪从宽处罚之理由简析》，载 http：//www. ahjcg. cn/Article/ShowArticle. asp？ArticleID = 14307，2010 年 8 月 26 日。

人均平均寿命为七十二岁。① 而《刑法修正案（八）（草案）》规定老年人犯罪从宽处罚的年龄起点为七十五周岁。究竟以哪个年龄作为老年人犯罪从宽处罚的年龄起点比较恰当，笔者认为，应综合考虑以下因素进行确定：

第一，刑事责任能力已经减弱应是确定老年人犯罪从宽处罚的年龄起点的主要根据。前已述及，刑事责任能力不完备或减弱是减轻刑事责任的主要根据。我国现行刑法规定的未成年人犯罪从宽处罚的原则就是基于未成年人的刑事责任能力不完备的特点确立的。② 老年人犯罪与未成年人犯罪一样，是基于年龄而划分的犯罪类型，因而在刑事责任能力方面具有可比性与相似性。事实上，从国内外已有的立法看，无论是我国古代法律、近代刑法，还是现代国外刑法，对老年人犯罪从宽处罚的规定均是与未成年人犯罪从宽处罚放在一起规定的，并且其从宽的幅度和原则保持一致。例如，《唐律·名例律》第 30 条规定："诸年七十以上、十五岁以下及废疾，犯流罪以下，收赎。犯加役流，反逆缘坐流、会赦犹流者，不用此律。"③ 1911 年颁布的《大清新刑律》第 50 条规定："未满十六岁人或满八十岁人犯罪者，得减本刑一等或二等。"蒙古国现行《刑法典》第 53 条第 4 款规定："六十周岁以上的人和犯罪时未满十六周岁的人不得适用死刑。"《俄罗斯联邦刑法典》第 59 条规定："对妇女，以及实施犯罪时不满十八岁的人和法院作出判决时已年满六十五岁的男子，不得判处死刑。"这些立法例进一步说明，老年人犯罪从宽处罚的正当性根据与未成年人犯罪从宽处罚的正当性根据基本相同。既然如此，对于老年人犯罪从宽处罚的年龄起点的确定，也应像未成年人犯罪从宽处罚规定一样，主要以刑事责任能力的减弱为根据。而刑事责任能力就是辨认控制能力，因此其是否已经减弱，应以心理学为根据、运用心理学方法进行认定，而不能以退休年龄、《老年人权益保障法》确定的老年人概念以及平均寿命为根据。因为目前我国工作人员的退休年龄的确定是国家考虑社会经济发展水平、人口平均寿命、人口结构变动、劳动条件、生活方式、食物充裕程度和构成、社会环境、劳动力市场供求关系等多种因素的结果，并不意味着达到六十周岁退休年龄的人其辨认控制能力就已经减弱。《老年人权益保障法》对"老年人"的年龄起点界定为六十周岁，主要是为了体现政治、经济、文化、生活等方面的人权待遇，同

---

① 马柳颖：《对老年人刑事责任能力的探讨》，载《政法学刊》2009 年第 2 期，第 35 页。

② 高铭暄、马克昌主编：《刑法学》，高等教育出版社、北京大学出版社 2007 年版，第 101 页。

③ （唐）长孙无忌：《唐律疏议·名例律》，中华书局 1983 年版，第 80 页。

样并不意味着年满六十周岁的人的辨认控制能力已经减弱；更何况《老年人权益保障法》是保障老年人权益的，而刑法是规制犯罪、保护法益的，二者的价值取向不同。人口平均寿命是反映一个国家的社会经济发展、人民生活水平、卫生事业及居民健康状况的综合性指标，也不能准确反映老年人的辨认控制能力强弱问题，超过平均寿命的人并不意味着其辨认控制能力已经减弱。事实上，许多达到七十五周岁的老年人的辨认控制能力并不比其他成年人弱。

第二，从宽处罚的年龄起点是一个具体的数字。这个具体数字的确定虽然要以刑事责任能力的减弱为主要根据、运用心理学方法进行评定，但是，要准确地确定这个数字是很难的，它需要大量的实证分析才能形成，甚至有大量的实证资料，也不一定能形成准确的结论。在这种情况下，老年人犯罪从宽处罚的年龄起点的确定，就不得不考虑我国的历史传统和现实国情。传统是历史文化的积淀，之所以某种东西成为传统，是因为其具有存在的合理性。我国对老年人犯罪从宽处罚有悠久的历史传统，历朝各代也基本上对其有明确的规定，我们不能割断其历史文化传统，不能忽视民众普遍的道德情感、基本的价值观念和沿袭已久的习惯。因此，历史上老年人犯罪从宽处罚的年龄起点应该成为现行刑法立法考虑的基础。另外，历史已成为过去，我们要面对的是现在和未来。随着社会在不断发展、进步，我国现在的国情已不同于古代和近代。人们的生活水平、医疗水平、体质、智力开发、抗衰老能力等都有显著的进步。因此，应该认识到，现在和将来人们的认识能力和控制能力在某一个年龄点上已比古代和近代更强。所以，确定从宽处罚的年龄起点既不能不考虑传统，又不能照搬传统。

第三，对老年人犯罪从宽处罚虽然蕴含着人道性关怀，但刑法具有保护法益的目的，如果光讲人道，不求功利，或许有违刑法的本意。因此，老年人犯罪从宽处罚年龄起点的确定除了应考虑上述因素之外，还应考虑预防犯罪的刑罚目的的功利性诉求。2007 年《中共中央国务院关于全面加强人口和计划生育工作统筹解决人口问题的决定》公布目前我国已进入老龄社会，六十岁及以上老年人口达 1.44 亿人，占总人口的 11.03%。截至 2008 年年底，我国老年人口已增至 1.69 亿人，占总人口的 12.79%，且正以年均近 1000 万人的增幅"跑步前进"；到 2020 年，我国老年人口将达到 2.48 亿人，老龄化水平将达到 17%。① 随着我国社会人口的老龄化，老年人犯罪将会越来越多，如果对老年人犯罪从宽处罚的年龄起点偏低，刑罚的威慑功能就得不到应有的发挥，

---

① 《全国八十岁以上老人 今年起可享高龄津贴》，载 http://www. wldsb. com/article/2010/ 0311/39491. html 。

将不利于预防老年人犯罪的刑罚目的的实现。

综合上述因素考虑，笔者认为，我国老年人犯罪从宽处罚的年龄起点应以八十周岁较为合适。其理由是：第一，从刑事责任能力看，我国老年人从六十周岁开始，虽然其生理功能开始衰退，心理发生变化，体力、记忆力等方面开始下降，但其对自己行为性质的分辨能力和控制自己行为的能力并没有发生改变，即使是到了七十五周岁，随着人体各器官功能走向衰退，各方面的能力，包括身体活动能力、语言表达能力、对外界的感知能力、记忆能力等会出现明显的下降，但此时对自身的行为仍有较强的辨认和控制能力，这是因为我国目前人们的生活水平、医疗条件、信息渠道等方面已经达到了较高的水平，人体抗衰老的能力增强。因此，在我国现有的物质条件下，不宜将七十五周岁作为从宽处罚的年龄起点。然而，当人达到八十岁左右时，人体器官功能严重衰退，对外界的感知能力、记忆能力、思维能力将会出现严重缺陷，对自身行为的辨认控制能力明显减弱。至九十岁以上，已接近生命的极限，对自身行为的辨认和控制能力几乎丧失。因此，将老年人犯罪从宽处罚的年龄起点设定为八十周岁比较合适。第二，从历史传统看，我国古代刑法虽然基本上以七十周岁作为老年人犯罪从宽处罚的年龄起点，但是，自近代的《大清新刑律》、《中华民国暂行新刑律》、《中华民国刑法》，到《赣东北特区苏维埃暂行刑律》、《陕甘宁边区抗战时期惩治汉奸条例》等刑事法律，都是以八十周岁作为老年人犯罪从宽处罚的年龄起点。我国台湾地区现在的刑法仍然是以八十周岁作为从宽处罚的年龄起点。[1] 在几十年前甚至上百年前人们生存的物质条件下尚以八十周岁作为从宽处罚的年龄起点，现在我们没有理由将从宽处罚的年龄起点降到八十周岁以下。第三，从我国目前老年人人口的现实国情看，随着人们生活水平的不断提高，抗衰老能力增强，我国老年人人口数字高速增长。就拿八十周岁的老年人来说，2005 年，我国八十岁以上的老人已经接近 1000 万人，而到了 2050 年，八十岁以上的老人将超过 1 亿。[2] 据全国老龄办测算，目前全国 80 岁以上老人正在超高速增长，约为老年人口增速的 2 倍，预计到 2050 年 5 个老年人中就有 1 个是八十岁以上老人。[3] 因此，将老年人犯罪从宽处罚

————————

[1] 参见我国台湾地区"刑法"第 18 条规定："满八十岁人之行为，得减轻其刑。"第 63 条规定："满八十岁人犯罪者，不得处死刑或无期徒刑。本刑为死刑或无期徒刑者，减轻其刑。"

[2] 《中国正日趋进入老龄化社会 谁来给老人以关怀？》，载 http://news.sohu.com/20050602/n225797370.shtml。

[3] 《全国八十岁以上老人 今年起可享高龄津贴》，载 http://www.wldsb.com/article/2010/0311/39491.html。

的年龄起点设定为八十周岁是符合国情的，并不会使老年人犯罪从宽处罚制度虚置，不但如此，而且这样更能使刑法适用老年人犯罪的未来发展趋势，可能更有利于实现预防老年人犯罪的刑罚目的。

三、老年人犯罪从宽处罚的应有限度

关于老年人犯罪从宽处罚的应有限度，涉及两个问题：一是从宽幅度的大小问题；二是从宽年龄起点应以犯罪时为准还是以审判时为准的问题。刑法对这两个问题的规定，都决定着对老年人犯罪从宽处罚的程度。

（一）关于从宽幅度的大小问题

该问题涉及如下三个方面：第一，刑法对老年人犯罪应当设置为"可以"从宽还是"应当"从宽？第二，对老年人犯罪的从宽处罚应否区分为故意犯罪还是过失犯罪？第三，对老年人犯罪是应当从宽到"减轻"处罚还是从宽到"免除"处罚？对此，《草案》第1条规定："已满75周岁的人故意犯罪的，可以从轻或者减轻处罚；过失犯罪的，应当从轻或者减轻处罚。"显然，该《草案》对老年人犯罪是区分故意犯罪和过失犯罪来规定不同的从宽原则的，既有"可以"从宽，也有"应当"从宽，而且，无论是"可以"从宽还是"应当"从宽，只是从宽到"减轻"处罚，没有免除处罚的规定。笔者认为，这种规定不妥。理由是：

第一，该规定破坏了整个刑法总则有关从宽处罚规定的内在的协调性。我国刑法总则中存在不少的从宽处罚规定，包括对未成年人犯罪应当从宽处罚、对尚未完全丧失辨认或者控制能力的精神病人犯罪可以从宽处罚、对又聋又哑的人或者盲人犯罪可以从宽处罚、对自首和立功的犯罪人可以从宽处罚，等等，这些规定均没有区分犯罪人所犯之罪是故意犯罪还是过失犯罪而设置不同的从宽处罚幅度或原则。因此，为保持整个刑法总则从宽处罚体系的内在协调性，笔者认为，对于老年人犯罪从宽处罚的立法设置也不应区分为故意犯罪和过失犯罪而作出不同的规定，否则就会破坏现有刑法总则从宽处罚体系的协调性。

第二，该规定对老年人犯罪从宽处罚区分为"可以"型和"应当"型，与现有的未成年人犯罪从宽处罚规定不协调。现行刑法对未成年人犯罪从宽处罚规定的是"应当"从轻或者减轻处罚，没有"可以"从宽的规定。而对老年人犯罪从宽处罚与对未成年人犯罪从宽处罚均是基于对这两类犯罪主体予以宽容与人道的考虑，并且二者具有相同的减轻刑事责任的正当性根据，因此，在是否区分"可以"从宽与"应当"从宽的问题上，对老年人犯罪的立法应当与未成年人犯罪保持一致。既然现行刑法只规定对未成年人犯罪"应当"

从宽处罚，就应对老年人犯罪也规定"应当"从宽处罚，这样才能保持二者的一致性。

第三，与未成年人犯罪从宽处罚制度相比，对老年人犯罪应增加规定"免除"处罚。虽然老年人犯罪与未成年人犯罪的从宽处罚有相同的根据，但也有不同之处，表现在：未成年人是随着年龄的增大，辨认控制能力就越强；而老年人是随着年龄的增大，其辨认控制能力就越弱，甚至丧失。因此，这两者的年龄增长与承担刑事责任应该具有不同的关系：前者是正向关系，后者是反向关系。然而，我国刑法对未成年人犯罪设置了不承担刑事责任的年龄下限，而对老年人犯罪却没有设置不承担刑事责任的年龄上限。在这种情况下，对老年人犯罪只有设置"免除"处罚的规定，才能体现老年人的年龄增大与承担刑事责任程度的反向关系，才能使刑法对老年人犯罪从宽处罚的规定更具有合理性。

（二）从宽处罚年龄起点以犯罪时为准还是以审判时为准

对此，《草案》第 1 条规定的是以犯罪时为准，第 3 条规定的是以审判时为准，即审判的时候已满七十五周岁的人不适用死刑。虽然国外有的国家对于不适用死刑的年龄起点也是以审判时为准，[①] 但笔者认为，这两者统一以犯罪时为准较妥，以审判时为准，不利于司法机关追究犯罪和刑罚目的的实现。

贝卡里亚曾指出："刑罚的目的既不是要摧残折磨一个感知者，也不是要消除业已犯下的罪行。""刑罚的目的仅仅在于：阻止罪犯再重新侵害公民，并规诫其他人不要重蹈覆辙。"[②] 这就是目前仍然占统治地位的功利主义刑罚目的观，即国家适用刑罚的目的是对犯罪进行一般预防和特殊预防，尽力减少犯罪的发生。刑法是运用刑罚来控制犯罪的，其具体制度设置必须考虑刑罚目的的实现。老年人犯罪从宽处罚制度设置也应如此。老年人犯罪从宽处罚制度是有利于老年人的刑法制度，其积极意义毋庸置疑。但是，如果老年人犯罪从宽处罚的年龄起点不以犯罪时而以审判时为准，就会使犯罪人产生侥幸心理，想方设法隐瞒犯罪事实，逃避侦查和审判，尽量等到七十五周岁，获得从轻或减轻处罚、免除死刑的资格。这既不利于司法机关追究犯罪，也不利于预防犯罪的刑罚目的的实现。

首先，以审判时为准，不利于预防一般主体的犯罪。例如，某人六十五岁

---

① 参见《俄罗斯联邦刑法典》第 59 条规定：对妇女和法院作出判决时已年满六十五岁的男子，不得判处死刑。

② ［意］贝卡里亚：《论犯罪与刑罚》，黄风译，中国大百科全书出版社 1993 年版，第 42 页。

时故意杀死三人，理当处以死刑。如以犯罪时为准，即使他想方设法躲到了七十五岁被抓获，他仍然不能获得从宽处罚，逃脱不了处死的命运。但是，如果以审判时为准，情况就不一样了，只要他想方设法将自己等到七十五岁时审判，他就能获得从轻或者减轻处罚、免除适用死刑的资格。这样一来，犯罪人犯的罪越重，越可能处以重刑，其逃避处罚的侥幸心理就越强，就会越想方设法逃避侦查和审判。这是不利于司法机关追究犯罪、惩治犯罪的。而且，一旦有了这种制度，有预谋的或者潜在的重大犯罪人就会产生这种侥幸心理，总以为自己只要躲到七十五岁，就能逃过死劫，这可能诱发更多的重大犯罪。因此，这种制度设置是不利于预防犯罪的。

其次，以审判时为准，不利于预防国家工作人员的职务犯罪，特别是目前形势严峻的贪污贿赂犯罪。近些年，我国出现了"59岁现象"，有的国家工作人员一旦临近退休，就大肆利用手中的权力，谋取私利，贪污受贿，数额特别巨大，理当适用重刑。但是，如果到了七十五周岁就可以获得从轻或减轻处罚，并且不适用死刑，腐败分子会想方设法隐瞒犯罪事实，只要等到七十五周岁就能获得从宽处罚，结果该处以重刑的，不能处以重刑。更应注意的是，近年个别地方已经出现了行贿人给予因受贿而坐牢出来的贪官数量可观的"坐牢补偿费"，以弥补贪官坐牢损失。① 坐牢贪官收受"坐牢补偿费"的行为因其是先前担任国家工作人员时利用职务便利为行贿人谋取了利益的结果，所以该行为仍然可以认定为受贿罪。但是，如果对老年贪官从宽处罚以审判时为准，坐牢出来的贪官收受贿赂会更加有恃无恐。比如，一个贪官六十五岁时判了十年有期徒刑，他七十五时坐牢出来收受"坐牢补偿费"，就可以得到从宽处罚，他会更加胆大妄为。显然，对老年人犯罪从宽处罚的年龄起点以审判时为准，是不利于预防国家工作人员职务犯罪的，同时，只要这一从宽处罚制度出台，就会给以身试法的贪官带来希望，会更加诱发更多的国家工作人员职务犯罪。反之，如果以犯罪时为准，无论腐败分子何时犯罪，只要是犯罪时不满七十五周岁，就不能获得从宽处罚、免除死刑的待遇，这是有利于实现预防犯罪的刑罚目的的。

因此，笔者认为，无论是对老年人犯罪从轻、减轻或免除处罚，还是对老年人犯罪不适用死刑，其年龄起点计算都应当统一规定以犯罪时为准。

---

① 参见曾祥生：《受贿人出狱，行贿人送上"坐牢补偿费"》，载《检察日报》2010年10月20日第8版。

四、对《草案》有关老年人犯罪从宽处罚规定的修改建议

基于上述分析，笔者认为，《草案》有关老年人犯罪从宽处罚制度的法条应修改为：

1. 《草案》第 1 条内容应修改为："已满八十周岁的人犯罪，应当从轻、减轻或者免除处罚。"

2. 《草案》第 3 条内容应修改为："犯罪的时候不满十八周岁、已满八十周岁的人和审判的时候怀孕的妇女，不适用死刑。"

3. 《草案》第 11 条第 1 款内容应修改为："对于被判处拘役、三年以下有期徒刑的犯罪分子，根据犯罪分子的犯罪情节和悔罪表现，人民法院认为其没有再犯罪的危险的，可以宣告缓刑，对其中不满十八周岁和已满八十周岁的，应当宣告缓刑。对犯罪分子决定宣告缓刑，应当考虑其缓刑后对所居住社区的影响以及是否具备有效监管的条件。"

对检察机关监督社区矫正的立法探讨

安　斌[*]

2003 年 7 月，最高人民法院、最高人民检察院、司法部、公安部联合下发了《关于开展社区矫正试点工作的通知》，正式启动了社区矫正工作。我国先后分两批在 18 个省（市、区）相继开展的社区矫正试点工作，已经取得明显成效。社区矫正这种与监禁矫正相对的行刑方式，是在改革和完善我国刑罚执行制度指导思想下对我国刑罚执行制度的探索与实践，是建设社会主义政治文明的一个重要组成部分，是社会不断进步、刑事法律日趋理性的必然产物。由于社区矫正行刑方式的特殊性，由于这项工作处于起步阶段，检察机关要想充分履行法律监督的职能、进一步加大执行监督的力度，立法必须先行。

一、社区矫正的含义及其积极意义

（一）含义

社区矫正（Community – Based Correction）又被称为"社区矫治"，是相对于传统的机构式（Institutional Treatment）而言的一种新兴的罪犯处遇方式。它是根基于刑法谦抑思想和刑罚经济原则的一种不使罪犯与社会隔离并利用社区资源教育改造罪犯的方法，是所有在社区环境中管理教育罪犯方式的总称。即是将符合社区矫正条件的罪犯置于社区内，由专门的国家机关，在相关社会团体和民间组织以及社会志愿者的协助下，在判决、裁定或决定确定的期限内，矫正其犯罪心理和行为恶习，并促进其顺利回归社会的非监禁刑罚执行活动。

社区矫正目前已成为世界行刑改革发展的趋势。20 世纪 50 年代，西方发达国家的刑罚适用逐步进入非监禁刑为主的阶段，各国都在不断进行刑罚制度的创新，尝试用最有益的方式处理犯罪和犯罪人，社区矫正就是这样一种刑罚方式的探索和实践。1954 年，美国监狱协会更名为矫正协会，标志着西方国

---

* 法学博士，编审，中国检察出版社副总编辑。

家在行刑的理念和实践上发生了较大变化，特别是随着"报应主义"刑罚执行被"目的主义"的刑罚执行观所代替，社区矫正模式开始成为刑罚适用的主导。

目前，世界上多数国家在社区中矫正的罪犯人数都比较多，有些国家甚至超过在监狱中服刑改造的罪犯人数，这意味着许多国家对于被判处刑罚的犯罪分子主要不是采用关押在监狱里而放在社区中对他们进行教育改造。这种不使罪犯与社会隔离，并利用社区资源教育改造罪犯的社区矫正方法已经成为世界各国惩罚和改造罪犯的重要方式，不仅社区矫正适用的数量大并继续呈增长趋势，而且有一套完整的法律制度，多数国家设有专门的社区矫正执行机构和人员，社区矫正的方式也很多，主要包括缓刑、假释、社区服务、暂时释放、工作释放、学习释放、电子监控等。社区矫正的成本低、效果好是深受世界各国青睐的主要原因。

（二）积极意义

社区矫正反映了整个刑罚制度由肉刑到监禁刑再到非监禁刑的发展趋势。也正是如此，按照党的十六大报告有关发展社会主义民主政治和建设社会主义政治文明的精神而开展的社区矫正试点工作，有利于为巩固和发展民主团结、生动活泼、安定和谐的政治局面服务，有利于积极推进民主法制建设，有利于为社会主义政治文明服务，为全面建设小康社会服务，有利于社会治安综合防控体系的进一步充实和完善。对于推动司法改革、加强政法工作，优化法制环境具有重要作用。

二、现有法律对检察机关监督社区矫正行刑方式规定的不足

现行参与社区矫正的机关实行职能分工，各司其责。即根据《刑法》、《刑事诉讼法》的规定，人民法院行使审判权，决定罪犯是否适用社区矫正；公安机关应是对被判处管制、宣告缓刑、裁定假释、暂予监外执行和剥夺政治权利的罪犯的监督考察主体；社区矫正组织是社区矫正机制运作的核心，它将逐步承担对社区内执行刑罚的罪犯的监督执行工作；检察机关则是社区矫正的法律监督机关。

但是，从检察机关履行监督社区矫正这一新的行刑方式的职能而言，现行法律的规定太过笼统。例如，只有宪法和刑事诉讼法规定了作为国家的法律监督机关的人民检察院对执行刑罚的活动是否合法实行监督，对监禁刑的刑罚执行的法律监督规定较为全面，但是缺乏对顺应轻刑化思想和非监禁化国际趋势的非监禁刑如社区矫正等行刑方式如何进行监督的规定。目前我国开展的社区矫正试点工作主要是在现有法律框架之内进行的，其依据仅仅是最高法、最高

检、公安部、司法部联合下发的《关于开展社区矫正试点工作的通知》，而现行法律并没有社区矫正的相关表述，社区矫正的法律性质、工作内容、运行程序和检察机关的监督程序等均无法律明确界定，从而导致这一重大的涉及相关罪犯权利义务变更的刑事司法活动陷入无法可依的境地，检察机关监督社区矫正就算是师出有门也是无从合法地进行监督。

三、检察机关监督社区矫正立法的现实意义

司法实践表明，社区矫正工作的开展，对于检察院发挥好监督刑罚多功能作用的实现，监督监禁刑和非监禁刑的正确适用，处理好刑事审判法律效果和社会效果的关系，敦促绝大部分罪犯的教育转化，加强社会治安综合治理，都具有重大影响和现实意义。

（一）检察机关监督社区矫正需要法律具体规定其内容

由于我国历来重诉讼轻执行、重打击轻预防，把刑罚执行权分离于诉讼程序之外的传统观念使得刑罚执行监督尤其是监外执行监督没有像侦查、审判监督那样得到足够重视，相关法律法规缺失严重，体系混乱，漏洞很多。要改变这种状况就需要法律具体规定有关内容，如明确刑罚执行在诉讼活动中的法律地位、检察机关对社区矫正这种非监禁刑行刑方式实施监督的内容等，从而依据诉讼特点实施相对均衡与相互制约的监督机制。

（二）检察机关监督社区矫正与有关法律衔接需要法律作出相应的增补

现行法律制定在前、社区矫正创立在后，社区矫正的创新与发展必然会对现行法律有所突破，相应地，检察机关对社区矫正实施监督的内容也会不断改革。例如，检察机关行使对社区矫正的监督权对社区矫正执行主体独立行使行刑权的影响、检察机关对社区矫正的监督方式不再只满足或停留于现行的事后监督方式，等等。这些冲突的存在，需要对现行的相关法律进行必要的修改和增补，使检察机关对社区矫正监督权的行使能与有关法律紧密衔接，协调一致，实施顺畅。

（三）检察机关监督社区矫正需要法律明确规定其程序

在对社区矫正的监督操作中，检察机关监督社区矫正仅仅具有充足的政策依据和原则性的法律规定是不够的，还需要法律明确规定其程序。无论是监督范围的界定，或是监督程序的启动，还是监督结果的执行，其操作程序都应当于法有据，有法可依。这样才会有监督的合法性、约束力和公信度，才能经得起历史的检验。

四、对检察机关监督社区矫正立法的初步设想

由于社区矫正在我国实行得较晚，现行的试点实践活动尚处于探索、起步阶段，虽然试点工作取得了良好的法律效果和社会效果，但仍存在较大的法律障碍和"瓶颈"制约，需要尽快立法并完善其相关法律制度。今天开展的试点工作就是为明天的立法提供实践基础和经验积累。因此我们应当加快法律法规的修改和完善，通过立法明确社区矫正在我国法律体系中的地位，通过立法来为检察机关监督社区矫正行刑方式提供直接、具体、有力的法律依据，这是十分必要的，也是非常重要的。

首先，可以考虑修订《刑法》和《监狱法》，明确增加对符合一定情形的罪犯适用社区矫正的规定，或者是通过刑法修正案对社区矫正相关法律作出规定。

其次，抓住新一轮修改完善刑事诉讼法等法律的机会，基于现阶段检察机关监督社区矫正立法的不足和现实意义，借鉴国外的有关做法和摸索的经验，积极争取将检察机关监督社区矫正写入刑事诉讼法等相关法律中去，以确立检察机关面对新事物——社区矫正并对之进行监督的合法性。

最后，在社区矫正试点基本成熟的基础上，经过广泛论证、积累经验、创造条件，制定《社区矫正法》，对检察机关监督社区矫正作出专章规定。

现行刑事诉讼法典对执行仅作了一些原则性的规定，缺乏统一的高位阶立法，这样造成的一个突出问题是执行机关多、执行标准不统一。因此，对属于同一性质的社会关系和实践活动的刑罚执行，应当用专门、统一的刑罚执行法律加以调整，以形成相对统一、完整的刑罚执行体系和监督体系。即，待全国开展社区矫正试点工作的实际状况和发展趋势为制定专门法律提供强有力的立法支持时，制定一部专门的社区矫正法，对社区矫正的法律性质、适用范围、监督管理措施、保障体系、工作程序以及社区矫正机构和人员的设置、职责、权利和义务，检察机关对社区矫正的执法监督，法律责任等方面作出明确规定。

针对检察机关监督社区矫正，在专章中要健全检察机关内部对社区矫正法律监督机构。因为目前在检察系统内部，从上到下都设有专门的监所检察机构，负责对监狱和看守所的刑事执行活动进行监督，但是却没有专门的社区矫正检察机构，非监禁刑的执行和监禁刑的社会执行显然难以被置于检察院监督之下，无法被纳入刑罚执行监督体系。故此，健全社区矫正法律监督机构现实可行的方法是将检察机关内部的监所检察机构在原职权基础上升格为统一的刑罚执行检察机构，负责对包括社区矫正的全部刑罚执行工作进行监督。

专章中对检察机关监督社区矫正的方式要进行创新。按照党的十六大提出的"从决策和执行等环节加强对权力的监督"的要求，检察机关监督社区矫正的程序，可以在假释委员会和社区所在地派驻检察员，以发现社区矫正决定和执行工作中不符合法律、政策规定的问题，及时提出检察建议，防止社区矫正工作者对矫正对象自由裁量权的滥用或行政不作为。

在程序设计上，要加强对是否符合社区矫正对象的事前、事中的跟踪监督。因为有学者指出："倘使社区矫正方案为刑事司法人员所不当或过度适用，那么基本的司法正义即可能被危及而无从实现。实际上，如何在惩罚与罪行之间找到一个平衡点是相当重要的。"那么在检察机关监督社区矫正的实践中，必须充分考虑被害人及社会公众的正义需求和社会安全的维护，注意监督社区矫正的应用范围。即主要监督社区矫正的对象是否是被主要适用于未成年罪犯、轻微罪犯和人身危险性较小的初犯、偶犯及表现良好、再犯可能性较小的假释者等。同时也要注意维护罪犯的合法权利不受剥夺和限制，认真受理和审查罪犯的申诉、控告和检举。

正确执行两个《规定》，
加强死刑案件证据审查

蔡俊伟[*]

"二高三部"今年六月发布《关于办理死刑案件审查判断证据若干问题的规定》和《关于办理刑事案件排除非法证据若干问题的规定》（以下简称两个《规定》）。两个《规定》是作为国家司法体制和工作机制改革的一项重大成果推出的，同时也是司法实践的迫切需要。过去三十年刑事审判包括死刑案件审判虽然有法可依，但仍陆续揭露出冤假错案，暴露出证据规制缺失状态下证据工作的乱象；死刑核准权收归最高人民法院后，形形色色、层出不穷的证据问题集中到了最高审判机关，使之直面冤假错案的风险；地方先行，各地纷纷出台相关意见，在为中央规制证据工作提供经验的同时，也产生了强大的推力。湖南加强死刑案件证据工作，为正确执行两个《规定》做了充分准备。

一、当前办理死刑案件中存在的证据问题

自 2007 年最高人民法院收回死刑核准权到 2009 年年底，三年间湖南报核的刑事案件有 17.5% 被发回重审，其中 2007 年 13.7%、2008 年 22.2%、2009 年 18.7%，主要是故意杀人、抢劫二类案件，分别占发回重审案件的 52.2% 和 29%，另外，贩毒占 8.7%，故意伤害、爆炸、强奸依次占 5.8%、2.9% 和 1.4%。这些案件中，因事实不清或者证据达不到核准死刑标准而被发回的占 65.2%。可见，我省报核案件不被核准主要还是因为事实、证据问题。这还不包括二审发、改的部分。实际上，湖南高院二审把关的力度是比较大的，最高人民法院也曾给予肯定。

---

* 湖南省高级人民法院审判委员会专职委员。

附表一　发回重审原因分类表

事实不清	证据不足	既事实不清又证据不足	酌定从轻未考虑	程序不合法	量刑不当
15.9%	5.8%	43.5%	30.4%	1.4%	2.9%

上述未核准案件存在的事实、证据问题，可以细化为以下六个方面：

1. 案件存在疑点或细节瑕疵。主要是作案动机未查清，作案时间不确定，被害人或被告人身份不明确，破案经过不清晰，已提取未采信证据去向不清，提取物证的地点与案发现场的方位、距离不清楚。

2. 言词证据定案，被告人翻供而其他证据不能直接证实被告人犯罪；虽然被告人认罪，但其供述与其他证据不尽一致，或者缺乏其他直接证据，证据单薄，如果不考虑口供，仅依其他证据难以定案。

3. 物证的提取、鉴定、辨认存在缺陷。

4. 矛盾证据未甄别排除。对被告人口供的前后矛盾或者与其他证据的矛盾排查不力。

5. 应当当庭质证的证据未经庭审质证或者记录遗漏。

6. 毒品未作含量鉴定。

附表二　事实、证据问题细目表

事实、证据存在的问题						同一案件所涉问题			
疑点或细节瑕疵	言词证据定案后翻供或证据单薄	供述之间、供述与其他证据之间矛盾	重要物证未提取、鉴定、辨认	未经庭审质证或未记录	毒品含量缺鉴定	一项	二项	三项	四项
64.4%	44.5%	37.8%	33.3%	11.1%	2.2%	33.3%	33.3%	24.4%	8.9%

这些问题的存在，原因大致可以归纳为以下几个方面：

（一）办案观念不适应

长期以来，我们对案件的裁判标准习惯于"基本事实清楚，基本证据充分"，这与刑诉法要求的"事实清楚，证据确实、充分"的裁判原则不相适应，死刑案件不同于一般刑事案件，最高法院反复强调，对死刑案件的证明标准是必须达到确实、充分的证明程度，"排除一切合理怀疑"，做到"疑者不杀，杀者不疑"。因此，对死刑案件证据绝不能满足于过去较低的标准。

（二）证据链的意识淡薄

只要查到了几个有罪证据，就认为可以定案，对证据链缺乏梳理，或者根本就不清楚怎样才算形成了证据链，导致证据收集不到位。如唐某故意杀人、抢劫案，没有提取多名有价值的证人证言；被告所犯四起犯罪中，均没有被害人的身份材料，也没有被害人亲属对被害人的辨认材料；被告人归案后，均没有被害人、相关证人及共同作案人对被告人的辨认材料；对凶器上的血迹只作了血型鉴定而没有作 DNA 鉴定；现场勘查笔录也过于简单，没有全面、细致述明犯罪现场情况。王某某故意杀人案，侦查中已发现被告人所交代的作案刀把上留有指纹，但没有提取，对案发现场提取的钥匙也未辨认，未做侦查实验。又如谭某抢劫、故意杀人一案，谭某以他人身份证登记住宿，在所住旅店杀死一人。经查，身份证所有者本人没有作案时间，该人提出是别人借用了他的身份证，且这个人和他有多次电话联系，所以，出借身份证的人与谭某的电话联系详单以及宾馆服务人员的辨认笔录对以上事实的证明尤为重要。可是，电话联系详单侦查机关有收集但没有附卷，辨认笔录也没有做。

（三）不重视客观证据

一段时期以来，侦查中轻视客观证据的发现与收集，几乎成为普遍现象。缺凶器、赃物的案件比比皆是；"杀人不见血"司空见惯。如易某某故意杀人案，唐某某故意杀人案，王某某抢劫、放火案，李某某抢劫案，凌某某抢劫、杀人案，此五案的死刑判决未获最高法院核准，原因均是主要依被告人口供定案，客观证据不足，其他证据单薄，证明力弱，核准死刑不放心。

（四）违法办案现象仍有存在

在办理的一起抢劫致人重伤犯罪案件中，我们发现附卷的伤情鉴定对被害人伤情的描述，重于被害人持有的鉴定，而后者描述的伤情，明显不构成重伤。有的现场勘查笔录等，见证人就是公安局的厨师，根本不在场。有的讯问人员在同一时间段出现于不同的讯问场合，指供、诱供、逼供的现象也还存在。如曾某某等故意杀人案，从讯问笔录看，被告人李某前六次讯问中一直未供认曾某某有作案时间，其中第五次讯问的问话内容是："根据现在情况来看，曾某某从晚上九点和你在一起，中间确实跟你分开了一段时间，你知道吗？"第七次讯问中侦查人员说："我们现在非常明确地告诉你，曾某某参与杀害了周，你现在知道他犯了严重的罪行而继续隐瞒事实，将面临刑事追究"，"你现在不是证人身份，而是犯罪嫌疑人身份"之后，李某才供述曾某某中间曾经离开她约 20 分钟，存在诱供之嫌。另外，在办案中我们还发现了办案人员为被告人提供假证的情况，如某刑侦队长为死刑犯邓某某提供过其系侦查特情人员的虚假证明。

此外，少数案件由于工作疏忽而人为造成证据上的矛盾。如李某某抢劫杀人案，侦查机关在 2006 年 10 月底让李某某辨认的刀具照片中出现了 2006 年 12 月底破获的宋某某故意杀人一案的凶器照片。王某某故意杀人案，出现了两份在时间、侦查员签名、盖章以及表述用词等内容上不完全一致的现场勘查笔录。

二、湖南加强死刑案件证据工作的做法

针对审理死刑案件工作中存在的问题尤其是证据问题，湖南高院于 2009 年 5 月向省委政法委作了《湖南法院审理死刑案件的情况汇报》，省政法委召集公、检、法、司四部门联席会议，专门研究如何提高死刑案件办案质量，决定由湖南高院负责起草关于死刑案件证据的规范性文件。经多次共同研究、会审，今年 5 月 17 日省委政法委、省高院、省检察院、省公安厅联合签署了《关于规范部分死刑案件证据工作的意见（试行）》（以下简称《意见》）下发全省执行。《意见》共 60 条，从五个方面对死刑案件证据的收集、审查、认定和严格办案责任作了较为全面的规定，对我省正确执行"两个规定"具有十分积极的意义。

我省加强死刑案件证据工作的主要做法有：

1. 明确证明标准。《意见》对刑事诉讼法规定的事实清楚、证据确实充分的证明标准进行细化，使之具有可操作性，具体细化为五个方面。

第一，据以定案的每一个证据均经查证属实。这是指证据的客观性、证据的确凿性。每一个定案证据都是经过查证属实、确凿的，与案件事实有关联的，不是虚假证据。具体审查时，就要看是否经过查证属实。查证属实的证据才能采信。

第二，犯罪构成要件的事实及量刑情节均有证据证明。这是指证据充分的一个方面，认定的事实、情节都要有相应的证据来支撑。而且，也包含事实清楚的要求。何谓事实清楚？那就是犯罪构成各要件的事实、证据，量刑情节的事实、证据要清楚明白，有证据来证实。

第三，能够证明犯罪构成要件事实和量刑情节的证据已收集穷尽且取证程序合法。这是证据充分的另一个方面，以及证据的合法性。对照"两个规定"，湖南《意见》的这一规定更为明确、实用，这一点非常关键，非常重要，针对性非常强。当前死刑案件证据出问题，就是在这一点没有落实。犯罪过程中形成的、留下的证据，不能遗漏，更不可故意不收集，否则，就达不到充分的要求。因为任何游离于案外的证据均隐藏着反证的可能性。实践中，如

果把这个问题解决好，死刑案件质量就无忧了。一句话，不能允许放着证据线索不去核查、收集，这是办理死刑案件的重中之重。证据成不成立是一回事，查不查是另一回事，查了，漏洞就堵掉了，也许整个案件就是另一番景象。

第四，据以定案的证据均能得到其他证据的印证或补强。这包含两层含义，一是定案证据不能是孤证，而是一个证据链，孤证不能定案；二是证据的指向必须是一致的、互补的，不能有相反的证据，相反证据必须得到排除。具体案件中，对相反证据，常常会出现采信某个不采信某个的争执或主张，这是错误的。相反证据如果没有被排除掉，另一个证据就不能被采信。

第五，证据之间、证据与案件事实之间不存在不能合理解释的矛盾，证据之间、证据与事实之间环环相扣，结论唯一，排除了其他可能性。这是要求推敲证据链的连贯性，证据之间、证据与事实之间在逻辑上是不是连环相扣，是否符合证明的逻辑和经验法则，实际上也就是对证据与案件事实的综合审查判断与证明三段论推演。还有另一层意思，就是要求考察证明程度，是否达到了证明的目的，能不能够得出证明结论，矛盾是否排除，是否还存在其他结论或者可能性。简单地说，就是证据链是不是证明了案件事实。

2. 坚决杜绝违法办案和非法言词证据。规定了严禁刑讯逼供、暴力取证和以威胁、引诱、欺骗以及其他非法方法收集证据的具体办法，明确市级检察机关介入死刑案件侦查进行监督，明确不得将在押的死刑案件犯罪嫌疑人提出看守所讯问获取供述，对无目击证人案件的犯罪嫌疑人，从第一次讯问起，应当对每一次讯问的全过程进行连续的录音录像。

3. 确保全面、正确收集证据。在对死刑案件应当证明的案件事实作出规定的基础上，对各类不同案件应当查明的事实和查找的证据，以及对各种证据的取证方法与要求都作了具体详尽的规定。着力为侦查取证工作提供指引、避免取证疏漏、防止取证不规范。

4. 突出原始证据、客观证据的重要性。对公安机关应当及时、细致收集任何可能与案件具有相关性的原始物证、书证作了专门规定，对各类具体案件要查找的客观证据逐一指明，提取的物证、书证有无鉴定价值应由专门鉴定机构作出结论。重要客观证据未能排查、提取或者不能作为证据使用的，应当视为证据不足。

5. 明确补查补证责任。办案过程中，对于需要采取侦查手段补查或者补充证据的，往往因为侦查班子已散，无人负责，或者出现认识分歧，互相扯皮。侦查以查禁为职责，具有比较明显的追诉倾向和强烈的个人感情色彩，对于审判认为要补查的证据，轻易就认为没有补查必要。而审判以防止冤错为使命，排除疑点、把证据搞扎实是为了保护人权。因此，必须保证按照审判需要来顺利落实补证工作。《意见》明确，二审、复核案件的补查，被通知补查的机关不得拒绝，并且应当在五个工作日内完成，特殊情况不超过十五个工作日。

湖南加强死刑案件证据工作，对死刑案件证据的规制，与两个《规定》的要求是一致的，与省情和本地司法实践相结合，既达成了共识，又统一了行动，为我们正确执行两个《规定》打下了坚实基础。

三、准确理解、严格执行两个《规定》

正如前面所言，两个《规定》既有司法体制改革的大背景，又是对刑事审判实践中遇到的大量具体问题的求解，更是司法自身发展的推动。因而具有较强的实用性。虽然还不足以构建我国完整、系统的刑事证据制度，但实现的突破和跨越却是空前的，仍然具有里程碑的意义。两个《规定》的实施，对于规制死刑案件证据工作，确保客观真实，保障人权和公平正义，推动刑事司法文明进步极为重要。我们司法机关和刑事司法工作者，必须准确把握，严格执行两个《规定》。

1. 坚定不移地坚持证据裁判、程序法定、未经质证不得认证三原则。坚持证据裁判原则，裁判的形成必须以证据为依据，没有证据不得认定犯罪事实；采信的证据必须具有证据资格，即证据不被法律禁止，并经过法定的调查程序；据以作出裁判的证据必须达到相应的标准和要求，疑罪从无。坚持程序法定原则，严格遵守法定程序收集、审查判断和运用证据，不得剥夺或限制法律预先设定的诉讼参与人特别是犯罪嫌疑人、被告人的权利，更不得任意创制程序给当事人带来不公正。坚持未经质证不得认证原则，证据只有经过法庭调查程序当庭出示、辨认、质证、查证属实才能作为定罪量刑的根据，庭外调查核实取得的证据，对于被告人不利的，必须开庭质证，对于被告人有利的，如果双方意见不一致，一方要求的，应当开庭质证。

2. 严格证明标准。必须按照《规定》明确的死刑案件证明对象和证据确实、充分的细化标准办理死刑案件，裁断案件事实。需要特别指明的是，标准的第（三）项，证据之间、证据与事实之间不存在矛盾或者矛盾得以合理排除，隐含了"能够证明犯罪构成要件事实和量刑情节的证据已收集穷尽"的要求，该《规定》第七条的内容也体现了这一要求。实践中仍应坚持好"穷尽证据"标准。

3. 遵循科学的认证规则。证据的可采性与证据的证明力，是审查与认定证据的两个核心。司法工作者必须建立起可采性与证明力的概念，过往我们可能不太在意。证据的可采性即证据能力、证据资格，包括证据的关联性与合法性。对证据的可采性认定，《规定》确立了五项认证规则，即对于明显违反法律和有关规定取得的证据，实行绝对排除规则；对于证据形式瑕疵，实行裁量排除规则；原始证据优先规则；意见证据规则；有限直接言词证据规则。对证据的证明力，确立了内在联系、指向同一、矛盾排除定案规则，间接证据定案规则，口供补强定案规则，以及特殊认证规则。这些科学的认证规则，我们应当依法遵循。

4. 切实保证合法性调查程序的实际运行。排除非法证据的《规定》，对非法言词证据排除设定了具体的操作规程。审判实践中，要切实做到只要符合法定条件，就要启动合法性审查程序，按照控方举证责任和证据确实充分的证明标准进行裁决，使之具有无穷的生命力，真正发挥排除非法证据、防止事实误认、避免冤假错案的作用。

我们期待两个《规定》的实施，将使我国刑事司法的文明推进一大步。但是，我们也要看到困难。取消预审，使刑事案件的侦查证据基础仍然处于下滑的态势；证人制度破碎，使直接言词及质证原则流于形式；侦查中心主义、审判弱势，使刑事诉讼不能依靠诉讼主体的参与而自行良性运行，往往需要借重诉讼结构外的力量调节；财产保护是人权保护的基础，刑事诉讼法关于涉诉财产的追夺无序可循，因财入案失去制度防范。而两个《规定》本身，司法机关不同部门的接受度差异，准据度相去甚远，也会使其作用大打折扣。正因为这许多的困难，还需要学界与实务界共同艰苦的努力。

刑事非法言词证据的界定及裁判方法

尹南飞* 王 帅**

2010 年 6 月，最高人民法院、最高人民检察院等五部门联合制定了《关于办理死刑案件审查判断证据若干问题的规定》（以下简称《审查规定》）和《关于办理刑事案件排除非法证据若干问题的规定》 （以下简称《排除规定》），并于 7 月 1 日起正式施行。两个《规定》不仅全面规定了刑事诉讼证据的基本原则，细化了证明标准，还进一步具体规定了对各类证据的收集、固定、审查、判断和运用；不仅规定了非法证据的内涵和外延，还对审查和排除非法证据的程序、证明责任等问题进行了具体的规范。① 特别是《排除规定》的制定，标志着我国第一次以单独颁行的司法文件形式确立了刑事诉讼中"非法证据的排除规则"，在一定程度上摆脱了以往"雷声大，雨点小"（即理论研讨与司法实践相脱节）的痼疾，对于完善我国刑事证据制度，具有十分重要的意义。尽管两个《规定》的制定有如此多的特点和意义，但它们作为"裁判法"规范所应体现的价值，还是要放到具体司法实务中才能得到应验，因为 "实践是检验真理的唯一标准"。本文欲以两个《规定》的文本为切入点，从非法言词证据应如何界定的角度，阐述在实务中应如何发展认定获取言词证据的非法手段的裁判方法，以求教于各位方家，希冀引得对此问题更深一步的探讨。

一、非法言词证据的界定

言词证据作为与实物证据相对称的证据分类形式，主要是指犯罪嫌疑人、被告人供述，证人证言和被害人陈述三种法定证据种类，也就是人们通常所称

---

　* 湖南省高级人民法院审判监督第三庭庭长。

** 湖南省高级人民法院审判监督第三庭法官。

　① 2010 年 6 月 13 日最高人民法院、最高人民检察院、公安部、国家安全部、司法部联合下发的关于执行两个《规定》的通知中的内容。

的"人证"。由于其往往是该证据材料提供者对案件情况的亲身感知、体验，因此在刑事诉讼中有着重要的作用。特别是在当下我国的刑事证明体系中，受司法传统及取证科学技术手段的限制，过分依赖"人证"获取侦查突破口及定案的情况较为普遍，反过来，这同时也就成为违法获取言词证据的根源。故司法人员对言词证据合法性的审查判断正确与否是检验办案质量高低的重要指标之一。

证据学一般理论认为，证据的合法性是指"证据内容合法；证据形式合法；收集、提供证据的主体合法；取证程序合法"。① 据此可知，但凡在证据的主体、形式以及收集提取证据的程序和手段等方面都符合法律的有关规定，没有侵犯个人、组织的合法权益，就是具有证明能力可以被采纳的诉讼证据。反而推知，非法证据是指所有违背了法律规范的证据，包括三种：（1）主体不合法的证据，即不具备法定主体资格的人提取或提供的证据。（2）形式不合法的证据，即不具备或不符合法定形式的证据。（3）程序或手段不合法的证据，即通过不符合或违反法律规定的程序或手段取得的证据。② 事实上，这些所谓的非法证据并非一定是对案件事实的歪曲与虚假，反而可能对查明案件事实、查获犯罪人具有重要的作用与价值。如果一律适用排除规则，在实践中不可行。故学界又做了划分，把非法证据限定为用不合法的方式取得的证据，③ 从而将可以适用排除规则的非法证据限缩在一个比较小的范围之内。这次两个《规定》仍遵循这种划分方式，规定了非法言词证据的范畴并绝对地排除适用，而且还区分了程序有瑕疵的言词证据，对非法实物证据则规定得比较简单。

《排除规定》第1条规定，采用刑讯逼供等非法手段取得的犯罪嫌疑人、被告人供述和采用暴力、威胁等非法手段取得的证人证言、被害人陈述，属于非法言词证据。从这一规定我们可以看出，对非法言词证据的界定重点在于言词证据的非法性，即取得方法或手段上的非法性。那么，怎样才能判别该言词证据是非法取得的呢？《排除规定》采取了简单列举和同类概括的方法，明确了刑讯逼供、暴力、威胁的取证方法的当然非法性，以及与此类似行为的兜底概括性。具体而言，刑讯逼供、暴力、威胁的取证方法有一个共同点，即该方

---

① 汪建成、刘广三：《刑事证据学》，群众出版社2000年版，第70页。

② 何家弘、姚永吉：《两大法系证据制度比较论》，载《比较法研究》2003年第4期。

③ 杨宇冠：《非法证据排除规则研究》，中国人民公安大学出版社2002年版，第4页。

法都侵犯了人所依法享有的一些最基本的权利，主要是指人的身体健康权和意志自由权，这些权利在宪法和其他法律中都有规定必须予以保护。同理，只要其他取证手段也侵犯了这些基本权利，当然也可以界定为手段非法而予以排除适用。在这里，要着重分析一下非法手段的行为方式。刑讯逼供、暴力、威胁等手段一般是通过取证主体的作为方式体现的，即通过积极的身体动作强加于被取证人的身体或精神之上，使其迫于外在压力非自愿地提供了言词证据。由于作为的非法手段积极直接地侵犯了相对人的基本权利，因此不管该言词证据所反映的案件事实是否客观真实，均应排除不能采纳。实际上，这就是有关国际公约和一些国家刑事证据规则所规定的"任何人不能被迫自证其罪"的自白任意性规则。我国已签署同意了联合国《公民权利和政治权利国际公约》，虽然我国没有将公约内容转化为明确的国内法规范，但在实践中还是应该遵守，严格认真审查所获取的言词证据是否是通过作为的非法手段取得的。还有一种不作为的非法方式，即取证主体在取证过程中，由于没有履行法律规定应当严格履行的义务，不仅侵犯了被取证人依法享有的除身体健康权和意志自由权之外的基本权利，而且致使所获取的言词证据在客观真实性上处于非常不稳定的状态，从而应予排除，不能作为定案根据的一类非法手段。比如《审查规定》第13条、第20条规定的诸如"笔录没有经过被取证人核对并签章的；询问、讯问聋哑人，不通晓当地通用语言、文字的人未提供翻译"等情形就属于此类。由于取得言词证据的方法一般是通过一问一答的双向交流方式，被取证人如果不能就自己提供的内容进行确认或根本无法与取证人进行交流，所取得的言词证据的客观真实性就无法得到保障，而且还侵犯了相对人所拥有的使用本民族语言、文字等的基本权利，理应排除在外。在司法实践中，有一种使人疲劳、饥渴的非法取证方法，能否认定为不作为方式呢？有人认为，不让休息、不给食物等方式是应为而不为，应属于不作为的非法手段。笔者认为，从使人疲劳、饥渴的非法取证方法侵犯的权利类型来看，主要指向的是被取证人的身体健康权，并且取证人的主观动机是通过积极的行为达到获取有罪证据的目的。比如使人疲劳往往是长时间连续审讯的结果，长时间连续审讯则是主体有意识的积极身体动作，应划归作为方式。区分作为与不作为非法手段，对于正确界定非法言词证据以及非法手段的性质和程度，有重要意义。一般而言，以作为方式的非法取证手段侵害权利直接、严重，排除该类言词证据重在保障人权而不问证据内容是否确实真实；以不作为方式的非法手段取证虽然也侵害一些基本权利，但主要后果是导致证据的客观真实性易受干扰，对此予以排除重在发现案件客观真实，使不实信息不能进入裁判视野，以利于正确惩罚犯罪。但无论如何，两种方式获取的言词证据一经依法确认都在绝对排除之列。

另外，《审查规定》第 14 条、第 21 条还规定了言词证据的收集程序和方式虽有瑕疵，但是通过补正或作出合理解释仍可采用的情形，主要有"没有填写询问人、记录人、法定代理人姓名或者询问的起止时间、地点的"等情况。该类证据在收集过程中虽未遵守某些程序规定，但并未对公民的基本权利构成侵犯，只要能予以补正或作出合理解释，并不影响该证据的证明资格和证明能力。这类有瑕疵的证据虽然因违法而属于广义上的"非法证据"，但并不能一概排除。之所以如此区分，在于如果某种证据的取证手段没有侵犯相关人的基本权利却排除该证据的使用，既不能实现犯罪控制的目的，也对保障人权没有意义，显然是得不偿失的。①

二、非法言词证据的裁判方法

（一）非法言词证据的形式性裁判方法

司法实务中，司法机关或司法人员未依法将非法言词证据排除，往往使错误信息得以进入裁判事实，从而导致错案的发生。学者将司法机关根据一些错误的材料（不实口供、证言等）推理出合符逻辑的结论称为前提错误。对于前提错误而形成的错案，应当关注的是前提的形成。② 尽管对"严禁采用刑讯逼供等非法手段取证"这一宣示性规定的理论探讨早已汗牛充栋，加强对从事刑事司法的工作人员的这方面的教育也属于老生常谈，但实际生活中因非法取得言词证据而被错误裁判的事例却屡见不鲜，其中佘祥林案、赵作海案最为典型。究其缘由，就像只要存在以人类聚居为构成的社会，就会有犯罪一样；只要有犯罪发生，就会伴随刑讯逼供等非法取证行为。笔者无意对如何杜绝刑讯发表观点，因为这不仅是个法律问题，也是社会问题。关键在于，当前提错误的形成不可避免时，错误前提即本文的非法言词证据应如何认定、用什么方法或程序去认定才能使最终的裁判事实不受到其干扰，从而避免冤案的出现。这次，中央五部门出台的两个《规定》对此作了较大的突破，《排除规定》总共十五个条文，其中有十一个条文就是针对关于有权提起对非法取证行为进行确认的主体、对非法取证行为进行裁判的主体、提起的时间、法庭进行确认的程序以及由谁承担证明责任、举证不能的后果承担、救济程序等问题的具体规

---

① 汪建成：《中国需要什么样的非法证据排除规则》，载《环球法律评论》2006 年第5 期。

② 陈兴良：《错案何以形成》，载《公安学刊——浙江公安高等专科学校学报》2005年第 5 期。

定。尽管如此，笔者认为这些规定在实务操作中尚未充分，仍有继续研究加以补充的必要。

在刑事诉讼中，对非法取得的言词证据请求确认排除与申请办案人员回避、提出案件管辖异议等一样，属于程序性事项。对于程序性问题，需要用程序性裁判来加以解决。有学者认为，在程序设置上必须存在两个彼此独立的裁判程序：一是实体性裁判，二是程序性裁判。实体性裁判的任务是运用具有可采性的证据对案件事实做出裁判；程序性裁判的任务则是将那些不具有可采性的证据排除于事实裁判者的视野之外。不仅实体性裁判和程序性裁判在诉讼阶段上应当是分离的，在裁判主体上也应当是分立的。程序性裁判应当置于实体性裁判之前，由不同于进行实体性裁判审判法官的预审法官进行。① 也有学者曾论述："我不喜欢夸大实然与应然之间的距离，而是愿意使实然接近、贴近应然（当然不是说存在就是合理的，也不是说不追求应然，而是通过解释实然来追求、实现应然），试图采用各种适当方法将刑法解释为良法、正义之法。"② 对此笔者深以为然，因为，如果要在整体刑事诉讼制度上作出调整安排，既不现实也不符合成本考量；如果建立独立于实体裁判组织的审前裁判组织或者单独就非法证据确认设置听证程序，则不符合诉讼效益要求，既不利于及时审判，还可能导致超期羁押的次生违法行为发生。虽然我国刑事诉讼法没有确立实体性裁判与程序性裁判相分离的"二元式结构"，但立法及司法解释也明确了对回避申请、管辖异议等程序事项，一般需要用裁定书或决定书等形式对请求提出者单独作出回应。这种对程序性事项进行裁判的方法完全可以成为在形式上认定非法言词证据的方法的有益思路。笔者认为非法言词证据的形式裁判方法也应当以我国成文法和司法解释为框架，特别是以《排除规定》作为具体操作指南，在既定空间中充分发挥司法人员的智慧，作出切实可行的认定，避免错案再次发生。这种形式裁判方法笔者姑且把它称为"有求必应，有应必果"。

"有求必应"是指有权提出对非法言词证据进行确认的主体在诉讼的某一阶段，申请对该证据进行非法取得确认并要求排除时，有权的司法机关必须予以接受并按照既定的程序对该请求进行审理的一系列诉讼行为。《排除规定》对此作了比较具体的规定，在此不作赘述。仅需强调的是，虽然《排除规定》没有设置审前裁判组织或单独的听证程序对此进行审理，而是由同一裁判组织

---

① 汪建成：《中国需要什么样的非法证据排除规则》，载《环球法律评论》2006 年第 5 期。

② 张明楷：《刑法的基本立场》，中国法制出版社 2002 年版，序第 3 页。

在同一法庭调查阶段进行审理，但是该规定还是着重突出了对非法取证的调查的位置，即法庭在公诉人宣读起诉书后，应当先行当庭调查。这样规定的好处是先对非法取证进行调查，确认言词证据的证明资格，便于控辩双方掌握攻防节奏和各自的控辩重点，为下一步的是否有罪的实质调查做好准备。

"有应必果"则是指有权的司法机关在对言词证据的合法性进行审查后，必须以一定的形式向请求提出者作出答复的诉讼行为。以何种方式对是否属于非法言词证据进行确认，在以往的司法实务中，做法不尽一致：有的不置可否，你提你的，我审我的；有的象征性地在实体裁判文书中"蜻蜓点水"般写上几句套话。这次出台的《排除规定》也未进行规范。笔者认为，对此应给予足够的关注。程序正义要求诉讼是在中立裁判者的主持下由各方参与其中的活动，控辩双方都有权自由平等地发表意见，裁判者居中依据事先制订好的规则判断是非曲直。如果对非法取证行为提出动议的请求者不作出回应或回应不明确，是有违程序正义的实质的。而且基于程序性事项，就应作出程序性裁判的理由，将对非法言词证据的确认这一明显属于程序性的事项放入实体性裁判的文书之中加以论述，就无法彻底阻断非法证据与后来实体裁判所依据的证据之间的联系，既不利于非法证据的确认，也不利于实体裁判结果的公正。因此，由同一裁判组织在就非法证据问题组织双方进行法庭调查之后作出实体裁判之前，单独以书面方式作出决定就成为必要，而且要说明是否予以排除的理由。这等于是在诉讼中设置了一道"过滤器"，"劣质原料"在此道工序中被滤掉，进入裁判者视野的都是"优良半成品"，裁判者要做的就是进一步鉴别，组装成"司法产品"后下线罢了。

（二）非法言词证据的实质性裁判方法

对非法言词证据的确认是通过分配举证责任来实现的。《排除规定》明确了由检控方承担证明被告人审前供述的合法性的证明责任，即只要检控方提供了确实、充分的证据能证明被告人审前供述系合法取得，就可以做出排除非法取证的认定，这是一种通过证明合法来排除非法的证明方式。这里面还涉及证明标准的问题，《排除规定》与刑事诉讼法规定的"证据确实、充分"的标准一样，这是一个很高的证明标准，在实际办案过程中就等同于要达到"排除一切合理怀疑"的标准。而一旦被告人及其辩护人提出审前供述是非法取得的线索或证据，裁判者就要对此予以调查，这是一种通过证明非法确实存在来认定非法的证明方式。两种方式共同构成确认非法言词证据的证明体系。那么，如何证明非法手段确实存在呢？是否只有通过证明某一具体的非法手段的客观表现形式才能做出认定呢？还是非法取证手段的非法性之间是否存在共性特征？对这些问题的回答就构成本部分所论及的非法言词证据的实质性裁判方法。

笔者认为，要穷尽或明确非法取证手段的范围目前还不成熟，原因是非法取证手段的表现形式多样化，法律不可能列举穷尽；世界各国的法律规定也不尽一致；我国各地法院制定的证据规定也千差万别。即使能够统一，对具体的认定标准也难做到整齐划一。对非法言词证据的认定重在判断其非法性，就像认定某一行为是否构成犯罪要看是否符合该罪的构成要件一样，非法性也有其构成要件。不论哪种非法取证手段，都可以从以下几方面来加以判别：

1. 非法取证的主体

在刑事诉讼中，具有取证资格的主体有：侦查人员、检察人员、审判人员、被告人的辩护人、被害人的代理人等。但不是上述人员都能成为非法证据排除规则中非法取证的主体，只有国家司法人员才能成为非法取证的主体。设置排除规则的目的是防止侵犯公民的基本权利，司法人员代表国家行使公权力对违法犯罪进行追诉时最容易侵犯到相对弱小的公民个人的权利，一旦造成冤狱，损害后果难以恢复；而辩护人等尽管在事实上存在非法取证的行为，表现形式多是非法窃听、录像或收买证人，一般不会对公民的身体健康造成侵害，且行为目的是使被追诉人无罪或罪轻，通常不会造成无法挽回的后果，这类违法行为取得的证据一经查证，可直接判定没有证明资格，而不必适用排除规则。

2. 非法取证的目的

目的是行为人通过自身的行为希望达到某一结果的心理态度，属于主观范畴。不论是刑讯逼供、暴力、威胁还是采用其他非法手段取证，取证主体即司法人员都有一个共同的目的，就是希望通过采用非法手段取得有罪的言词证据。如果不具备这一目的或客观上最终没有取得有罪证据，就不能适用非法言词证据的排除规则。比如，司法人员在相关专业人员的指导下，出于治疗的目的给被取证人使用药物，或者为控制毒瘾发作的被取证人的情绪，给其注射吗啡等使人产生依赖的药品，在被取证人意志不受控制的情形下取得了有罪的言词证据，就不能认定为手段非法；但如果利用被取证人对药品的依赖，或者以提供治疗为获取有罪证据的交换条件，被取证人迫于无耐，提供了有罪证据，则可认定为手段非法。还有就是司法人员以取得有罪证据为目的，虽然实施了刑讯等非法手段，但最终没有取得有罪言词证据，而是无罪的辩解，对该无罪辩解就不能作为非法证据予以排除。

3. 非法取证手段侵犯的权利类型

如前所述，取得言词证据的非法手段侵犯的权利类型一般分为三类，即身体健康权、意志自由权和使用本民族语言、文字权。如果实施了侵犯其他权利类型的非法手段，所获取的证据一般是不能被认定为非法言词证据的，这是由获取言词证据的方法的本质所决定的。众所周知，取得言词证据，必须是司法人员在告知有关诉讼权利与义务的前提下，与被取证人当面通过一问一答的方式将证明内容以书面笔录形式或以录音、录像为载体并经双方签字认可所表现出来的，这就意味着用侵犯其他权利类型的手段（比如以非法侵入公民住宅的方法，进行的搜查、扣押行为所获取的一般是实物证据而非言词证据；未经合法授权而进行的监听、采样、电讯截留等行为所获取的证据因被取证人不知情，也不符合言词证据的表现形式）不可能获得诉讼法意义上的言词证据，因此侵权类型也可以成为判断是否属于非法言词证据的因素之一。

4. 立法及裁判的立场

什么是刑讯逼供、暴力、威胁的取证方法？对其的判断是以实体法上认定为标准，还是以其本身的文义为判断标准？除刑讯逼供、暴力、威胁手段之外的“等非法手段”到底包含哪些内容？在司法实务中经常遇到的精神折磨、长时间连续审讯、强光照射、不让睡觉、不给食物和水等使人疲劳、饥渴的方法以及使用药物、催眠的方法能否认定为刑讯逼供或非法手段？这些问题，在实际中经常困扰着司法实务人员，理论研究者对此也莫衷一是。这往往取决于立法者和裁判者对此等问题持有的基本立场。如果主张行为无价值论，判断非法手段就偏重于行为的动机和行为本身的违法性；如果主张结果无价值论，则注重实施非法手段的强度、对被取证人权利侵犯的程度以及非法行为的持续性；如果强调的是犯罪控制或者说社会防卫，其判断标准就会非常严格，轻易不会认定。如果重视的是自由和人权的保障，对非法手段的认定标准和范围就会有所放宽。从目前世界范围内各国的态度和做法以及我国面临的现实考验和环境来看，有向注重保障人权方向靠拢的趋势，两个《规定》的出台正是这种背景的产物。因此，笔者认为，既然立法和司法解释对此未予规范或者说难以规范，在客观上留给了裁判者一定的空间，结合我国一以贯之的主客观相一致的原则，裁判者在具体个案的处理时，应注重认清立场，仔细考虑以上的几个因素，作出符合正义要求的判断。在某种意义上讲，依法排除了非法言词证据，对减少刑讯等非法手段取证具有相当的遏制作用。

浅谈死刑案件证据的合法性审查

李宇先[*]

死刑立即执行是我国刑法中最为严厉的刑罚，适用于罪行极其严重的犯罪分子。因此，人民法院特别重视死刑案件的审理，特别是最高人民法院收回死刑核准权后，对死刑案件的证据要求更加严格。按最高人民法院副院长南英的说法就是："由于死刑刑罚的不可逆转性决定了对死刑案件事实的认定必须坚持最为严格的证明标准，因此，对犯罪事实的认定应当达到确定无疑、排除一切合理怀疑的程度。"[①] 为此，"两院三部"联合制定了《关于办理死刑案件审查判断证据若干问题的规定》（以下简称"规定一"）、《关于办理刑事案件排除非法证据若干问题的规定》（以下简称"规定二"），对死刑案件证据的审查判断提出了更高的要求，对非法证据的排除做了有关程序性的规定。"这两个规定对政法机关办理刑事案件特别是死刑案件提出了更高的标准、更严的要求，对于进一步统一思想，提高认识，全面准确执行国家法律，贯彻党和国家的刑事政策，依法惩治犯罪、切实保障人权、维护司法公正，具有十分重要的意义。"[②] 然而，"徒法不足以自行"，有了合理的规定，还需要我们审判人员在审判实践中认真贯彻执行，充分运用审判人员的司法智慧，对死刑案件证据进行认真的审查判断，从中发现可能存在的非法证据，如果仅仅寄希望于"规定二"的出台就万事大吉了，显然是不现实的。笔者结合自己的审判实践，拟就审判实践中如何判断死刑案件中的非法证据，进行合法性审查谈谈自己的看法。

笔者认为，在审判实践中，有三大类证据最容易出现非法证据的现象，那就是物证、书证，鉴定结论和被告人供述。

---

[*] 湖南省高级人民法院刑事审判第二庭庭长。

[①] 南英：《大力夯实刑事案件审理的证据基础》，载《人民法院报》2010 年 6 月 30 日。

[②] 王银胜：《确保办理的每一起案件都经得起法律和历史的检验——最高人民法院等五部门就两个〈规定〉答记者问》，载《人民法院报》2010 年 5 月 31 日。

物证、书证作为七种证据之首，在某种意义上可以说是不说话的证人，特别是原始物证、书证具有较强的客观性，其证明作用不言而喻。因此，在实践中，无论是侦查人员、检察人员、审判人员都会对物证、书证予以高度重视。但是，在实践中，一些司法人员由于种种原因又往往会犯这样或者那样的错误，使得本来具有极强证明力的物证、书证成为非法证据而被排除在证明体系之外。《公安机关办理刑事案件程序规定》自第 210 条至第 223 条对公安机关扣押物证、书证有着严格的规定，如果不按照这些规定去做，就有可能使得公安机关提取的物证、书证丧失了合法性。因此，我们在审查物证、书证时，首先不在其关联性、客观性，当然关联性、客观性很重要。根据"规定一"第 6 条的规定，我们首先要审查的是物证、书证的合法性问题。第一，必须认真审查物证、书证的来源。在实践中，一些侦查人员往往会向检察机关、审判机关移送一些物证、书证。但是，有时往往忽视用提取笔录、扣押笔录、搜查笔录等形式说明这些物证、书证的来源，对物证、书证提取情况缺乏清楚的记载，导致物证、书证的来源不清。在我们看来，查清物证、书证的来源，有助于判断物证、书证的真实性。当控方将一把刀呈上法庭进行质证，证明此刀是某案的凶器时，如果我们不认真审查此物证的来源，也就无法查明凶器的真实性问题。1995 年 8 月发生在云南省富源县凉水井的"陈金昌等抢劫杀人案"在真凶出现后，证明是一起冤案，其中，陈金昌一审被判死刑。案中被告人姚泽坤在刑讯逼供之下，供出他在作案后将"凶器"——一把锤子放在他姐姐家中。公安人员即找到姚泽坤的姐姐姚美莲家，反复搜查没有发现姚泽坤供述的所谓的铁锤。公安人员询问姚美莲无果后，认为姚美莲不老实，将姚美莲拉到烈日下，勒令跪在稀泥里，威胁如果不交出锤子就永远跪在那里。姚美莲被逼无奈，只好提出到邻居家借一把行不行。公安人员表示可以。于是，姚美莲在邻居家借了一把铁锤交给公安人员。公安人员将该铁锤作为物证移送检察机关提供给法庭。这把锤子竟然成为查实无误的铁证放在法庭上，成为重要的定案依据。这一物证虽然有提取笔录，但是在被告人翻供喊冤后，检察人员、审判人员均没有对物证的来源产生怀疑并对物证的来源进行复核，以致酿成冤案。其实只要检察人员、审判人员找到姚美莲对铁锤的来源进行复核，是不难发现问题的，毕竟这物证的来源不清不白，可惜我们的检察人员、审判人员没有认真对待，错失纠正错误的良机，想必也是追悔莫及。第二，必须认真审查物证、书证收集程序是否符合法律的规定。在收集物证、书证时，如果违反相应的程序，可能造成物证、书证成为瑕疵证据或者无效证据使得物证、书证的证明力受到影响或者无证明力。在下列情形下取得的证据我们就可以认为是有瑕疵的证据：1. 收集调取的物证、书证，在勘验、检查笔录，搜查笔录，提取笔录，扣押清单上没有侦查人员、物品持有人、见证人签名或者物品特征、数量、质量、名称等注明不详的；2. 收集调取物证照片、录像或者复制品，书证的副本、复制件未注明与原件核对无异，无复制时间、无被收集、调取人（单位）签名（盖章）的；3. 物证照片、录像或者复制品，书证的副本、复制件没有制作人关于制作过程及原物、原件存放于何处的说明或者说明中无签名的；4. 物证、书证的收集程序、方式存在其他瑕疵的。

对于死刑案件中，根据"规则二"第 10 条的规定，"物证、书证的取得明显违反法律规定，可能影响公正审判的，应当予以补正或者作出合理解释，否则，该物证、书证不能作为定案的根据"。如果物证、书证出现了"规定一"第 9 条第 2 款所规定的情形，其处理原则有三，一是"经勘验、检查、搜查提取、扣押的物证、书证，未附有勘验、检查笔录，搜查笔录，提取笔录，扣押清单，不能证明物证、书证来源的，不能作为定案的根据"。二是"物证、书证的收集程序、方式存在瑕疵，通过有关办案人员的补正或者作出合理解释的，可以采用"。三是"对物证、书证的来源及收集过程有疑问，不能作出合理解释的，该物证、书证不能作为定案的根据"。这就给我们对物证、书证的合法性审查指明了方向，提供了处理非法物证、书证或者瑕疵物证、书证的基本原则。

在刑事诉讼中，对于提取的物证、书证以及其他事项，为了查明案情，解决案件中的某些专门问题，往往都会指派、聘请具有鉴定资格的人进行鉴定，所作出的结论就是鉴定结论。① 鉴定结论是随着证据科学化的进程而得到发展的，各种科学技术的发展必然进一步地推进证据的科学化进程。② 由于鉴定结论具有很强的专业性、科学性和可靠性，往往被司法人员誉为新的"证据之王"，鉴定结论也日益得到司法人员的重视。但是，我们也不难看到，鉴定结论毕竟也是由人作出来的，鉴定结论固然具有科学性和专业性的特点，因此是重要的证据；同时偶尔也可能成为危险的证据。也正因为鉴定结论是一种证据，所以鉴定结论的证明力最终是由法官来评价的。③ 而在司法实践中，恰恰普遍存在司法人员对鉴定结论过分依赖，而疏于对鉴定结论审查判断的现象，

---

① 《中华人民共和国刑事诉讼法》规定的是鉴定结论，在"规定一"中却称为"鉴定意见"，不知为什么？笔者在此还是依《中华人民共和国刑事诉讼法》的称谓。

② ［日］松尾浩也：《日本刑事诉讼法》（下卷）（新版），张凌译、金光旭校，中国人民大学出版社 2005 年版，第 108—109 页。

③ ［日］松尾浩也：《日本刑事诉讼法》（下卷）（新版），张凌译、金光旭校，中国人民大学出版社 2005 年版，第 95 页。

这是很危险的。在笔者看来，对于鉴定结论的关联性、客观性问题的审查当然很重要，但是，由于司法人员受法医学、法医生物学、痕迹学、司法精神病学等知识的局限，要真正审查出其客观性问题还是有很大难度的。① 因此，作为检察人员、审判人员对鉴定结论的审查首先应当突出对合法性的审查。而这恰是审判人员的强项，如果你对鉴定结论客观性存在的问题在审查中没有发现，可能得到人们的理解或者同情，但是如果在合法性审查方面出了问题，就不容易得到相应的理解和同情了。

那么，对鉴定结论的合法性审查主要审查什么呢？笔者认为应当重点审查以下几个方面：第一，应当审查鉴定人员有没有应当回避的情形。应当回避的情形很多，比如与案件当事人有没有利害关系等，特别是如果当事人提出回避申请后，一般都会引起审判人员的注意。但是，有一种情形则往往被办案人员忽视，那就是侦查人员同时作鉴定人时。现在一些地方的公安刑侦技术人员被提拔为刑侦队的领导，他们往往既当侦查人员又当鉴定人，这种情形在我省高级人民法院审判的死刑案件中就发现过多起，我们一般认为这种鉴定结论不具有合法性，作为非法证据予以排除，将案件发回重审，要求侦查机关或者重新鉴定，或者重新侦查。第二，应当审查鉴定结论的形式要件。由于电脑科技引入日常办公活动，因此，鉴定结论报告书现在一般都是电脑打印的，而鉴定人往往忘记在报告书上签名并加盖鉴定技术章。这样在形式要件上就使得该鉴定结论成为无效证据。这样的情况在我省发生过无数次，其中有一个中级人民法院在一个月之内就因此被我省高级人民法院发回5件死刑案件。更有甚者，发生在我省的一起非死刑冤案中，在定案的证据当中，公安的法医学尸体检验报告书、物证生物学鉴定结论报告书就没有签名盖章，这种鉴定结论实质上是无效证据。但是我们的检察人员就凭着这样的证据起诉，审判人员就凭着这样的证据判案。这起冤案的发生当然有许多主客观原因，但是，就凭着这样的让诸如此类的无效证据走完诉讼程序，就应当追究司法人员的责任，一点都不冤枉他们。对于这种情形，一般而言，审判人员可以提请检察人员补充解决，或者

----

① 当然也有一些审判经验丰富并且十分精明的审判人员在审查案件时发现鉴定结论的客观性存在问题并提出重新鉴定而推翻原鉴定结论的案例。笔者曾就此写过四篇被称为《洗冤新录》的文章分别刊登在《湖南法医通讯》（1993年第1期、第2期，1994年第2期）和《法庭科学杂志》（1996年第1期）（上）。

审判人员找鉴定人解决。① 第三，应当审查鉴定的程序、方法、分析过程是否符合本专业的检验鉴定规程和技术方法要求。笔者还是书记员的时候，曾经和一位审判人员办案，当时只有血型鉴定，鉴定结论是刀子上有 A 型血痕，与被害人血型相同，认定该刀子为凶器。但是该审判人员在二审时就发现，该鉴定的程序、方法、分析过程不符合该专业的检验鉴定规程和技术方法要求，因为没有做联苯胺试验，而做人血血型鉴定的第一步就是要做联苯胺试验，确定该血痕是不是人血。后来经过重新鉴定发现，联苯胺试验呈阴性，该刀上的血不是人血，将该物证排除在定案的依据当外。第四，应当审查检材的来源、取得、保管、送检是否符合法律及有关规定，与相关提取笔录、扣押物品清单等记载的内容是否相符，检材是否充足、可靠。这个问题也是经常被司法人员忽视的，往往有鉴定，但是检材的来源不清。检验一把刀，刀上有被害人的血迹，但是这把刀检材的来源、取得、保管、送检情况如何不清。这当然与上面说的物证收集中存在的问题有关，但是也是司法人员在审查鉴定结论时所必须注意审查的问题。

"规定一"第 24 条明确规定在死刑案件中，下列情形的鉴定结论不能作为定案的依据，是无效证据：1. 鉴定机构不具备法定的资格和条件，或者鉴定事项超出本鉴定机构项目范围或者鉴定能力的；2. 鉴定人不具备法定的资格和条件、鉴定人不具有相关专业技术或者职称、鉴定人违反回避规定的；3. 鉴定程序、方法有错误的；4. 鉴定意见与证明对象没有关联的；5. 鉴定对象与送检材料、样本不一致的；6. 送检材料、样本来源不明或者确实被污染且不具备鉴定条件的；7. 违反有关鉴定特定标准的；8. 鉴定文书缺少签名、盖章的；9. 其他违反有关规定的情形。这些情形也都是司法人员在审查案件时特别应当注意审查的。司法人员在审查死刑案件时，如果对于鉴定结论有疑问的，应当依法通知鉴定人出庭作证或者由其出具相关说明，也可以依法补充鉴定或者重新鉴定。

被告人供述是对犯罪最直接的证明，在传统理念中被称作"证据之王"。正是由于被告人供述的这种价值，一方面，侦查机关非常重视获取被告人的口

---

① 那 5 件被发回中院重审的案件，其实高院不是不能解决，但是，有 1 件案件在一审开庭时，辩护人当庭提出质疑，认为此证据是无效证据时，检察人员居然说："我们这里就是这样的习惯。"此话被书记员记录在案，一审审判人员对此不予评论。为了引起有关人员的重视，我省高级法院对发生同样问题的 5 件案件一起发回重审，并写出司法建议，这是 1996 年修订《中华人民共和国刑事诉讼法》不久后发生的事。这样的情形直到 2007 年还有地区发生过。

供，有时甚至不惜刑讯逼供。事实多次证明，近年来发生的多起刑事错案，多与刑讯逼供直接相关，刑讯逼供不一定导致冤案，但是冤案后面一定有刑讯逼供。① 因此，司法人员，特别是审判人员，对被告人的庭前供述的合法性审查至关重要。

"规定二"在程序上解决了非法证据排除的基本规则，明确了法院对非法言词证据进行调查的责任；明确了启动证据合法性调查程序的初步责任；明确了应当由控方对被告人庭前供述的合法性负举证责任和相应的证明标准；明确了讯问人员出庭作证的情形。这些程序性的规定，对被告人庭前供述合法性审查有了程序性保证。但是，我们也不难看到，这些程序性规定并不能保证就一定能审查出案件是否存在对被告人有刑讯逼供的问题。事实也多次证明，如果存在有刑讯逼供，在法庭上是不可能调查出来的。试想，查明侦查人员有刑讯逼供，是检察机关立案侦查的事情，怎么可能在法庭上通过某种判决形式认定侦查人员有刑讯逼供。以往对刑讯逼供案件的查处，往往就是两种情形可以被查出来，一是犯罪嫌疑人在审讯时被刑讯逼供致重伤或者死亡；二是冤件被发现时，如佘祥林案、赵作海案，无不是冤案事实已经发生后才查出来有刑讯逼供的。因此，笔者认为，只要审判人员高度怀疑公安侦查人员存在刑讯逼供时，或者说刑讯逼供不能排除时，就可以考虑该庭前供述不能作为定案的依据。

对于刑讯逼供问题的调查，往往不能在法庭上解决。笔者审理了好几起死刑（包括死缓）案件，由于发现刑讯逼供不能被排除而致被告人重获自由的案件，这些案件对是否有刑讯逼供的问题就是采取庭外调查发现的。笔者认为主要应当从以下方面去审查：第一，必要时调取被告人进出看守所的健康检查记录、笔录，此法屡试不爽。因为各级看守所对关押在其中的人犯安全负有不可推卸的责任，如果被关押在看守所的人犯出现非正常死亡是会被追责的。因此，看守所的工作人员，对于侦查人员送押的人犯都会认真检查其身体状况。笔者审理湖南东安王某某案时，被告人口称被刑讯逼供，并称看守所狱医有记录，本人即调取被告人关入看守所时的身体健康检查记录，发现记录本上记载被告人在入监时，遍体鳞伤，人犯吃了近一个多月的云南白药才伤愈。而笔者在审查时没有发现有证据证明王某某被抓前是受过伤的。此外，还有同监人犯证明王某某入监时一身的伤。最后在我们调查侦查人员时，他们也不得不承认，打还是打了，只是出于"义愤"。据此，刑讯逼供不能排除，王某某的有罪供述不能作为定案的依据，又没有其他直接证据证明王某某犯罪，王某某后

---

① 王银胜：《确保办理的每一起案件都经得起法律和历史的检验——最高人民法院等五部门就两个〈规定〉答记者问》，载《人民法院报》2010 年 5 月 31 日。

被释放。① 笔者在办理死刑案件通过这样调取看守所狱医日志查证刑讯逼供不能排除的情形就有 3 件。最高法院证据规则出台前在全国进行过调研，在最高法院召开的相关座谈会上笔者曾经就提出过从这一方面查证。从"规则一"第 28 条第（4）项的规定来看，是采纳了笔者这一建议的。第二，应当认真审查审讯的时间、地点，从中发现刑讯逼供的线索。一个人的生理周期是有其自身的规律的，因此，以让犯罪嫌疑人长时间得不到休息的手段而逼取有罪供述的情形时有发生。为此，当被告人提出审讯人员在庭前审讯时，有长时间连续审讯，不让休息的辩解时，我们应当注意审查审讯人员对犯罪嫌疑人审讯的时间长短，而这只需要查证看守所在提押票上的签字时间或者审讯笔录上的记录的时间就可以查明。对于连续审讯时间超过 12 小时的情形就要引起审判人员的高度重视，对在此情况下作的有罪供述的合法性表示怀疑。当被告人提出有提外审进行刑讯逼供时，审判人员在审查时就要查明庭前审讯是否存在提外审的情形。凡发现提外审的，就应当引起审判人员的高度重视，因为《中华人民共和国看守所条例实施办法》明确规定，除因侦查工作需要，提人犯出所辨认罪犯、罪证或者起赃的和开庭审判之外，是不得提外审的。笔者曾经审理过 1 件死刑案件，发现被告人一被提外审就作有罪供述，一回看守所就作无罪辩解，引起笔者对庭前审讯得到的有罪供述高度怀疑，加之作案时间存在疑问、其他物证不能直接指向被告人，最终经过几个回合，被告人被无罪释放。当被告人称庭前供述是刑讯逼供的辩解时，如果经审判人员审查发现该供述是在看守所内取得的话，根据现在看守所的设施情况，我们可以认定该辩解不能成。因为，现在大多数看守所的设施已经将犯罪嫌疑人与审讯人员进行了物理隔离，审讯人员根本无法触及被审讯人员。

对死刑案件的审判事关当事人生命，不能不慎之又慎。作为司法实务人员，我们应当抱着如履薄冰、如临深渊的态度认真审查判断死刑案件证据，做到万无一失。这就需要我们从理论层面上、从理念层面上、从操作层面上对死刑案件证据真正做到排除一切合理怀疑，也只有这样才有可能在死刑案件上不发生冤案。

---

① 对本案的详细报道参见文斐：《刑讯逼供的惨痛代价》，载《南方周末》1998 年 11 月 27 日。文章是这样结尾的："本案中假如王某某是凶手，那么，由于刑讯逼供、诱供而造成现在这样的结局，这就放纵了犯罪，而且司法机关还面临国家赔偿责任；而对于被害人一方，他们心目中的'罪犯'被无罪开释，其心中的反差之大是可想而知的。但是，如果被告人不是凶手，那么由于刑讯逼供，侵害了无辜公民的合法权益，给被告人的身心造成了严重的摧残，这样的代价就更为沉重。"

刑事证据新论

袁坦中[*]

我国诉讼法学的权威观点将证据视为证明犯罪事实的事实或根据，具有客观性和关联性的特征。本文另立角度，从日常语言的使用中发现其可疑之处，在澄清疑惑中形成新的观点。

一、事实不是证据，事实的意义才是证据

按照权威的观点，刑事证据首先是证明犯罪构成要件事实的证据。这句话孤立地看似乎没有什么问题，但经不起追问，一旦追问犯罪构成要件事实是什么，人们又是怎样用证据证明它们的，其荒谬性就暴露无遗了，以下试作分析。

权威观点对两个追问的回答是这样的：为了便于司法实践中运用，诉讼理论上将应予证明的犯罪构成要件的诸事实，概括为"七何"要素，即何人、何时、何地、基于何种动机和目的、采用何种方法和手段、实施何种犯罪行为、造成了何种危害结果。按照这种回答，犯罪事实可以具体化为"七何"，用证据证明犯罪事实就是用证据证明"七何"。第一，人们只可能证明以陈述句形式出现的命题，而不能证明一个疑问句，说可以证明何人何时于何地做何事是荒谬的，说可以证明某人某时于某地做某事才是合乎逻辑的。第二，"七何"本身也不可能是犯罪事实，只有回答"七何"的答案才有可能是犯罪事实，说何人何时于何地做何事等是犯罪事实是荒谬的，说某人某时于某地做某事是犯罪事实的组成部分才是合乎逻辑的。第三，权威的观点认为证据是证明犯罪事实的根据时，预设了证据的运用者已经知道了犯罪事实，因为若非已经知道犯罪事实是什么，又有什么理由宣称证据是证明犯罪事实的根据呢？但是若已经知道了犯罪事实是什么，又还要去证明犯罪事实干什么？

综合上述三点内容，可见单从逻辑上讲，说证据是证明犯罪构成要件事实

* 湖南大学刑事法律科学研究中心研究员、湖南大学法学院副教授、硕士研究生导师。

的事物就是荒谬的，但还不能就得出结论，说不存在证据，因为纵然理论家们的假设是不能成立的，但在法律实践中，人们毕竟在以理论家的假设不同的方式使用着"证据"，所以，有必要进一步分析实践当中证据到底是什么。

人们实际上是把什么当作了证据呢？我看到地上一把带血的匕首，马上追问，这把带血的匕首意味着什么？然后回答：它意味着发生了杀人案件。当此回答之际，这把带血的匕首就转化成为杀人案件的证据。在此之前，带血的匕首尽管存在，但不是作为证据存在。只有当他对我意味着什么的时候，它才会作为证据而存在。再让我们看看这样一个事件。一位女士说了这样一件事情：自己于某年某月某日上午在某储蓄所看见一个蒙面者将一瓶标有盐酸字样的液体泼到了工作人员的头部，后者立即大喊大叫，痛苦异常。后来，侦查人员在调查时，将女士所说的这件事情与抢劫罪中的暴力要件联系起来，认为这件事情体现了抢劫罪中的暴力要件，于是将其作为证据收集起来，并在有关法律文书中将这件事情作为犯罪嫌疑人犯有抢劫罪的事实的一部分。在这个事例中，泼盐酸的事件，同样是在追问它的意义的过程中被人们同抢劫罪的暴力联系起来从而转化证据的。可见，在实践使用当中，人们其实是把事实的意义当作证据，而不是把事实本身当作证据。

总而言之，一个事实，本身无所谓证据与否，当被人们用来意味或者表现犯罪构成而成为犯罪的组成部分时，即为证据。

二、证据不是客观自在的，而是融合了解释者意志的

（一）意义的使用论简介

意义的使用论是后来的哲学家对晚期维特根斯坦的意义观的称呼，意思丰富，变幻无穷，本文无处不在运用这种理论，这里仅撷取其二介绍如下。

日常生活中人们常常觉得意义是事物的内在属性，与其他事物没有什么联系。然而这种观点是似是而非的。例如我问你"枪"（的意思）是什么，你可以回答"枪"是武器，"枪"是礼器，甚至"枪"是神仙，等等。但不管你的答案如何与众不同，都不可避免地采取"枪是X"的表达式，而使用这个表达式本身就意味着："枪"自身并没有意义，只有把"枪"与不同于"枪"的事物X——例如武器、礼品、神仙——联系起来，它才能在与不同于自身的事物联系中获得意义。由此可知，孤立的事物没有意义，意义是从与其他事物的联系中即从一定的结构中获得的。弗雷格讲道，不应从孤立的语词中，而应从语句的上下文中理解意义，① 就包含了这样的意思，它是意义的使用论的第

---

① 参见弗雷格：《算术基础》，商务印书馆 1990 年版。

一层意思。

那么意义是不是事物之间的自然联系，像太阳东升西落一样无须人们参与其中呢？日常生活中人们往往给出肯定的回答，认为事物之间的联系是自在的，无须认识者涉足其中；换句话说，表达式"甲（的意义）是乙"就是"甲（的意义）是乙"，它是一个二项式，中间没有出现人的踪影。然而这种观点也是似是而非的，其实就像两只水桶要用一根扁担联系起来才能组成一担水桶一样，两个本不相同的事物也要遵循"2＋1"模式，借助认识者的中介才能联系起来；换句话说，表达式"甲（的意义）是乙"不应理解为二项式，而应理解为三项式，即"认识者把甲的意义当作乙"。例如通常情况下你不会把瓶盖子的意义与象棋游戏中的"车"联系起来，如果有人对你说瓶盖子是车，你会觉得这个人发疯了，然而有一次下棋时少了一粒"车"，你于是拿来一个瓶盖子当作"车"使用，这样一来瓶盖子的意思就成了"车"。再如，一张桌子，当认识者把它作为摆放书本等物的器具时便是通常意义上的桌子，当认识者欲用以燃烧取暖时便具有了燃料的意义，当认识者用以登高取物时便具有楼梯的意义。所有这些事例表明，事物的意义是什么，取决于认识者如何使用它。晚期维特根斯坦讲道：不要问意义，而要问使用，① 就包含了这样的意思，我们可以将它称为意义的使用论的第二层意思。

以上介绍表明：事物的意义取决于语境或结构，但事物并不能自动地处于特定的语境或结构中，而要依赖于认识者将它使用于特定的语境或结构中，因而更精确地说，事物的意义是什么，取决于人们将它使用于什么样的语境或结构中，此即意义的使用论的精髓。明确了这个道理之后，即可着手分析由于表现犯罪构成要件而成为犯罪组成部分的事实是否具有客观性的问题了。

（二）由于表现犯罪构成要件而成为犯罪事实组成部分的事实不是客观的，而是主客融合的

借助意义的使用论的帮助，我们可以轻而易举地发现：由于表现犯罪构成而成为犯罪事实组成部分的事物不是客观的，而是主客融合的。仍以泼盐酸事件为例予以分析。在该例中，孤立地泼盐酸事件确实存在，可以说是客观的，但它并没有什么意义，只有认识者追问泼盐酸意味着什么时才会产生意义。而泼盐酸意味着什么实际上是一个"泼盐酸是 X"的表达式，其 X 部分的内容亦即泼盐酸的意义是什么，取决于认识者将它置于什么样的语境或结构中，所放置的语境或结构不同，所具有的意义就会不同，例如，或许有人从生物化学

① 参见维特根斯坦：《哲学研究》，陈嘉映译，上海世纪出版集团上海人民出版社2002 年版。

的角度赋予意义，说泼盐酸是使盐酸和肌肉产生化学反应的事件。只有认识者将它置于抢劫罪的犯罪构成中，将它与其中的暴力要件联系起来时，才会说泼盐酸是具有抢劫罪的暴力要件性质的事件。由此可见，任何一个事物自身并不具有表现犯罪构成要件的性质，如果它具有了表现犯罪构成要件的性质从而转化成为了犯罪的组成部分，那一定是认识者从中撮合的结果，因而绝不能说由于表现犯罪构成要件而成为犯罪事实组成部分的事件具有独立于认识者、不依赖于认识者的客观性。

三、证据的关联性是内在的和多元的，而不是外在的和单一的

（一）证据的关联性不是外在的，而是内在的

按照权威的观点，应当是先有"犯罪事实"后有证据，这两个次第产生的事物之间具有某种联系，可以称为证据的关联性特征。然而这种观点无论在语义上、逻辑上和实践中都是子虚乌有的。

就语法而言，我们只能说食物和健康之间具有关联性，却不能说孤立的食物自身具有关联性，或者孤立的健康自身具有关联性，可见"关联性"一词是标识事物之间的关系的，当它用作谓词时，充当它的主词的应是事物之间的联系，一个孤立的事物是不能充当它的主词的；因而，仅从使语词具有意义的角度看，人们也只能说证据和犯罪事实之间具有关联性，证据相关于犯罪事实，或者犯罪事实相当于证据，而绝不可说证据具有关联性，说证据具有关联性，如同说方的圆、五角的四边形一样，本身就没有意义。就逻辑而言，证据和犯罪事实之间具有关联性的基本内容是说，证据是犯罪事实的衍生物，是过去的犯罪事实作用于周围环境或者人所遗留下来的客观物质痕迹和主观知觉痕迹，故而两者之间应当具有关联性。当人们对证据和犯罪事实的关系作出这样的设想的时候，他们实际上已经预设了只有已经知道犯罪事实是什么以及它是怎样衍生出遗留物，才能判断这个事物是否为证据的意思。不知道犯罪事实是什么，何以能说证据是犯罪事实的衍生物呢？可是前面刚刚说过犯罪事实是已知的，后面又接着说，诉讼证明论的基本主张是犯罪事实是未知的，证据是已知的，证明就是运用已知的证据查明未知的犯罪事实，这难道不是自相矛盾吗？

最后也是最重要的是，实际上是先有事实，然后才有犯罪。说先有犯罪事实，后有事实（证据）是本末倒置的。试以上引某女士陈述的泼盐酸之事为例加以分析。在该例中，某女士首先看到了泼盐酸的事件，但是如果不把这件事情与抢劫罪中的暴力要件联系起来，说它是表现抢劫罪的暴力要件的事情，那么尽管它存在，却不是作为抢劫犯罪的一部分而存在，只有把它与抢劫罪中

的暴力要件联系起来之后，它才转而作为抢劫犯罪事实的组成部分而存在。①从该例中可以看出两点：第一，是先有事实或"证据"，然后才有犯罪，犯罪是由事实转化而来的，因而所谓先有犯罪事实后有证据的关联性，与现实情况是南辕北辙、背道而驰的；第二，一个事件一旦转化为犯罪的组成部分，那么它同犯罪的关系就是同一事物的部分与整体之间的关系，而不可能存在两个不同事物之间的关联性问题。因而，对于因表现犯罪构成要件而成为犯罪组成部分的事实来说，根本没有上述的证据的关联性问题。

（二）证据的关联性不是单一的，而是多元的

一个事实，当被认识者用来表现犯罪构成而成为犯罪的组成部分时，即为证据。这就是本文的新证据观。和传统的证据观相比，新的证据观对关联性作出了全新的解释，传统的证据观认为，证据是犯罪事实的衍生物，两者之间的关联肇源于斯。对这种观点的歧误之处，本文已作分析，但这并不意味着本文要彻底否定关联性，实际上本文的意图是要用一种新的关联性取代传统的证据观的关联性。这种新的关联性，"新"在两个方面，除了内在性以外，还扩大了关联性的范围。

传统的证据观只讲证据与犯罪事实的关联性，范围是单一的。然而从新的证据观的定义可以看出，新的证据观涉及这样三对关联性：a. 证据和犯罪之间的关联性；b. 证据和犯罪构成之间的关联性；c. 证据和认识者之间的关联性。

在这三对关联性中，证据和犯罪之间的关联是同一事物的部分和整体之间的关联，而不是传统证据观所讲的犯罪事实与不同于犯罪事实的证据之间的关联。传统的证据观研讨关联性，采用的是线性思维方式，总认为犯罪事实（其实应为犯罪）和证据是两件不同的事情，犯罪事实在没有证据时才能单独存在，在确立了这个根本前提之后，再去研讨两者之间的关联，但是恕我直言，翻开形形色色的教科书，里面除了引用外国人说证据具有关联性的话语壮胆之外，剩下的都是一些空洞的哲学说教，如关联性是客观的，不以认识者的意志为转移的，关联性是多样的，要力忌片面，力求全面地加以把握，等等。为什么会出现这种无话可说的现象？本文认为，根本的原因在于传统观点在研

①　对于具体的转化过程，在随后讨论证据的客观性时会有具体阐述，这里恕不详细说明。在实务当中，人们总是先讲犯罪，然后再列举事实证明，大概这种表达顺序也是导致上述误解的重要原因。只要稍微向前观察就会发现，其实人们讲述的犯罪，就是依据事实编排而成的，因而以列举事实的方式证明犯罪时，事实已经是第二次出现了，所以以为它出现在事实之后，是用来证明在先的犯罪的，乃是一种假象。

讨关联性时采用了一种线性的思维方式，以致陷入了"先有鸡还是先有蛋，鸡和蛋的关联如何"的怪圈之中，其实没有鸡哪有蛋？没有蛋哪有鸡？当人们说鸡的时候，已经预设了它是由蛋孵化而来的，当人们说蛋的时候，已经预设了它是由鸡生的，两者总是相互依存，岂可人为的分离！同样，就证据和犯罪的关系而言，当我们言及犯罪的时候，即已预设了它是由证据组成的；设若没有证据或者证据不能成立，那么孑然一身的犯罪也会随风而逝，同样，当我们言及证据的时候，即已预设了它是犯罪的组成部分，设若没有犯罪，或者犯罪事实不能成立，那么证据也会不见踪影。可见只有运用圆圈的或者辩证的思维方式，我们才能够理解证据和犯罪之间的关联，是同一事物的部分和整体之间的关联。

在这三对关联中，位居其中的是证据和犯罪构成之间的关联。这种关联是传统的证据观未曾涉及的，然而却是极为重要的。从本文的有关论述中可以看出，这种关联是事物的含义与指称之间的关联，其中，犯罪构成诸要件是证据的意义所在，而证据则是犯罪构成诸要件在案件中的具体化，是犯罪构成诸要件的指称对象。例如一叠伪钞、一封写着某日交付多少伪钞的信件、一部制造伪钞的机器，本身并无所谓证据不证据，只有认识者怀着某种犯罪构成的前理解——例如伪造货币罪的犯罪构成的前理解与这些事件接触，追问这些事件意谓着什么样的犯罪构成要件，以及犯罪构成要件在这里表现为什么？从而将这些事件与伪造货币罪的犯罪构成诸要件联系起来，这些事件才会因表现伪造货币罪的犯罪构成要件而成为证据，这些犯罪构成要件才会因在具体化自身于事件中而获得指称对象，可见两者的关系是含义与指称的关系。

在这三对关联中，还有一对是证据和认识者之间的关联。实际上本文在介绍第二对关联时已经提到，事实是在认识者的追问和使用中才转化为证据的，可见认识者是证据的制造者，证据是认识者的作品的组成部分，此即这对关联的基本内容。

四、结　论

综上所述，一个事实，当被认识者用来表现（或者意味）犯罪构成而成为犯罪的组成部分时，即为证据，其关联性具有生成性、内在性和多元性的特征。这就是本文提供的新的证据观。

从刑事证据两个规定看
我国刑事法治理念的转变

赵香如* 吴立国**

我国现行刑事诉讼法及司法解释对证据规则的规定比较原则，刑事诉讼法除侦查中有关证据收集的规定外，"证据"一章只规定了八条，且内容过于原则，可操作性不强，明显不适应刑事诉讼中复杂的证据运用实践的需要，这也与证据的重要性不相匹配。所幸的是，国家相关部门意识到证据问题的重要性，2010 年 5 月 30 日最高院、最高检、公安部、国家安全部、司法部联合发布《关于办理死刑案件审查判断证据若干问题的规定》和《关于办理刑事案件排除非法证据若干问题的规定》。前一个规定是针对死刑案件的证据适用问题，后一个则是关于所有刑事案件的证据规则，但根据文件精神，办理其他刑事案件，仍可参照《关于办理死刑案件审查判断证据若干问题的规定》执行。从两个《规定》出台的背景和目的来看，其主要还是针对死刑案件的。这两个《规定》以惩罚犯罪与保障人权并重、实体与程序并重的价值为指导，有很多创新之处，弥补了已有刑事证据规定的缺漏与不足，也体现着刑事法治理念的诸多方面的转变。

一、刑事法治理念的人权向度的偏转

（一）"两个证据规定"强化基本人权保护

"两个证据规定"是对我国刑事证据制度的创新与突破，一改以往权力本位、以惩罚犯罪为终极目标的作风，开始关注犯罪嫌疑人、被告人的权利，并以限制权力的方式来保护基本人权。规定的许多内容都涉及人权保障，如严控死刑原则、程序法定原则、证据质证原则、非法证据排除原则等。

---

* 湖南大学刑事法律科学研究中心研究员、湖南省检察理论研究基地研究员、湖南大学法学院副教授，硕士研究生导师。
** 湖南大学刑法学专业硕士研究生。

《关于办理死刑案件审查判断证据若干问题的规定》第 5 条对"证据确实、充分"予以细化：一是定罪量刑的事实都有证据证明；二是每一个定案的证据均已经法定程序查证属实；三是证据与证据之间、证据与案件事实之间不存在矛盾或者矛盾得以合理排除；四是共同犯罪案件中，被告人的地位、作用均已查清；五是根据证据认定案件事实的过程符合逻辑和经验规则，由证据得出的结论为唯一结论。《关于办理死刑案件审查判断证据若干问题的规定》第 5 条第 3 款规定了"指控的犯罪事实"，包括认定被告人有罪的事实和对被告人从重处罚的事实必须达到事实清楚、证据确实、充分的程度，并对指控的犯罪事实的具体内容进行了列举。以上规定明确了苛严的死刑案件证明标准，从另一个侧面则反映了对基本人权的严格保护。有利于被告人的证明标准降低的适用，也体现了对被告人人权的有利保护。《关于办理死刑案件审查判断证据若干问题的规定》第 36 条、第 38 条、第 39 条规定了法官的适时的主动介入权更是体现了对被告人基本人权的保护。联合国《关于保护面对死刑的人的权利的保障措施》第 4 条明确规定了死刑案件的证明标准。这一规定对死刑案件适用"排除合理怀疑"的证明标准，也更具有可操作性的要求。我国《办理死刑案件证据规定》的死刑案件证明标准与联合国规则是一致的。

证据质证原则、程序法定原则也体现着对犯罪嫌疑人、被告人基本人权的有利保护。这使得犯罪嫌疑人、被告人作为一个主体存在于刑事司法的过程中，而不是一个绝对的审判对象。《关于办理死刑案件审查判断证据若干问题的规定》还确立了有限的直接言词证据规则，规定了证人应当出庭的情形。《关于办理刑事案件排除非法证据若干问题的规定》更是设置了具体的程序来保障控辩双方的质证的权利。从程序上，有利于保障诉讼当事人的质证权利；从实体上，有利于保障正确认定案件事实。这对于审判中处于劣势的被告人无疑至关重要，也是公正审判的前提，平等对待的表征，结果公正的保证。

（二）基本人权的保护是实现刑事法治的前提

刑事法律关系体现着国家与犯罪者的对立，公权与私权的较量。同为司法，民事与刑事却有天壤之别，因为在民事法律关系中司法者可以而且能够以第三者的身份居中，而刑事关系中，司法机关却很难独立、中立。刑事法律关系是作为一方的国家机关对另一方的侦查、起诉与审判，唯一可以希冀的是国家机关内部的制约，而这种制约因其根本利益的一致性而不彻底，往往只流于形式。因此，真正的平衡需要外部力量的保障。基于国家与公民天然的不对等性，法律作为全民诉求的终极代表，应以文本形式预设权力与权力、权力与权利的平衡机制，甚至可以向弱势者倾斜，以法律权力（权利）的不均等分配来弥补事实上的不平等，这样就可以避免刑事诉讼因不平等的对话机制而陷入恶性循环。

长期以来的集权主义形成了中国的权力本位思想与重刑主义传统。刑法以惩罚犯罪为终极目标。随着改革开放的深入和人权观念的发展，加之外国和国际人权主义的影响与压力，我国《刑法》、《刑事诉讼法》开始将人权保障的目标纳入其中，尤其是 2004 年人权入宪更具有里程碑的意义。国家重视保障人权，民众权利意识觉醒，法律确认保障人权为刑事诉讼模式与架构改革开启了新篇章。很难想象，一个不尊重和不保障自由的法律是一个好法律，甚至连它能否称为法律均为问题。① 控制犯罪与保障人权，构成了刑事诉讼法目的的两个方面的对立统一体。② 保障人权已经成为不可逆转的大趋势，权力本位的思想在中国尚根深蒂固，为此，中国必须进行适合国情的改革，不可故步自封，亦不可盲目冒进，如死刑废止方面我国并没有跟风式地废止死刑，而是适时地减少和限制死刑。此次颁布的证据规定正是体现人权保障的司法解释，其作为未来法律修正与制定的前奏颇值得称道，其蕴含的价值、理念更是需要继承、发扬的。

二、国家公权力制衡的内外并举

国家公权力的单纯内部制衡是国家主义下的内部制约，具有天然的单向性和不可靠性，只有当这种制衡扩展到外部，真正制衡的效果才能够实现。人权保护的重视在法律上则体现为基本人权保护的法律化与制度化和公权限制与制衡的法律化与制度化两个方面。在这种保护与限制之间，逐渐打破国家公权力绝对高于个人私权的观念，使得私权利在制度与经验的支撑下逐渐形成一股制约公权的外部力量。同时，法律还可以通过公权力内部的制衡与协调避免各种权力间的失衡。此次颁布的两个证据规定中的诸多制度设计就考虑到了，至少说客观上有助于权力与权力之间、权力与权利之间的制衡问题，如证据裁判原则、证据质证原则、法官介入程序、侦查行为纳入审判程序等都有利于实现权力与权力之间、权力与权利之间的制衡。

（一）证据裁判规则的确立有利于平衡权力与权力、权力与权利之关系

《办理死刑案件证据规定》第 2 条规定："认定案件事实，必须以证据为根据。"第一次明文确立了证据裁判原则，这是"以事实为根据、以法律为准绳"原则的深化。证据裁判规则的确立可以从两个方面更好地实现权力与权利之间、权力与权力之间的制衡。

① 吕世伦、文正邦：《法哲学论》，中国人民大学出版社 2002 年版，第 537 页。
② 宋英辉主编：《刑事诉讼法》，清华大学出版社 2007 年版，第 27 页。

1. 以证据为中心实现权力与权利的合理配置

根据罪刑法定原则，一个案件在无证据或证据不完整的情况下，只能判无罪，但在操作上，法律并没有明确规定具体的处理方式和责任机制，从而导致法官自由裁量权的滥用，致使许多证据不明的案件迫于压力作轻罪处理，此种不负责任的裁判成为日后冤假错案的源头。证据裁判规则的确立将可能改变此现状。在侦查、审查起诉阶段，证据中心主义起着重要的作用，因为侦查行为和审查起诉行为受制于非法证据排除规则，检察院有非法证据排除的权利和义务，侦查机关也不会为注定无效的不法证据而做无用之功。这种"唯证据是从"的标准在限制权力的同时，也是犯罪嫌疑人、被告人基本人权保障的有力屏障。证据中心主义的模式为诉讼各方找到了法律上的客观标准与平衡点。各方权力、权利都以证据与证据规定为中心，有形或无形地限制了权力的恣意，树立了权利的信念。证据裁判的真正施行还有待于全民证据意识与权利意识的提高，以及违背证据裁判而导致的归责体系的建立。法院只按证据判案，每一个案件都办成铁案，也树立了法律的权威。

2. 以证据为中心实现权力与权力的制衡

刑事诉讼首先要经过侦查、审查起诉阶段，才可能进入审判阶段，只有经过审判才能确定一个人是否有罪，因此，检察院希望法院作出有利于惩罚犯罪的判决，同样，侦查机关希望自己的侦查结果得到检察机关的认可，在这种惩罚犯罪的目标的驱使下，再加上行政压力的影响，冤假错案难免发生。此次出台的证据规定明确规定了人民检察院在审查批准逮捕、审查起诉阶段负有排除非法证据的义务，如此，则可发挥检察院对于公安机关和法院的中枢调整与制约功能，从而为保证刑事案件的质量多树立了一道关卡。

检察院非法证据排除之义务，丰富和发展了检察机关的监督职能，而对证据规则的重视亦从另一个层面提高了法院在刑事诉讼中的地位。正是如此，有学者认为，非法证据排除规则的成型与崇高地位是法院的胜利。[①] 坚持检察院、法院的非法证据排除义务和法院的证据裁判义务，强化对侦查行为过程的监督，这更有利于平衡各方，限制公权合力的影响和单个力量的扩张，从而保障基本人权，实现刑事法治。

（二）侦查行为纳入审判程序有利于平衡各方权力、权利

近十多年来，我国不起诉率不超过 3.5%，从 1997 年到 2007 年，无罪判决基本维持在 1% 以下。这个数据说明，我国刑事诉讼不起诉率和无罪判决率很低，公安机关立案后大量案件在侦查终结时，很容易被处理为不进一步进入

---

① 马明亮：《非法证据排除规则与警察自由裁量权》，载《政法论坛》2010 年 7 月。

诉讼程序。① 由此可见公安机关权力的扩张，以及起诉和审判中强烈的国家主义倾向。公权力主体间的不对等，公权、私权主体间的不对等更加剧了刑事诉讼的不公平、不正义。旁听过刑事诉讼审判的人很容易产生错觉，认为法院作为形式上的中立者，进行程序性的审问，公诉人照本宣科地宣读起诉书等各项材料，被告人为求自保，只会应声作答，不敢有丝毫违抗。这种诉讼程序模式下的审判难以保证审判结果的公平。侦查行为的监督不力成为侦查失范与侦查能力弱化的制度性障碍，这种状况在公诉阶段也很难扭转，我们认为扭转现状的关键在于破除法官"中立"的迷信，法官的"中立"实质则是一种国家主义的倾向，法官的"不中立"则可能造就对抗的诉讼程序与公正的审判结果，因为法官"不中立"，介入诉讼可以平衡控辩双方的不平等，使得控方更谨慎，使得辩方更因看到希望而努力。在刑事法治中，侦查活动应当改变单纯行政程序的性质，引入司法裁判机制，使侦查活动兼具行政性与司法性。② 法官坚持证据裁判、介入刑事诉讼倒可以保证诉讼结果更公正。此外，还应该扩大与强化检察机关的侦查监督权。两个"证据规定"规定的控辩双方的质证程序、有限的直接言词原则及证人出庭作证制度等也都有利于平衡公权主体之间、公权与私权主体之间的权力（权利）。

三、正义诉求方式的程序化倾向加强

实体正义的永恒追求和程序正义的独特价值为实体与程序的契合找到了最佳的连结点。司法之目的在于最大限度地恢复社会正义，而却无法精确地还原被破坏的社会关系，在实体正义无法圆满时，程序正义作为正义的一部分可以弥补司法正义之不足。事实上，在案件发生后，所有的事实已经成为过去式，诉讼中重新确认的事实永远只可能无限接近客观真实，而不可能完全等同于已经发生的事实。证据裁判本身就体现着实体与程序的结合，程序的普遍重视更是限制国家公权、保障公民基本人权的必要。

（一）"两个证据规定"强化了程序性规定

1. 证据裁判规则本身体现了程序与实体的结合

证据裁判规则要求，"认定案件事实，必须以证据为根据"。这与刑事诉讼法规定的"以事实为根据"的原则相吻合，只是前者规定更明确、更具体。事实，在认识论意义上，是指不依赖于认识主体而客观存在的情况，而刑事诉

---

① 徐美君：《我国刑事诉讼运行状况实证分析》，载《法学研究》2010 年第 1 期。

② 陈兴良：《限权与分权：刑事法治视野中的警察权》，载《法律科学》2002 年第 1 期。

讼证据,是指以法律规定的形式表现出来的、能够证明案件真实情况的一切事实。① 两者的区别显而易见。案件中的客观事实未必都能成为刑事诉讼中的证据。首先,证据是法律认定的事实,不是客观真实,是法律化、主观化了的"新事实"。其可能与客观事实重合,也可能不重合。代表着绝对的实体正义的客观真实不能复写,诉讼程序的介入正是为了最大限度地还原这种客观真实,尽量实现更完整的正义。其次,法律因利益衡平与诉讼公正的需要,往往设定了证据的"准入规则",即非法证据排除规则、证明能力与证明标准规则等,这可能使得对实体正义有影响的客观事实无法进入刑事诉讼程序成为证据。证据裁判规则的确立与诉讼程序的强化更使得证据成为实体与程序的结合体,而不仅体现为实体的内容。证据的搜集、审查、判断与认定都要体现法定的正当程序。公开、透明、公众参与等,在正当法律程序中越来越占有重要地位。② 这些因素都应成为正当程序制定的要素。

2. 非法证据排除程序更强化了诉讼过程的程序价值

"两个证据规定"明确规定了质证的程序、举证的程序和非法证据排除的程序。证据质证原则强调经过当庭出示、辨认、质证等法庭调查程序查证属实的证据才能作为定罪的根据。《关于办理刑事案件排除非法证据若干问题的规定》明确了启动证据合法性调查程序的初步责任,明确了应由控方对被告人审判前供述的合法性负举证责任和相应的证明标准,明确了讯问人员出庭作证问题,建立了在审判阶段排除非法证据的程序,即被告人提出书面意见并提供相关线索或者证据—法庭初步审查—控方提供证据—控辩双方质证—法庭审查处理。有了上述比较系统的程序才能使非法证据排除规则在司法实践中落到实处。规定还明确规定了法庭在对控辩双方提供的证据存在疑问时依职权主动调查核实的职责。这些都体现了对程序法治价值的重视。

(二) 程序正义是刑事司法正义的题中之义

在中国传统文化当中,不存在法律逻辑的思维方法,而只有更多地追求实质合理性的冲动。③ 极度追求实质合理性是以损害犯罪嫌疑人、被告人的基本人权为代价。如果不将犯罪嫌疑人、被告人作为真正的权利主体,一切诉讼活动如侦查、起诉、审判行为可能因其单边主义而陷入非理性,从而很难实现真正的实体正义。现代刑事诉讼必须强调对现代人权的普遍尊重,从而不能以牺

---

① 陈光中主编:《刑事诉讼法》,高等教育出版社、北京大学出版社 2005 年版,第148 页。

② 姜明安:《正当法律程序:遏制腐败的屏障》,载《中国法学》2008 年第 3 期。

③ 陈兴良:《当代中国刑法新路径》,中国人民大学出版社 2006 年版,第 15 页。

牲基本人权为代价去追求实体正义，为此，必须强调程序价值。改革开放以来，我国国际化程度不断提高，程序价值受到普遍认同。此次出台的"证据规定"的内容亦体现了对程序价值的重视。非法证据排除规定及其排除程序体现的程序意识最为明显，它不仅规定了通过非法手段和程序获得的言词证据要排除，还扩大了其适用的范围，并明确了非法证据的排除程序与排除效果，以及法院审理过程中的质证程序和法官的介入程序。这些都将推动"看得见的正义"的实现，弥补可能无法圆满实现的实体正义之不足。

随着传统的实体正义即完整正义的观念被颠覆，现代的刑事诉讼法更注重以实体与程序并重来寻求较为完整的司法正义。与私力报复不同，公力报应应是理智的行为，是有节制的反映。① 程序与实体的结合可以说是司法正义诉求方式的转化。程序价值的重视可以说是现代刑事诉讼架构与人权普遍尊重下的折中产物。在刑事诉讼中，公安机关、检察机关、人民法院打击犯罪的天然倾向很容易使诉讼活动沦为非正义，近年来出现的一系列冤假错案，如佘祥林案、杜培武案、赵作海案等，无不是其典型。因此，可以说程序公正观念在当代中国的引入和深化，有着强烈的时代背景和现实原因，同时也与司法实践中的个别化需求分不开。② 因此，现代刑事诉讼中的证据判断应坚持实体诉求与程序诉求的统一。

四、法律由注重"务虚"向注重"务实"转变

法律制度的目的在于治理而非仅仅在于宣示，长期以来，我国诉讼制度只规定行为，而较少规定不遵循行为的法律后果，例如，我国法律严禁刑讯逼供，但除了刑法规定的刑讯逼供罪外，对刑讯逼供并未规定相应的法律责任。目前，世界许多国家都在推行一个重要证据规则，即证据排除规则，在法庭审理中排除那些用非法手段、暴力手段取得的证据。为此，采取刑讯逼供取得的证据不仅要在法庭审理中被排除掉，违法办案人员还要被追究刑事责任。这对于法律提出了更高的要求，要求法律对行为的规定要具有可操作性，要求法律对行为的责任规定要合理与有效。

（一）"两个证据规定"强化了刑事诉讼证据裁判的可操作性

法律设置规则与程序的目的是解决问题，可操作无疑是规则设计的基本要求，然而，因我国制定刑事诉讼法时，理论不够成熟，实践经验亦不丰富，有关证据方面的规定相当抽象与笼统，这种立法造成了司法适用中的"隐性违

---

① 陈兴良：《刑法哲学》，中国政法大学出版社 1999 年版，第 283 页。
② 张曙：《刑事司法公正论》，中国人民公安大学出版社 2009 年版，第 229 页。

反"与无序。法律不是空中楼阁，而是利益归属的矫正器，需要被执行。每一个参与诉讼的主体可能更关注法律能给予其实际的利益，而不是法律宣示了什么。法律效力的核心在于其强制执行力，这方面刑事法则表现最为明显，而强制执行的合理与可能的前提是规则的合理性与可操作性。

两个证据《规定》以最新刑事法理念为指导，总结实践经验，借鉴外国经验，对有关刑事诉讼中的证据问题做了较为详细和具有可操作性的规定。两证据《规定》的可操作性主要可归结以下几点：（1）它明确规定了死刑案件证明标准是证据确实、充分，并且由证据得出的结论必须具有唯一性；（2）对刑事诉讼每一种证据种类的审查与认定予以分别规定，对每一类证据的审查认定区分了层次；（3）它明确规定了对被告人庭审中翻供以及庭前供述反复时的认定规则；（4）它不仅要求排除非法言词证据，也规定了对非法实物证据和其他内容的排除的情形，并规定了排除的程序；（5）它规定了举证责任和证据存疑时法官依职权主动调查证据的情形等。

（二）法律责任合理与有效是法律效力实现的保证

法律责任是一种以强制力为保障的权利救济机制。[①] 没有责任的义务预设等同于没有义务，不具有责任的法律规则完全可以由道德和习惯来代替。法律，尤其是作为最严厉的规范之刑事法，区别于其他规范的主要方面是其强制性和严厉性，而强制性、严厉性有效贯彻的前提是法律责任规定的合理与有效。此次"证据规定"有所突破，通过"证据失权"的方式规定了非法证据的后果，但是，没有对非法证据收集人的责任加以明确规定，我们认为还应在法律上规定非法证据收集人因故意行为而收集非法证据的法律责任。只有在明确责任的前提下，不公正司法的风险才会大大降低，让一切依法办案，一切依法定程序办案成为每一个侦查人员的行为准则！

法律责任规定的意义不仅在于提供义务违反时的执行依据与标准，更为行为人和相对人的行为提供了可预见性。对于司法人员而言，没有明确责任的义务，其违反只需要一点点胆量，而面对有明确责任规定的义务，其违反则需要对得失进行精心的计算。这同时也有助于社会大众和犯罪嫌疑人、被告人树立牢固的法治的理念，正义的理念，使得刑事诉讼真正成为一个双向互动、公平公正的程序过程与实体载体。

总而言之，"两个证据规定"作为刑事诉讼中证据规则的司法解释，不仅在理论上展示了刑事诉讼的价值、理念的变化，更将在实践层面推动司法活动的规则化、程序化、制衡化。学界对这两个规定亦给予了高度评价，认为，两

---

① 余军、朱新力：《法律责任概念的形式构造》，载《法学研究》2010 年第 4 期。

个规定有利于准确认定案件实事，有力遏制刑讯逼供；能有效防止冤假错案的发生，实现司法公正，加强司法公信与权威；有利于通过程序修正不完整的司法正义；其通过细化与责任机制增强可操作性；其死刑的证据标准与国际接轨等。但是，在我们为"证据规定"欢呼雀跃的同时，也应警惕其中的隐患，由于此次颁布的证据规定主要是针对死刑案件的，这种导向很可能会对司法实践产生误导，以为死刑案件证据必须谨慎，普通刑事案件则可当别论。尽管死刑案件在性质上较一般案件更严重，更要"谨慎诉讼"，但在证据的标准和规则上，两者并无实质性差别。

从岳麓书院到中央党校

——实事求是与我国刑事证据制度的过去、现在、未来

陈丽凤*

"实事求是"的理论精髓是马克思辩证唯物主义认识论在我国的发展表现之一，本是中国特色的认识路线和工作方法，经领导人的引用而成为国家政治、经济、文化等建设的方针和政策。但是受现代多元思想影响的当代新人在了解新中国成立后至 20 世纪末的法制发展轨迹之前，也许很难理解"实事求是"对我国刑事证据制度全方位的影响，其地位之高实际上也一定程度上反映了我国政治对法律的"掌控"。而当下我们强调依法治国、司法独立，意欲摆脱历史的压抑时，"中国法制该向何处去"同样逼人深思。笔者亦知"真、善、美"的兼得之难，所以本文只拟求引注目，集众智慧共讨良策。

一、"实事求是"的中国情结

首先让我们戴着实地考察的"眼镜"来到坐落在湖南大学校园内的千年学府探寻一番。走近岳麓书院讲堂，首先映入眼帘的是檐下的"實事求是"匾额，系 1917 年湖南公立工业专门学校校长宾步程首撰。步入书院史馆，可了解到，1917 年至 1919 年，毛泽东多次到岳麓书院，并两度寓居半学斋（当时为湖南大学筹备处）。很自然，岳麓书院的"实事求是"校训，深深刻印在了毛泽东的心灵中，如其后多次以"实事求是"为题赠。而"实事求是"与中央党校的渊源我们可知：1933 年 3 月 13 日，中央革命根据地"马克思共产主义学校"，即后来的中央党校，在江西瑞金成立；1941 年冬毛泽东为中央党

* 湖南大学刑法专业2010级硕士研究生。本文曾获湖南大学刑事法律科学研究中心第一届"醒龙奖学金"有奖征文二等奖。

校题词"实事求是",并曾明确指示:中央党校的校训应是"实事求是,不尚空谈";1943 年 12 月,毛泽东为中央党校大礼堂的落成又一次题词"实事求是";1943 年 3 月后,毛泽东亲自兼任中央党校校长,充分利用这个阵地,坚持以马列主义基本原理与中国具体实际相结合的方针教育干部,培养了大批国家领导骨干和理论工作者。"实事求是"成为党的思想路线的重要内容和全党学习、工作的座右铭。而中央党校建立后一直是中国共产党培养党员领导干部和理论干部的最高学府,是党中央直属的重要部门,是培训和轮训党的高中级领导干部的主渠道,是党的哲学社会科学研究机构。① 中央党校的校训也一直是"实事求是",在教学中以坚持理论联系实际的学风为训。

　　"实事求是",语出《汉书·河间献王刘德传》:"修学好古,实事求是。"这一原为治学态度和学风的用语,1941 年 5 月毛泽东在延安干部会议上所作的《改造我们的学习》中,对其含义作了新的解释:"'实事'就是客观存在着的一切事物。'是'就是客观事物的内部联系,即规律性。'求'就是我们去研究。"② 即将"实事求是"演变成和提高到哲学的核心命题,并发展为辩证唯物主义和历史唯物主义的精髓。新中国成立后,"实事求是"的认识路线和工作方法成为我们开展政治、经济、文化包括法律等工作的指导思想。其后作为中国共产党第二代领导核心的邓小平,又使毛泽东"实事求是"的思想作为邓小平理论的基础,成为指导中国改革开放和现代化建设的方针、政策和原则。而"实事求是"与中国法学的渊源,如马列主义研究者所言:科学的世界观和方法论是马克思主义法学成为科学的根本条件,这个科学的世界观和方法论就是辩证唯物主义和历史唯物主义,它是马克思主义最根本的理论特征,是科学的认识路线。③ 由此"实事求是"这一政策和原则对我国法学的影响可见一斑。

二、"实事求是刑事证据制度"的历史由来

　　新中国成立后的证据制度,渊源于革命根据地的证据法律制度,当时已建立起许多较先进的证据原则和规则,主要是:1. 强调调查研究,实事求是;2. 严禁刑讯逼供,重证据不轻信口供;3. 明确规定当事人对于主张利己的事

---

　　① 参见赵讯:《实事求是·一流学府·风清气正——中央党校常务副校长李景田为中外记者"解密"中央党校》,载 http://www.jmnews.com.cn,2010 年 6 月 29 日。
　　② 毛泽东:《毛泽东选集》,人民出版社 1996 年版,第 801 页。
　　③ 参见马光博:《坚持马克思主义法律观》,吉林人民出版社 2005 年版,第 108 页。

实有举证之责；4. 证据须确实、充分，否则被告应予释放或宣告无罪，① 等等。事实上，无论是新民主主义时期还是新中国成立后至 1966 年"文化大革命"破坏法制之前，我国的证据制度都是以"实事求是"为证据原则和司法证明活动的原则的，如 20 世纪 50 年代前期颁布的一系列法律法规亦确立了实事求是、重调查研究、明确了举证责任和要求证据须确实充分等司法活动的原则。② 经历"文化大革命"浩劫后的 1979 年刑事诉讼法中有关证据立法仍深受新中国成立之初的证据制度的影响，甚至 1996 年的刑事诉讼法在证据法律部分依然明显具有以"实事求是"为指导、追求客观真实之目标等特点。

因此回顾我国证据制度的发展轨迹发现，作为诉讼法律体系中的一个分支，实事求是的刑事证据制度正是在新中国法学以唯物辩证主义和历史唯物主义作为科学的世界观和方法论的历史大背景下应运而生的。其中特别是辩证唯物主义认识论对我国证据法具有指导作用和深刻影响。一般认为，马克思辩证唯物主义认识论主要由三个基本的理论要素组成：一是物质论，即认为物质或存在是第一性的，物质决定意识；二是反映论，即认为人的思维是大脑的技能，是对存在的反映；三是可知论，即认为思维与存在之间具有同一性，人的认识可正确反映客观世界。要求到证据领域，按照辩证唯物主义认识论的基本思想，公安司法人员须通过运用证据查明案件的客观真实，使自己的主观认识符合案件事实的客观实际情况——很多学者将其归纳为"实事求是"。难怪很多学者将我国刑事证据制度直接命名为"实事求是的证据制度"。③

实事求是被认为是辩证唯物主义认识论的核心和灵魂，"实事求是的刑事证据制度"即旗帜鲜明地表明了我国刑事证据制度的理论基础即是辩证唯物主义认识论。事实上，从 20 世纪 50 年代以来，诉讼法学界就一直主张以辩证唯物主义认识论作为我国刑事证据制度的理论基础，"文革"后出版的几本代表性著作和教材（如张子培主编的 1983 年版《刑事证据理论》，崔敏主编的1992 年版《刑事证据的理论与实践》等），也都坚持这样的主张。以认识论作为理论基础，对刑事证据制度的具体设计和证据规则体系的构建都产生了深远影响。因为证据制度包括法律规定或确认的关于诉讼中证据的含义和种类、证明对象、证明责任、证明要求和标准，以及如何收集和审查判断证据，如何运用证据认定案件事实的各种原则、规则等内容，以认识论来指导就必然要求：

---

① 江伟主编：《证据法学》，中共中央党校出版社 2002 年版，第 29 页。

② 参见樊崇义主编：《证据法学》（第 4 版），法律出版社 2008 年版，第 29 页。

③ 参见陈一云主编：《证据学》，中国人民大学出版社 1991 年版，第 93—94 页；陈卫东、谢佑平主编：《证据法学》，复旦大学出版社 2005 年版，第 48 页。

证据具有客观性，所有能够证明案件真实情况的事实都是证据，证明对象是案件的客观事实，诉讼证明标准为"事实清楚，证据确实、充分"，审查判断的核心是证据是否确实、充分、合法，以及证据规则等都要体现实事求是、尊重案件客观真实情况的精神和辩证唯物主义认识论原理。可以说，当时"实事求是"在我国证据制度体系的各个部分都有不同程度的体现，对我国司法工作的指导亦不言而喻。

三、实事求是与当下中国刑事证据制度

（一）理论基础争潮

但是 21 世纪伊始，有学者即对辩证唯物主义认识论能否作为或作为唯一的证据法学理论基础提出了质疑。如 2001 年陈瑞华教授即在《从认识论走向价值论》① 中指出了将证据制度的理论基础界定为辩证唯物主义认识论对中国证据规则体系的形成造成的不利影响，进而对证据法学理论基础进行了两层反思。陈教授认为，裁判者在程序法的严格限制下所认定的事实只是法律上的事实；诉讼涉及对有关论题的证明活动，而证明活动并不等于认识活动；诉讼包含着一系列法律价值的实现和选择过程。而且，辩证唯物主义认识论也为程序工具主义甚至程序虚无主义现象的出现提供了合理化解释，在"重结果、轻过程"，"重实体、轻程序"的观念影响下，证据规则本身独立的内在价值许多都不能得到应有的重视。如证据的合法性在三大诉讼法中都没有足够的重视；对证人法律资格几乎未作任何明确的限制和规范；作为现代刑事诉讼基石的无罪推定原则无法在中国真正确立；囿于"实事求是"认识论视角，中国主流诉讼理论都否认"沉默权规则"的正当性；有关非法证据排除的规则在中国难以确立和真正实施；与"对抗式"诉讼模式相关的一系列证据规则也都难以确立和实施；由于"案件事实清楚，证据确实、充分"只强调了案件事实的客观程度而未对裁判案件事实的主观认识设定明确的幅度和标准，实际上导致诉讼中的证明活动缺少具有可操作性的证明标准。陈教授还提出要以形式理性观念和程序正义理念来重新确立刑事证据制度的理论基础，认为应从"认识论"走向"价值论"。

随后法学界掀起了争论证据制度理论基础的热潮。刘金友教授在其主编的 2001 年版《证据法学》中坚持以"实事求是"作为我国证据制度的理论基础或指导思想之一。其认为实事求是是构建我国社会主义新型证据制度不可或缺

---

① 转参陈瑞华：《刑事诉讼的前沿问题》，中国人民大学出版社 2002 年版，原载《法学》2001 年第 1 期。

的灵魂和支柱，是我国证据制度优越性的重要源泉所在。① 有学者在批判了单纯的"价值论"之后提出我国证据法学应以实在论和对于人的认识能力存在适当评价的观点相结合的认识论为基础，其实质还是在坚持辩证唯物主义的前提下加入法律价值及平衡、选择理论来弥补原理论的不足。当然其认为法律价值及平衡、选择理论是多元化的而非单一的程序主义理论。② 还有学者比较具体地提出了六个方面的理论基础：处于最高层面的是属于政治方面的，如马列主义、毛泽东思想、邓小平理论等，主要是我国立国、制法的指导思想，是其根本的宏观的理论基础；然后是属于认识论和方法论方面的理论基础，以辩证唯物主义认识论为主、多种认识论和方法论相结合的多元化理论基础；再是关于诉讼模式的理论，因为诉讼模式不同决定不同的证据制度的框架和基本内容；还有关于法律价值的理论，特别是关于诉讼法律的目的和价值的理论（如公正、效率等）；关于人权保障理论：最后是某些科技理论基础。③ 但是这种划分太细致的理论易使"理论基础"不具有宏观的指导意义。

另有学者提出了证据法学的"裁判事实可接受性"，认为此才是诉讼证明的核心问题，也是证据理论和证据规则所要解决的首要问题。其论证"客观真实论"的实际目的与理论价值只在于为裁判事实可接受性提供正当说明和作为保护当事人裁判利益的理论武器而不具有现实的可操作性后，提出适当借鉴实用主义哲学的合理因素，是重新构建我国证据法学理论基础即裁判事实可接受性的可行途径；并从方法论、真理观、价值观三方面论证实用主义哲学对证据法及证据法学可能具有的积极意义。④ 有学者还从历史主义的维度分析认为，理性主义的思想一直是证据制度演化的支撑，在古希腊就已初步确立的理性主义传统又是以人文主义精神为依托的，形式理性仍应是我国法制现代化和包括证据制度在内的法制改革的选择方向。所以建立在人的理性主义认知能力基础上的认识论和形式理性观念以及法律价值的平衡、选择理论应是我国证据法学的理论基础。⑤ 由上即可见我国学界关于刑事证据制度理论基础讨论的热闹，且目前探讨仍在继续。传统论似乎仍余威很足，只是完全的反传统论在被群起而攻后其合理成分亦被吸收，反而是走折中路者越来越多。

---

① 参见刘金友主编：《证据法学》，中国政法大学出版社 2001 年版，第 105、108 页。

② 参见张建伟：《证据法学的理论基础》，载《现代法学》2002 年第 2 期。

③ 参见周士敏：《试论我国证据制度的理论基础》，载陈光中、江伟主编：《诉讼法论丛》（第 8 卷），法律出版社 2003 年版。

④ 参见易延友：《证据法学的理论基础》，载《法学研究》2004 年第 1 期。

⑤ 孙孝福、郭松：《证据制度与理性：一种历史主义的维度——兼对中国证据制度的思考》，载何家弘主编：《证据学论坛》（第 7 卷），中国检察出版社 2004 年版。

（二）证明标准热议

证据制度中的证明标准论争成为争潮的又一峰。人们认为 1986 年黄道在《政治与法律》第 2 期上发表的《论刑事案件的证明程度》是为刑事证明标准专门研究的肇始，但樊崇义在《中国法学》2000 年第 1 期上发表《客观真实管见》，提出"应将法律真实作为刑事诉讼证明的任务和要求"才引出证明标准百家争鸣之壮景。刘金友教授、何家弘教授、王敏远研究员、龙宗智教授等都参与到这场论争中来，在"法律真实说"与"客观事实说"的对擂中，"相对真实说"、"证明标准的应然与实然状态"、"证明标准的多元多层次性"等理论和学说纷呈，百花齐放。使得证明标准的研究得以深入，从而打破了之前一元标准独步武林的格局，也为证据制度的改革和完善甚而刑事诉讼法的修改、完善起到推动作用。

本来"客观真实说"在我国证据理论中长期占主导地位，刑事诉讼法中要求的"事实清楚，证据确实、充分"为其法律依据。而与之相对的"法律真实说"在挑起论争后还是得到了一些学者的赞同的，如陈瑞华教授即是"法律真实说"的论证者。还有对"客观真实说"批判说理较透彻、论证较充分的吴宏耀博士提出，法官对案件客观事实的认识必须也只能借助于证据这一手段来完成，在诉讼视野中，我们无法将诉讼中根本就不存在的客观真实作为判断者主观认识的具体尺度；实际上，我们运用证据只要达到从法律的角度认为是真实的程度即可。近年来学术界对法律真实标准的肯定越来越多，并在一定程度上得到了司法实务界的认同。但是对"法律真实说"和"客观真实说"持双重否定的学者似乎亦有道理，如王敏远研究员在《对刑事证明标准理论的反思》一文中，认为"法律真实"和"客观真实"都不具有可操作性，不可为司法实践提供相应的正当性，两者皆存在"未认识现实中的证明标准之真谛，不清楚所讨论刑事证明标准的确定性与科学性特点，为不当的研究方式所困"等问题。

而与王敏远相对的是何家弘等教授对"法律真实说"和"客观真实说"的双吸收，何家弘在《论司法证明的目的和标准》一文中分析了客观事实与法律事实、客观真实与法律真实、绝对真实与相对真实、实质真实与形式真实等数对范畴，而后提出"司法证明的目的是客观真实，标准是法律真实"①。随后出现刘金友教授与何家弘教授的回合论战。刘教授针对何教授的上文作《实践是检验司法证明真理性的唯一标准——与何家弘教授商榷》发表在《法

---

① 转参何家弘：《从应然到实然——证据法学探究》，中国法制出版社 2008 年版，第293—302 页，原载《法学研究》2001 年第 6 期。

学研究》2003 年第 4 期上，提出"司法证明的真理性属于实践标准的检验范围，实践标准是司法证明具有真理性的根本保证，司法证明的逆向思维能以实践标准来检验"等观点。然后何教授在《法学研究》2004 年第 6 期上发表《司法证明标准与乌托邦——答刘金友兼与张卫平、王敏远商榷》，仍然坚持认为司法证明结论或法院判决不属于真理的范畴，实践不是检验司法证明结论或法院判决的标准，并提出司法证明标准体系建构的"三层次"论。

在持续了几年的论争中不仅老一辈的证据学者很多改变了原来的观点，深受"客观真实说"教育的人在认识到缺陷后很多成为折中论者，而且新兴的学者也多倾向于证明标准的多元化。前者如陈光中、江伟教授根据认识论原理、司法公正的要求，诉讼效率原则及司法实践中证明标准的运用经验并借鉴国外的证明标准理论，主张建立层次性的证明标准，如以排除合理怀疑作为个别危害大、取证难的刑事案件，被告人自愿认罪的轻罪或较轻罪等案件的证明标准；以有确实证据的推定作为巨额财产来源不明罪、走私罪等犯罪案件的证明标准。后者如吕卫华博士在其博士论文《诉讼认识、证明与真实——以刑事诉讼为主要研究对象》中和李玉华博士在《证明标准研究》中都既肯定了"犯罪事实清楚，证据确实、充分"的客观真实说，又注意吸收法律真实说、相对真实说等的合理成分。李玉华博士还提出了"概率标准"。

（三）证明对象、证明责任、证据规则等探讨

而关于诉讼中证明主体、证明对象、证明责任及其分配、证据审查和判断等新兴理论在反思传统观点的同时亦在大讨论中得到深化。一些学者认为，传统证据理论将辩证唯物主义认识论作为我国证据制度的唯一理论基础，及我国传统的典型线性诉讼结构或"超职权主义"诉讼模式，导致我们在构建诉讼证明体系时存在诸多缺陷和漏洞。一方面，如举证责任与证明责任这两个概念及其相互关系的问题难以破解；另一方面，传统诉讼证明概念中体现的指导思想与价值理念不可避免对诉讼制度产生直接或间接的影响，如导致我国在1996 年刑事诉讼法借鉴当事人主义诉讼模式后传统"强职权主义"模式的影响仍无处不在，诉讼结构畸形。于是一轮轮争讨和探究在硝烟弥漫中展开。

证明对象的论争即是一极。证明对象的"案件事实说"是传统并占主流的观点，通说认为，证明对象是司法人员和诉讼当事人及其律师在诉讼中必须运用证据加以证明的各种案件事实，① 包括实体法事实和程序法事实。但是近几年来也有学者提出证明对象乃指证明主体运用一定的证明方法所欲证明的系争要件事实，证明对象有广、狭义之分，其狭义仅针对诉讼外的实体性要件事

---

① 樊崇义主编：《证据法学》（第 4 版），法律出版社 2008 年版，第 276 页。

实而言，广义则还包括诉讼中的程序性要件事实以及非诉讼中的要件事实，①此即为"争议事实说"。还有学者认为证明对象是"指证明主体运用一定的证明方法所欲证明的法律要件事实"，是为"法律要件事实说"的代表。其提出成为通说的"案件事实"表述过于宽泛，但将证明对象界定为"争议事实"又略显窄，因此认为："刑事证明对象可分为实体法事实、程序法事实和证据法事实三部分，分别与刑法、刑事诉讼法和刑事证据法相对应。"② 近年来随着各类学说的碰撞争锋，"法律要件事实说"得到越来越多学者的支持，如张建伟在其著《证据法要义》中亦采此说。

证明责任却是新中国成立 50 多年来法学界一直争论不休的主题，其中特别是围绕证明责任主体问题的探讨尤为热烈。我国传统主导理论从证明责任的主体角度将证明责任分为证明职责和举证责任——司法机关负有证明职责，当事人承担举证责任。③ 但是有学者通过对比西方国家的相关理论认为我国所称的证明责任实际上与英、美国家所称的举证责任等同，我们应当使用证明责任的表述，但当事人诉讼主张的存在是证明责任产生的潜在前提，因此证明责任只适用于有诉讼主张的主体，具体内容包括提出证据的责任、说服责任和承担不利后果的责任。④ 但是这种说法有学者亦认为因其对司法机关的自向证明没有研究和体现而存在缺陷："证明责任是指他向证明的主体为证明自己的诉讼主张而承担证明上的责任，自向证明的主体为认定事实从而作出裁决而承担证明上的责任叫证明职责。"⑤ 然后还有关于证明责任的分担即承担主体问题。应该说我国 1996 年刑事诉讼法借鉴当事人主义诉讼模式后，证明责任主要属于控方，包括控诉机关和自诉人，但是被告方是否也负有证明自己无罪和特案中的证明责任，则仍是众说纷纭。对此肯定者大有人在，否定者亦据理力争。但是在我国尚未真正确立"无罪推定"原则的现状下，否定说难免占下风。

证据规则之论争亦是随证据制度的争潮而异军突起。卞建林教授认为建立和完善证据规则体系是我国审判方式改革的必然要求。刘品新教授指出，长期以来，我们以"实事求是刑事证据制度"自居，一直强调在运用证据时要坚持"具体问题具体分析"的原则，结果造成我国的证据法学和证据制度裹足

---

① 参见卞建林主编：《证据法学》，中国政法大学出版社 2000 年版，第 276 页。

② 熊秋红：《刑事证明对象再认识》，载王敏远主编：《公法》（第 4 卷），法律出版社 2003 年版。

③ 参见刘金友主编：《证据法学》，中国政法出版社 2001 年版，第 261—311 页。

④ 参见卞建林、郭志媛、韩旭：《刑事证明责任的分配与转移》，载《诉讼法研究》（第 3 卷），中国检察出版社 2002 年版。

⑤ 李玉华：《刑事证明标准研究》，中国人民公安大学出版社 2008 年版，第 16 页。

不前，当然也就没有出现证据制度和证据规则自然而然的发展。① 而其中非法证据排除规则的争论最为激烈，陈瑞华教授在《从认识论走向价值论》中即提出因"实事求是证据制度"和"客观真实"论而致我国非法证据排除、沉默权等规则无法真正确立。虽然 1996 年刑事诉讼法实施后，对在我国确立非法证据排除规则仍存在反对意见，但大多数学者还是积极支持的。但是在建立什么样的规则及其与我国其他证据规则和原则的关系方面仍有分歧，如在排除非法证据的方式上有提议采用美国的"强制排除"模式的，有建议加拿大的"裁量排除"模式可用的，还有认为英国、德国等"强制排除"与"裁量排除"相结合的模式是适合我国的。但目前"原则排除说"或"排除加例外说"得到了较多学者和司法部门的认可。证据规则其他方面，如规范证据能力的规则与规范证据证明力的规则之间关系问题、各项证据规则的理论基础等问题亦成为争议焦点。

另外还有刑事证明原则的探讨，尤其是关于"无罪推定"的争论。周士敏教授指出，我国法学界 21 世纪前对"无罪推定"原则的讨论大体分为两个阶段：20 世纪 50 年代，侧重于该原则的阶级性问题，在以阶级斗争为纲的指导下其成为"禁区"；20 世纪 80 年代，则侧重于为该原则是否符合我国的国情问题，以为有了"实事求是"原则，就不必再规定"无罪推定"原则。周教授认为其实这是两个有一定关系的不同原则，它们发挥作用的侧重点是不同的，因而不能相互取代。② 在我们有了 1996 年《刑事诉讼法》第 12 条的规定后，有学者据此称我国已"从立法上确立了无罪推定原则"（如陈一云、陈光中、樊崇义等教授），但还有很多学者认为我国仍只是吸取了"无罪推定原则"的基本内容，其实并未完全确立和充分肯定它。如陈瑞华教授认为我国因"实事求是证据制度"重实体、轻程序而无法真正确立"无罪推定"。但刘金友教授认为无罪推定原则与"实事求是"和"以事实为根据，以法律为准绳"等原则并行不悖，是在刑事诉讼中贯彻实事求是原则的具体体现和途径。

四、实事求是与未来我国刑事证据制度

目前关于刑事证据制度的各个方面都还在探讨研究中，眼下要对这场论争的各方区分个输赢还很难。"实事求是刑事证据制度"在受到从理论基础到具

---

① 刘品新：《我国构建证据规则的视角调整》，载何家弘主编：《证据学论坛》（第 2 卷），中国检察出版社 2001 年。

② 周士敏：《论中国无罪推定原则的确立》，载樊崇义主编：《刑事诉讼法专论》，中国方正出版社 1998 年版。

体制度设计等全面批判时，为其辩护者亦不弱其声。在传统与反传统的来回论战中，许多新的和旧的理论和学说得到了越来越多的赞同。其中许多传统理论者在认识到原有观点的不足时而能自觉修正，走上了折中或圆融之路。坚持"客观真实说"的刘金友教授称："我们一直主张应当坚持引进证据能力，必须在立法上确立排除非法证据，保障严禁刑讯逼供，确定推定、无罪推定等，反对以'实事求是'命名我国证据制度，主张'求实'与'法治'二者的密不可分性。"应该此说中的观点基本能得到学界大部分人的认同。而刘教授对证据制度的理论基础解为："坚持马克思主义认识论的指导与坚持法治程序、证据规则是我国诉讼制度、证据制度两根不可动摇的支柱，两者的圆融是构建中国现代法治诉讼制度的灵魂。"也许真的因为我国的社会主义性质、马克思主义的思想统领，只要马克思主义及其辩证唯物主义的认识论还坚持其在我国的刑事证据的理论基础地位，"实事求是"对我国刑事证据制度的宏观调控和理论指导就不可忽略，虽然随着反传统的学说渐成气候其地位有所下降。

也许我们的大方向还是正确的。如我国刑事证据制度的理论基础解说在学者的热忱探讨下变得多元化，并受到越来越多的关注。而关于证明标准的论战，虽然"客观真实说"受到了一些学者的批判，其本身亦确存在诸多弊病，但还是没能被完全颠覆，反而如龙宗智教授言：客观真实是中国刑事诉讼不倒的旗帜。但在这场由证明标准到认识论到证据理论问题的论争中，"客观真实"被置于诉讼追求的目标或应然的证明标准之高位而有架空之实；在"法律真实"是证明标准的实然层面，和主客观证明标准的融合即"内心确信客观真实"之说的参与下，证明标准的多元化和层次性被评为具有可操作性的现实标准而得到越来越多的认可。笔者亦认为不同罪状、不同罪行、不同诉讼阶段、不同证明主体和证明对象适用不同的证明标准才对我们的司法实践具有现实的指导意义和价值。如以笔者关注的非法证据排除的证明标准和死刑的证明标准为例，为排除非法证据设立"存在合理怀疑"的证明标准，对死刑案件设立"排除其他可能性"或"对事实没有其他解释余地"的证明标准才是紧迫的任务。而从辩证唯物主义认识论和"实事求是"思想路线衍生来的"客观真实"论的未来出路，也许我们在证明标准体系的建构中仍需为其保留位置。

还有一些原则性的问题是我们要谨慎处理的，因为诚如美国证据学大师威格莫尔在《建立在逻辑学、心理学和一般经验基础之上的司法证明科学》中提醒："所有人为设定的可采性规则都有可能被废除，唯有证明原则会保留下来，只要审判还作为在法律纠纷中寻求事实真相的理性努力。"① 历史也在昭示证明原则的重要性。例如，我国对无罪推定原则的艰难抉择，在人道主义思潮和人权保障观念的推动下，应该能渐定下来，虽然其具体设计还需考虑。还有自由心证原则，之前虽有许多学者认为因其唯心主义的哲学基础而与我国以马克思辩证唯物主义为指导思想的"实事求是刑事证据制度"格格不入，但随着"禁区"开放和深入研讨，学术界和实务界皆对其有了一定程度的接受。可喜的是，在我们不拘泥于传统思维定式的框架后，很多方面的变革都成为可能，包括许多曾被排斥的证据规则。其实还要感谢百家争鸣，才使得如非法证据排除规则、自白规则（非法自白排除规则）等被传统理论批判的规则得以在我国逐步上市确立，虽然因反对和犹豫的存在导致进度较慢。

有关刑事证据制度的争论既然还包括具体制度，则我们有必要再探讨一下它们的未来发展方向。如证据制度的种类和性质，虽然特别是在 DNA 证据、测谎证据、电子证据等科技证据及其理论出现后，关于证据的性质人们分歧较大，有"事实说"、"根据说"、"材料说"等争论。"事实说"的学者偏向于认为"只要是证据都是指事实，我国法律上确立'证据是事实'这一观点是对证据法学做出的最大贡献"；"证据是事实，这是全部证据学中最重要的观点，正是这一观点，构成了证据学的根基。"② 或许在立法对"证据"统一使用和对其性质表态之前，不同解说仍在所难免。又如证明主体、证明对象、证明责任等一系列相关概念和问题，在我们认为要像"包公断案"一样明察秋毫而强调"求实"时，见到的是公、检、法和当事人的位置错乱，权、责混淆；但曾一度我们似乎又要走向价值论的另一端，完全丢却历史和家底。但是立法和司法实务部门并未跟上理论界的步伐，虽然学术界会感叹"话已说尽，路已指明"。但我们不要将立法和实务部门视为阻碍社会前进的保守派，当我们换位思考并从国情出发，就能冷静一点。而且笔者认为最重要的还是实务界的态度，如果承认"实践是检验真理的唯一标准"。

深受马克思辩证唯物主义和历史唯物主义教化的我们也许既有优势也有短处，在这场持续的有起有落的争潮中就已有显现。可以肯定的是，不仅理论界成果丰硕，而且实务界亦动作不小。最新动态当属"两个证据规定"的出台，可以说其吸取了这场论争中的很多观点，是对我国现存刑事证据法律制度的一

---

① William L. Twining. Rethinking Evidence: Exploratory Essays, Basil Blackwell Ltd. UK1990, p. 60, 转引自何家弘:《证据的语言——法学新思维录》, 中国人民公安大学出版社 2009 年版, 第 82 页。

② 裴苍龄:《证据学的根基》, 载《中国刑事法杂志》2008 年 7 月。

定程度的突破。如其对死刑案件证据的审查判断提出了更高的要求：死刑案件中，对被告人犯罪事实的认定，必须达到证据确实、充分；而"根据证据认定案件事实的过程符合逻辑和经验规则，由证据得出的结论为唯一结论"，与联合国规定的死刑案件证明标准"排除一切合理怀疑"暗合。及"认定案件事实，必须以证据为根据"，意味着我国"证据裁判原则"的第一次明文规定。"非法证据排除规则"的规定亦有了实体上和程序上的突破，虽然非法实物证据规则仍只有简单规定，但非法言词证据的范畴并绝对排除适用的规定，对非法证据排除规则在我国的确立仍是新的贡献。其中"对犯罪嫌疑人、被告人以非法手段取得的供述不得采信"的规定有利于自白任意性规则在我国的确立。还有明确了由控诉方对被告人庭前供述的合法性承担举证责任和"排除合理怀疑"的证明标准，等等。但是我们在肯定"两个证据规定"的价值时应看到，其仍然未也不能强求其突破传统认识论和价值论的思路，虽然其亦在一定程度上采纳了程序正义的价值要求。而且，"司法先行"仍不免"立法缺位或滞后"之嫌。亦言，在一片欢呼雀跃声中，对司法部门的期望值、可实现度尚有待考究。

任何领域若没有争鸣，也就不会有另类思想的介入，不能有认识的进步与深化——正是出现了关于刑事证据制度的各方论争，才使得我国各界对此有了新的认识。而当前我们还在提倡中国特色证据法律制度及证据立法改革，中国特色的应然与实然都是需要探讨的，以为证据制度改革立论。"证据法改革不是要全面抛弃现行证据法模式，不是简单照搬照抄某一或某些外国的证据法模式。"① 另外我们还需要有心理准备和坚持的勇气与毅力：证据制度的改革不会一帆风顺，完善尚需一个漫长的过程。但是在此过程中，当我们沉浸在学术的理想国度里憧憬蓝图时，昂扬的激情多少可以感染或至少可以触动旁人的心情吧。其实在"应然"与"实然"的较量中，两者的差距并非"罅隙"。但是就像共产主义社会与现实社会的比对，若我们清醒地看到可能性大小，则有些人会不愿接受，有些人沮丧于现状。但历史的车轮不会停止转动，也许唯有智者才可能摸清轨迹，看到前途的光亮。最后，若从刑事诉讼法的改革大背景下来眺望前景，"相信未来的中国同样也会有一部尊重当事人人权的、能够有效进行刑事追诉的《刑事诉讼法》。"② 借魏根特教授吉言亦表笔者心中企盼。

---

① 刘品新：《论中国证据法的基本特色》，载何家弘主编：《证据学论坛》（第14卷），法律出版社2008年版。

② ［德］托马斯·魏根特：《对〈中华人民共和国刑事诉讼法〉的比较法评述》，樊文译，载陈兴良主编：《刑事法评论》（第20卷），北京大学出版社2007年版。

图书在版编目（CIP）数据

岳麓刑事法论坛. 第一卷/邱兴隆主编. —北京：中国检察出版社，2011.12
ISBN 978 - 7 - 5102 - 0574 - 3

Ⅰ.①岳… Ⅱ.①邱… Ⅲ.①刑法 - 文集 Ⅳ.①D914.04 - 53

中国版本图书馆 CIP 数据核字（2011）第 222354 号

岳麓刑事法论坛
（第一卷）

邱兴隆 主编

出版发行：中国检察出版社

社　　址：北京市石景山区香山南路 111 号（100144）

网　　址：中国检察出版社（www.zgjccbs.com）

编辑电话：(010) 68650028

发行电话：(010) 68650015　68650016　68650029

经　　销：新华书店

印　　刷：保定市中画美凯印刷有限公司

开　　本：720mm×960mm　16 开

印　　张：25 印张

字　　数：454 千字

版　　次：2011 年 12 月第一版　2015 年 1 月第二次印刷

书　　号：ISBN 978 - 7 - 5102 - 0574 - 3

定　　价：60.00 元